Ferdinand Holböck

Heilige Eheleute

Ihr Männer, liebt eure Frauen, wie Christus die Kirche geliebt und sich für sie hingegeben hat. Dies ist ein tiefes Geheimnis; ich beziehe es auf Christus und die Kirche. Was euch angeht, so liebe jeder von euch seine Frau wie sich selbst, die Frau aber ehre den Mann.
Brief an die Epheser, 5, 25-33

VIA·VERITAS·VITA

Zum Internationalen Jahr der Familie brachte die Vatikanpost eine Briefmarke mit dem Bild der Heiligen Familie heraus.

Prof. Dr. Ferdinand Holböck
Prälat und Domherr
Mitglied der Päpstlichen Theologischen Akademie

Ferdinand Holböck

Heilige Eheleute

Verheiratete Selige und Heilige
aus allen Jahrhunderten

CHRISTIANA-VERLAG
STEIN AM RHEIN – SALZBURG

Der Verfasser dieses Buches: Dr. theol. Ferdinand Holböck, Univ.-Professor an der Theol. Fakultät der Universität Salzburg, Konsistorialrat, Domkapitular des Salzburger Metropolitankapitels, Päpstlicher Hausprälat; Theologiestudium in Rom; Priesterweihe am 30. Oktober 1938 in Rom, Kaplan an der deutschen Nationalkirche der Anima in Rom, Religionslehrer, Schriftleiter des „Österreichischen Klerus-Blattes", Mitglied der Päpstlichen Theologischen Akademie in Rom, Verfasser zahlreicher dogmatischer und hagiographischer Werke.

Kirchliche Druckerlaubnis: Das „Imprimatur" erteilte das Erzbischöfliche Ordinariat Salzburg am 21. Juni 1994 (Zl. 708/94-AThME).

Herausgeber und Bildteil: Arnold Guillet

Bildlegenden:
1. Umschlagseite: Hl. Heinrich II. und Kunigunde, St. Lorenzkirche, Nürnberg, Foto Bernhard Dinkel, D-80939 München.
4. Umschlagseite: Der hl. Niklaus von Flüe nimmt Abschied von seiner Familie, Ranftkapelle, Flüeli-Ranft. Foto Josef Reinhard, Sachseln.

Fotonachweis:
Bildarchiv Foto Marburg: Seite 18
WBL-Sekretariat, Flüematte, CH-6073 Flüeli-Ranft: Seite 25
Bundesdenkmalamt Wien: Seite 86
Öffentliche Kunstsammlung Basel, St. Albangraben 16, CH-4051 Basel: Seite 240
Bildarchiv Christiana: alle übrigen Bilder

1. Auflage 1994: 1.-3. Tsd.

Druck: Printed in Switzerland, Victoria-Druck AG, CH-9436 Balgach

Die Deutsche Bibliothek – CIP-Einheitsaufnahme
Holböck, Ferdinand:
Heilige Eheleute: verheiratete Selige und Heilige aller Jahrhunderte / Ferdinand Holböck. – 1. Aufl. – Stein am Rhein; Salzburg: Christiana-Verl., 1994
ISBN 3-7171-0982-0

Inhaltsverzeichnis

Vorwort

Die Ehe und die Familie sind „in unseren Tagen – wie andere Institutionen und vielleicht noch mehr als diese – in die umfassenden, tiefgreifenden und raschen Wandlungen von Gesellschaft und Kultur hineingezogen", so heißt es einleitend im Apostolischen Schreiben „Familiaris consortio" vom 22. November 1981.

In den seither vergangenen 13 Jahren ist die Situation der Ehe noch viel krisenhafter geworden. Sie ist vielfach nicht bloß im konkreten Einzelfall, sondern insgesamt als Institution in eine schwere Krise geraten. In vielen Ländern zerbricht jede zweite oder dritte Ehe, und viele junge Ehepartner leben heute „ohne Trauschein", erst recht ohne sakramentale Eheschließung zusammen, solange es ihnen gefällt, und gehen wieder auseinander, wenn es ihnen nicht mehr gefällt. Warum wohl? Fehlt es nur am ernsten Willen, sich im Sinn einer unauflöslichen Ehe aneinander zu binden? Oder ist die Situation insgesamt so, daß es vielen Menschen heute unmöglich dünkt, eine wirklich christliche, unauflösliche Ehe gemäß den Forderungen Gottes, Christi und der Kirche zu führen?

Viele besorgte Seelsorger fragen: Wie könnte es gelingen, auch heute eine für Zeit und Ewigkeit gute und glückliche Ehe in Liebe und Treue bis zum Tod zu führen, und zwar unter Bedachtnahme auf alle mit der richtigen christlichen Eheführung zusammenhängenden Probleme, wie es beispielsweise die heute viel erörterte rechte, verantwortbare Weitergabe des Lebens, die Formung und Erziehung der gezeugten Kinder oder die vollkommene eheliche Treue im Sinn der radikalen Forderungen Christi in der Bergpredigt (vgl. Mt 5, 27) sind?

Können darüber etwa jene Heiligen, die selbst auch verheiratet waren, Aufschluß geben? Oder sind die Heiligen das, was das II. Vatikanische Konzil über die Heiligen ganz allgemein gesagt hat, auch in diesem Punkt nur „Schicksalsgenossen unserer Menschlichkeit?"

Auf jeden Fall müßte es doch in vieler Hinsicht sehr aufschlußreich sein, einmal dem Leben von verheirateten Seligen und Heiligen nachzugehen und zuzusehen, ob und wie es ihnen in ihrer Ehe und bei der Meisterung aufgetauchter Eheprobleme ergangen ist.

Entsprach die Ehe der kanonisierten Seligen und Heiligen immer dem, was in der Hl. Schrift und in den Dokumenten des Kirchlichen Lehramtes auf Konzilien und in Enzykliken über die christliche Ehe dargelegt und von ihr gefordert wird? Oder gab es im Leben verheirateter Seliger und Heiliger etwa auch das Scheitern der Ehe, den Mißbrauch der Ehe?

Können christliche Eheleute unserer Zeit aus der Art, wie verheiratete Heilige ihre Ehe gelebt und die dabei aufgetauchten Schwierigkeiten gemeistert haben, lernen?
Fragen über Fragen tauchen beim Thema „verheiratete Heilige“ auf, die aber vielfach beiseite geschoben werden mit der Bemerkung, daß doch verheiratete Heilige eine höchst seltene Ausnahme bilden. Ist dem wirklich so?
Das Thema „Die Ehe verheirateter Seliger und Heiliger“ ist bisher kaum einmal behandelt worden. Nur ein schmales italienisches Buch „I Santi sposati“ [1)] mit Schilderung von zehn verheirateten Heiligen ist dem Autor dieses Buches bisher untergekommen, dazu noch ein Kapitel „Das Leben in der Ehe“ in Walter Niggs Buch „Heilige im Alltag“ [2)], wo der Reihe nach in ein paar Sätzen auf das Eheleben von acht heiligen Ehepaaren eingegangen wird. Aber hat es nicht noch viel mehr als bloß acht bis zehn verheiratete Heilige gegeben? Die Suche nach solchen aus alter, neuer und neuester Zeit ergab fast hundert solcher Ehepaare, in denen beide Ehepartner oder wenigstens einer ein von der Kirche anerkannter Heiliger oder Seliger war.
Jetzt taucht nochmals die Frage auf: Kann aus dem Leben dieser verheirateten Seligen und Heiligen beispielhaft für die Eheleute unserer Zeit aufgezeigt werden, wie man – nicht etwa trotz der Ehe, sondern sogar durch die Ehe heilig werden kann? Diesbezüglich hat der verstorbene reformierte Theologe Walter Nigg in seinem Buch „Heilige im Alltag“ (S. 70) folgende richtige Sätze geschrieben: „Es ist falsch, zu behaupten, die Ehe ermögliche dem Menschen nicht, die ganze Vollkommenheit des christlichen Lebens zu erreichen. Würde diese Auffassung zu Recht bestehen, dann wäre das Sakrament der Ehe das armseligste aller Sakramente. Wir betonen dagegen mit allem Nachdruck, daß auch die Ehe ein Weg zur Heiligkeit ist. Warum sollte sie es nicht sein? Wir wehren uns gegen das heutige zynische Gelächter über die ehelichen Intimitäten, ebenso aber auch gegen die aus einem asketischen Ideal heraus entstandene theologische Abwertung der Ehe. Vielmehr vertreten wir unbeirrt die Vereinbarkeit von Ehe und Heiligkeit, weil wir überzeugt sind, daß nur diese Auffassung dem modernen Ehe-Zerfall Einhalt bietet.“
Die Frage ist hier nur, in welchem Stand – in der Ehe oder in der jungfräulichen, gottgeweihten Ehelosigkeit – es leichter ist, heilig zu werden. Da gelten wohl die Worte des hl. Paulus im 1. Korintherbrief 7, 25-35. Und es gilt wohl auch heute noch der Lehrsatz des Konzils von Trient: „Wer sagt, der Ehestand sei dem jungfräulichen Stand oder der Ehelosigkeit vorzuziehen, und es sei nicht besser und seliger, in Jungfräulichkeit und Ehelosigkeit zu bleiben, als eine Ehe einzugehen, der sei ausgeschlossen.“ [3)]
Auf jeden Fall kann und soll der Blick auf verheiratete Selige und Heilige helfen, dem modernen Ehe-Zerfall Einhalt zu bieten.

Ich widme dieses Buch meinen verstorbenen Eltern Josef Holböck und Leopoldine, geb. Windischbauer, die sich 46 Jahre lang in Liebe und Treue und Gewissenhaftigkeit redlich miteinander abgemüht haben – und zwar in schweren und schwersten Zeiten, besonders während den beiden Weltkriegen –, eine wahrhaft christliche Ehe zu führen. Sie schenkten zwölf Kindern das Leben: drei davon starben in frühester Kindheit in der Taufunschuld, neun wurden so erzogen, daß sich vier Christus und seiner Kirche weihten im Priester- oder Ordensstand, und fünf in einer christlich gelebten Ehe das Leben und den katholischen Glauben weiterleiteten.

Zum Inhalt des Buches sei dem Autor noch folgende Bemerkung erlaubt: Dem einen oder anderen Leser fällt vielleicht auf, daß zwischen den heiligen Ehepaaren aus der Bibel und den ersten christlichen Ehepaaren eine Kluft von fast 300 Jahren besteht. Man könnte nun fragen: Hat es in den ersten christlichen Jahrhunderten keine heiligen Ehepaare gegeben? Zweifellos gab es solche auch mitten in den harten Christenverfolgungen, wie beispielsweise den römischen Titus Flavius Clemens und seine Gattin Domitilla, die beide treu zum christlichen Glauben und ihrer unauflöslichen Ehe standen und unter dem mit ihnen verwandten heidnischen Kaiser Domitian im Jahre 95 n. Chr. als Blutzeugen starben. Auch auf Perpetua und Felicitas, die im Messkanon der Kirche vorkommen, sei hingewiesen. Die Patriziertochter Perpetua war 22 Jahre alt, verheiratet. Mit ihrem kleinen Söhnchen auf dem Arm wurde sie, weil sie die Taufe empfangen hatte, festgenommen und zusammen mit Felicitas, einer Sklavin, am 7. März 202 zusammen mit anderen Christen während einer Volksbelustigung in der großen Arena von Karthago den wilden Raubtieren vorgeworfen. Ihr heroisches Zeugnis für Christus hat viele Heiden veranlaßt, ebenfalls den christlichen Glauben anzunehmen. Wie der Gatte von Perpetua hieß, und ob er ebenfalls Christ geworden war, ist nicht überliefert.
Als erstes namentlich genanntes und ausführlich geschildertes heiliges Ehepaar tritt uns tatsächlich erst in der Mitte des 4. Jahrhunderts der heilige Basilius der Ältere und seine heilige Gemahlin Emelia entgegen.

Salzburg, am Fest der Vermählung Marias und Josephs
(23. Januar) 1994

Ferdinand Holböck

Editorial

In der Einstellung zur Ehe und Familie gab es in der Geschichte der Menschheit mächtige Pendelbewegungen. Gegenwärtig schlägt das Pendel ganz in die eine Richtung aus. Wir erleben eine sexuelle Revolution und Destruktion der Familie, die alles überrollt. Der Sex ist neben dem Mammon und dem Drogenkonsum aller Art zu einem Götzen unserer Zeit geworden. Die Folge davon: Die Menschen haben bald jeden Sinn für Reinheit und Jungfräulichkeit verloren, denn sie jagen nur noch ihrer Selbstverwirklichung nach, die viele in krassesten Egoismus abdriften lassen. Deshalb wird auch der Zölibat, der Verzicht auf die Ehe um des Himmelreiches willen, wie ihn Christus empfohlen hat, vehement bekämpft.

Im Mittelalter hatte das Pendel in die andere Richtung ausgeschlagen. Das spiegelt sich auch im Leben der Heiligen der damaligen Zeit. Eine gewisse Überbewertung des jungfräulichen Standes lag damals im Trend der Zeit. Natürlich war es nicht immer eine Flucht aus der Ehe. Es war in Adelskreisen aus familienpolitischen Gründen Sitte, daß schon Kinder verheiratet wurden. Unter diesen Zwangsverheirateten gab es auch solche, die sich zu einem Leben der vollkommenen Hingabe an Gott berufen fühlten, und die die Ehe als Zwangsjacke empfanden. Daß solche Menschen im gegenseitigen Einverständnis auf den Vollzug ihrer Ehe verzichteten und lieber in ein Kloster eintraten, war legitim, und darf nicht als eine Verachtung der Ehe ausgelegt werden. Wir danken dem Verfasser, Herrn Professor Ferdinand Holböck, daß er uns auch solche Beispiele nicht vorenthalten hat. Gerade Menschen unserer Zeit tut es vielleicht gut, aus der heutigen einseitigen Optik wieder den Blick zu schärfen für die wahren Werte der Jungfräulichkeit und für die Notwendigkeit einer zeitweiligen ehelichen Enthaltsamkeit, vor die auch moderne Paare, sei es durch Krankheit oder längere Abwesenheit des Partners, gestellt sind.

Schon die Apostel haben Christus gefragt, ob es besser sei zu heiraten oder nicht. Über alle Jahrhunderte hinweg haben Menschen mit dieser Frage gerungen. Beide Ideale sind legitime Wege zu Gott. Jeder Mensch muß im Gebet um Klarheit ringen, daß er jenen Weg einschlägt, den Gott ihm vorgezeichnet hat. In diesem Buch werden uns auch Menschen gezeigt, die beide Ideale verwirklichen durften, wie der hl. Niklaus von Flüe, die hl. Birgitta von Schweden, die hl. Rita von Cascia und andere. In erster Linie soll aber in diesem Buch gezeigt werden, daß viele Christen in und durch die Ehe dem von Christus gesetzten Imperativ gefolgt sind: „Seid vollkommen, wie Euer Vater im Himmel vollkommen ist.“

Anläßlich des internationalen Jahres der Familie hat das jüdisch-vatikanische Verbindungskomitee den „heiligen Wert einer stabilen Ehe und der Familie" hervorgehoben. In der gemeinsamen Erklärung wird auf die Krisen hingewiesen, denen die Familie als die „wertvollste Ressource der Menschheit" heute weltweit ausgesetzt sei. Die Gesellschaft sei aufgerufen, sich für die Rechte der Familie einzusetzen. Die Familie sei für Juden und Christen weit mehr als eine legale, soziale oder wirtschaftliche Einheit, nämlich eine von Gott gewollte „stabile Gemeinschaft der Liebe und Solidarität" [4)].

Bei aller Sorge um die Familie dürfen wir Christen doch zuversichtlich sein. Der eigentliche Garant der Familie ist Christus selbst, der durch seine Menschwerdung die Familie geheiligt hat. Diesen herrlichen Gedanken finden wir im „Brief an die Familien", den Papst Johannes Paul II. am Fest Maria Lichtmeß, den 2. Februar 1994, zum Jahr der Familie geschrieben hat; darin heißt es:

„Die Familie hat ihren Ursprung in derselben Liebe, mit welcher der Schöpfer die geschaffene Welt umfängt. Der mit dem Vater wesensgleiche einzige Sohn, ‚Gott von Gott und Licht vom Licht', ist durch die Familie in die Geschichte der Menschen eingetreten: ‚Durch die Menschwerdung hat sich der Sohn Gottes gewissermaßen mit jedem Menschen vereinigt. Mit Menschenhänden hat er gearbeitet, ... mit einem menschlichen Herzen geliebt. Geboren aus Maria, der Jungfrau, ist er in Wahrheit einer aus uns geworden, in allem uns gleich außer der Sünde'. Wenn daher Christus ‚dem Menschen den Menschen selbst voll kundmacht', tut er das angefangen von der Familie, in die er hineingeboren werden und in der er aufwachsen wollte. Wie man weiß, hat der Erlöser einen großen Teil seines Lebens in der Zurückgezogenheit von Nazareth verbracht, als ‚Menschensohn' seiner Mutter Maria und Josef, dem Zimmermann, ‚gehorsam' (Lk 2, 51). Das göttliche Geheimnis der Fleischwerdung des Wortes steht also in enger Beziehung zur menschlichen Familie."

Die Mehrzahl der Gläubigen sind verheiratet. Wie kommt es aber, daß es so wenige Eheleute gibt, die zur Ehre der Altäre erhoben werden? Die Erklärung ist sehr einfach. Wer schon einer Selig- oder Heiligsprechung beigewohnt hat, weiß, daß der personelle und finanzielle Aufwand für eine Kanonisation beträchtlich ist. Die Heiligenverehrung ist eine große Sache, und die Kirche tut gut daran, hier mit aller Sorgfalt und Gründlichkeit vorzugehen. Heilige sollen auch erbetet werden und haben für das innerkirchliche Leben eine entscheidende Führungsrolle. Ordensgemeinschaften sind eher in der Lage, Selig- und Heiligsprechungen durchzuführen, als einzelne Diözesen. Hinzukommt, daß die Chancen, ein Leben christlicher Vollkommenheit zu führen, im Kloster größer sind als im Trubel und der Hektik der Welt. Ich bin aber überzeugt, daß es zu allen Zeiten unzählige Eheleute gegeben hat, die ganz im Stillen und Verborgenen ein heroisches Tugendleben geführt haben, die vor Gott den Status der Heiligkeit besitzen. Der große französische Naturforscher Pasteur hat bekannt, daß er froh wäre, wenn er den Glauben einer bretonischen Bäuerin besäße.

Heute zerbrechen so viele Ehen, in vielen Ländern wird bald jede dritte Ehe geschieden. Die seelische Not für die Geschiedenen und vor allem für ihre Kinder ist unbeschreiblich. Wo Not ist, da schickt Gott immer wieder auch Nothelfer. Wäre es nicht angebracht, wenn in Ehe- und Familienschwierigkeiten heilige Eheleute um ihre Fürbitte bei Gott angerufen würden? Auch hier gilt das Wort Christi: „Schafft euch Freunde im Himmel."

Arnold Guillet

I. DIE EHE IN DER HL. SCHRIFT

1) Genesis 1, 27-28:
„Gott schuf den Menschen als sein Abbild, als Abbild Gottes schuf er ihn. Gott segnete sie, und Gott sprach zu ihnen:
‚Seid fruchtbar und vermehrt euch, bevölkert die Erde, unterwerft sie euch...' "
2) Genesis 2, 22:
„Gott, der Herr, baute aus der Rippe, die er vom Menschen (Adam) genommen hatte, eine Frau und führte sie dem Menschen (Adam) zu. Und der Mensch (Adam) sprach: ‚Das endlich ist Bein von meinem Bein und Fleisch von meinem Fleisch. Frau soll sie heißen, denn vom Mann ist sie genommen.' Darum verläßt der Mann Vater und Mutter und bindet sich an seine Frau, und sie werden ein Fleisch. Beide, Adam und seine Frau, waren nackt, aber sie schämten sich nicht voreinander."
3) Matthäus 19, 3-12:
„Da kamen Pharisäer zu Jesus, die ihm eine Falle stellen wollten, und fragten: Darf man seine Frau aus jedem beliebigen Grund aus der Ehe entlassen? Er antwortete: ‚Habt ihr nicht gelesen, daß der Schöpfer die Menschen am Anfang als Mann und Frau geschaffen hat und daß er gesagt hat: Darum wird der Mann Vater und Mutter verlassen und sich an seine Frau binden, und die zwei werden ein Fleisch sein? Sie sind also nicht mehr zwei, sondern eins. Was aber Gott verbunden hat, das darf der Mensch nicht trennen.' Da sagten sie zu ihm: ‚Wozu hat dann Mose vorgeschrieben, daß man der Frau eine Scheidungsurkunde geben muß, wenn man sich trennen will?' Er antwortete: ‚Nur weil ihr so hartherzig seid, hat Mose euch erlaubt, eure Frauen aus der Ehe zu entlassen. Am Anfang war das nicht so. Ich sage euch: Wer seine Frau entläßt, obwohl kein Fall von Unzucht vorliegt, und eine andere heiratet, der begeht Ehebruch.'
Da sagten die Jünger zu ihm: ‚Wenn das die Stellung des Mannes in der Ehe ist, dann ist es besser nicht zu heiraten.' Jesus sagte zu ihnen: ‚Nicht alle können dieses Wort erfassen, sondern nur die, denen es gegeben ist, denn es ist so: Manche sind von Geburt an zur Ehe unfähig, manche sind von den Menschen dazu gemacht, und manche haben sich selbst dazu gemacht – um des Himmelreiches willen. Wer das erfassen kann, der erfasse es.' "
4) Eph 21-33:
„Einer ordne sich dem andern unter in der gemeinsamen Ehrfurcht vor Christus! Ihr Frauen, ordnet euch euren Männern unter wie dem Herrn (Christus); denn der Mann ist das Haupt der Frau, wie auch Christus das Haupt der Kir-

che ist; er hat sie gerettet, denn sie ist sein Leib. Wie aber die Kirche sich Christus unterordnet, sollen sich die Frauen in allem den Männern unterordnen. Ihr Männer, liebt eure Frauen wie Christus die Kirche geliebt und sich für sie hingegeben hat, um sie im Wasser und durch das Wort rein und heilig zu machen. So will er die Kirche herrlich vor sich erscheinen lassen, ohne Flecken, Falten oder andere Fehler; heilig soll sie sein und makellos. Darum sind die Männer verpflichtet, ihre Frauen so zu lieben wie ihren eigenen Leib. Wer seine Frau liebt, liebt sich selbst. Keiner hat je seinen eigenen Leib gehaßt, sondern er nährt und pflegt ihn, wie auch Christus die Kirche. Denn wir sind Glieder seines Leibes.

Darum wird der Mann Vater und Mutter verlassen und sich an seine Frau binden, und die zwei werden ein Fleisch sein. Dies ist ein tiefes Geheimnis; ich beziehe es auf Christus und die Kirche."

5) Röm 7, 1-3:

„Wißt ihr denn nicht, Brüder – ich rede doch zu Leuten, die das Gesetz kennen –, daß das Gesetz für einen Menschen nur Geltung hat, solange er lebt? So ist die Ehefrau durch das Gesetz an ihren Mann gebunden, solange er am Leben ist; wenn ihr Mann aber stirbt, ist sie frei von dem Gesetz, das die Frau an den Mann bindet. Wenn sie darum zu Lebzeiten des Mannes einem anderen gehört, wird sie Ehebrecherin genannt; ist aber der Mann gestorben, dann ist sie frei vom Gesetz und wird nicht zur Ehebrecherin, wenn sie einem anderen gehört."

6) 1 Kor 7, 1-11:

„Nun zu den Anfragen in eurem Brief: ‚Es ist gut für den Mann, keine Frau zu berühren.' Wegen der Gefahr der Unzucht soll aber jeder seine Frau haben, und jede soll ihren Mann haben. Der Mann soll seine Pflicht gegenüber der Frau erfüllen und ebenso die Frau gegenüber dem Mann. Nicht die Frau verfügt über ihren Leib, sondern der Mann. Ebenso verfügt nicht der Mann über seinen Leib, sondern die Frau. Entzieht euch einander nicht, außer im gegenseitigen Einverständnis und nur eine Zeitlang, um für das Gebet frei zu sein. Dann kommt wieder zusammen, damit euch der Satan nicht in Versuchung führt, wenn ihr euch nicht enthalten könnt. Das sage ich als Zugeständnis, nicht als Gebot. Ich wünschte, alle Menschen wären (unverheiratet) wie ich. Doch jeder hat seine Gnadengabe von Gott, der eine so, der andere so.

Den Unverheirateten und den Witwen sage ich: Es ist gut, wenn sie so bleiben wie ich. Wenn sie aber nicht enthaltsam leben können, sollen sie heiraten. Es ist besser zu heiraten, als sich in Begierde zu verzehren. Den Verheirateten gebiete nicht ich, sondern der Herr. Die Frau soll sich vom Mann nicht trennen – wenn sie sich aber trennt, so bleibe sie unverheiratet oder versöhne sich wieder mit dem Mann – und der Mann darf die Frau nicht verstoßen."

7) 1 Kor 7, 39:
„Eine Frau ist gebunden, solange ihr Mann lebt, wenn aber der Mann gestorben ist, ist sie frei zu heiraten, wenn sie will, nur geschehe es im Herrn."
Aus diesen Schrifttexten geht folgendes hervor:
1. Die Ehe ist nicht von Menschen, sondern von Gott eingesetzt.
2. Die Ehe ist ein wahres, eigentliches, von Christus zu dieser Würde erhobenes Sakrament. Dabei verbindet Christus Mann und Frau zu einem heiligen, unauflöslichen Bund und verleiht den Ehepartnern reiche Gnaden, um die Pflichten dieses Bundes gewissenhaft zu erfüllen.
3. Die wesentlichen Eigenschaften der Ehe sind die Einheit (ein Mann mit einer Frau) und die Unauflöslichkeit, wobei das Eheband nur durch den Tod eines Ehepartners gelöst werden kann.

II. DIE EHE IN DEN DOKUMENTEN DES KIRCHLICHEN LEHRAMTES

1. Das Konzil von Florenz (1438-1445) sprach im Lehrentscheid für die Armenier klar über die Sakramentalität der Ehe, über ihr Zustandekommen und über ihr dreifaches Gut (Nachwuchs, Treue und Unauflöslichkeit) [5].

2. Das Konzil von Trient legte auf seiner 24. Sitzung (1563) die Lehre vom Ehesakrament in einem Kapitel [6] und in 12 Lehrsätzen dar [7].

3. Leos XIII. Enzyklika „Arcanum divinae sapientiae" vom 10. Februar 1880 über die christliche Ehe [8].

4. Pius' XI. Enzyklika „Casti connubii" vom 31. Dezember 1930 [9].

5. II. Vaticanum, Pastoralkonstitution „Gaudium et spes" über die Kirche in der Welt von heute [10].

Nr. 47: Ehe und Familie in der heutigen Welt
Nr. 48: Die Heiligkeit von Ehe und Familie
Nr. 49: Die eheliche Liebe
Nr. 50: Die Fruchtbarkeit der Ehe
Nr. 51: Die eheliche Liebe und der Fortbestand des menschlichen Lebens
Nr. 52: Die Sorge aller um die Förderung von Ehe und Familie

6. Pauls VI. Enzyklika „Humanae vitae" vom 25. Juli 1968.

7. Johannes Pauls II. Apostolisches Schreiben „Familiaris consortio" vom 22. November 1981.

Darin heißt es [11]: „Die Ehegemeinschaft wurzelt in der natürlichen Ergänzung von Mann und Frau und lebt aus dem persönlichen Willen der Gatten, ihr ganzes Leben zu teilen, das, was sie haben und das, was sie sind. Deshalb ist eine solche Gemeinschaft die Frucht und das Zeichen eines tiefen menschlichen Anspruchs. Aber in Christus, dem Herrn, sagt Gott Ja zu diesem menschlichen Anspruch, bestätigt, läutert und erhebt ihn und führt ihn durch das Ehesakrament zur Vollendung. Der in der sakramentalen Eheschließung geschenkte Hl. Geist eröffnet den christlichen Ehegatten eine neue Gemeinschaft, eine Liebesgemeinschaft, die lebendiges und wirkliches Bild jener einzigartigen Einheit ist, die die Kirche zum unteilbaren mystischen Leib des Herrn Jesus Christus macht."

8. Codex des kanonischen Rechts,
von Johannes Paul II. am 25. Januar 1983 promulgiert, Canon 1055 § 1: Der Ehebund, durch den Mann und Frau unter sich die Gemeinschaft des ganzen Lebens begründen, welche durch ihre natürliche Eigenart auf das Wohl der Ehegatten und auf die Zeugung und Erziehung von Nachkommenschaft hin-

geordnet ist, wurde zwischen Getauften von Christus dem Herrn zur Würde eines Sakramentes erhoben.

§ 2: Deshalb kann es zwischen Getauften keinen gültigen Ehevertrag geben, ohne daß er zugleich Sakrament ist.

Canon 1056: Die Wesenseigenschaften der Ehe sind die Einheit und die Unauflöslichkeit, die in der christlichen Ehe im Hinblick auf das Sakrament eine besondere Festigkeit erlangen.

Canon 1057 § 1: Die Ehe kommt durch den Konsens der Partner zustande, der zwischen rechtlich dazu befähigten Personen in rechtmäßiger Weise kundgetan wird; der Konsens kann durch keine menschliche Macht ersetzt werden.

§ 2: Der Ehekonsens ist der Willensakt, durch den Mann und Frau sich in einem unwiderruflichen Bund gegenseitig schenken und annehmen, um eine Ehe zu gründen.

Canon 1058: Alle können die Ehe schließen, die rechtlich nicht daran gehindert werden.

Canon 1059: Die Ehe von Katholiken, auch wenn nur ein Partner katholisch ist, richtet sich nicht allein nach dem göttlichen, sondern auch nach dem kirchlichen Recht, unbeschadet der Zuständigkeit der weltlichen Gewalt hinsichtlich der rein bürgerlichen Wirkungen dieser Ehe.

Canon 1060: Die Ehe erfreut sich der Rechtsgunst, deshalb ist im Zweifelsfall an der Gültigkeit der Ehe solange festzuhalten, bis das Gegenteil bewiesen wird.

Canon 1061 § 1: Eine gültige Ehe zwischen Getauften heißt matrimonium ratum tantum, wenn sie nicht vollzogen worden ist; sie heißt matrimonium ratum et consummatum, wenn die Ehegatten auf menschliche Weise miteinander einen ehelichen Akt vollzogen haben, der aus sich heraus zur Zeugung von Nachkommenschaft geeignet ist, auf den die Ehe ihrer Natur nach hingeordnet ist und durch den die Ehegatten ein Fleisch werden.

§ 2: Haben die Ehegatten nach der Eheschließung zusammengewohnt, so wird der Vollzug der Ehe so lange vermutet, bis das Gegenteil bewiesen wird.

§ 3: Eine ungültige Ehe heißt Putativehe, wenn sie wenigstens von einem Partner in gutem Glauben geschlossen wurde; und zwar so lange, bis beide Partner Gewißheit über deren Ungültigkeit erlangt haben.

III. VERHEIRATETE SELIGE UND HEILIGE

Die hl. Jungfrau Maria und der hl. Joseph

In einem Buch, in welchem verehelichte Selige und Heilige und ihre Ehe geschildert werden, darf das heiligste Ehepaar nicht verschwiegen werden, sondern muß dessen Ehe und deren einmalige Eigenart, Bedeutung und Bestimmung im Heilsplan Gottes an den Anfang gestellt werden.
In der Stellungnahme zur Ehe Marias und Josephs erleben wir heute unter den noch gläubigen Katholiken zwei sehr konträre Haltungen: Konservativ eingestellte Katholiken haben teilweise sehr starke Hemmungen zuzugeben, daß zwischen Maria und Joseph eine wahre, wirkliche, gültig geschlossene, unauflösliche Ehe bestand. Progressistisch eingestellte Katholiken aber behaupten heute gar nicht selten auf Kosten des schon in den ältesten Glaubensbekenntnissen bezeugten Dogmas von der immerwährenden Jungfräulichkeit Marias, daß der hl. Joseph von seiner Ehe mit Maria auch in geschlechtlicher Hinsicht Gebrauch gemacht habe und daß der „erstgeborene" Sohn Marias, der menschgewordene Gottessohn Jesus Christus, auf ganz natürliche Weise empfangen und geboren worden und in gleicher Weise Sohn Marias und Josephs sei, wobei auf den „Erstgeborenen" dann auf Grund fortgesetzten Geschlechtsverkehrs aus dieser Ehe weitere Söhne und Töchter,

eben die in der Hl. Schrift genannten „Brüder und Schwestern Jesu“ hervorgegangen seien.
Halten wir zuerst einmal die Tatsache fest, daß zwischen Maria und Joseph nicht bloß im bildlichen, übertragenen, sondern im vollen, wahren, wirklichen Sinn eine Ehe bestand. Die Verlobung zwischen beiden wurde durch die Eheschließung zum Abschluß gebracht, als der hl. Joseph Maria heimführte gemäß der Weisung des Engels: „Joseph, Sohn Davids, fürchte dich nicht, Maria als deine Gattin zur dir zu nehmen“ (Mt 1, 19).
Am Bestand einer wahren Ehe zwischen Maria und Joseph gibt es eigentlich gar keinen Zweifel: Joseph war nicht etwa bloß der Bräutigam Marias im landläufigen Sinn, wie wir das Wort Bräutigam zu verstehen pflegen, sondern er war wirklich im vollen rechtlichen Sinn Gatte, Gemahl Marias und umgekehrt war Maria wirklich Gattin, Gemahlin Josephs. Die Hl. Schrift gebraucht ja ausdrücklich die entsprechende Bezeichnung, so z. B. bei Mt 1, 16, wo es heißt: „Jakob aber zeugte Joseph, den Mann Marias, von der Jesus geboren wurde, der Christus genannt wird.“ Bei Lk 2, 5 heißt es im Bericht über die Wanderung der beiden heiligen Personen zur Volkszählung nach Bethlehem: „So zog Joseph von der Stadt Nazareth in Galiläa hinauf nach Judäa in die Stadt Davids, die Bethlehem heißt; denn er war aus dem Hause und Geschlechte Davids. Er wollte sich eintragen lassen mit Maria, seiner ihm angetrauten Gattin, die gesegneten Leibes war.“
Dazu kommt noch die in den Evangelien klar bezeugte Tatsache, daß Maria und Joseph wirklich in einem gemeinsamen Haushalt zusammenlebten und daß dieses Zusammenleben im Kreis der Verwandten und Bekannten als eheliches Zusammenleben galt; denn bei der strengen Auffassung der damaligen Israeliten von der gebotenen sittlichen Zucht im Ehe- und Familienleben konnten erwachsene, reife Menschen verschiedenen Geschlechts, die nicht zu einer Familie zusammengehörten, unmöglich unter einem Dach zusammenleben und einen gemeinsamen Haushalt führen, wenn sie nicht miteinander durch die Ehe als Gatte und Gattin verbunden waren.
Vom hl. Joseph sagt nun die Hl. Schrift ausdrücklich, daß er Maria zu sich nahm, daß er an Maria treu und gewissenhaft die Pflichten eines Gatten, und umgekehrt, daß Maria die Pflichten einer Gattin dem hl. Joseph gegenüber erfüllte: Sie begaben sich zusammen an den religiösen Festen nach Jerusalem; sie flohen zusammen vor der Verfolgung durch Herodes nach Ägypten; sie wohnten nach der Rückkehr aus Ägypten zusammen in Nazareth.
Es gibt darum nach all dem, was die Hl. Schrift uns berichtet, keinen Zweifel, daß Maria und Joseph durch eine ganz legitime Ehe miteinander verbunden waren. Es war schön, daß die Kirche früher in der Liturgie an dieser Tatsache nicht etwa aus falscher Scham vorbeiging, sondern am 23. Januar sogar

ein eigenes Fest der Vermählung Marias feierte. Zwar war dieses Fest seit 1914 durch die Kalenderreform des heiligen Papstes Pius X. nicht mehr allgemein verpflichtend vorgeschrieben, sondern nur noch ein Eigenfest verschiedener Ortskirchen und bei der Kalenderreform von 1969 ist dieses Marienfest ganz gestrichen worden; dies ändert aber nichts an der Berechtigung, uns an das Festgeheimnis dieses einstigen Marienfestes zu erinnern; das ändert noch weniger an der biblischen Tatsache, daß Maria, die seligste Jungfrau und Gottesgebärerin, mit dem hl. Joseph nicht bloß verlobt, sondern vermählt war.

Es geht dabei um die edelste, schönste und heiligste eheliche Verbindung, die – ohne die Jungfräulichkeit der Königin der Jungfrauen auch nur im geringsten anzutasten – Maria zur wirklichen und legitimen Gemahlin des hl. Joseph gemacht hat. Maria hatte zwar, wie wir annehmen dürfen, auf besondere Eingebung des Hl. Geistes Gott immerwährende Jungfräulichkeit versprochen oder sogar gelobt. Ein Ledig- und Unverheiratet-bleiben aber war zur damaligen Zeit im Volk Israel bei einem zur geschlechtlichen Reife gelangten gesunden Mädchen fast undenkbar und unmöglich. So war es sicher im Plane Gottes, daß Maria trotz Gott versprochener oder gelobter Jungfräulichkeit verehelicht wurde. Der Zimmermann Joseph aus dem Hause und Geschlechte Davids war nun der von der göttlichen Vorsehung für Maria vorgesehene und wohl auch vorbereitete Mann mit der entsprechenden edlen Gesinnung und charakterlichen Haltung, um die Gewähr zu bieten, daß in dieser Ehe der Gatte die Jungfräulichkeit der Gattin stets achten werde.

Wie jede Ehe, so hatte auch die Marias und Josephs zum Ziel, diese beiden Menschen auf das innigste aneinanderzubinden, in diesem Falle aber unter gegenseitigem Verzicht auf die sexuelle Ganzhingabe.

Sicher ist in der Ehe auch der rechtmäßige, naturgemäße Gebrauch der von Gott verliehenen Geschlechtskraft zur gegenseitigen Beglückung und zur Fortpflanzung des Lebens von Gott gewollt und darum in Ordnung. Von einem Recht muß aber nicht unbedingt Gebrauch gemacht werden, es kann sicher darauf auch verzichtet werden, um so die seelische Verbindung der beiden Ehegatten noch stärker zu machen. Es muß wohl darauf sogar verzichtet werden, wenn dafür ein göttlicher Auftrag vorliegt oder wenn es um des Reiches Gottes willen zu geschehen hat. Der zeitweilige oder dauernde Verzicht auf die sexuelle Liebeshingabe in der Ehe, wie dies bei Maria und Joseph der Fall war, zeigt, daß die Befriedigung der leiblich-sexuellen Wünsche und Begierden durchaus nicht unbedingt notwendig ist zu wahrem Eheglück. Die seelischen Freuden einer so gelebten Ehe können dafür um so schöner und beglückender werden.

Hier stehen wir nun bei jener Einzigartigkeit, durch die die Ehe Marias und

Vermählung Josephs mit Maria

Josephs über jede andere Ehe mit noch so inniger, zarter, gegenseitiger Liebe der Ehepartner hinausgehoben wird: Sie war eine jungfräuliche Ehe, d.h. es wurde in dieser Ehe ganz freiwillig und ganz bewußt auf die Ausübung des Rechtes auf die gegenseitige geschlechtliche Hingabe für immer verzichtet. Das wird in der Hl. Schrift doch ziemlich klar bezeugt: Im Verkündigungs-Evangelium (Lk 1, 26-38) lesen wir, daß Maria dem Engel Gabriel gegenüber mit klaren Worten beteuerte, „sie erkenne keinen Mann“. Auf die bedeutungsvollste und ehrenvollste Botschaft, die je vom Himmel herab an ein Menschenkind erging, daß sie, Maria, Mutter des Messias, des Sohnes Gottes, werden solle, gab sie die Antwort: „Wie soll dies (daß ich Mutter werde) geschehen, da ich keinen Mann (in geschlechtlicher Hingabe) erkenne?“ Maria, diese weise und demütige Jungfrau, wollte sich mit diesen Worten keineswegs der Aufgabe, die Gott ihr stellte, entziehen; aber sie verstand nicht, wie sich das Engelswort, daß sie ein Kind empfangen und gebären sollte, erfüllen könne! Sie bat den himmlischen Botschafter um Aufklärung: „Wie soll dies geschehen, da ich keinen Mann erkenne?“ Gilt nicht auch von diesem Wort Marias das Sprichwort: „Wes das Herz voll ist, des geht der Mund über“? Marias Herz war voll vom Wunsch und Willen, ganz und gar Gott geweiht zu bleiben in immerwährender Jungfräulichkeit. Bis jetzt hatte sie sich die Jungfräulichkeit in leiblicher und seelischer Hinsicht makellos bewahrt; sie war fest entschlossen, diesen kostbaren Schatz weiter zu bewahren. Sie war dabei sicher auch überzeugt, daß dieser ihr Entschluß zu immerwährender Jungfräulichkeit von Gott gutgeheißen und gesegnet worden sei; sonst hätte Marias Frage gar keinen rechten Sinn gehabt. Es muß wohl so gewesen sein: Der Entschluß zu immerwährender Jungfräulichkeit stand bei Maria fest, da konnte ihr der ehrenvollste Antrag, von welcher Seite auch immer, gemacht werden.

Aus solcher Haltung Marias heraus dürfen wir dann doch wohl schließen, daß sie in die vorher vorgenommene Verlobung mit Joseph nur unter der Bedingung eingewilligt hat, daß ihre Jungfräulichkeit in der folgenden Ehe unverletzt gewahrt bleiben müsse.

Wenn aber Joseph auf diese Bedingung einging, so können wir auch auf seine seelische Haltung und sittliche Einstellung Rückschlüsse ziehen. Wenn er unter der genannten, so eigenartigen Bedingung auf die Verlobung und Vermählung mit Maria einging, so muß ihm, der ja damals von dem kommenden großen Heilsereignis der Menschwerdung des Sohnes Gottes im Schoße seiner Braut noch keine Ahnung hatte, die Person Marias, so wie sie war, eben mit der Krone ihrer unberührten Jungfräulichkeit, so überaus wertvoll gedünkt haben, daß er sich trotzdem oder sogar gerade deshalb für immer mit Maria verbinden wollte. Wenn aber dieser Mann von der Jungfräulichkeit

Als sie dort waren, kam für Maria die Zeit ihrer Niederkunft, und sie gebar ihren Sohn, den erstgeborenen. Sie wickelte ihn in Windeln und legte ihn in eine Krippe (Lk 2, 6-7)

Marias so groß gedacht hat, dann wird er wohl selbst auch ein durch und durch sauberer, edler, reiner Mensch gewesen sein, der da von Herzen gern auf die in der Ehe erlaubten geschlechtlichen Freuden und auf Kindersegen verzichten wollte, um nur ja das kostbare Gut der Reinheit und Jungfräulichkeit seiner Braut hüten zu können.

So werden wir hier also darauf hingewiesen, daß der bräutliche und eheliche Bund zwischen Maria und Joseph wohl nur mit gegenseitiger Zusicherung immerwährender Jungfräulichkeit, also mit gegenseitigem Dauerverzicht auf die eheliche geschlechtliche Hingabe eingegangen worden ist. Denn ohne die Zustimmung des hl. Joseph zu Marias gottgelobter immerwährender Jungfräulichkeit hätte ein solcher Entschluß von seiten Marias allein ja den Ehevertrag von vornherein null und nichtig gemacht [12)].

Die Tatsache, daß hier beiderseits mit ganz klarer Erkenntnis und völlig freier Entscheidung der Ehebund Marias und Josephs als jungfräuliches Bündnis eingegangen worden ist, müssen wir vor Augen haben, um die hohe Verehrung richtig würdigen zu können, die der hl. Joseph seiner makellos reinen Braut entgegengebracht haben muß, und dies wohlgemerkt zu einer Zeit, wo er von einer besonderen Erwählung und Berufung Marias durch Gott noch keine Ahnung hatte.

Überlegen wir diese Tatsache, daß sich der hl. Joseph mit Maria für einen jungfräulichen Ehebund verlobte, noch weiter: So etwas hatte die Welt bis dahin noch nicht gesehen. Die Welt hätte es wohl auch gar nicht für möglich gehalten. Der ganze Alte Bund kennt so etwas jedenfalls nicht. Sogar im Neuen Bund finden sich Nachahmungen eines solchen jungfräulichen Ehebundes, wie wir sehen werden, nur höchst selten. Gewiß gab es im Lauf der Kirchengeschichte immer wieder großmütige Menschen, die im Hinblick auf Christus und des Himmelreiches willen Gott begeistert und in unverbrüchlicher Treue ihre Jungfräulichkeit weihten, vor allem im Priester- und Ordensstand: Aber solch edle, in ihrem Entschluß zu immerwährender Jungfräulichkeit bis ans Lebensende treue Menschen verzichteten durchwegs von vornherein auf die Ehe und lebten im ehelosen, zölibatären Stand, statt eine Ehe mit Dauerverzicht auf den Gebrauch bestimmter Eherechte einzugehen. Menschen, die ganz bewußt nach dem Beispiel Marias und Josephs jungfräulich ihre Ehe leben wollten und tatsächlich auch lebten, sind – wie sich zeigen wird – auch unter den Seligen und Heiligen eine ganz große Ausnahme.

Hier taucht die immer wieder gestellte Frage auf, ob es nicht auch für Maria und Joseph sinnvoller und sogar vollkommener gewesen wäre, überhaupt auf die Ehe zu verzichten, anstatt eine jungfräuliche Ehe einzugehen. Hat nicht Jesus Christus, nach ihm dann vor allem der Apostel Paulus, den ehelosen Stand in Jungfräulichkeit ganz hoch eingeschätzt? Und schreibt nicht die Kir-

Die Heilige Familie auf der Flucht nach Ägypten

che gerade auch deshalb den Priestern die Ehelosigkeit vor und hält an der Zölibatsverpflichtung für die Priester fest? Und hat nicht das Konzil von Trient einen eigenen Lehrsatz über den Vorrang des jungfräulichen Standes vor dem Ehestand aufgestellt mit den Worten: „Wer sagt, der Ehesand sei dem jungfräulichen oder ehelosen Stand vorzuziehen; und es sei nicht besser und seliger, in Jungfräulichkeit zu bleiben, als eine Ehe einzugehen, der sei ausgeschlossen" (DS 1810)?

Zum richtigen Verständnis des Eheschlusses Marias und Josephs müssen sicher die Zeitumstände und die Pläne der göttlichen Vorsehung beachtet werden:

Eine ganze Reihe von Gründen, wie sie bereits große Kirchenväter wie Ambrosius und Augustinus angeführt haben, haben bei Maria und Joseph trotz des Entschlusses zu immerwährender Jungfräulichkeit das Eingehen der Ehe als geraten, ja sogar als notwendig erscheinen lassen:

1. Zunächst war im israelischen Volk von damals die Anschauung vorherrschend, ein erwachsener, geschlechtsreifer Mensch könne sich unmöglich der Ehe entziehen. Es bestand zwar kein Gebot, unbedingt eine Ehe einzugehen, aber man hätte es doch als Verstoß gegen die Tradition und öffentliche Sitte angesehen, nicht zu heiraten.

Ein wichtiger religiöser Grund kam dazu: Aller Augen waren im israelitischen Volk von damals auf den verheißenen kommenden Messias gerichtet: In seinen Kindern oder Kindeskindern, Enkeln und Urenkeln hoffte der gläubige Israelit in irgendeiner Form schließlich doch noch des messianischen Segens teilhaftig zu werden. Kindersegen wurde als Erfüllung der Verheißung Gottes an Abraham angesehen, umgekehrt wurde Kinderlosigkeit als eine ganz harte Heimsuchung, vielfach sogar als Strafe Gottes aufgefaßt. So ist es begreiflich, daß sich aus dem ganzen Alten Testament keine einzige Jungfrau namhaft machen läßt, von der feststeht, daß sie ganz freiwillig und wohlüberlegt auf den Ehestand verzichtet hat.

2. Man muß auch feststellen, daß in den Augen der Israeliten von damals der Ehestand viel höher eingeschätzt wurde als die Jungfräulichkeit. Heute ist es im verflachten Christentum wieder ähnlich, von einer Hochschätzung der Jungfräulichkeit ist heute kaum mehr etwas zu spüren. Für Maria war es jedenfalls aus verschiedenen Gründen höchst angebracht, ihren Entschluß zu immerwährender Jungfräulichkeit unter dem Deckmantel der Ehe zu verbergen. Gleiches läßt sich wohl auch vom hl. Joseph sagen: Auch ihn zwangen gewissermaßen die Zeitumstände zur Eheschließung, trotz des vorhandenen Entschlusses, jungfräulich zu leben. Wer aber die Zeitumstände damals so gefügt hat, war letztlich Gott mit seiner höchst weisen Vorsehung. Der hl. Thomas von Aquin erörtert in seiner Summa theologiae [13)] die Weisheit, die

hinter der Anordnung Gottes steht, daß die beiden jungfräulichen Menschen Maria und Joseph miteinander eine Ehe, freilich eine jungfräuliche Ehe eingingen.

1. Wenn die Geburt des menschgewordenen Gottessohnes in den Augen der Welt, die damals für eine jungfräuliche Empfängnis und Geburt nicht das geringste Verständnis aufbrachte, nicht durch einen legitimen Vater geschützt gewesen wäre, so wäre der Heiland der Schmähung, Bastard oder uneheliches Kind zu sein, und seine gebenedeite jungfräuliche Mutter der Schmähung, Dirne, uneheliche Mutter zu sein, ausgesetzt gewesen. Christus und seine Mutter mußten in Ehren und unangefochten in der Öffentlichkeit auftreten können. Das war nur möglich, wenn Jesus trotz seiner jungfräulichen Zeugung in eine legitime Ehe hineingeboren wurde.

2. Dazu kommt noch, daß der verheißene Messias von König David abstammen mußte: ohne den ehelichen Bund Josephs, dieses Nachkommen Davids, mit Maria hätte Jesus Christus niemals in gesetzlich berechtigter Weise als Sohn Davids auftreten können, auch wenn Maria selbst ebenfalls aus dem Hause und Geschlechte Davids stammte.

3. Daß es außerdem für Maria weit günstiger war, wenn das jungfräulich empfangene göttliche Kind in eine Ehe hineingeboren wurde, ist leicht einzusehen, weil Maria auf diese Weise - vor allem in den Jahren der Kindheit und Jugend des Gottmenschen - einen Helfer und Beschützer in allen Nöten und Gefahren im hl. Joseph an ihrer Seite hatte. Es gibt der Angemessenheitsgründe für eine Verehelichung Marias mit dem hl. Joseph noch gar manche. Wenn das Sprichwort: „Die Ehen werden im Himmel geschlossen" je einmal Geltung hatte, dann sicher bei dem heiligen Ehebund Marias und Josephs: Von Ewigkeit her hatte der dreifaltige Gott Maria zur Mutter des Erlösers vorausbestimmt und dementsprechend auch alles, was zu diesem Zweck dienlich sein konnte, aufs trefflichste vorbereitet. Wenn sich nun also unter dem Schleier der Ehe das große Geheimnis der Menschwerdung des Sohnes Gottes vollziehen sollte, so galt es, für die künftige Mutter des Sohnes Gottes einen würdigen Ehepartner zu schaffen: „Lasset uns ihr einen Gehilfen machen, der ihr gleich ist." So mag der dreifaltige Gott auch hier - ähnlich wie bei der Ergänzung des ersten Menschen - gesprochen haben. So weit als überhaupt möglich ebenbürtig sollte der für die reinste Braut erwählte Bräutigam und Gatte sein, ebenbürtig vor allem, was die Gesinnung seines Herzens betrifft. Da finden wir es dann - wenn wir hier alles im Plan der göttlichen Vorsehung überdenken - erst recht begreiflich, daß der hl. Joseph, der seine Hand für einen jungfräulichen Ehebund mit Maria hergab, in einem ganz hohen Maß durch Tugendreichtum vor allen seinen Zeitgenossen, ja vor allen Männern aller Zeiten ausgezeichnet war. Dann begreifen wir auch, daß

diese beiden jungfräulichen Seelen sich fanden und so gut verstanden und der eine Ehepartner dem anderen den kostbaren Schatz der Jungfräulichkeit darbrachte. Dadurch, daß Joseph Maria Hand und Herz zu einem jungfräulichen Ehebund darbot und seine eigene Jungfräulichkeit als kostbares Verlobungsgeschenk überbrachte, schenkte er Maria mehr als wenn er, der verarmte Sproß aus dem königlichen Geschlecht Davids, nicht eine bescheidene Behausung mit einer Zimmermannswerkstatt, sondern ein Königreich in seine Ehe eingebracht hätte. Dadurch aber, daß im gleichen Sinn Maria den hl. Joseph zum Hüter, ja sogar zum rechtmäßigen Herrn und Eigentümer ihrer eigenen unbefleckten Reinheit und Jungfräulichkeit für immer erwählt und erkoren hat, fiel dem hl. Joseph ein Schatz zu, der sich mit nichts auf der Welt vergleichen läßt.

Die hl. Anna und der hl. Joachim

Jenes edle Ehepaar und Elternpaar, das durch die Tochter hineinragt in den Neuen Bund, darf in einem Buch über verheiratete Heilige nicht übergangen werden, auch wenn geschichtlich von ihm kaum etwas Sicheres zu berichten ist; es geht ja doch dabei um die Eltern der seligsten Jungfrau Maria und um die Großeltern des Gottmenschen Jesus Christus.

Der Name und das legendäre Leben der hl. Anna und ihres Gemahls Joachim stehen in dem um die Mitte des 2. Jahrhunderts entstandenen apokryphen „Protoevangelium des Jakobus". Dieses wurde ergänzt durch das sogenannte „Pseudo-Matthäus-Evangelium", auch „Buch über die Herkunft der seligen Jungfrau Maria" („liber de ortu beatae Mariae virginis") aus dem 5. Jahrhundert, und durch das ebenfalls apokryphe „Evangelium über die Geburt Mariä", aus dem 6. Jahrhundert [14)].

Die in den erwähnten Quellen enthaltenen Angaben ergeben kurz zusammengefaßt folgendes Lebensbild von Joachim und Anna: Joachim stammte aus Ephoris in Galiläa. Er vermählte sich mit Anna und lebte am Schaftor von Jerusalem. Er führte ein vorbildliches Leben zusammen mit seiner Gattin und war sehr wohltätig. Diesem Ehepaar blieben jahrzehntelang Kinder versagt. Eines Tages wiesen die Priester am Tempel Joachim wegen seiner Kinderlosigkeit zurück, als er ein Opfer darbringen wollte. Wegen dieser schweren Kränkung zog er sich in die Einöde zurück, wo er noch intensiver der Frömmigkeit und Wohltätigkeit lebte. Nach 20jähriger kinderlos gebliebener Ehe wurde zuerst Anna durch einen Engel getröstet: „Anna, Anna, erhört hat der Herr deine Bitte: Du sollst empfangen und gebären und dein Same soll in aller Welt genannt werden." Ähnlich kam auch zu Joachim ein Engel, der ihm sagte: „Joachim, Joachim, erhört hat der Herr Gott deine Bitte. Geh hinab von hier (nach Jerusalem zu deiner Gattin Anna)!" Anna stand vor der Tür und sah Joachim kommen. Da lief sie und hängte sich an seinen Hals und sagte: „Jetzt weiß ich, daß der Herr Gott mich reichlich segnen wird: Denn sieh, ich, die ich zuletzt als Witwe leben mußte, bin keine Witwe mehr; und ich Kinderlose soll schwanger werden."

Es kam dann zur Empfängnis und Geburt des heiß ersehnten Kindes: Es bekam den Namen Maria!

Anstelle weiterer Ausführungen in den apokryphen Evangelien sei der letzte Kirchenvater der Ostkirche, Johannes von Damaskus († um 750) zitiert, der viel zur weltweiten Verbreitung der Verehrung der hl. Mutter Anna und des hl. Joachim beigetragen hat; er sagte in einer Rede auf Mariä Geburt folgendes: „Da aus Anna die jungfräuliche Gottesmutter geboren werden sollte, wagte die Natur nicht, der Gnade vorzugreifen, und Anna blieb unfruchtbar, bis die Gnade die Frucht bildete. Sie, die den Erstgeborenen der ganzen Schöpfung, in welchem alles Bestand hat, gebären sollte, mußte selber eine Erstgeborene sein.

Joachim und Anna, du glückliches Paar! Die ganze Schöpfung ist euch verpflichtet. Denn durch euch hat die Schöpfung dem Schöpfer das vorzüglichste aller Geschenke zugeführt: die heilige Mutter, die allein ihres Schöpfers würdig war.

„Die Heilige Sippe." Nach einem Holzschnitt von Hans Baldung Grien. Links sind Josef und Maria, rechts Joachim und Anna, in der Mitte das Jesuskind zu sehen.

‚Freue dich', Anna, ‚du Unfruchtbare, die nie gebar; du, die nie in Wehen lag, brich in Jubel aus und jauchze!' Juble, Joachim, denn aus deiner Tochter wurde uns ein Kind geboren, ein Sohn geschenkt, dessen Name ist: Wunderbarer Ratgeber, Bote des Heils für die ganze Welt, Starker Gott. Ja, dieser Sohn ist Gott.

Joachim und Anna, du glückliches Paar, du makelloses Paar! An der Frucht eures Leibes erkennen wir euch, wie der Herr gesagt hat: ‚An ihren Früchten werdet ihr sie erkennen.' Ihr habt ein Leben geführt, das Gott gefiel und das des Kindes würdig war, das aus euch hervorging. Keusch und heilig habt ihr gelebt. Das Kleinod der Jungfräulichkeit habt ihr hervorgebracht, sie, die Jungfrau war vor der Geburt, in der Geburt und nach der Geburt, sie, die einzig allzeit Jungfräuliche an Geist, Seele und Leib!

Joachim und Anna, du keusches Paar! Ihr habt die Keuschheit bewahrt, das Gesetz der Natur, und Gott schenkte euch dafür, was die Natur übersteigt. Ihr habt der Welt die Mutter Gottes geboren, die keinen Mann erkannte. Ihr habt fromm und heilig nach der menschlichen Natur gelebt und eine Tochter geboren, die höher steht als die Engel, die nun die Königin der Engel ist. O schöne und liebliche Tochter, du Tochter Adams und Mutter Gottes! Selig der Vater und die Mutter, aus denen du hervorgingst! Selig die Arme, die dich getragen, selig die Lippen, die als einzige sich deiner keuschen Küsse erfreuen durften, damit du in allem immer jungfräulich bliebst!"

Die hl. Elisabeth und der hl. Zacharias

Elisabeth begrüsst Maria, Waanrode, Kirche St. Bartholomäus, 16. Jh.

Beim Übergang vom Alten zum Neuen Bund begegnet uns ein Ehepaar, dem in der Heiligen Schrift hohes Lob gespendet wird: „Zur Zeit des Herodes, des Königs von Judäa, lebte ein Priester namens Zacharias, der zur Priesterklasse Abija gehörte. Seine Gattin stammte aus dem Geschlecht Aarons; sie hieß Elisabeth. Beide lebten so, wie es in den Augen Gottes recht ist, und hielten sich in allem streng an die Gebote und Vorschriften des Herrn. Aber sie hatten keine Kinder, denn Elisabeth war unfruchtbar, und beide waren schon in vorgerücktem Alter" (Lk 1, 5-7).
Zacharias war demnach aus der Priesterklasse des Abija, der achten von insgesamt 24 Dienstklassen, in die die gesamte alttestamentliche Priesterschaft eingeteilt war und aus denen jeweils einer zum täglichen Rauchopfer im Tempel ausgelost wurde (vgl. 1 Chr 24, 7-19). Dieser Zacharias (hebräisch: zeKarjah, Sacharja = Jahwe denkt) war also Priestersohn: Es war nun nicht etwa Pflicht des jüdischen Priestersohnes, eine Priestertochter zur Gemahlin zu nehmen, aber es galt dies als Zeichen besonderer Treue gegenüber dem Gesetz Jahwes. So ist es heute noch in strenggläubigen Rabbinerfamilien. Zacharias hielt sich jedenfalls daran und heiratete eine aus dem Geschlecht des Hohenpriesters Aaron stammende Jungfrau namens Elisabeth (hebräisch: elischeba = Gott hat geschworen; nach anderen: Gott ist 7, d.h. Vollkommenheit; wieder nach anderen: vom hebräischen Gottesnamen El und beth (= Haus); also Haus Gottes).
Wie dieses Paar die Ehe in ehrfürchtiger Treue vor der Vätersitte geschlossen hatte, so führte es dann sein Eheleben streng nach Gottes Gebot und Vorschrift. Es lebte - wie früher der Schrifttext Lk 1, 6 übersetzt worden ist – „rechtschaffen vor Gott und wandelte untadelig in allen Geboten und Satzungen des Herrn". Ein solches Urteil über die Lebensführung eines israelitischen Ehepaares war doch höchstes Lob. „Eine innerlich verwurzelte und äußerlich vorbildliche Religiosität gab dem Leben der beiden das Gepräge" [15]. „Nicht alle Eheleute lebten damals so, auch nicht alle Priesterfamilien in Israel. Es gab auch eine freiere Richtung. Liberaler glaubten sie zu sein, gingen mit der Zeit, wollten es mit Gott nicht ganz verderben, aber auch nicht mit der Welt. Kultur zu haben war ihnen wichtiger als streng nach der Thora zu leben. Besonders in den höheren Priesterklassen hatten diese sadduzäisch Gesinnten ihre Vertreter."
Mit dem Lob auf die Tugendhaftigkeit des Ehepaares Zacharias und Elisabeth wollte der Evangelist Lukas vor allem die Kinderlosigkeit dieses Paares in das rechte Licht rücken. Diese wurde im Volk Israel nicht nur als schwere Last empfunden, sondern auch als Gottesurteil aufgefaßt, als Strafe für schwere Versündigung Gott gegenüber. Wenn nun Zacharias und Elisabeth trotz des tiefen Kummers wegen der Kinderlosigkeit nicht davon abließen,

Elisabeth (Bildmitte mit Kind) und Zacharias (rechts im Vordergrund), der eine Schreibtafel verlangte und darauf schrieb: „Johannes ist sein Name".

rechtschaffen zu leben, so hat ihre Frömmigkeit die Feuerprobe bestanden. Sie trugen in Demut ihr Kreuz. Darum verdienten sie sich Gottes besondere Huld: „Dein Gebet ist erhört worden", sagt der Engel Gabriel zu Zacharias im Tempel. „Deine Gattin Elisabeth wird dir einen Sohn gebären: Dem sollst du den Namen Johannes (griechische Form des hebräischen Johanan = „Der Herr ist gnädig") geben. Eine sehr gute deutsche Übersetzung des Namens Johannes ist Gotthold. Das war tatsächlich der rechte Name für dieses Kind der Gnade, das dem Erlöser die Wege bereiten und die Zeit der Gnade ankündigen sollte.

Es ist menschlich gut zu verstehen, daß Zacharias über die Ankündigung des Engels maßlos erstaunt war und zweifelnd fragte: „Woran soll ich erkennen, daß das wahr ist? Ich bin doch ein alter Mann und auch meine Gattin ist in vorgerücktem Alter" (Lk 1, 18). Dennoch verdiente der Zweifel des Zacharias sühnende Strafe, weil ihm ja ein Engel, ein Gottesbote, und zwar an heiliger Stätte, im Tempel, das Wunderbare in Aussicht gestellt hatte. Das hätte doch bei einem alttestamentlichen Priester zum Glauben, zum dankbar frohen Bejahen des ihm Geoffenbarten genügen müssen.

Von Elisabeth wird in der Hl. Schrift kein Zweifel berichtet. P. Ketter meint wohl mit Recht: „Ihre Frauenseele lebte mehr in jenem Bereich der Geheimnisse, wo sich Natur und Übernatur begegnen, als die Priesterseele ihres Mannes."

Ein neuer Lebensabschnitt begann nun für dieses Ehepaar, vor allem für Elisabeth. Nur Mütter können ihr nachempfinden, welche Umwandlung in ihrem ganzen Sein nun vor sich ging, als der Schöpfer sie noch in vorgerücktem Alter in seinen Dienst nahm.

„Als die Tage seines Dienstes (im Tempel) zu Ende waren, kehrte Zacharias nach Hause zurück. Bald darauf empfing seine Gattin Elisabeth einen Sohn und lebte fünf Monate zurückgezogen. Sie sagte: „Der Herr hat mir geholfen; er hat in diesen Tagen gnädig auf mich geschaut und mich von der Schande befreit, mit der ich in den Augen der Menschen beladen war" (Lk 1, 23-25).

Was kann man aus dem Selbstgespräch, das uns Lukas von Elisabeth überliefert hat, herauslesen? Fürs erste, daß sie wirklich das empfangene Kind als Segen und Hulderweis Gottes empfand. Sie hatte sich doch mit ihrem Gatten so lange nach einem Kind gesehnt und darum jahrelang mit ihm zusammen gebetet. Das Zweite: Sie war Gott dankbar, daß er sie von der Schande, mit der sie in den Augen der Menschen beladen war, befreit hat. Aber warum hielt sich Elisabeth fünf Monate lang in tiefer Zurückgezogenheit? Wollte sie etwa erst dann wieder unter den Mitmenschen erscheinen, als es auch äußerlich sichtbar geworden war, daß Gott die Schande der Kinderlosigkeit von ihr genommen habe? Ein viel höherer Beweggrund hielt sie in der Stille und Verborgenheit ihres Hauses zurück: Sie floh das laute Treiben der Menschen, um mit Gott allein sein zu können und so ihrem Kind in den fünf Monaten stiller Einkehr das rechte Reifen und die Segensfülle ungestörter Gottesnähe zu verschaffen. Man hat wohl mit Recht bemerkt, daß in dieser stillen, adventlichen Zeit der Elisabeth ihrem Sohn die Liebe zur Einsamkeit, wie er sie später in der Wüste gesucht hat, in Fleisch und Blut hineingewachsen sei. Und das, was in den ersten fünf Monaten in stillem Reifen im Mutterschoß grundgelegt worden war, wurde dann vollendet durch den Hauch des Hl. Geistes, als im sechsten Monat Maria zu Elisabeth kam. War schon die erste Begegnung der beiden gesegneten Mütter von Wundern der Gnade begleitet, so wird der Segensstrom in den drei Monaten des Zusammenseins der beiden Frauen in guter Hoffnung dann noch viel reicher geflossen sein (vgl. Lk 1, 39-56).

Als dann am Ende der neun Monate Elisabeth ihr Kind geboren hatte und in den Armen hielt, war es ein Tag der Freude nicht bloß für sie und ihren Gemahl Zacharias. „Ihre Nachbarn und Verwandten hörten, welch großes Erbarmen der Herr ihr (Elisabeth) erwiesen hatte, und freuten sich mit ihr" (Lk 1, 58). Zu Zacharias hatte der Engel Gabriel im Tempel nach der Ankündigung der Geburt eines Kindes durch Elisabeth gesagt: „Große Freude wird dich erfüllen, und auch viele andere werden sich über seine (des Johannes) Geburt freuen" (Lk 1, 14). Zacharias freute sich überdies, daß die Strafe der Stummheit wieder von ihm genommen wurde. Er benützte die wiedererlangte Fähigkeit zu reden, um Gott aus ganzem Herzen dankbar und prophetisch zu preisen: „Sein Vater Zacharias wurde vom Hl. Geist erfüllt und begann prophetisch zu reden: ‚Gepriesen sei der Herr, der Gott Israels...' " (Lk 1, 67 ff).

Wie es im Leben des Ehepaares Elisabeth und Zacharias weitergegangen ist, wissen wir nicht. Die Hl. Schrift schweigt darüber. Auf jeden Fall klingt das von Zacharias angestimmte Gotteslob als „Benedictus"-Hymnus im täglichen Stundengebet der Priester und Ordensleute in den „Laudes" weiter. Nach der apokryphen „Apokalypse des Zacharias" aus dem 3./4. Jahrhundert sei Zacharias durch Herodes im Tempel ermordet worden. Er galt jedenfalls schon in der frühchristlichen Zeit als Heiliger, dessen Gedächtnistag der 5. November ist, genauso wie der seiner heiligen Gemahlin Elisabeth. Während man erst in der durch das II. Vatikanische Konzil ausgelösten Liturgie- und Kalenderreform begonnen hat, heilige Ehepaare nicht mehr getrennt, sondern zusammen zu feiern, z. B. die Eltern der seligsten Jungfrau, Joachim und Anna, sowie das heilige Kaiserpaar Heinrich und Kunigunde, wurden die Eltern Johannes des Täufers immer schon am gleichen Tag gefeiert und im Martyrologium Romanum zusammen erwähnt, wo es am 5. November heißt: „Der heilige Priester und Prophet Zacharias, der Vater Johannes des Täufers, des Vorläufers des Herrn; und die heilige Elisabeth, die Mutter des hochheiligen Vorläufers."

Die hl. Salome und Zebedäus

Ein biblisches Ehepaar, das am Anfang des Neuen Bundes die Freude und Ehre erlebte, dem Herrn Jesus zwei Söhne für das Apostelkollegium zur Verfügung stellen zu dürfen, ist die hl. Salome mit ihrem Gatten Zebedäus.
Von keinem Apostel werden im Neuen Testament Vater und Mutter genannt als nur von Jakobus dem Älteren und seinem jüngeren Bruder Johannes. Zebedäus-Zebedaios (griechische Form des hebräischen Namens Sebadja = „Der Herr schenkt"; „Geschenk Gottes") wird im Neuen Testament dreimal namentlich als Vater der Apostel Jakobus und Johannes genannt (vgl. Mt 20, 20; 27, 56 und Lk 5, 10), die ihm von seiner Gemahlin Salome geboren wurden. Ob sie ihm auch weitere Kinder geboren hat, ist nicht bekannt. Es wird in der Hl. Schrift von ihm sonst nur erwähnt, daß er von Beruf Fischer war, auf dem See Genezareth sein Gewerbe ausübte und wahrscheinlich in Bethsaida wohnte. Da er ein Boot mit Fischernetzen besaß und neben seinen beiden Söhnen auch Tagelöhner beschäftigte, kann man wohl mit Recht folgern, daß seine Familie zu den wohlhabenderen im Ort gehörte.
Daß etwa auch Zebedäus wie seine beiden Söhne sich später zur engeren Nachfolge Jesu entschlossen habe, wird nirgends im Neuen Testament gesagt. Auch die spätere Legende scheint sich mit ihm nicht weiter befaßt zu haben. Vermutlich ist er während des öffentlichen Wirkens Jesu verstorben, weil seine Gattin sich bald schon mit anderen Frauen dem Herrn anschloß, um ihm zu dienen.
Zebedäus' Gattin namens Salome („Frieda"), von deren Kindheit und Jugend nichts bekannt ist, war eine Schwester oder nahe Verwandte der Mutter Jesu (vgl. Joh 19, 25; Mk 15, 40; Mt 27, 56).
Mit Not und Entbehrung wie so viele andere jüdische Frauen zur Zeit Jesu brauchte Salome vermutlich nicht zu kämpfen, weil ihr Gatte Zebedäus – wie oben bemerkt wurde – höchstwahrscheinlich einen gutgehenden Fischereibetrieb leitete. Der größte Reichtum ihres Hauses aber, zugleich ihr Stolz und ihre Freude, waren ihre beiden Söhne Jakobus und sein jüngerer Bruder Johannes. Wie ihr Vater wandten auch sie sich dem Fischerhandwerk zu und gingen gemeinsam mit dem Vater, vielfach auch gemeinsam mit dem anderen Brüderpaar Simon Petrus und Andreas, ihrem Gewerbe nach (vgl. Lk 5, 9).

Vom Leben des Ehepaares Zebedäus und Salome berichtet die Hl. Schrift nichts weiter. Wir dürfen aber wohl ohne weiteres annehmen, daß ihr Ehe- und Familienleben denkbar gut und glücklich war, denn es stellte sich fürs erste – worauf israelitische Ehegatten größten Wert legten – Kindersegen ein; überdies war die Grundbedingung für jedes glückliche und friedliche Zusammenleben erfüllt: Seelenadel der Ehepartner und tief religiöser Geist, von dem die ganze Familie beseelt war. Das darf doch daraus geschlossen werden, daß sich die beiden Söhne des Zebedäus und der Salome schon früh der messianischen Bewegung anschlossen, die durch das Auftreten Johannes des Täufers geweckt worden war. Der jüngere Sohn Johannes war mit seinem befreundeten Landsmann Andreas der erste, der vom Vorläufer auf Jesus als Lamm Gottes hingewiesen wurde und dann jene beglückende Begegnung mit dem Messias erlebte, deren genaue Stunde und deren Umstände ihm noch im höchsten Alter ganz lebendig in Erinnerung blieben (vgl. Joh 1, 35 ff). Johannes führte dann seinen Bruder Jakobus dem Herrn zu wie Andreas seinen Bruder Simon Petrus.

Die endgültige Berufung der beiden Zebedäussöhne erfolgte später von der Seite des Vaters weg, als Jesus eines Tages – werbend – am Gestade des Sees Genezareth wandelte (vgl. Mk 1, 19-21). Da erblickte er in einem Kahn den Vater Zebedäus mit seinen beiden Söhnen und seinen Gehilfen, wie sie gerade die Fischernetze reinigten und zu neuem Fischfang herrichteten. Das Auge des besten Menschenkenners entdeckte in den beiden Söhnen des Zebedäus und der Salome Seelen voll Feuerglut und Großmut, trefflich geeignet für den Apostelberuf. Jesus rief sie – und ohne Zögern verließen sie das Boot, den Vater sowie ihre gewohnte Arbeit und schlossen sich dem armen, bisher doch noch wenig bekannten Wanderprediger aus Nazareth an. Die Mutter Salome mag arg erschrocken sein, als ihr Mann Zebedäus an jenem Abend langsam und sinnend seinem Haus zuschritt und ihr zögernd die Kunde überbrachte, ihre beiden Söhne hätten sich Jesus endgültig angeschlossen und würden kaum mehr in die Familie zurückkehren.

Salome, von der wir aus der Hl. Schrift erfahren, daß sie von ihren beiden Söhnen große Stücke hielt und an ihnen hing, wäre nicht eine richtige Mutter gewesen, hätte sie ihre Söhne ohne Tränen und Klagen ziehen lassen. Doch bald mag sie sich gefaßt haben, da sie zu hören bekam, die beiden Söhne gehörten bereits zum engsten Kreis der bevorzugten Jünger Jesu und Johannes werde geradezu als „der Jünger, den Jesus lieb hat", bezeichnet; Jesus selbst habe ihm und seinem Bruder Jakobus den Beinamen „Boanérges – Donnersöhne" gegeben; daß dieser Name zu ihrem Temperament paßte, zeigen die Szenen, wie sie bei Lk 9, 54 und Mk 9, 38 geschildert werden.

Das schönste Zeugnis für Salome liegt darin, daß sie zuletzt nicht nur ihre beiden mit dem ganzen Aufgebot der Erziehungskunst einer gläubig frommen israelitischen Mutter erzogenen Söhne gerne für die engste Nachfolge Jesu freigab, sondern sich auch selbst – höchstwahrscheinlich nach dem Tod ihres Gatten Zebedäus – dem Herrn zur Verfügung stellte, zusammen mit anderen Frauen dienend und finanziell helfend (vgl. Mk 15, 40; Lk 8, 2). So konnte sie dann teilweise aus der Nähe beobachten, wie Christus ihre Söhne schätzte und vor anderen bevorzugte. Sie durften dabei sein, als Jesus das Töchterlein des Jairus vom Tod zum Leben erweckte, desgleichen als er auf der Höhe des Berges Tabor verklärt wurde; ebenso dann aber auch, als er am Ölberg mit der Taufe des bitteren Leidens getauft wurde. Da mag sich Salome dann an das erinnert haben, was der Herr damals zur Antwort gegeben hatte, als sie, die Mutter, allzu ehrgeizig für ihre Söhne eine recht unbescheidene Bitte an den Herrn gerichtet hatte. „Damals kam die Frau des Zebedäus mit ihren Söhnen zu Jesus und fiel vor ihm nieder, weil sie ihn um etwas bitten wollte. Er fragte sie: ‚Was willst du?‘ Sie antwortete: ‚Versprich, daß meine beiden Söhne in deinem Reich rechts und links neben dir sitzen dürfen.‘ Jesus erwiderte: ‚Ihr wißt nicht, um was ihr bittet. Könnt ihr den Kelch trinken, den ich trinken werde?‘ “ (Mt 20, 20-23). „‚Könnt ihr die Taufe auf euch nehmen, mit der ich getauft werde?‘ Sie antworteten: ‚Wir können es.‘ Da sagte Jesus zu ihnen: ‚Ihr werdet zwar den Kelch trinken, den ich trinke, und die Taufe empfangen, mit der ich getauft werde. Doch den Platz zu meiner Rechten und zu meiner Linken habe nicht ich zu vergeben; dort werden die sitzen, für die diese Plätze bestimmt sind‘ “ (Mk 10, 38-40).

Wie kam Salome zu dieser Bitte, die nicht nur die Rücksicht auf die anderen Apostel vermissen läßt, sondern auch in sich sehr anmaßend erscheint? Nicht lange vorher hatte Petrus für alle Zwölf die Lohnfrage an den Herrn gerichtet, der dem reichen Jüngling Herrliches in Aussicht gestellt hatte, wenn er alles verlasse und ihm nachfolge. „Da nahm Petrus das Wort und sagte zu ihm: ‚Du weißt, wir haben alles verlassen und sind dir nachgefolgt. Was werden wir dafür bekommen?‘ Jesus erwiderte ihnen: ‚Amen, ich sage euch: Wenn die Welt neu geschaffen wird und der Menschensohn sich auf den Thron der Herrlichkeit setzt, werdet ihr, die ihr mir nachgefolgt seid, auf zwölf Thronen sitzen und die zwölf Stämme Israels richten‘ “ (Mt 19, 27-28). Salome wußte also, daß ihren Söhnen zwei Thronsitze im künftigen Messiasreich zugesichert waren. Das genügte aber ihr und ihnen noch nicht.

Was mag wohl die Mutter Salome bei der Antwort Jesu vom Trinken des Kelches mit ihm und vom Eingetauchtwerden in das Taufbad wie er gedacht haben, wo doch diese beiden Bilder nach biblischem Sprachgebrauch auf schwere Leiden hinweisen? Ob diese Mutter nicht erschrak und dunkel ahnte, daß ihren Söhnen sehr Schweres und Leidvolles bevorstand? Es wird uns an der entsprechenden Schriftstelle nichts darüber gesagt, aber wir erfahren später von den gleichen Evangelisten Matthäus und Markus, die uns von Salomes mütterlichem Ehrgeiz berichtet haben, daß sie nicht bloß eine ehrgeizige Familienmutter, sondern auch eine tapfere, heldenmütige Frau war, die auch dann noch zu Jesus unter dem Kreuze stand, als alles so ganz anders gekommen war, als sie es erhofft hatte. Sie fühlte sich auch nicht zurückgesetzt, als der sterbende Jesus zuletzt am Kreuz das Teuerste, das ihm noch geblieben war, nämlich seine Mutter, ihrem Sohn Johannes übergab (vgl. Joh 19, 27). Salome hat hochherzig nach dem Tod Jesu beigesteuert, um für das Begräbnis Jesu Spezereien zu kaufen. Salome gehörte dann auch zu jenen Frauen, die am Ostermorgen zum Grabe eilten, um dem toten Meister den letzten Liebesdienst zu erweisen, stattdessen aber den Auferstandenen schauen durften. Salome wird dann wohl noch erlebt haben, daß ihr Sohn Jakobus als erster Apostel sein Leben im Martyrium für Christus hingab, als er um das Jahr 42 enthauptet wurde.

Ehrenvolles hat die Gattin des Zebedäus, die Mutter der beiden Apostel, vom Herrn erbeten, Opfervolles wurde ihr angekündigt. Weil aber die Mutter Salome und ihre beiden Söhne das Opfer annahmen und bejahten, hat Gott sich an Großmut im Belohnen sicher nicht übertreffen lassen. In manchen Diözesen vor allem Italiens wird jedenfalls das Fest der heiligen Ehegattin und Apostelmutter Salome gefeiert, und zwar am 22. Oktober. Es ist sicher berechtigt, dabei auch an den Ehegatten und Familienvater Zebedäus zu denken, der seinen beiden Söhnen nicht nur im Fischerhandwerk Lehrmeister und Vorbild war, sondern auch im gläubig vertrauensvollen Hoffen auf den Messias, dem dann Jakobus und Johannes ganz besonders treu gedient haben [16].

Der hl. Basilius der Ältere und die hl. Emmelia

* um 270 in Kappadokien
† vor 349 (vermutlich 330)
Vater von zehn Kindern

Basilius war der Sohn vermögender christlicher Eltern aus Caesarea in Kappadokien, die während der Christenverfolgung durch Kaiser Maximus Haus und Hof verlassen und versteckt in den waldreichen Bergen des Pontus sie-

ben Jahre lang (von 304-311) ihr Leben fristen mußten. In der Grabrede auf seinen Freund Basilius den Großen nennt der hl. Gregor von Nazianz [17] nur die Großmutter, die hl. Macrina die Ältere, nicht aber den Großvater.
Basilius der Ältere, der Vater des hl. Basilius des Großen, wuchs in Caesarea in Kappadokien auf, studierte Jurisprudenz und Rhetorik und übte dann den Beruf eines Advokaten und Rhetorikprofessors in Caesarea aus. Gregor der Jüngere von Nazianz schildert den Vater seines Freundes Basilius des Großen in seiner genannten Grabrede auf diesen als einen aufrechten Christen und Lehrmeister jeder Tugend.
Basilius der Ältere war verheiratet mit der hl. Emmelia, einer Frau von vorzüglicher tugendhafter Gesinnung und hervorragender Schönheit; sie hatte früh ihre Eltern verloren und heiratete deshalb Basilius den Älteren, um so vielen Gefahren der Welt zu entgehen. Der Ruf dieses christlichen Ehepaares verbreitete sich sehr rasch in ganz Pontus und Kappadokien, besonders weil es einen großen Eifer im Verrichten der Werke der leiblichen Barmherzigkeit den Armen und Pilgern gegenüber zeigte.
Aus der Ehe dieses edlen, ja heiligen Ehepaares Basilius des Älteren und Emmelias gingen zehn Kinder hervor, darunter als die berühmtesten der hl. Basilius der Große, der hl. Gregor von Nyssa, die hl. Macrina die Jüngere und der hl. Petrus von Sebaste.
Mit ganz besonderer Liebe und Sorgfalt kümmerte sich die hl. Emmelia um die christliche Erziehung ihrer Kinder; sie brachte ihnen sehr früh schon die Kenntnis und Hochschätzung des Wortes Gottes in der Hl. Schrift bei. Sie wollte ihnen anhand des alttestamentlichen Buches der Weisheit christliche Lebensgrundsätze vertraut machen.
Basilius der Ältere starb bald nach der Geburt seines letztgeborenen Kindes, des späteren Bischofs Petrus von Sebaste, um 349. Seine Gemahlin, die hl. Emmelia, zog sich, nachdem sie alle ihre Kinder versorgt wußte, in ein Kloster zu Anessi zurück. Dort starb Emmelia in hohem Alter um 372 unter dem Beistand ihrer heiligen Tochter Macrina und ihres heiligen Sohnes Petrus von Sebaste.
Die Namen des hl. Basilius des Älteren und seiner Gemahlin Emmelia hat C. Baronius am 30. Mai in das „Martyrologium Romanum“ eingefügt. An diesem Tag begehen die italogriechischen Mönche Kalabriens das „Fest der Verwandtschaft des hl. Basilius des Großen“.
Sehen wir uns nur kurz das Leben der heiligen Tochter und der heiligen Söhne dieses heiligen Ehepaares Basilius des Älteren und der Emmelia an:
1. Die hl. Macrina die Jüngere – so benannt nach ihrer heiligen Großmutter Macrina der Älteren – wurde um 327 in Caesarea in Kappadokien geboren. Sie muß von großer Schönheit gewesen und deshalb viel umworben worden

sein; ihr Vater Basilius der Ältere wählte aus den vielen Bewerbern als Bräutigam seiner schönen Tochter einen aus, von dem er annahm, daß er am meisten seinen Vorstellungen entsprechen würde. Als aber dieser Bräutigam noch vor der Vermählung plötzlich starb, tat Macrina, die immer mehr zum jungfräulichen Stande geneigt hatte, so als ob sie ihrem verstorbenen Bräutigam über das Grab hinaus die Treue halten wollte. Sie half zunächst ihrer bald nach der Geburt des jüngsten Kindes, des Petrus von Sebaste verwitweten Mutter und stand ihr bei der Erziehung ihrer jüngeren Geschwister bei. Als dann alle Kinder gut ausgebildet und versorgt waren und der Mutter nicht mehr bedurften, überzeugte Macrina ihre Mutter, sie wolle nun ein gottgeweihtes Leben führen in der Einöde von Anessi bei Hore im Pontus am Ufer des Iris-Flusses. Die Mutter Emmelia war einverstanden und folgte dem Beispiel ihrer Tochter. Sie begannen zusammen mit mehreren Dienstmägden am genannten Ort ein klösterliches Leben zu führen. Als die Mutter Emmelia dort um 373 starb, nachdem sie im entstandenen Kloster die Funktion einer Oberin heiligmäßig ausgeübt hatte, folgte ihr ihre Tochter Macrina die Jüngere in diesem Amt nach. Neben dem Frauenkloster entstand auch ein Männerkloster, in das sich Petrus, der jüngste Bruder der hl. Macrina d. J. zurückgezogen hat. Auf die beiden älteren Brüder, den hl. Basilius den Großen und den hl. Gregor von Nyssa, hat ihre Schwester Macrina die Jüngere in der Kindheit und Jugend großen Einfluß ausgeübt; sie blieben auch im reifen Alter als Bischöfe mit ihrer heiligen Schwester, die nun Nonne war, in Verbindung. Macrinas ältester Bruder, Basilius der Große, der 370 Bischof von Caesarea in Kappadokien geworden war, besuchte seine heilige Schwester im Frauenkloster zu Anessi und weihte seinen Bruder Petrus, der im nahen Mönchskloster als Mönch lebte, zum Priester, damit er seine Schwester Macrina und ihre Mitschwestern seelsorglich betreuen könne.

Der jüngere Bruder der hl. Macrina der Jüngeren, der hl. Gregor von Nyssa, der 371 Bischof von Nyssa geworden war, suchte ebenfalls seine Schwester Macrina im Kloster zu Anessi auf; es war zu Beginn des Jahres 380. Es kam bei dieser Begegnung zu ausführlichen religiösen Gesprächen, die ihren Niederschlag fanden im Werk des hl. Gregor von Nyssa „Über die Seele und die Auferstehung“ [18]. Bald darauf starb die hl. Macrina am 19. Juli 380. Sie wurde in der zu Ehren der 40 Märtyrer von Sebaste erbauten Kirche in der Nähe ihres Klosters begraben. Dort wurden auch die heiligen Eltern Basilius der Ältere und Emmelia beigesetzt. C. Baronius hat die kultische Verehrung der hl. Macrina der Jüngeren auch im Abendland verbreitet durch Einfügung ihres Namens in das Martyrologium Romanum, wo es zum 19. Juli heißt: „In Cappadocia memoria sanctae Macrinae Virginis, sororis sanctorum Basilii Magni et Gregorii Nysseni“.

2. Basilius der Große wurde um 329-330 in Caesarea in Kappadokien als ältester der Söhne des heiligen Ehepaares Basilius des Älteren und Emmelias geboren. Die früheste Kindheit verbrachte das kränkliche Kind im Landgut zu Anessi, nicht weit entfernt von Neocaesarea, wo er von der Großmutter, der hl. Macrina der Älteren, liebevoll umsorgt wurde. Er kam dann nach einer fast tödlichen Krankheit, die er zum Staunen seiner Angehörigen gut überstanden hatte, zu seinen Eltern nach Caesarea zurück. Mit 13/14 Jahren verlor er den Vater (um 343). Er besuchte die Schulen in Caesarea in Kappadokien, dann die Hochschulen in Konstantinopel, schließlich in Athen, wo er mit seinem Landsmann Gregor von Nazianz Freundschaft für das Leben schloß. Um 356 in seine Heimat zurückgekehrt, lehrte Basilius der Große kurze Zeit Rhetorik, entschloß sich jedoch bald, der Welt zu entsagen. Er empfing die Taufe und besuchte, um den Geist des Mönchtums kennenzulernen, die berühmtesten Asketen zu Syrien, Palästina, Ägypten und Mesopotamien. Darauf lebte er mit Gleichgesinnten in einer Einöde in der Nähe von Neocaesarea im Pontus. Als ihn hier Gregor von Nazianz um 358 besuchte, stellten beide in gemeinsamer Arbeit die „Philokalia", eine Blütenlese aus den Schriften des Origenes zusammen; sie schrieben hier auch die beiden Mönchsregeln, die für die Weiterentwicklung und Ausbreitung der monastischen (cönobitischen) Lebensweise im Orient von entscheidender Bedeutung wurden.

Bischof Eusebius veranlaßte die Heimkehr Basilius des Großen aus der Einsamkeit in die Heimat Caesarea. Er ließ sich zum Priester weihen und begann seelsorglich zu arbeiten. Im Jahre 370 wurde Basilius dann Bischof von Caesarea und damit Metropolit von Kappadokien. Seine weitreichende Tätigkeit als Seelsorger, Caritas-Apostel und führender Oberhirte hat ihm schon zu Lebzeiten den Beinamen „der Große" verschafft. Besonders wichtig war sein erfolgreicher Kampf gegen den unter Kaiser Valens wieder mächtig gewordenen Arianismus. Seine vermittelnde und ausgleichenden Tätigkeit hat nicht unwesentlich dazu beigetragen, den 381 offenkundig werdenden Zusammenbruch des Arianismus herbeizuführen. Er starb 379, sein Gedächtnistag ist der 14. Juni.

3. Gregor von Nyssa, der jüngere Bruder des hl. Basilius des Großen und der hl. Macrina der Jüngeren, wurde um 335 in Caesarea in Kappadokien geboren. Wir wissen nicht viel von seiner Kindheit und Jugend sowie von seinen Studien. Für ihn jedenfalls haben die heiligen Eltern nicht die Kosten ausgedehnter Studien bestritten wie für seinen älteren Bruder Basilius. Gregor hat Kappadokien nie verlassen; er mußte seine Bildung von den Schulen Caesareas allein beziehen. Liebten ihn die Eltern weniger? Vermutlich hatten sie ihn von vornherein für den Klerikerstand bestimmt und ihm die Berufswahl

abgenommen. Statt sich aber dem Klerikerstand zu verschreiben, wurde Gregor Rhetor. „War es ein Zögern oder der Wille, seine Persönlichkeit durchzusetzen, oder die Unbeständigkeit einer ängstlichen Natur? Es ist schwer zu sagen. Anscheinend hat ihn die heidnische Kultur bestochen, zumal damals Kaiser Julian der Apostat ihr neuen Glanz verlieh. Gregor heiratete Theosebeia, eine Frau von hoher außergewöhnlicher Begabung und ausgezeichneter Bildung, an der er leidenschaftlich hing. Man sollte die Vorwürfe nicht zu wörtlich nehmen, die er sich in seinem „Traktat über die Jungfräulichkeit" gemacht hat, daß er „das gemeine Leben" gewählt habe, denn davon ist allerlei Schwulst abzustreichen. Er verzichtete auf die Rhetorik, aber nicht auf die Ehe. Er blieb auch verheiratet, als sein Bruder Basilius der Große ihn um 371 zum Bischof des Städtchens Nyssa im östlichen Teil Kappadokiens machte. Das Eheleben scheint ihn in seiner geistigen Entfaltung ebensowenig behindert zu haben wie den hl. Hilarius von Poitiers. So schreibt A. Hamman in seinem kleinen Büchlein „Die Kirchenväter" [19]. „Theosebeia starb um 385. Wir besitzen ein Beileidsschreiben, das der Bischof Gregor von Nazianz dem verwitweten Bischof Gregor von Nyssa gesandt hat, worin die Verstorbene als ‚wahrhaft Heilige und wahrhafte Gattin eines Priesters' gewürdigt wird. Gregor von Nyssa anerkannte die Rechtmäßigkeit der ehelichen Freuden, er hat uns davon eine ergreifende Schilderung hinterlassen. Die Zweifel, die er dem Leib und dem sexuellen Leben gegenüber äußerte, mögen nicht aus seiner Erfahrung gekommen sein, sondern aus seiner platonisch beeinflußten Philosophie. Im übrigen sind wir wenig über das weitere Leben Gregors von Nyssa unterrichtet. Er führte offenbar mit Theosebeia ein zurückgezogenes Leben und ging so sehr im Studium und in geistlichen Übungen auf, daß er nicht einmal seinen Bruder Basilius, trotz dessen Aufforderungen, in seiner Einsamkeit aufgesucht hat. Mit seiner Schwester Macrina blieb er ständig in Beziehung, er war ihr tief verbunden, war ihm doch, als fände er in ihr etwas vom Erbe der Vorfahren. Sie leitete eine klösterliche Gemeinschaft von Frauen in derselben Gegend. Gregor von Nyssa nennt Macrina seine ‚Seelenführerin' und beschreibt ihr Leben und ihr Sterben, dem er beiwohnte, in einem kleinen Buch („Vita sanctae Macrinae"), das ein Meisterwerk der Empfindungsfähigkeit ist. Um jene Zeit, nämlich seit 371, hatte Gregor den Bischofssitz von Nyssa inne – er war ihm von seinem Bruder Basilius, wie er sagte, ‚aufgezwungen worden'. Doch war er dann ein eifriger Bischof, der sich für seine Diözese einsetzte und von ihr hochgeschätzt wurde. Er reifte zudem zum großen Theologen und Mystiker sowie zum Vater der mystischen Theologie heran."

4. Petrus von Sebaste, der jüngste Sohn und das zehnte Kind des heiligen Elternpaares Basilius des Älteren und Emmelias, wurde vor 349 geboren.

Nach dem Tod seiner Eltern wurde er von seiner heiligen Schwester Macrina der Jüngeren erzogen. Er wurde Mönch in der vom hl. Basilius dem Großen im Pontus gegründeten klösterlichen Gemeinschaft und später deren Leiter. 370 erhielt er aus der Hand seines Bruders Basilius die Priesterweihe. 379/381 wurde er Bischof von Sebaste in Armenien. Er starb 392.
So viel über die wichtigsten vier der zehn Kinder des heiligen Ehepaares Basilius des Älteren und der Emmelia [20]. Sie ragen vor den übrigen sechs frühzeitig verstorbenen Kindern nicht bloß wegen ihrer hervorragenden kirchlichen Stellung (drei Bischöfe, zwei davon hochbedeutsame Kirchenlehrer, eine Tochter Klostergründerin und Äbtissin), sondern vor allem durch die Heiligkeit ihres Lebens hervor und machen ihren heiligen Großeltern und Eltern sowie der gesamten Kirche des Ostens wie des Westens Ehre.

Der hl. Gregor der Ältere von Nazianz und die hl. Nonna

* um 274 n. Chr.
† 374 fast 100jährig wie seine heilige Gattin Nonna
Vater von drei heiligen Kindern
325 Bekehrung zum Christentum durch seine Gemahlin
beruflich zuerst Staatsbeamter, dann ab 329 Bischof von Nazianz

Gregor von Nazianz der Ältere. Russische Ikone 18. Jh.

Ein Heiliger der Ostkirche, der vermählt war mit einer Heiligen, nämlich mit der hl. Nonna, die ihm drei heilige Kinder schenkte, ist der hl. Gregor der Ältere von Nazianz.
Er wurde um 274 geboren. Er war reicher Gutsbesitzer in Arianz bei Nazianz und zugleich hoher Staatsbeamter. Weltanschaulich gehörte er zuerst einer eigenartigen Sekte an, die in ihrem Glauben eine Mischung aus heidnischen und jüdischen Elementen vereinigte und den „Zeus hypsistos" verehrte. Durch seine christliche Gattin, die hl. Nonna, wurde der 45jährige Staatsbeamte zum Christentum bekehrt. Er ließ sich 325 taufen und widmete sich nun sehr intensiv dem Glaubensleben in der Christengemeinde von Nazianz in Kappadokien, die ihn vier Jahre später, 329, sogar zu ihrem Bischof wählte. Durch die Anerkennung der arianisierenden Formel der Synode von Rimini (359) verfeindete sich Bischof Gregor der Ältere mit den Mönchen von Nazianz. Sein Sohn Gregor der Jüngere konnte durch sein Ansehen und seine Rednergabe in diesem Streit friedensstiftend vermitteln.
Im Jahre 374 starb Bischof Gregor der Ältere von Nazianz fast 100jährig. Sein bischöflicher Sohn Gregor der Jüngere von Nazianz hielt ihm die Grabrede [21)].
Die Gemahlin Gregors des Älteren von Nazianz, die hl. Nonna, Tochter eines gewissen Philantios, muß nach dem Bild, das ihr bischöflicher Sohn, der

hl. Gregor der Jüngere von Nazianz, in der Grabrede auf seinen Vater [22] sowie in seinen Grabreden auf seinen Bruder Caesarius [23] und auf seine Schwester Gorgonia [24] entworfen hat, das Muster einer christlichen Gattin und Familienmutter gewesen sein: sie sei immer bemüht gewesen, alle christlichen Tugenden zu üben, wie sie zu einem wahrhaft christlichen Leben gehören; sie sei überaus fromm und von großer Bescheidenheit gewesen und habe eine rührende Liebe zu den Armen gezeigt; sie hat vor allem ihre drei Kinder so erzogen, daß in ihnen das Fundament für ihre spätere Heiligkeit gelegt wurde.

Die hl. Nonna hat ihr heiliges Leben heilig abgeschlossen, als sie 374 in der Kirche während der Eucharistiefeier, der sie gewohnheitsmäßig beiwohnte, starb. Der große Kirchenhistoriker Caesar Baronius hat die kultische Verehrung dieser edlen Frau und Mutter auch im Abendland stark gefördert, weil er sie für den 5. August in das „Martyrologium Romanum" aufnahm.

Wenn wir uns noch kurz das Leben der drei heiligen Kinder des heiligen Ehepaares Gregors des Älteren von Nazianz und der hl. Nonna ansehen, so ist folgendes festzuhalten:

1. Gregor der Jüngere von Nazianz wurde 330 geboren. Er studierte in Caesarea in Kappadokien sowie in Caesarea in Palästina, hierauf in Alexandria in Ägypten und zuletzt fast zehn Jahre lang in Athen, wo er für das ganze weitere Leben Freundschaft mit dem hl. Basilius schloß. Um 358 kehrte er nach Nazianz zurück und war nun kurze Zeit als Professor der Rhetorik tätig. Jetzt erst ließ er sich taufen. Eine Zeitlang wollte er damals Mönch werden. Um 362 wurde er gegen seinen Willen auf Drängen der Gemeinde von seinem bischöflichen Vater zum Priester geweiht. Unmutig über die ihm angetane „Gewalt", floh er in die Einöde und schrieb zu seiner Rechtfertigung sein „Apologetisches Buch über die Flucht" (von der Würde und Bürde des Priesterberufes). Bald jedoch kehrte er nach Nazianz zurück und stand seinem Vater in der Verwaltung der Diözese und in der Seelsorge zur Seite. Als dann der hl. Basilius zur Festigung seines durch die Teilung Kappadokiens verminderten Einflusses als Metropolit neue Bischofssitze gründete und deshalb seinen auch jetzt widerstrebenden Freund Gregor zum Bischof der kleinen Stadt Sasima weihte, trat dieser sein neues Amt in dem „verwunschenen und elenden Flecken" niemals an. Nach dem Tod seines Vaters im Jahre 374 verwaltete er aber eine Zeitlang die verwaiste Diözese Nazianz. Dann widmete er sich jedoch bald wieder dem beschaulichen Leben in Seleucia (Isaurien). Im Jahre 379 jedoch folgte er dem an ihn ergangenen Ruf und übernahm die Leitung und Neuordnung der damals sehr zusammengeschmolzenen, im Geist des Konzils von Nicaea (325) rechtgläubigen Gemeinde von Konstantinopel. Mancherlei Intrigen verleideten Gregor dem Jüngeren seine neue

Stellung als Bischof von Konstantinopel so sehr, daß er abdankte. Zwei Jahre lang betreute er jetzt die immer noch verwaiste heimatliche Diözese Nazianz. Die letzten Lebensjahre bis zu seinem Tod um 390 brachte Gregor der Jüngere auf dem von seinem Vater ererbten Landgut in Arianz bei Nazianz als bedeutender theologischer Schriftsteller zu, dem es vor allem um die Darlegung und Verteidigung des Geheimnisses der Hl. Dreifaltigkeit, um die Wesensgleicheit des Sohnes Gottes mit dem himmlischen Vater sowie um die Gleichwesentlichkeit des Hl. Geistes mit Vater und Sohn ging [25)].

2. Zweiter Sohn des heiligen Ehepaares Gregors des Älteren und Nonnas ist Caesarius. Er widmete sich in Alexandrien in Ägypten dem Studium der Geometrie, Astronomie und Medizin. In die Heimat Nazianz zurückgekehrt, übte er den Arztberuf mit solchem Erfolg aus, daß er das Vertrauen des Kaisers Constantius gewann, der ihn nach Konstantinopel berief. Auch der nächste Kaiser, Julian der Apostat, bestätigte Caesarius als Hofarzt, obgleich dieser nicht im geringsten des Kaisers heidnische Weltanschauung teilte. Vom Kaiser Jovinian wurde Caesarius zum Quaestor von Bythinien ernannt. Dort entging er 368 bei einem Erdbeben wie durch ein Wunder dem Tod unter Trümmern. Er war aber durch das schmerzvolle Ereignis so schockiert, daß er sich nun von allen öffentlichen Ämtern zurückzog und nur noch auf sein persönliches Seelenheil bedacht war. Er empfing die Taufe und führte von da an ein Leben der Buße und der christlichen Hilfsbereitschaft den Armen gegenüber, denen er in seinem Testament alles vermachte, was er besaß. Ganz plötzlich starb Caesarius 369. Sein bischöflicher Bruder hielt ihm die Grabrede [26)].

3. Zu den beiden heiligen Söhnen des hl. Ehepaares Gregors des Älteren von Nazianz und Nonnas kommt noch eine heilige Tochter: die hl. Gorgonia. Sie wurde jung verheiratet mit einem gewissen Alipius aus Ikonium, dem sie zwei Söhne und drei Töchter gebar. Sie führte ein vorbildlich christliches Leben als Gattin und Familienmutter. An ihrem Sterbebett stand ihr geistlicher Vater, der hl. Basilius; ihr bischöflicher Bruder aber hielt ihr die Grabrede [27)]. Die hl. Gorgonia starb 370, ein Jahr nach ihrem Bruder Caesarius und vier Jahre vor ihren greisen Eltern. Der einzige dieser, aus fünf Heiligen bestehenden Familie von Nazianz, der seine Eltern und Geschwister lange überlebte, ist der heilige Bischof und Kirchenlehrer Gregor der Jüngere von Nazianz, der durch seine Grabreden und Gedichte seine Eltern und Geschwister gewissermaßen heiliggesprochen und berühmt gemacht hat, und erst 390 starb, voll Sehnsucht im Herzen, seine Geschwister Caesarius († 369) und Gorgonia († 370) sowie seine Eltern Gregor den Älteren († 374) und seine vielgeliebte Mutter Nonna († 374) sowie seinen großen, treuen Freund, den hl. Basilius († 379) wiederzusehen in der „Gemeinschaft der Heiligen“.

Der hl. Hilarius von Poitiers

* um 315 in Poitiers in Aquitanien, Frankreich
† um 367
Vater eines Kindes

Hilarius von Poitiers, Stich von Béthume d'Ydewalle (19. Jh.)

Ein verheirateter Bischof, Kirchenvater und Kirchenlehrer, gibt es denn das? So könnte man fragen: und doch stimmte es vom hl. Hilarius, dem verdienstvollen Bischof von Poitiers und tapferen Kämpfer gegen die Irrlehre des Arianismus, welche die Gottheit Jesu Christi leugnete und aus ihm nur das erste Geschöpf Gottes machte. In manchen Biographien des hl. Hilarius wird zwar aus falscher Scham verschwiegen, daß er verheiratet war und eine Tochter hatte! In anderen Biographien dieses bedeutenden Kirchenvaters und Kirchenlehrers wird das Verheiratet-sein des hl. Hilarius zugegeben, vielleicht sogar um daraus ein Argument gegen den Priesterzölibat zu machen. Man muß hier aber genau zusehen.
Hilarius wurde um 315 n. Chr. in Poitiers in Aquitanien (Frankreich) als Sohn vermögender heidnischer Eltern geboren. In seiner Vaterstadt, später in Bordeaux erhielt er seine wissenschaftliche Ausbildung vor allem in Grammatik und Rhetorik. Obwohl Hilarius Heide war, stieß ihn doch das größtenteils sehr üppige, sittlich verderbte Leben seiner heidnischen Mitbürger ab. Beruflich war Hilarius im höheren Verwaltungsdienst tätig. Wie es bei einem besser situierten Beamten üblich war, heiratete er, und seine Ehe wurde mit einem Kind, einer Tochter, die den Namen Abra bekam, gesegnet.

Die heidnische Philospohie genügte dem großen Durst des Hilarius nach Wahrheit, wie er sich in seinem rechtschaffenen, edlen Herzen immer mehr regte, nicht: In seinem Ringen nach Erkenntnis der Wahrheit, besonders bezüglich der Sinnfrage des Menschenlebens, wurde er wie von ungefähr auf die Lektüre der Hl. Schrift und dann durch diese unter dem Beistand der göttlichen Gnade zum christlichen Glauben geführt. Hilarius ließ sich um 345 mit seiner Frau und seiner Tochter Abra in der Osternacht taufen.
Er führte nun – wie vorher schon als Heide – jetzt erst recht als Christ ein vorbildliches Leben zusammen mit seiner Frau und seiner Tochter Abra. Alle drei gereichten gar bald ihren Mitchristen in Poitiers zum Vorbild und genossen den allerbesten Ruf. So ist es zu verstehen, daß dann, als um 350 der Bischofsstuhl von Poitiers vakant geworden war, Hilarius einstimmig als der Würdigste für die Nachfolge des verstorbenen Bischofs angesehen wurde.
Hilarius beugte sich dem Wunsch des christlichen Volkes und nahm Würde und Bürde des Bischofsamtes an. Es wird nun ausdrücklich betont, daß Bischof Hilarius seit Empfang der Bischofsweihe in vollständiger Enthaltsamkeit lebte. Sofern das stimmt, hat es zweifellos zu Bischof Hilarius gepaßt, denn ihn hatte schon als Heide das unbeherrschte und weithin unsittliche, lasterhafte Leben vieler heidnischer Mitbürger angeekelt. Es wäre auch denkbar, daß die Gemahlin des Hilarius damals, als er zur Bischofswürde aufstieg, nicht mehr unter den Lebenden war. Nur die Tochter Abra lebte noch, und um sie sorgte sich Bischof Hilarius, wie sein Brief an Abra zeigt. Auch wenn dieser Brief („Ad Abram filiam“) [28] heute für unecht gehalten wird [29], so würde der Inhalt dieses Briefes doch gut zum bischöflichen Vater Hilarius passen.
Hilarius wurde wegen seiner rechtgläubigen, antiarianischen Einstellung 356 nach Phrygien in Kleinasien verbannt. 360-61 wurde er wieder nach Poitiers zurückgeschickt. Immer galt hier seine Haupttätigkeit der Bewahrung oder Wiederherstellung des rechten Glaubens. „Er faßte seinen Klerus zu einer Gemeinschaft zusammen, woraus sich dann durch seinen heiligen Schüler Martin von Tours, die ersten mönchischen Gemeinschaften Galliens entwickelten. Hilarius vereinigte in sich den Ordnungssinn und das Verantwortungsbewußtsein des römischen Verwaltungsbeamten mit dem Eifer des rechtgläubigen Seelenhirten: Er suchte, Klarheit mit Gläubigkeit, Versöhnlichkeit und gegenseitiges Verstehen mit kirchlicher Einheit zu verbinden. In dieser Haltung hat er ganz sicher auch mit seiner Gemahlin die Ehe geführt, bevor er zur Bischofswürde gelangte. Da Hilarius in der Verbannung nach Phrygien östliche Theologie kennengelernt hatte, verstand er es – wieder in die gallische Heimat zurückgekehrt –, östliche und abendländische Theologie harmonisch miteinander zu verbinden und beide gewissermaßen miteinander

zu vermählen. Kann man daraus nicht auch wieder Rückschlüsse ziehen auf die harmonische Art, wie er – bevor er Bischof wurde – seine Ehe harmonisch geführt haben wird? Hilarius war auch – so wird es von diesem Kirchenlehrer in seinen theologischen Werken betont – von der Übereinstimmung von Glaube und Verstand zutiefst überzeugt. Er macht in seinen Schriften deutlich, „wie sehr zum wahren Theologen nicht nur ein klares Denken, sondern vor allem ein gläubiges Herz gehört“ [30]. „Ein klares Denken und ein gläubiges Herz“, brauchen das nicht ganz besonders auch christliche Eheleute zur rechten Haltung in einer gut und harmonisch gelebten Ehe? Hilarius könnte da den christlichen Eheleuten Vorbild sein.
Hilarius starb um 367.

Die hl. Monica und Patricius

* 331 in Tagaste, Nordafrika
† 387 in Ostia
Hochzeit 352
Mutter von drei Kindern
Fest am 27. August

Monica, die Mutter des großen abendländischen Kirchenvaters Augustinus, wurde 331 in Tagaste in eine überaus gläubige, christliche Familie hineingeboren, die wahrscheinlich zu jenem kleinen Kreis von Bürgern in Nordafrika gehörte, die sich römische Kultur und Sittlichkeit angeeignet hatten. Monicas Eltern übertrugen die Beaufsichtigung und Erziehung ihrer Tochter größtenteils einem strengen Kindermädchen, das die Kleine zu Selbstbeherrschung und Abtötung sowie zur Hochschätzung christlicher Sittlichkeit anhielt.
In der Blüte ihrer Jugend wurde Monica einem gewissen Patricius zur Frau gegeben, der in Tagaste einen kleinen Gutshof hatte und dem Gemeinderat

Monicas Vermählung mit Patricius

angehörte. Er war noch Heide, noch nicht Christ wie Monica, aber ein guter, rechtschaffener Mann, der jedoch zum Zorn, ja sogar zur Gewalttätigkeit neigte. Er liebte Monica zwar herzlich, ersparte ihr dabei aber Grobheiten und Untreue nicht. Monica gelang es aber mit ihrer Güte und Sanftmut den Sieg zu erringen sowohl über die Charakterfehler ihres Gemahls als auch über die Klatschereien ihrer Mägde und die Empfindlichkeit ihrer Schwiegermutter. Sie gewann dabei die Bewunderung ihrer Freundinnen.

Monica war 22 Jahre alt, als sie ihren Sohn Augustinus gebar, der allem Anschein nach ihr Erstgeborener war. Daneben hatte sie noch einen Sohn namens Navilius und eine Tochter, von der der Name nicht bekannt ist. Sie verschaffte den drei Kindern mit großem Eifer und Einsatz eine echte christliche Erziehung. Wir erfahren, daß Augustinus, kaum geboren, in die Liste der Katechumenen eingetragen wurde, aber dem damaligen Brauch entspre-

Die hl. Monica mit ihrem Sohn Augustinus Bayerisches Nationalmuseum, 15. Jh.

chend die Taufe noch nicht erhielt; er trank aber, wie er selbst berichtet, den Namen des Herrn Jesus mit der Muttermilch in sich hinein, sodaß der christliche Glaube ihm eingepflanzt wurde bis in das Mark seiner Knochen. Von der anonymen Tochter Monicas erfahren wir, daß sie sich vermählt hat, bald aber Witwe wurde und dann Witwe blieb und bis zu ihrem Tod Oberin des Frauenklosters, des „Monasterium feminarum“, in Hippo war.
Im Jahre 371 verlor Monica durch den Tod ihren Gemahl Patricius. Er war durch Monicas Bemühung ein Jahr vor seinem Tod noch getauft worden und starb als gläubiger Christ.
Die 16 Jahre vom Tod ihres Gatten bis zur Bekehrung ihres Sohnes Augustinus bilden im Leben Monicas den traurigsten und schmerzlichsten, aber zugleich auch schönsten Abschnitt, weil Monica in diesen Jahren ihre Berufung und Sendung heroisch zur Vollendung führte. Im Jahre 385, nachdem Augustinus, die Mutter täuschend, Afrika verlassen hatte und nach Rom gekommen war, schiffte sich Mutter Monica ein, um ihrem Sohn zu folgen. Sie zählte damals 54 Jahre, als sie nach einer stürmischen Überfahrt in Italien landete und darauf in Rom vergeblich nach Augustinus zu suchen begann. Sie verfolgte seine Spur weiter und fand ihn schließlich in Mailand. Dort hatte er sich schon freigemacht von der Ansteckung durch die Häresie des Manichäismus, er war aber immer noch schwankend, was seine Stellung zum Christentum betraf. Monica blieb nun liebevoll besorgt an der Seite ihres Sohnes. Ein Jahr darauf konnte sie schließlich jubeln über seine Bekehrung,

um die sie so viele Tränen vergossen und so viele Gebete zum Himmel emporgeschickt hatte.
Mit dem innerlich schon bekehrten, aber noch nicht getauften Sohn zog sich Monica zunächst nach Cassiciacum zurück. Dort empfing Augustinus dann in der Osternacht, am 24. April 387, von Bischof Ambrosius die hl. Taufe. Monica assistierte bei dieser Taufe.
Zusammen wollten Mutter und Sohn ein paar Monate später nach Afrika zurückkehren. Während sie in Ostia Tiberina auf ein Schiff für die Überfahrt nach Afrika warteten, wurde Monica von einer schweren Krankheit befallen, die zu ihrem Tod führte. Sie starb in Ostia und wurde dort auch wunschgemäß begraben.
Sehen wir uns nun das Bild dieser heiligen Ehegattin, Familienmutter und Witwe, wie es uns der Sohn in seinen „Bekenntnissen“ [31)] entworfen hat, näher an:
„Sittsam und nüchtern wuchs Monica heran, mehr von Dir, o Gott, zur Unterwerfung unter ihre Eltern angeleitet, als daß die Eltern sie für Dich erzogen hätten. Als sie zum heiratsfähigen Alter gekommen und mit einem Mann (Patricius) vermählt worden war, diente sie ihm als ihrem Herrn und war eifrig bemüht, ihn für Dich zu gewinnen. Dich predigte sie ihm durch ihr Leben, das Du zu einem schönen gemacht hast, so daß ihr Mann sie mit Hochachtung liebte und bewunderte. Auch seine Untreue ertrug sie so, daß sie niemals darüber mit ihm gestritten hat; sie hoffte nämlich, daß Du, o Gott, Dich über ihn erbarmen würdest, und er, wenn er erst einmal an Dich glauben würde, auch sein Leben bessern würde. Er war im übrigen von großer Gutmütigkeit, aber zu Zornesausbrüchen geneigt. Sie aber wußte, daß man einem Zürnenden nicht entgegentreten darf, weder mit Handlungen noch mit Worten. Hatte er aber ausgetobt und war wieder ruhig geworden, so ergriff sie die Gelegenheit, das, was sie getan hatte, zu rechtfertigen, wenn es etwa ein Mangel an Überlegung war, wodurch jener sich hatte aufreizen lassen. Es gab viele Frauen, die sanftmütigere Männer hatten, und doch die Spuren von Schlägen, sogar durch die Entstellung ihres Gesichts, aufwiesen. Wenn diese dann im Gespräch mit den Freundinnen ihre Männer bezichtigten, bezichtigte meine Mutter ihre Zungen und fügte, scheinbar scherzend, die ernste Ermahnung hinzu: von dem Augenblick an, da man ihnen den sogenannten Ehepakt vorgelesen habe, hätten sie darauf achten müssen, daß sie durch dieses Instrument zu Dienerinnen geworden seien. Daher dürften sie, ihrer Stellung eingedenk, sich nicht gegen ihre Männer erheben. Wenn nun jene, denen die Heftigkeit von Monicas Mann wohl bekannt war, der Verwunderung darüber Ausdruck gaben, daß man nie gehört oder aus irgendwelchen Anzeichen entnommen hätte, Patricius habe seine Frau geschlagen, ja daß die beiden nie-

mals auch nur einen Tag lang sich in häuslichem Streit entzweit hätten, und vertraulich nach der Erklärung dafür fragten, so sagte ihnen Monica, wie sie es zu halten pflegte. Die dann ihrem Beispiel folgten, dankten ihr, nachdem sie die Probe aufs Exempel gemacht hatten; die ihr Beispiel nicht befolgten, unterlagen auch weiterhin der schlechten Behandlung durch ihre Männer.

Die Schwiegermutter war zuerst gegen Monica aufgebracht infolge der Einflüsterungen übelgesinnter Mägde. Sie aber gewann die Schwiegermutter so völlig durch ihre Aufmerksamkeiten, durch ihre ausdauernde Geduld und Sanftmut, so daß die Schwiegermutter schließlich aus freien Stücken die Zwischenträgerinnen ihrem Sohn anzeigte, durch die der häusliche Friede zwischen ihr und der Schwiegertochter gestört werde; sie verlangte sogar Bestrafung dieser Klatschbasen.

Bedacht auf die Ordnung in seinem Haus und auf Eintracht unter den Seinen, kam Patricius dem Verlangen seiner Mutter nach und ließ die ihm Angezeigten nach dem Ermessen der Angeberin mit Schlägen bestrafen, diese aber verhieß die gleiche Strafe einer jeden, die ihr – in der Meinung, ihr dadurch gefällig zu sein – Schlimmes von der Schwiegertochter erzählen würde. So wagte von dann an in Zukunft keine mehr, solches zu tun, die beiden aber, Monica und ihre Schwiegermutter, verbrachten ihr Leben in denkbar glücklichem Einvernehmen untereinander.

Noch eine andere große Gabe hattest Du, o Gott, Deiner treuen Dienerin verliehen, in deren Schoß Du mich geschaffen hast: Wo immer sie konnte, erwies sich Monica als Friedensstifterin zwiespältiger und verfeindeter Herzen. Bekam sie dann die bitteren Worte zu hören, in welchen jedesmal der eine Teil sich über den anderen erging, wie es zu geschehen pflegt, wenn ungeschlichtete Zwietracht im Grimm sich Luft macht und den Haß gegen die abwesende Feindin in harten Reden vor der anwesenden Freundin ausschüttet, so trug sie doch niemals der einen etwas von der anderen zu, nur was geeignet war, sie zu versöhnen. Ich würde darin kein besonderes Verdienst erblicken, hätte ich nicht zu meinem Leidwesen erfahren, wie unzählige Scharen von Menschen, von einer weit verbreiteten Sündenverderbnis angesteckt, erzürnten Feinden nicht nur hinterbringen, was ihre zürnenden Gegner gesagt haben, sondern noch dazu erfinden, was nicht gesagt worden ist. Und doch sollte im Gegenteil, wer menschenfreundlich gesinnt ist, sich nicht damit begnügen, keine Feindschaften unter den Menschen durch übles Reden zu stiften oder zu steigern, sondern sich bemühen, etwa vorhandene Feindschaften durch gute Reden zu besänftigen. Dies war jedenfalls die Art und Weise meiner Mutter, so hatte sie es von Dir, o Gott, ihrem innerlichen Lehrmeister in der Schule des Herzens, gelernt.

Gegen Ende seines Erdenlebens gewann Monica endlich ihren Mann für Dich, o Gott, und nun brauchte sie nicht mehr, da er gläubig geworden war, an ihm zu beweinen, was sie früher, da er noch nicht glaubte, geduldig ertragen hatte. Auch war Monica die Dienerin Deiner Diener, o Gott. Wer aus ihnen sie kannte, lobte und ehrte und liebte in ihr in hohem Grade Dich, denn sie erkannten Deine Anwesenheit in ihrem Herzen an den Früchten, die ihren heiligen Wandel bezeugten. Denn sie war ‚eines Mannes Frau gewesen' (vgl. 1 Tim 5, 9), hatte ‚den Eltern ihre Liebe vergolten', ‚ihr Haus in Frömmigkeit geführt' (vgl. 1 Tim 5, 10) und ‚besaß ihr Zeugnis in guten Werken'. Ihre Kinder hatte sie so erzogen, daß sie jedesmal aufs neue in Geburtswehen um sie lag, wenn sie sah, daß sie von Deinen Wegen abirrten. Und zuletzt hat sie für uns alle, die wir uns durch Dein Gnadengeschenk Deine Diener nennen dürfen, die wir vor ihrem Heimgang, schon geeint in Dir, zusammenlebten, nachdem wir die Gnade Deiner Taufe empfangen hatten, mit solcher Liebe gesorgt, als wäre sie unser aller Mutter, und hat uns mit solcher Bereitwilligkeit gedient, als wäre sie unsere Tochter gewesen."

In seinen „Bekenntnissen" [32)] schildert der hl. Augustinus dann noch das fromme Sterben seiner heiligen Mutter in Ostia und das Abschiednehmen von ihr, dieser vorbildlichen Gattin, Familienmutter und Witwe, an der sich wahrlich alle christlichen Eheleute ein Beispiel nehmen könnten.

Hl. Franziska Romana mit ihrem Schutzengel, vgl. Seite 207

Die hl. Paula von Rom und Toxotius

* 5. Mai 347 in Rom
† 26. Januar 404 in Bethlehem
Hochzeit 362
Mutter von fünf Kindern
385 mit dem hl. Hieronymus auf Pilgerfahrt im Orient
386 Klostergründerin und Oberin in Bethlehem

Paula, die Tochter eines adeligen Elternpaares – der Vater Rogatus leitete seine Herkunft von Agamemnon ab, die Mutter Blesilla stammte von den Scipionen und Gracchen ab und war mit Paulus Aemilius verwandt – wurde am 5. Mai 347 in Rom geboren. Sie wurde „in dem Glanz und Reichtum erzogen, wie er in den vornehmen Familien des 4. Jahrhunderts in Rom üblich war. Man war Christ, weil es zum guten Ton gehörte und weil das Herrscherhaus christlich war, im übrigen aber kümmerte man sich nicht um die Lehre Christi und lebte ein weltliches Leben, las griechische und römische Klassiker, widmete sich Musik und Tanz“ [33].

Im Jahre 362 wurde die 15jährige Paula mit dem noch heidnischen Senator Toxotius aus dem adeligen Geschlecht der Julier vermählt. Es begann damals nicht bloß eine sehr fruchtbare, sondern auch eine sehr glückliche Ehe, die aber nur 16 Jahre dauerte. Paula „trauerte“ – wie der hl. Hieronymus später über den 378 eingetretenen Tod ihres Gatten schrieb – „diesem so heftig nach, daß sie beinahe selbst gestorben wäre“. Die erst 31jährige Witwe stand nun nach 16 Jahren glücklichen Ehelebens allein mit fünf Kindern da. Paula aber hat diese ihre Kinder zu guten Christen, ja zu Heiligen erzogen; es sind folgende:

1. Die um 364 geborene hl. Blesilla († 384); sie heiratete wie ihre Mutter jung und wurde schon nach nur sieben Monaten währender Ehe Witwe; durch schwere Krankheit veranlaßt, begann sie eine radikale Abkehr vom bisherigen, eher oberflächlichen Leben und scharte sich wie ihre Mutter um den hl.

Hieronymus; dieser widmete ihr nach ihrem im Oktober oder November 384 in Rom allzu früh erfolgten Tod eine begeisterte Gedenkrede.
2. Das nächste Kind der hl. Paula ist die um 368 geborene hl. Julia Eustochium; sie blieb Jungfrau und ging mit ihrer Mutter 385 in den Orient und ließ sich zusammen mit ihrer Mutter 386 in Bethlehem nieder, wo sie nach dem 404 erfolgten Tod ihrer Mutter das von dieser gegründete Nonnenkloster leitete. Der hl. Hieronymus widmete der am 28. September 420 in Bethlehem Verstorbenen mehrere Briefe [34)] und mehrere kleinere Schriften.
3. Das dritte Kind der hl. Paula, die Tochter Paulina, wurde die Gemahlin des hl. Pammachius († 410), des Jugend- und Studienfreundes des hl. Hieronymus; er führte nach dem frühen Tod seiner Gattin Paulina im Jahre 397 ein asketisches Leben, verwendete sein großes Vermögen für die Armenpflege, gründete in Porto bei Rom ein Pilgerhospiz und erbaute in Rom auf dem Mons Caelius eine Basilika.
Vom 4. und 5. Kind der hl. Paula ist nichts weiter bekannt, nur daß das vierte Kind, die Tochter Rufina, „durch ihren frühen Tod das liebende Mutterherz" (Paulas) – wie der hl. Hieronymus berichtet hat – „sehr hart mitgenommen hat", und daß das fünfte Kind, Toxotius, sich vermählt hat und daß die aus seiner Ehe hervorgegangene Tochter Paula nicht bloß den Namen der heiligen Großmutter trug, sondern dieser auch nach Bethlehem folgte.
Damals, als Paulas Gemahl Toxotius 378 gestorben und sie Witwe geworden war, hatte sich in Rom eine christliche Erneuerungsbewegung gebildet, deren Mittelpunkt der Palast war, den die Witwe Marcella († 410) mit ihrer verwitweten Mutter und ihrer Adoptivtochter auf dem Aventin in Rom bewohnte. Die hl. Marcella, die um 325 - 335 in Rom geborene Tochter aus dem adeligen Geschlecht der Marcelli, war nach nur siebenmonatiger Ehe Witwe geworden; sie lehnte eine neue Ehe ab und weihte sich dem Herrn und sammelte in ihrem Palast einen Kreis frommer Witwen und junger Mädchen der stadtrömischen Aristokratie für ein intensives christliches und kulturelles Leben um sich. Marcella studierte eifrig die Hl. Schrift und ließ sich dabei durch den hl. Hieronymus während seines Rom-Aufenthaltes in den Jahren 382-385 in philologischen und exegetischen Fragen unterweisen. Während der Plünderung Roms am 24. August 410 wurde Marcella von Soldaten Alarichs I. barbarisch niedergeschlagen, sie konnte sich aber mit ihrer Adoptivtochter Principia in die Paulus-Basilika flüchten und in Sicherheit bringen.
In diesem Kreis um die hl. Marcella fand die Witwe Paula Zuflucht und Trost; sie pflegte Kranke und Arme, verteilte freigebig Almosen und widmete sich opferbereit der Erziehung ihrer Kinder. Die Nöte anderer Menschen ließen sie ihr eigenes Leid vergessen. Sie begann allmählich mehr und mehr von ihrem Reichtum herzuschenken.

Im Jahre 385 entschloß sich Paula auf Anraten ihres Seelenführers Hieronymus, Rom und damit alles, was ihr lieb und teuer war, zu verlassen und in den Orient, d. h. in das Heilige Land zu pilgern. Sie ließ sich sodann in Bethlehem nieder, wo Hieronymus ein Männerkloster leitete, und gründete daneben ein Frauenkloster mit drei Abteilungen (für Adelige, für Freie und für Sklavinnen). Hier lebte sie fortan mit ihrer Tochter Julia Eustochium in strenger Askese und mit ernstem Streben nach Vollkommenheit dem Gebet, der Buße und eifrigem Studium des Wortes Gottes in der Hl. Schrift bis zu ihrem Tod am 26. Januar 404. Von ihren Kindern lebten damals nur noch Julia Eustochium, alle anderen waren schon vor ihrer Mutter in die Ewigkeit abberufen worden.
Über das vorbildliche Leben dieser frühchristlichen Ehegattin, Familienmutter und Witwe hat ihr heiliger Seelenführer Hieronymus u. a. folgendes berichtet:
„Wenn alle Glieder meines Leibes Zungen hätten, so könnten sie doch nicht genug des Lobes für die hl. Paula sprechen. Sie war edel der Abstammung nach, aber noch viel edler in ihren Tugenden; sie war vordem mächtig in ihrem Reichtum, dann aber leuchtender in ihrer um Christi willen erwählen Armut. Durch ihre Tugenden begann sie derart (für Christus) zu brennen, daß sie daran dachte, ihre Heimat in Rom zu verlassen. Ich will es kurz fassen: Sie stieg zuletzt zum Hafen Roms hinab, gefolgt von Verwandten und Freunden, voran den ihr verbliebenen Kindern, die die Mutter bittend bestürmten, doch bei ihnen (in Rom) zu bleiben. Schon waren die Segel gelichtet und die Ruder hatten begonnen, das Schiff auf das hohe Meer hinauszuführen, da sah man ihr jüngstes Kind Toxotius am Strand, wie es die Hände sehnsüchtig nach der Mutter ausstreckte, während die Tochter Rufina die Mutter mit stummen Tränen zum Bleiben beschwor. Paula aber blickte trockenen Auges unverwandt zum Himmel empor und kämpfte ihre Mutterliebe mit ihrer Gottesliebe nieder. Das Herz tat ihr weh, sie fühlte solchen Schmerz, als würden ihr die Glieder vom Leibe gerissen. Als Paula dann in das Heilige Land kam, sandte der Landpfleger von Palästina, der ein Freund ihres Hauses war, seine Diener mit der Nachricht, sie würden ihr in seinem Palast eine Wohnung bereiten. Sie aber wählte eine arme Hütte. Dort hatte sie kein weiches Bett. Sie schlief vielmehr auf härenen Tüchern, die auf den harten Boden gebreitet waren. Sie sprach: ‚Dieses mein Gesicht soll entstellt werden; ich habe es so oft gegen Gottes Gebot mit Purpur, Bleiweiß und Augenschwärze geschminkt und bemalt. Dieser mein Leib soll gezüchtigt werden, der so viel Wollust gehabt hat. Mein vieles Lachen will ich büßen mit immerwährendem Weinen. Das weiche Linnen und die köstliche Seide müssen weichen einem härenen Bußgewand. Denn nun trachte ich nur noch nach Christi Wohlgefal-

len, nachdem ich vorher allzusehr meinem Gemahl und der Welt zu gefallen suchte.' "

Noch vieles andere, das an dieser edlen Römerin zu bewundern war, zählt der hl. Hieronymus dann noch auf, bevor er zuletzt auf ihren Tod zu sprechen kommt: „Wer mag trockenen Auges von Paulas Tod reden? Sie fiel in schwere Krankheit. Sie wußte, daß ihr Tod nahte, denn die äußeren Teile ihres Körpers waren schon alle erkaltet, nichts lebte mehr in ihr als nur das heilige Herz; als sollte sie aus der Fremde in die Heimat fahren, flüsterte sie die Psalmverse: ‚Herr, ich habe die Zierde Deines Hauses lieb gehabt, und die Stätte, wo Deine Herrlichkeit wohnt' (Ps 25, 8) und: ‚Wie liebenswert ist Deine Wohnung, Herr der Heerscharen, ich möchte im Hause meines Gottes die Letzte sein' (Ps 83, 2 und 11). Ich fragte sie dann, warum sie nun schweige, ob ihr etwas abgehe. Dann antwortete sie auf griechisch: ‚Ich habe kein Ungemach, ich schaue eine große Ruhe und Stille.' Danach schwieg sie wieder, mit geschlossenen Augen, als verachte sie die Welt, wiederholte sie jene Verse bis zum letzten Atemzug, aber so schwach, daß wir kaum mit hingehaltenem Ohr es verstehen konnten. Doch nun leb wohl, heilige Paula, und hilf deinem Diener Hieronymus mit deinem Gebet in seinen letzten Tagen!' " [35)]

Der hl. Paulinus von Nola und Therasia

* um 353-355 in der Nähe von Bordeaux
† 22. Juni 431 in Nola
Hochzeit 385
Vater von einem Kind
378 nachgewählter Konsul in Rom
379-381 mit 26 Jahren Statthalter der Regierung der Provinz Kampanien
Weihnachten 394 zum Priester geweiht
395 Übersiedlung nach Nola in Kampanien.
Dort monastisches Leben am Grab des hl. Felix von Nola
411 zum Bischof von Nola gewählt und geweiht

Paulinus von Nola [36)] ist nicht bloß wegen seiner 51 erhaltenen Briefe und seiner 31 Gedichte („Carmina") eine interessante Gestalt aus der Zeit der Kirchenväter, sondern auch wegen der Tatsache, daß er verheiratet, und zwar sehr glücklich verheiratet, und Vater eines Sohnes war.

Er wurde um 353-355, fast zur selben Zeit, als Augustinus in Nordafrika das Licht der Welt erblickte, in der Nähe von Bordeaux in Westfrankreich als Sohn eines hohen römischen Beamten geboren. Seine Familie zählte zum römischen Adel und besaß reiche Güter im westlichen Teil des Imperium Romanum, so in Süditalien, in Gallien und Spanien. Er erhielt eine sehr gute Ausbildung, vor allem durch den Rhetor Ausonius, mit dem ihn lange Zeit echte Freundschaft verband; und da Ausonius 365 Erzieher Gratians, des Sohnes des Kaisers Valentinianus I. in Trier geworden war, vermittelte er seinem ehemaligen Schüler Paulinus, der für die Beamtenlaufbahn bestimmt war, daß dieser vom Kaiser sehr jung schon die Würde eines Konsuls und Senators und mit etwa 26 Jahren die Berufung zum Statthalter der kaiserlichen Regierung in der Provinz Kampanien (Süditalien) erhielt.
Wohl wegen des Sieges der Goten bei Adrianopel (378) und des nun drohenden Zusammenbruchs des Reiches gab Paulinus schon nach kurzer Zeit sein Regierungsamt auf, er vermählte sich 385 mit der aus Spanien stammenden Christin Theresia (Therasia) und zog sich mit dieser auf seine Besitzungen bei Bordeaux zurück.
Obwohl Paulinus der Sohn christlicher Eltern war, hatte er den Empfang der Taufe bis ins reife Mannesalter aufgeschoben; er folgte darin nur dem Brauch der damaligen Zeit; große Heilige wie Ambrosius, Augustinus, Gregor von Nazianz u. a. hatten es nicht anders gehalten. Nun aber wird Paulinus von seiner gläubig frommen christlichen Gemahlin, die ganz starken Einfluß auf ihn ausübte, zur Taufe gedrängt worden sein. Vor 389 empfing Paulinus durch Bischof Delphinus von Bordeaux die Taufe, die für ihn keine bloß äußere Zeremonie, sondern Beginn einer tiefgehenden inneren Umkehr werden sollte. Er begann, seinen gewaltig großen Besitz zu verkaufen und den Erlös den Armen zur Verfügung zu stellen. Bei seinem einstigen Lehrer Ausonius und wohl auch bei vielen anderen Angehörigen seiner Gesellschaftsschicht, fand er kein Verständnis für seine Sinnesänderung, wohl aber bei seiner Gemahlin Theresia, die ihn Schritt für Schritt bei seiner zunehmenden Loslösung von der vergänglichen Welt und ihren Freuden gleichgesinnt begleitete bis hin zum monastischen, asketischen Leben aus dem christlichen Glauben, „in Demut und Armut“, das Paulinus immer mehr zu führen begann.
Zusammen mit seiner Gattin zog er für die nächsten Jahre zunächst nach Spanien, wo er ebenfalls Besitzungen hatte. Das einzige Kind, das dem Ehepaar Paulinus und Theresia geschenkt wurde, der Sohn Celsus, starb schon acht Tage nach der Geburt und wurde in Complutum (Alcalá) begraben. Dieses bittere Leid um den so heiß ersehnten, mit größter Freude aufgenommenen und dann so rasch wieder verlorenen Sohn – ergreifend ist die Klage des trauernden Vaters im „Carmen V.“ – und wohl auch der Schmerz über die Ermor-

dung seines Bruders [37], bestärkten Paulinus und seine Gattin noch mehr im Entschluß, fortan nur noch ein Leben in Armut und Verzicht, vor allem aber in Gottverbundenheit und Frömmigkeit zu führen. Paulinus gab dem Drängen des Volkes von Barcelona nach und ließ sich zu Weihnachten 394 von Bischof Lampius in Barcelona zum Priester weihen.

Das nun in vollständiger geschlechtlicher Enthaltsamkeit lebende Ehepaar hielt es aber in Barcelona nicht lange aus. Es zog beide unwiderstehlich in die Einsamkeit.

In der Zeit, da Paulinus Statthalter in Kampanien gewesen war, hatte er die besinnlich stille Einsamkeit in der Nähe des Grabes seines Lieblingsheiligen, des frühchristlichen Märtyrers Felix von Nola, kennen und schätzen gelernt. Dorthin zog er nun mit seiner Gemahlin Theresia. Paulinus bezog 395 eine beim Grab des hl. Felix errichtete Zelle und versuchte, in voller Zurückgezogenheit, schlicht und einfach, monastisch zu leben, nur ganz wenig getrennt von seiner Gattin Theresia, die in der Nähe ein ganz ähnliches asketisches Leben zu führen begann. Theresia war für Paulinus nun im schönsten Sinn des Wortes „Weggefährtin im Glauben" auf dem Weg zur Heiligkeit, wie der hl. Augustinus in seinem 58. Brief geschrieben hat. Und der hl. Ambrosius hat in seinem an Bischof Sabinus von Piacenza gerichteten 58. Brief geschrieben: „Ich habe erfahren, daß Paulinus, dem an Glanz des Adels niemand in Aquitanien gleichkommt, alle seine eigenen Güter und die seiner Gattin verkauft hat, um den Erlös den Armen zu geben... Und man sagt, er habe die Einsamkeit in der Nähe der Stadt Nola erwählt, um hier den Rest seines Lebens, fern dem Lärm der Welt zuzubringen. Seine Gattin hat sich dabei ihrem Gemahl an Tugend und Großmut der Vorsätze keineswegs unterlegen erwiesen. Auch sie trat ihre Besitzungen an andere ab und folgte ihrem Gemahl, zufrieden mit dem kleinwinzigen Stück Land, das ihr Gatte noch bei Nola besaß. Dahin hat sie sich begeben, um hier den Trost der Frömmigkeit und der Liebe zu suchen. Und da dieses edle Ehepaar kinderlos ist, wollte es sich mit guten Werken eine Nachkommenschaft schaffen."

Aus den beiden getrennten Zellen, in denen Paulinus und Theresia arm und bescheiden nahe der Grabstätte des heiligen Märtyrers Felix lebten, entwickelte sich – wie mit Recht angenommen wird – allmählich ein Doppelkloster mit zwei Gebäudeflügeln, wobei im ersten Stock des einen Flügels die gottgeweihten Männer, im ersten Stock des anderen Flügels die Frauen lebten, während das Erdgeschoß mit seinen Räumen für Pilger und Obdachlose zur Verfügung stand. Neben der kleinen Grabkapelle des hl. Felix erbaute Paulinus eine große, schön mit Fresken, welche biblische Szenen darstellten, ausgestattete Kirche, die den Mittelpunkt dieser Klosteranlage bildete. Die Erweiterung der Klosteranlage war notwendig geworden, weil sich dem Ehepaar Paulinus und Theresia andere Paare angeschlossen hatten, so das Ehepaar Turcius und Avita mit ihren schon erwachsenen Kindern Eunomia und Asterius sowie Pinianus und Melania die Jüngere mit ihrer Mutter Albina. Diese charismatische klösterliche Hausgemeinschaft von fünf gottgeweihten, in ehelicher Enthaltsamkeit lebenden Ehepaaren war, wie Paulinus diese Gemeinschaft in seinem Carmen XXI. schildert, eine mystische Harfe mit 10 Saiten, die in vollkommenster Harmonie zur Verherrlichung Gottes erklingen sollte. In seinen Briefen schildert Paulinus die Einfachheit ihrer Lebenshaltung in bezug auf Wohnung, Nahrung und Kleidung, weil die Gemeinschaft getreu den beiden Schlüsselbegriffen „humilitas et paupertas“ (demütige Bescheidenheit und Armut) zu leben suchte. Ihre Geistesnahrung war das Wort Gottes in der Hl. Schrift.

Im ersten Jahrzehnt des fünften Jahrhunderts durchstreiften und plünderten die Westgoten den Süden Italiens. In diesen unruhigen Tagen starb Bischof Paulus von Nola, und Paulinus wurde um 409 zu seinem Nachfolger gewählt und zum Bischof geweiht. Aus der Zeit der bischöflichen Tätigkeit des hl. Paulinus ist wenig bekannt. Am 22. Juni 431 starb der zum Bischof gewordene treue Ehemann, nachdem ihm seine ebenbürtige Gemahlin schon mehr als 20 Jahre früher, um 409, in die Ewigkeit vorausgegangen war.

Die hl. Valeria Melania die Jüngere und Valerius Pinianus

* 383 in Rom
† 31. Dezember 439 in Jerusalem
Hochzeit 396
Mutter von zwei Kindern
Große Wohltäterin
Ab 406 auf Pilgerfahrt nach Nola, Süditalien, Sizilien, Ägypten und Palästina
Klostergründerin
Fest: 31. Dezember

Bei den großen adeligen Frauengstalten Roms, die im 4. Jahrhundert mitten in einer Verflachung des Christentums vorbildlich die christliche Ehe und Witwenschaft vorlebten, gehört neben der hl. Paula von Rom unbedingt auch auf die hl. Melania die Jüngere hingewiesen [38)].
Sie wurde als Tochter des Senators Valerius Publicola († 404), des Sohnes der hl. Melania der Älteren, und der aus heidnischer Familie stammenden Albina, deren Vater noch ein hohes heidnisches Priesteramt innehatte, im Jahre 383 in Rom geboren. Die hochadelige Familie, in die Melania hineingeboren worden war, war im Besitz großer Reichtümer, wozu auch Tausende von Sklaven und Sklavinnen gehörten. Im Hinblick auf ihren ganz ernst genommenen christlichen Glauben fürchtete die junge Melania jenen Reichen zu gleichen, die wegen ihres Reichtums vom Himmelreich ausgeschlossen werden. Sie wollte von früher Jugend an in der Einfalt ihres Herzens Gott alles darbringen, auch sich selbst in unversehrter Jungfräulichkeit.
Früh schon empfand sie den krassen Gegensatz zwischen dem Leben der reichen adeligen Familien Roms und dem der Angehörigen der unterdrückten Kaste der armen geknechteten Sklaven, die nach der Auffassung der römischen Gesellschaft wie die Tiere nur nach ihrem Arbeitswert eingeschätzt wurden. Das Evangelium dagegen lehrte, daß alle Menschen Brüder und Schwestern sind. Mit ihrem Verlangen nach einem ganz schlichten und einfachen, jungfräulichen Leben stellte sich Melania in Widerspruch zu ihrer Umgebung, auch zu ihrem Vater. Dieser wollte sie von ihren ausgefallenen Plänen abbringen und verheiratete sie 396 rasch mit seinem reichen Neffen

Valerius Severus Pinianus. Melania war damals erst 13 Jahre alt, ihr Gemahl und Cousin aber 17.
Melania suchte ihren Gemahl zum Verzicht auf jeden Geschlechtsverkehr zu bewegen. Er war dazu bereit, wenn zuerst für Nachwuchs gesorgt werde in zwei Kindern. Melanie mußte sich dahinein schicken. Sie gebar zuerst ein Mädchen, das bereits nach ein paar Jahren starb. Das zweite Kind, ein Sohn, lebte nach einer Frühgeburt überhaupt nur ein paar Stunden, dafür aber schwebte die Mutter in äußerster Lebensgefahr. Pinianus betete inständig am Grab des heiligen Diakons Laurentius in Rom, Gott möge seine junge Gemahlin am Leben erhalten; unter der Bedingung, daß dies der Fall sei, versprach er, die Ehe mit Melania fortan in vollständiger Enthaltsamkeit zu führen. Melania blieb am Leben, aber ihre Eltern erlaubten das Gott Gelobte nicht. Erst nach dem Tod ihres Vaters im Jahre 404 konnten die nun 21jährige Melania und der 25jährige Pinianus ihr Versprechen einlösen. Sie hielten es von da an ganz treu bis zum Tod.
Melania brachte ihren Gemahl über das Versprechen der ehelichen Enthaltsamkeit hinaus auch noch dazu, auf jeden Aufwand in der Lebensführung zu verzichten und ihren ungeheuer großen gemeinsamen Reichtum für caritative und kirchliche Zwecke zu verwenden. Man begann mit der Freigabe von 8000 Sklaven.
Um alle Anhänglichkeit an ihren Riesenbesitz zu überwinden, lösten sich die beiden Eheleute los von Rom und pilgerten 406 zuerst zu ihrem weitschichtigen Verwandten Paulinus nach Nola. Vor den herandrängenden Goten zogen sie sich dann 408 auf ihre Besitzungen an der Ostküste Siziliens zurück. Das Ideal eines gemeinsamen, einfachen Lebens in einer Art klösterlicher Gebundenheit, das damals so viele begeisterte und für das der hl. Augustinus in jenen Jahren eine Art Ordensregel zusammengestellt hatte, schwebte hier Melania und Pinianus vor. Melania begann, mit 60 Frauen eine solche klösterliche Gemeinschaft zu bilden. Nicht weit davon entfernt lebte Pinianus mit 30 Mönchen.
Aus Angst vor dem Ansturm der Germanen zogen die beiden zu Ordensleuten gewordenen Eheleute im Jahre 411 von Sizilien weiter nach Tagaste in Nordafrika, der Heimat des hl. Augustinus, wo damals dessen Freund Alypius Bischof war. Sie gründeten nun hier je ein Kloster für Frauen und Männer. Nach zweijährigem Aufenthalt in Tagaste verließ 413 Melania mit Pinianus Nordafrika und zog – diesmal auf den Spuren ihrer heiligen Großmutter, Melania der Älteren, weiter nach Palästina. Nach kurzem Aufenthalt bei den Mönchen der ägyptischen Wüste und bei dem hl. Cyrillus von Alexandrien und dann in Bethlehem beim hl. Hieronymus ließen sie sich erst hier und dann in Jerusalem nieder. Melania schuf dort ein Kloster mit 90 Schwestern;

selber aber bezog sie eine ganz bescheidene Zelle in der Nähe des Ölbergs und lebte da in äußerster Bußstrenge und Armut, nachdem sie ihren ganzen riesigen Besitz an Kirchen und Klöster und an die Armen verteilt hatte. Bei ihrem Tod hatte die einst reichste Frau des Imperium Romanum nur noch 50 Goldstücke, die sie dem Bischof schenkte. Ebenso hatte es ihr Gemahl Pinianus mit seinen Besitzungen gemacht. Er starb 437, während Melania ihn noch um zwei Jahre überlebte. Sie starb am 31. Dezember 439. Nach einer erfolgreichen pastoralen Reise nach Konstantinopel hatte sie Weihnachten 439 bei ihrer Verwandten, der gleich gesinnten „jüngeren" Paula, der Enkelin der hl. Paula von Rom, in Bethlehem verbracht, hatte auch noch das Fest des hl. Stephanus in Jerusalem mitgefeiert, als sie den Tod herankommen spürte; sie ließ sich in die Kirche tragen, empfing der damaligen Sitte entsprechend dreimal die heilige Wegzehrung und verschied schließlich mit den Worten: „Wie es dem Herrn gefallen hat, so soll es geschehen."

Der hl. Alexius von Edessa

* um 400
† um 450

Bei dem ursprünglich anonymen Gottesmann Alexius, der als asketischer Bettler in Rom, bzw. in Edessa in Mesopotamien im 5. Jahrhundert gelebt haben soll, geht es weithin um eine legendäre Gestalt mit historischem Kern, die aber in einem Buch über verheiratete Heilige erwähnt gehört, nicht bloß weil sie vom frühen Mittelalter ab bis in die jüngste Vergangenheit in der Dichtkunst und im Theater eine beachtliche Rolle gespielt, sondern auch weil sie ein moralisches Eheproblem aufgeworfen hat.

Der Kern der aus dem 5. Jahrhundert stammenden, in Syrien entstandenen und dann im griechisch-byzantinischen Raum erweiterten und schließlich im Abendland übernommenen Alexius-Legende besagt folgendes: Ein junger römischer Patrizier, von seinen reichen Eltern zur Ehe bestimmt, entflieht am

Abend des Hochzeitstages als Neuvermählter aus der Ewigen Stadt. Er lebte dann lange unerkannt in der Fremde. Er bringt 17 Jahre seines Lebens im Dienste der jungfräulichen Gottesmutter an einer Marienkirche in Edessa in Mesopotamien zu. Nachdem er aber erkannt worden war, was seine Herkunft betrifft, kehrte er nach Rom zurück. Im Hause seiner Eltern lebte er weitere 17 Jahre als armer, unerkannter Bettler, widerwillig geduldet und von der Dienerschaft des Hauses oft mißhandelt wie ein armer Lazarus. Erst am Totenbett wurde er von seinen Eltern als ihr Sohn erkannt [39)].

Im 6. bis 9. Jahrhundert wurde diese Legende stark verbreitet und erstmalig vom byzantinischen Hymnendichter Joseph dem Meloden († 833) zum Thema eines seiner Hymnen gemacht.

Das um 1040 in Frankreich entstandene Alexius-Lied, das in teilweise gereimten Versen abgefaßt ist und aus 125 Strophen von je 5 zehnfüßigen Versen besteht, erzählt sehr gefühlvoll von Alexius, dem einzigen Sohn des vornehmen, reichen römischen Ehepaars Euphemianus und Aglae, das zur Zeit des Papstes Innozenz I. (402-417) gelebt haben soll. Der von den Eltern gegen seinen Willen zur Ehe bestimmte Alexius habe noch am Abend nach seiner Trauung seine Braut verlassen, nachdem er ihr seinen Entschluß zu immerwährender Enthaltsamkeit mitgeteilt und ihr zum Andenken seinen Ring und seinen kostbaren Gürtel hinterlassen hatte. Am Strand des Meeres hat er ein Schiff gefunden, das ihn in den Osten brachte, worauf er sich nach Edessa begab. „Er vertauschte dort seine Kleider mit dem Gewand eines Bettlers, er gab den Armen seine ganze Barschaft. Hierauf setzte er sich im Vorhof einer Kirche nieder und bettelte die Vorübergehenden an, benutzte dann aber von den empfangenen Almosen nur das Notwendigste für sich und schenkte das übrige weiter an Notleidende und Kranke.

Unterdessen aber war große Trauer im Hause seiner Eltern. Der Vater sandte Diener aus in alle Länder der Erde, um seinen Sohn zu suchen. Sie fanden aber keine Spur von ihm. Die Eltern beweinten ihren Sohn und ließen sich nicht trösten, seine Braut aber zog Trauerkleider an und verbrachte ihre Tage wie eine Witwe. Alexius aber führte 17 Jahre lang im Dienste Gottes ein hartes Leben der Buße.

Da geschah es, daß der Sakristan der Kirche, in deren Vorhof Alexius bettelnd zu sitzen pflegte, eines Tages von dem Marienbild, das dort hing, deutlich eine Stimme vernahm, die sagte: ‚Führe Alexius, den treuen Diener Gottes, in die Kirche hinein, denn er ist würdig, im Heiligtum selbst zu wohnen.‘ Da ging der Sakristan eiligst hin und holte Alexius in die Kirche hinein. Nicht lange Zeit verging, da war die Geschichte überall bekannt geworden. Man fing an, den armen Bettler Alexius hoch zu ehren.

Alexius aber verschmähte alle Ehren und entwich heimlich aus der Stadt Edessa und schiffte sich nach Tarsus in Cilicien ein. Doch fügte es Gott, daß das Schiff, von widrigem Wind verschlagen und an das Gestade Italiens geworfen, unweit der Stadt Rom landete. Da faßte Alexius den Entschluß, im Hause seines Vaters als unbekannter armer Fremdling zu leben. Als er auf den Marktplatz der Stadt gekommen war, sah er seinen Vater mit seiner Dienerschaft vorübergehen. Er lief hinter ihm her und bat: ‚Edler Herr, laßt mich armen Fremdling in eurem Hause wohnen und von den Brosamen essen, die von eurem Tische fallen! Gott wird euch eure Barmherzigkeit lohnen!' Kaum hatte Alexius dies gesagt, da gedachte Euphemianus seines Sohnes, und sein Herz war wundersam gerührt. Er befahl seinen Dienern, den Pilger in sein Haus zu führen, ihm zu essen und zu trinken zu geben und eine Kammer zum Wohnen anzuweisen. Doch Alexius wählte sich einen engen, schlechten Verschlag unter der Treppe des Hauses und nahm vorlieb mit der allerschlechtesten Kost.

Bald hatten die Diener den Befehl ihres Herrn, den Fremden gut zu behandeln, vergessen; sie spotteten über den armen Narren, der sich mit Fasten und Wachen kasteite – ja, manchmal gossen sie Spülwasser über seinen Kopf und warfen ihm Brocken hin wie einem Hund und trieben ihren Mutwillen mit ihm. Er aber ertrug geduldig alles und sagte kein Wort hierüber zu Euphemianus, ja, er freute sich, um Christi willen Schmach zu erleiden. Täglich sah er seinen lieben Vater und oftmals auch seine Mutter und seine Braut und hörte ihre Klagen um ihn. Das zerriß ihm fast das Herz; er blieb aber fest bei seinem Entschluß, bis zu seinem Tod unerkannt zu bleiben. Alexius verharrte so 17 Jahre, verachtet, unter einer Treppe lebend als demütiger Bettler, der sich selbst ganz aufgegeben hatte, um Christus zu gewinnen. Als er aber das Ende seines Lebens nahen fühlte, ließ er sich Pergament und Tinte geben und schrieb darauf, wer er sei.

Nun geschah es an einem Sonntag nach der hl. Messe; da fand man staunend den Bettler auf einem ärmlichen Strohlager tot liegen. Sein Antlitz leuchtete wie von himmlischem Glanz. In seiner Hand hielt er einen Brief. Als Euphemianus aus dem ihm vorgelesenen Brief vernahm, daß der arme Bettler niemand anderer war als sein Sohn, da fiel er in großem Schmerz ohnmächtig zu Boden. Unter einem Strom von Tränen liefen seine Mutter und seine Braut herbei und warfen sich klagend über den Leichnam. Die Diener aber, die den Heiligen mißhandelt und gequält hatten, zitterten in Angst und Reue. Indessen hatte sich die Nachricht von dem wunderbaren Geschehnis rasch verbreitet. Man eilte zu der Bahre des Heiligen, an der sich sogleich viele Wunder ereigneten."

Ähnlich wie in der französischen Fassung des Alexius-Liedes ist die legendäre Ausschmückung des Lebens des hl. Alexius in der Dichtung des mittelhochdeutschen bürgerlichen Dichters Konrad von Würzburg († 1287). Dramatisiert ist die Legende des hl. Alexius in der von Stefano Landi († 1655) komponierten Oper „Il Sant' Alessio", deren Text Giulio Rospigliosi, der spätere Papst Clemens IX. (1667-69) verfaßt hat und die nach fast 400 Jahren erstmals wieder im August 1977 bei den Salzburger Festspielen aufgeführt wurde. Erwähnt sei auch das von dem französischen Dramatiker Henri Gheon († 1944) verfaßte Bühnenstück „Le Pauvre sous l´escalier" („Der Arme unter der Treppe").

In neuester Zeit ist in der Literatur die Frage nach der moralischen Berechtigung der Handlungsweise des hl. Alexius seiner Braut gegenüber viel erörtert und meistens negativ beantwortet worden. Man könnte ja tatsächlich mit Recht fragen: Hätte Alexius seinen Schritt, sich von der Braut aus höheren Motiven zu trennen, nicht längst vor der Vermählung ausführen müssen? Ist er nicht Manns genug gewesen, um seiner Braut rechtzeitig seine Ablehnung der Ehe mit ihr mitzuteilen? Oder hatte seine Braut kein Verständnis für seinen Entschluß zu immerwährender sexueller Enthaltsamkeit aufgebracht, so daß er dann den eigenartigen Schritt tun mußte? Manche Heilige haben sich bald nach der Eheschließung – wie an Beispielen in diesem Buch gezeigt wird – mit gegenseitigem Einverständnis zu dem entschlossen, was Josephs-Ehe genannt wird. B. de Gaiffiert hat eine ganze Reihe von solchen Heiligenleben zusammengestellt, in denen sich die jung vermählten Ehegatten im gegenseitigen Einverständnis zu vollkommener Enthaltsamkeit in ihrer Ehe entschlossen haben [40)].

Hier sei abschließend noch auf die beiden Canones 1141 und 1142 im neuen, seit dem 1. Adventsonntag 1983 verbindlichen Codex des kanonischen Rechts hingewiesen: „Die gültig geschlossene und vollzogene Ehe zwischen Getauften kann durch keine menschliche Gewalt und aus keinem Grund, außer durch den Tod, aufgelöst werden. – Die nicht vollzogene Ehe zwischen Getauften oder zwischen einem getauften und einem ungetauften Partner kann aus einem gerechten Grund auf Bitten beider Partner oder eines Partners, selbst wenn der andere dem widerstrebt, vom Papst aufgelöst werden."

Erwähnt sei noch, daß dem hl. Alexius, dessen Fest bei den Griechen am 17. März, in der abendländischen Kirche aber am 17. Juli gefeiert wird, im Jahre 978 die vorher dem hl. Bonifatius auf dem Aventin-Hügel in Rom geweihte Kirche gewidmet wurde, und daß in dieser Kirche noch heute die Treppe gezeigt wird, unter der der Heilige als Bettler gelebt haben soll.

Der hl. Hilarius und die hl. Quieta

* um 410-420
† zwischen 463-467
Vater von einem Kind

Von dem adeligen Senatoren-Ehepaar Hilarius und Quieta, das im gallischen Burgund im 5. Jahrhundert lebte und große Besitzungen in der Gegend von Courtangy bei Montbald (Cote d'Or) und in der Gegend von Dijon besaß, ist fast nichts bekannt außer der Tatsache, daß es einem Sohn Johannes das Leben geschenkt hat, der durch das Tugendbeispiel seiner frommen Eltern zur Heiligkeit heranreifte; es ist dies der hl. Johannes von Réomé, der im Jahre 440 in Courtangy als Sohn des Senators Hilarius und dessen Gattin Quieta geboren wurde. Der Mönch Jonas von Bobbio († um 650) schildert in der Einleitung zur Biographie des hl. Johannes von Réomé [41)] die Tugenden der Eltern dieses Heiligen. Vor allem ihre Liebe und Treue zueinander muß vorbildlich gewesen sein. Das erfahren wir aus einer Wunderlegende, die der hl. Gregor von Tours († 594) im achten Buch seines hagiographischen Sammelwerkes „Miraculorum libri octo", das den Titel trägt „In gloria confessorum", festgehalten hat [42)]. Die französische Dichterin Marie Noël hat in ihrem Tagebuch [43)] wieder daran erinnert: „In der Legende von Hilarius und Quieta wird ihr Leben nicht ausführlich erzählt, in einigen goldenen Worten aber ist etwas vom Schönsten enthalten, was über ihre Ehe aufgezeichnet werden konnte: Sie führten ein vorbildliches Eheleben und liebten sich so sehr, daß ihre Liebe nach ihrem Tod durch ein Wunder verherrlicht wurde. Hilarius starb zuerst. Er wurde in der Kirche St. Jean in Dijon in einem reich ausgestatteten Grab beigesetzt. Quieta starb, als die Reihe an sie kam. Als man sie neben ihrem Gatten begraben wollte, hob Hilarius den rechten Arm, legte ihn um ihren Hals und zog sie an sein Herz. Darauf wurden die beiden Gatten, vom gläubigen Volk umjubelt, später auf die Altäre erhoben. Im 9. Jahrhundert sind die beiden Ehegatten in die Krypta der Kathedrale von Dijon übertragen worden, in zwei getrennte Gräber." Die Dichterin klagt dann über die „unfrommen Priester", die das taten, weil sie den Sinn des legendären Wunders nicht verstanden hatten und jene wieder trennten, die doch durch die eheliche Liebe und Treue ganz innig verbunden sein wollten, auch noch im Grab. W. Nigg fügt dem die Bemerkung an: „Die Priester vermochten nur die Grabgemeinschaft der beiden aufzuheben, während wir fest davon überzeugt sind, daß Hilarius und Quieta auch im Himmel vereint sind, ihnen und uns zur unbeschreiblichen Freude!"

Die hl. Chlothilde und Chlodwig

* um 474
† 3. Juni 544
Hochzeit 493
Mutter von drei Kindern

Eine heilige Ehegattin, die es aus ihrem starken Glauben heraus glänzend verstanden hat, ihren heidnischen Gemahl zum katholischen Glauben zu bringen, so daß in der Folge dann ein ganzes Volk zum wahren Glauben fand, ist die hl. Chlothilde [44].

Sie entstammte dem Geschlecht der Könige von Burgund. Der nach Alleinherrschaft strebende König Gundobald hatte seinen Mitregenten und Bruder Chilperich mit dem Schwert hinrichten und dessen Gemahlin mit einem ihr um den Hals gehängten Stein ertränken lassen. Die beiden Töchter Chilperichs, Chrona und Chlothilde, ließ er am Leben. Chrona, die Ältere, nahm den Schleier als gottgeweihte Jungfrau; Chlothilde aber, die um 474 in Lyon geborene jüngere Tochter Chilperichs, wurde am Hof des Königs Gundobald, des Mörders ihrer Eltern, erzogen. Da Chlothildes Eltern sich zum katholischen Glauben bekannt hatten, und Gundobald, obgleich Arianer, jetzt, da er die Macht allein innehatte, tolerant genug war, durfte Chlothilde am Königshof dem katholischen Glauben treu bleiben und diesen auch praktizieren.

Während die meisten germanischen Stämme damals bereits das Christentum angenommen hatten, aber in der häretischen arianischen Form, waren die etwas abseits am Niederrhein lebenden Franken zunächst heidnisch geblieben. Das Denken des heidnischen Königs Chlodwig war typisch germanisch in der Überlegung: Nur wenn sich der Christengott mächtiger erweist als unsere Götter, will ich an ihn glauben und das Heidentum aufgeben.

Nun hatten Chlodwigs Gesandte öfters am burgundischen Königshof zu tun. Da fiel ihnen Chlothildes Schönheit und deren kluges Benehmen immer stärker auf. Sie berichteten darüber König Chlodwig. Dieser begehrte schließlich vom Burgunderkönig Gundobald Chlothilde zur Gemahlin und erhielt sie auch. Das war um 493.

Die nun mit König Chlodwig vermählte Chlothilde ruhte nicht, bis sie ihren Gemahl für den katholischen Glauben gewonnen hatte, wie wir aus dem Bericht des hl. Gregor von Tours († um 594) [45)] erfahren. Er schreibt da: „Die Königin Chlothilde gebar dem König (Chlodwig) einen Sohn, den Erstgeborenen. Diesem wollte sie die heilige Taufe spenden lassen; sie redete daher ihrem Mann zu, indem sie sagte: ‚Nichts sind die Götter, welche ihr Heiden verehrt, da sie weder sich noch anderen helfen können; sie sind entweder aus Stein oder aus Holz oder aus irgendeinem Metall gemacht; die Namen aber, die ihr ihnen gegeben habt, führen Menschen, nicht Götter... Jener aber muß verehrt werden, der Himmel und Erde, das Meer und alles, was darin ist, durch sein Wort aus nichts erschaffen hat, und der gemacht hat, daß die Sonne leuchtet, und der den Himmel ausgeschmückt hat mit Sternen; er hat das Wasser mit Fischen, das Land mit Tieren, die Luft mit Vögeln angefüllt; auf seinen Wink hin schmückt sich die Erde mit Blumen und Früchten, die Bäume tragen Obst, die Weinberge Trauben, durch seine Hand ist das Menschengeschlecht geschaffen worden; durch seine Güte sind alle übrigen Geschöpfe dem Menschen, den Gott erschaffen hat, untertan und dienen ihm zu seinem Nutzen.‘

Das Herz des Königs aber ließ sich auf keine Weise durch die Worte der Königin Chlothilde zum Glauben bewegen, er sagte vielmehr: ‚Auf das Geheiß unserer Götter ward alles geschaffen und entsteht alles. Es ist bekannt, daß euer christlicher Gott nichts kann; er soll auch nicht, was noch schlimmer ist, göttlicher Herkunft sein.‘

Unterdessen brachte die gläubige Königin dennoch ihren erstgeborenen Sohn zur Taufe; sie ließ dafür die Kirche mit Vorhängen und Decken festlich schmücken, damit der König, wenn er schon durch ihre Rede nicht zum Glauben gebracht werden könne, etwa durch die geheimnisvoll feierliche Taufe auf den dreifaltigen Gott dazu gebracht würde. Der Knabe wurde also getauft und Ingomer genannt, starb aber sogleich nach seiner Wiedergeburt, als er noch das Taufkleid trug. Deshalb war nun der König sehr aufgebracht; er beschimpfte seine Gemahlin, die Königin, unablässig, indem er sagte: ‚Wenn der Knabe im Namen meiner Götter geweiht worden wäre, würde er sicher noch leben, nun aber, weil er im Namen eures Christengottes getauft worden ist, mußte er sterben.‘ Darauf aber sagte die Königin Chlothilde: ‚Ich danke Gott, dem allmächtigen Schöpfer, vor allem dafür, daß er mich doch nicht für unwürdig befunden hat, einen Sohn meines Leibes seinem himmlischen Reich einzuverleiben. Meine Seele fühlt keinen Schmerz darüber, denn ich weiß, daß die im Taufkleid aus dieser Welt Abberufenen durch die beseligende Anschauung Gottes erquickt werden.'

Nach dem verstorbenen Erstgeborenen gebar die Königin Chlothilde einen anderen Sohn; sie nannte ihn in der Taufe Chlodomer. Als auch dieser krank wurde, sagte der König: ,Es kann nicht anders sein, als daß es auch bei diesem wie bei seinem Bruder so zugeht, daß er, im Namen eures Christengottes getauft, sogleich sterben muß!' Aber auf das Gebet der Mutter hin ward dieses Kind nach Gottes Geheiß wieder gesund. Die Königin aber redete unaufhörlich dem König zu, er solle doch den einzig wahren Gott anerkennen und die Götzen verachten. Aber sie konnte ihn auf keine Weise zum wahren Glauben bringen, bis schließlich ein Krieg ausbrach, in welchem König Chlodwig durch Not und Bedrängnis gezwungen wurde, zu bekennen, was er früher sehr bewußt verleugnet hatte. Es geschah nämlich, als die beiden feindlichen Heere im Kampf standen, und heftigst gekämpft wurde, daß Chlodwigs Heer schon ganz am Unterliegen war. Als er dies merkte, erhob er seine Augen zum Himmel, brach ergriffen in Tränen aus und rief: ,Jesus Christus, von dem meine Gemahlin Chlothilde immer beteuert, daß Du der Sohn des lebendigen Gottes bist, und von dem man sagte, daß Du den Bedrängten zu Hilfe kommst und den auf Dich Hoffenden den Sieg verleihst, Dich flehe ich demütig um Deine glorreiche Hilfe an. Wenn Du mir den Sieg über die Feinde verleihst und ich Deine Wundermacht erfahre, von der Dein Volk, das Deinem Namen geweiht ist, behauptet, daß sie sich stets bewährt habe, so will ich an Dich glauben und mich auf Deinen Namen taufen lassen. Denn ich habe meine Götter angerufen, aber sie sind, wie ich inne werde, weit davon entfernt, mir zu helfen. Daher glaube ich, daß sie keine Macht besitzen, weil sie ihren Verehrern nicht zu Hilfe kommen. Dich rufe ich also an und an Dich will ich glauben. Gib nur, daß ich meinen Feinden entrinne!' Als er dies gesprochen hatte, wandten sich die feindlichen Alemannen und ergriffen die Flucht. Als sie noch dazu sahen, daß ihr König gefallen war, ergaben sie sich dem König Chlodwig, indem sie sagten: ,Laß doch das Volk nicht weiter zugrunde gehen, wir sind ja Dein!' Chlodwig aber stellte nun den Krieg ein, ermahnte das Volk und kehrte im Frieden heim. Darauf erzählte er seiner Gemahlin Chlothilde, wie er durch die Anrufung des Namens Jesu Christi den Sieg zu erringen gewürdigt worden sei. Dies geschah im 15. Jahr seiner Regierung.

Hierauf berief die Königin Chlothilde heimlich den hl. Remigius, den Bischof der Stadt Reims, zu sich und bat ihn, er möge dem König das Wort des Heils einflößen lassen. Ein Priester begann nun insgeheim dem König

Bild links, hergestellt nach einem Holzschnitt von Pierre le Rouge, zeigt, wie sich König Chlodwig auf Wunsch seiner Gattin von Bischof Remigius taufen läßt.
Bild rechts: Schlacht von Zülpich. Chlodwig sah darin die Wirkung des Gebetes und ließ sich mit 3000 Franken taufen.

Chlodwig zuzureden, an den wahren Gott, den Schöpfer des Himmels und der Erde, zu glauben und die Götzen zu verlassen, die weder sich noch anderen helfen können. König Chlodwig aber sagte: ‚Gerne werde ich dir, heiliger Vater, gehorchen; aber eins bleibt noch zu tun übrig: Das Volk, das mir anhängt, gibt sicher nicht zu, daß ich seine Götter verlasse. Ich will zu den Leuten gehen und ihnen deiner Lehre gemäß zureden.‘ Als Chlodwig mit seinen Leuten zusammenkam, rief das Volk, noch bevor er zu ihm sprach, durch die zuvorkommende Gnade Gottes bestärkt: ‚Wir lassen die sterblichen Götter, frommer König Chlodwig, und sind bereit, dem unsterblichen Gott, den Bischof Remigius und seine Priester predigen, zu folgen.‘

Das ward nun dem Bischof gemeldet, der von großer Freude erfüllt wurde und alles zur Taufe herrichten ließ. Die Straßen wurden mit bunten Teppichen festlich behängt, die Kirche mit weißen Tüchern geschmückt, der Taufstein wurde hergerichtet, Balsam wurde ausgegossen, wohlriechende Kerzen entzündet und der ganze Kirchenraum, in welchem die Taufe gespendet werden sollte, wurde von wunderbarem Wohlgeruch erfüllt. Gott aber erteilte denen, die anwesend waren, eine solche Gnade, daß sie glaubten, sie wären in die Wohlgerüche des Paradieses versetzt. Der König verlangte nun als erster, vom Bischof getauft zu werden. Wie ein neuer Constantin schritt er zum Taufbecken hin, um vom alten Aussatz gereinigt und im frischen Quell vom Schmutz seiner früheren Sünden reingewaschen zu werden. Als er so zur Taufe schritt, sprach Remigius, der Heilige Gottes, mit beredtem Mund also: ‚Beuge, Sicamber, demütig den Nacken und bete an, was du (bisher) verbrannt hast, und verbrenne, was du bisher angebetet hast!‘. Der König wurde nun, nachdem er den allmächtigen Gott in seiner Dreieinigkeit bekannt hatte, getauft auf den Namen des Vaters und des Sohnes und des Heiligen Geistes; er wurde dann noch gesalbt mit dem Chrisam im Zeichen des Kreuzes.“

Der am Weihnachtstag 499 – drei Jahre nach der Schlacht bei Zülpich – getaufte König Chlodwig lebte dann noch 12 Jahre mit seiner Gemahlin Chlothilde zusammen. Er starb 511, kaum 45jährig; Chlothilde war damals erst 38 Jahre alt.

Witwe geworden nach ungefähr 20 Ehejahren, hatte Chlothilde bis zu ihrem Tod am 3. Juni 544 noch viel Leid zu ertragen, vor allem wegen des Todes ihres Sohnes Chlodomer und wegen der Verbrechen, die ihre beiden anderen Söhne Chlotar und Childebert an den Kindern Chlodomers begingen.

Sie zog sich nach Tours zurück und lebte dort wie eine Nonne: Auf allen Besitz verzichtend, beschenkte sie überreich die Grabstätte des hl. Martin und andere Heiligtümer und lebte „nicht wie eine Königin, sondern wie eine Magd Gottes“, wie Gregor von Tours geschrieben hat. Nie offiziell heiliggesprochen, wurde sie aber immer als Heilige verehrt.

Der hl. Ethelbert und Bertha

* um 552
† 24. Februar 616
560 König von Kent, Südostengland
Hochzeit 588
Vater der hl. Ethelburga
Bekehrung und Taufe um 601

Ein sehr gutes Beispiel dafür, wie bedeutsam der Bekennermut und Glaube einer christlichen Frau auf ihren Gatten für ihn persönlich und für sein ganzes Land sein kann, ist Bertha, die Enkelin des Frankenkönigs Chlodwig. Sie führte Ethelbert, der noch Heide war, als er sie heiratete, zum christlichen Glauben. Sie wurde so mit ihrem Gemahl, dem hl. Ethelbert [46)], und mit dem hl. Augustin von Canterbury zur Begründerin des Christentums in England.
Ethelbert, ein Nachkomme des legendären Königs Engisto, des Gründers des Königshauses von Kent, wurde um 552 geboren. Noch sehr jung folgte er seinem Vater Ermenrik, der 560 starb, auf dem Königsthron von Kent. Bald nahm er unter den verschiedenen angelsächsischen Königen den ersten Rang ein.
Ethelbert war – wie gesagt – noch Heide, als er um 588 in Paris die überzeugte Christin Bertha, eine Enkelin des Frankenkönigs Chlodwig, heiratete. Bertha stellte ihrem königlichen Bräutigam für ihre Vermählung die Bedingung, er dürfe sie in der Ausübung ihres christlichen Glaubens und ihren Kaplan Letardus in der Verrichtung seiner priesterlichen Aufgaben nicht behindern.
Durch seine gläubig fromme Gemahlin Bertha kam König Ethelbert mit dem Christentum nicht bloß in Berührung, er gewann dafür immer mehr Sympathie. Das zeigte sich besonders, als er 596 die unter Führung des hl. Augustinus gelandeten, von Papst Gregor dem Großen gesandten Missionare mit großer Freundlichkeit aufnahm und bei ihrer missionarischen Tätigkeit sogar mit allen Kräften förderte. In der Vigil von Pfingsten (1. Juni) 597 soll Ethelbert durch den hl. Augustinus getauft worden sein. Man hat aber mit Recht festgestellt, daß dies erst später geschehen sein muß, weil Papst Gregor der Große in einem Brief vom Juni 601 die Königin Bertha getadelt hat, die Bekehrung ihres königlichen Gemahls vernachlässigt zu haben [47)]. Dem Mönch Augustinus, der am 16. November 597 in Arles in Frankreich zum Bischof geweiht worden war, trat König Ethelbert seinen königlichen Palast in Canterbury ab; er verlegte seine eigene Residenz nach Reculver, von wo aus er Bischof Augustinus in jeder Hinsicht bei der Evangelisierungsarbeit

förderte. Er half ihm auch beim Wiederaufbau einer aufgelassenen verfallenen frühchristlichen Kirche.

Aus diesem wiederaufgebauten Gotteshaus erstand „Christ-Church" als die erste Kathedrale Englands.

Das königliche Ehepaar Ethelbert und Bertha hat sich die allergrößten Verdienste um die Christianisierung Englands erworben. Im Jahre 601 empfingen sie – wie fünf Jahre zuvor Augustinus und seine Gefährten – nun auch Melittus, der dem König einen Brief des Papstes Gregor des Großen überbrachte mit dem darin enthaltenen Auftrag, weiter um die Zurückdrängung des Heidentums und um die Ausbreitung des Christentums in England bemüht zu sein. Ethelbert erreichte auch die Konversion seines Neffen Sabert, des Sohnes seiner Schwester Ricula, und ermahnte ihn, der Vizekönig von Essex war, er möge sich an die Weisungen Mellitus´ halten und für diesen in London eine dem hl. Paulus geweihte Kathedrale errichten lassen.

Gott beglückte das edle Königspaar auch mit der Bekehrung ihrer Tochter Ethelburga zum Christentum durch den hl. Augustinus. Als diese dem König Edwin von Northumbrien zur Gemahlin gegeben wurde, gab man ihr den hl. Paulinus, einen der Gefährten des hl. Augustinus, mit als Kaplan. Dem König Edwin, der damals noch Heide war, wurde vom Schwiegervater, dem hl. Ethelbert, das Versprechen abverlangt, die Ausbreitung des christlichen Glaubens in seinem Reich nicht zu behindern und selber zu trachten, Christ zu werden. Tatsächlich ließ sich König Edwin 627, zwei Jahre nach seiner Vermählung mit Ethelburga, taufen. Als König Edwin 633 bei Hatfield Chase im Kampf gegen heidnische Gegner gefallen war, zog sich Ethelburga in das von ihr gegründete Kloster von Lyminge zurück und stand dieser klösterlichen Gemeinschaft bis zu ihrem Tod am 5. April 647 vor. Sie wird in England genauso wie ihr Vater, König Ethelbert, als Heilige verehrt.

Ethelbert verlor 613 seine fromme Gattin Bertha durch den Tod. Der Witwer heiratete noch ein zweites Mal eine junge Frau, deren Name nicht überliefert ist. Er starb aber schon drei Jahre nach dem Tod seiner ersten Gattin am 24. Februar 616 im 56. Regierungsjahr. Der hl. Gregor der Große hat in einem Schreiben König Ethelbert mit Kaiser Konstantin dem Großen verglichen und seine Verdienste um die Ausbreitung des christlichen Glaubens in England rühmend hervorgehoben.

Die hl. Plektrude und Pippin der Mittlere

* um 650 in der Gegend von Trier
† 10. August 725 im Kanonissenkloster St. Maria im Kapitol, Köln
Mutter von zwei Kindern

Grabmal der hl. Plektrude, Kirche St. Maria im Kapitol, Köln, 12. Jh.

Plektrude, die im Elsaß, in Luxemburg und im Rheinland als heilige Gattin und Mutter und als Klostergründerin verehrt wird, wurde um 650 in der Gegend von Trier als Tochter des fränkischen Adeligen Hugobert und der seligen Irmina geboren. Sie wurde mit dem fränkischen Hausmeier (Majordomus) Pippin dem Mittleren verheiratet. Dieser besiegte bei dem französischen Dorf Tertry (bei Saint-Quentin) den neustrischen Hausmeier Berchar;

er leitete damit den Aufstieg der Karolinger ein, sicherte die Vorherrschaft Austrasiens (Ostreich) und einigte als Hausmeier das Frankenreich. Seine Gemahlin Plektrude übte auf Pippin einen sehr positiven Einfluß aus, die Beziehungen der beiden Ehegatten wurden aber oft getrübt, weil Pippin nicht von seiner Konkubine Alpaida (Chalpaida) loskam, die ihm den Sohn Karl Martell gebar. Aus der Ehe Pippins mit Plektrude gingen die beiden Söhne Drogo und Grimoald hervor, die aber beide im Kindesalter starben. Plektrude war sehr kirchlich gesinnt und fromm und trug 697 - 698 sehr viel bei zur Gründung der Abtei Echternach (Luxemburg) und zu der von Kaiserwerth.
Nach dem Tod ihres Gemahls Pippin im Jahre 714 übergab die Witwe Plektrude die Regentenschaft ihrem Stiefsohn Karl Martell. Sie aber zog sich nach Köln in das von ihr gegründete Kanonissenkloster St. Maria im Kapitol zurück. Dort beschloß sie – zweifellos viel betend und sühnend – ihr Erdenleben am 10. August 725.
In der Kirche St. Maria im Kapitol zu Köln wurde der Todestag Plektrudis von Anfang an als besonderer Gedenktag, als „memoria Plektrudis reginae, fundatricis huius ecclesiae“ begangen und dieser edlen Frau Verehrung wie einer Heiligen erwiesen [48].

Der hl. Vinzenz Madelgar und die hl. Waltraud

† 677 in Soignies
Vater von vier Kindern

Ein heiliges Ehepaar, das vier heiligen Kindern das Leben schenkte, ist der hl. Vinzenz Madelgar mit seiner heiligen Gattin Waltraud [49].
Graf Vinzenz stammte aus Strépy (östlich von Mons in Belgien). Er heiratete die hl. Waltraud (Waldetrudis), Tochter des edlen Walbert und seiner Gemahlin Bertilla, und Schwester der hl. Adelgundis, der Stifterin des Klosters in Maubeuge im Hennegau. Sie schenkte ihrem Gemahl Vinzenz vier Kinder, nämlich die hl. Adeltrud, den hl. Landrich, den hl. Dentelin und die hl. Madelberta. Auf den Rat ihrer heiligen Eltern gingen drei dieser vier Kinder in ein Kloster.
Die heiligen Eltern trennten sich, als ihre vier Kinder erwachsen geworden waren, einvernehmlich, um fortan in Enthaltsamkeit ein gottgeweihtes Leben zu führen. Der hl. Vinzenz ging in das Kloster Hautmont, das er gegründet hatte. Später zog er sich nach Soignies zurück, wo er 653 ein weiteres Klo-

ster gründete. Dort war er dann Abt bis kurz vor seinem 677 erfolgten Tod. Die hl. Waltraud erbaute auf den Rat des heiligen Abtes Gislenus († nach 680) in Castrilocus ein Kloster (später Saint-Waudru in Mons, Belgisch-Hennegau). In dieses Kloster trat die hl. Waltraud selber ein; sie erhielt vom heiligen Bischof Autbert von Cambrai den Nonnenschleier. Zuletzt wurde sie Äbtissin dieses Klosters und starb dort am 9. April 688. Sie wird dargestellt, wie sie ihre vier Kinder fast wie eine Schutzmantelmadonna unter ihrem Mantel birgt.

Was ist nun aus den vier Kindern des heiligen Elternpaares Vinzenz Madelgar und Waltraud geworden?

1. Adeltrud kam als Mädchen zu ihrer Tante, der hl. Adelgunde, in die von dieser gegründeten Abtei Maubeuge (Nordfrankreich). Hier wirkte sie 12 Jahre lang als Äbtissin und starb am 25. Februar um das Jahr 696.
2. Landrich leistete zuerst Kriegsdienst, später wurde er Mönch und folgte als Abt seinem Vater Vinzenz nach in der Leitung der beiden Klöster Soignies (flämisch Zinnik, Belgisch-Hennegau) und Hautmont (Französisch-Hennegau). Vor seinem Tod habe er noch als Missionar in der Gegend von Brüssel gewirkt. Er starb am 17. April um 730.
3. Dentelin starb als Knabe von sieben Jahren; er wird aber im ganzen Hennegau ebenfalls wie seine Eltern und Geschwister als Heiliger verehrt wegen der vielen Wunder, die an seinem Grabe geschahen. Er gilt als Stadtpatron von Rees (Cleve).
4. Madelberta wurde Benediktinerin im Kloster Maubeuge und um 696 Nachfolgerin ihrer Schwester Adeltrud als Äbtissin dieses Klosters. Sie starb am 7. September um das Jahr 700.

Auch wenn das Leben des heiligen Elternpaares Vinzenz Madelgar und Waltraud und das ihrer vier heiligen Kinder mit gar manchem Legendären ausgeschmückt worden ist, der zweifellos historische Kern dieser legendenumrankten „Viten“ ist doch, daß hier ein Elternpaar nach Vollkommenheit strebte und seine Kinder so gut erzog, daß auch diese wie die Eltern zur Vollkommenheit und Heiligkeit heranreiften. Wenn es in der frühchristlichen Zeit heilige Eltern mit heiligen Kindern gab – das beste Beispiel dafür ist der hl. Gregor der Ältere von Nazianz mit seiner heiligen Gemahlin Nonna und seinen heiligen Kindern Gregor dem Jüngeren von Nazianz, Cäsarius von Nazianz und Gorgonia – so gab es eben auch im angeblich dunklen 7. und 8. Jahrhundert ein solch heiliges Elternpaar mit vier heiligen Kindern.

Die hl. Bertha und der hl. Gumbert

† um 680

Nach dem Geschichtsschreiber Flodoard von Reims hat Gumbert, der Bruder des hl. Nivard, des Erzbischofs von Reims im 7. Jahrhundert, in zweiter Ehe eine Frau namens Bertha [50)] geheiratet. Er war gegenüber der Kirche überaus wohltätig und gründete aus seinem Vermögen das Kloster St. Pierre-le-Bas (S. Petrus inferior) bei der Porta Basilicaria in Reims. Beim Tod seines Bruders, des hl. Nivard, vermachte er alle Besitzungen, die er von seiner Mutter ererbt hatte, den Kirchen der Stadt Reims – die ererbten Besitzungen seines Vaters vermachte er seiner Verwandtschaft. Dann ging er im Einverständnis seiner Gattin Bertha aus missionarischem Seeleneifer daran, die noch heidnischen Menschen an der Nordküste des Frankenreiches zu missionieren; dabei fand er aber den Blutzeugentod.
Dem Beispiel ihres edlen Gatten Gumbert folgte auch Bertha. Sie verließ die Stadt Reims und begab sich – es war um das Jahr 660 – in das 26 km von Reims entfernte Dorf Avenay. Hier gründete sie ein Kloster, dem sie aus ihrem ererbten Besitz mehrere Ländereien vermachte. In dieses Kloster trat sie dann selber ein und wurde dessen erste Äbtissin. Sie soll von ihren Stiefsöhnen Ende des 7. Jahrhunderts ermordet worden sein und wird – wie ihr früherer Gemahl Gumbert – als Märtyrer verehrt. In der Diözese Reims wird das Fest der hl. Bertha und ihres Gemahls, des hl. Gumbert, am 11. Mai gefeiert.

Die hl. Aya und der hl. Hildulf

† 18.4.708/709 (hl. Aya)
† 23. oder 27.6.707 (hl. Hildulf)

Ein heiliges Ehepaar aus dem Ende des 7. und beginnenden 8. Jahrhundert sind die hl. Aya (Agia) und der hl. Hildulf [51)].
Aya wurde als Tochter des Grafen von Hennegau und der Uraia, einer Tochter des Grafen von Boulogne-sur-Mer geboren. Sie vermählte sich mit Hildulf, einem fränkischen Edelmann. Dieses Ehepaar lebte viele Jahre in einer Gott wohlgefälligen, aber kinderlosen Ehe und tat viel Gutes für die Kirche und die Armen.

Hildulf erwies sich als großer Wohltäter der Klöster St. Ghislain und Mons. Alt geworden, zogen sich die beiden edlen, wahrhaft adeligen Menschen in ein von benediktinischem Geist beseeltes Kloster zurück: Hildulf in das Kloster zu Lobbes bei Thuin (Hennegau), wo er sich in aller Demut unter die geistliche Leitung des heiligen Abtes Ursmar stellte und ein heiligmäßiges Leben führte bis zu seinem am 23. oder 27. Juni 707 erfolgten Tod; seine Gattin Aya aber trat in das Kloster Castilocus bzw. Mons (Bergen, Belgisch Hennegau) ein, wo sie ebenfalls ein heiligmäßiges Leben führte und am 18. April 708/9 zum ewigen Lohn abberufen wurde.

Der hl. Richard und Wunna

† 720 (hl. Richard) in Lucca bei Pisa, Italien
† 710 (Wunna)
Eltern von drei Kindern

Ein heiliges englisches Ehepaar, das drei heilige Kinder hervorgebracht hat, verdient es gar wohl, in einem Buch über verheiratete Selige und Heilige genannt zu werden, auch wenn von ihm fast nichts bekannt ist. Die Gattin des hl. Richard, dem erst im 10. Jahrhundert zu Unrecht der Titel „König der Angelsachsen" beigelegt wurde, Wunna mit Namen, dürfte um 710 gestorben sein. Sie war die Mutter dreier heiliger Kinder, nämlich des hl. Willibald, des hl. Wunibald und der hl. Walpurga.
Von seinem Sohn Willibald ließ sich der Vater Richard für die „Pilgerschaft um Christi willen" gewinnen: Er brach im Jahre 720 mit seinen beiden Söhnen zur Pilgerfahrt auf. Erstes Ziel sollte Rom und von dort weiter dann das Heilige Land sein. Richard starb aber schon im Herbst 720 in Lucca bei Pisa

und wurde dort in der Kirche San Frediano beigesetzt. Um 1150 wurden die Gebeine Richards gehoben; ein Teil davon kam nach Eichstätt. An beiden Orten begann man Richard, den königlichen Rompilger, als Heiligen zu verehren, sicher wegen seiner heiligen Kinder, von denen Willibald am bedeutsamsten ist. Dieser setzte nach dem Tod des Vater die Pilgerfahrt fort und blieb zweieinhalb Jahre in Rom; von 723-727 war er dann als Pilger im Heiligen Land, von 727-729 in Byzanz und 730-739 als Mönch in Montecassino. Auf der Rückreise kam er 739 wieder nach Rom und wurde auf Veranlassung des hl. Bonifatius von Papst Gregor III. in die Germanen-Mission berufen. 740 erhielt er in Eichstätt die Priesterweihe. Am 21. Oktober 741 wurde Willibald in Sülzenbrücken bei Erfurt zum ersten Bischof von Eichstätt geweiht. Er erbaute dort den Dom und ein Kloster und missionierte, unterstützt von einer rasch wachsenden Anzahl von Mitarbeitern, im bayerischen, fränkischen und schwäbischen Raum. Im Jahre 778 diktierte er der Nonne Hugeburc den Bericht über seine Pilgerfahrt, die er mit seinem Vater Richard begonnen hatte. Der hl. Willibald starb am 7. Juli 787.

Der zweite Sohn des englischen Ehepaars Richard und Wunna ist der hl. Wunibald. Auch der um 701 in Wessex in Südengland Geborene pilgerte mit Vater und Bruder 720 nach Italien. In Rom trat er in ein Kloster ein. Auf einer Reise in die englische Heimat (727-730) warb er für das Ideal der missionarischen Heimatlosigkeit. Bei seiner zweiten Romreise (737-738) rief ihn der hl. Bonifatius in die Mission nach Thüringen und weihte ihn 739 zum Priester. Wunibald betreute von Sülzenbrücken aus seinen Missionssprengel. 744-747 wirkte er dann im Amberger Becken in der Oberpfalz, schließlich wurde er Seelsorger in Mainz. 751-752 zog er zu seinem Bruder Willibald und gründete 752 zusammen mit ihm das Kloster Heidenheim als Missions- und Kulturzentrum unter einer vielfach wieder ins Heidentum zurückgefallenen Bevölkerung. Er wurde der erste Abt des Benediktiner-Klosters Heidenheim. Am 18. Dezember 761 starb er.

Das dritte Kind des hl. Richard und seiner Gemahlin Wunna ist Walpurga, die um 710 in England geboren wurde. Vom hl. Bonifatius wurde sie zusammen mit der hl. Lioba und Thekla als Missionshelferin nach Germanien berufen. Zuerst wirkte sie unter der hl. Lioba in Tauberbischofsheim, dann von 751-752 an in dem von ihren Brüdern gegründeten Doppelkloster Heidenheim bei Treuchtlingen, südlich von Nürnberg. Sie starb als Äbtissin am 25. Februar 779.

Dem sicher heiligen Elternpaar Richard und Wunna, die ihre beiden Söhne Willibald und Wunibald und ihre Tochter Walpurga so gut erzogen haben, daß sie zu Heiligen heranreiften, hat der Schriftsteller J. Dirnbeck [52)] in seiner „Modernen Heiligenlitanei“ folgende aktuelle Anrufung gewidmet: „Ihr habt es verstanden, in eurer Familie jene Atmosphäre zu schaffen, in der eure Kinder zu Menschen reiften, die von Hörern der Botschaft zu Botschaftern wurden. Richard und Wunna, bittet für uns, die wir uns sorgen, wie wir unseren Glauben den Kindern von morgen am besten vermitteln.“ [53]

Die hl. Berta von Blangy

† 725
Mutter von fünf Kindern

Berta, die Tochter des Grafen Rigobert, vermählte sich mit einem gewissen Siegfried und wurde Mutter von fünf Töchtern.
Als ihr Gemahl starb, zog sich Berta mit ihren zwei ältesten Töchtern Deotila und Gertrud in das von ihr gegründete Kloster Blangy-sur-Ternoise zurück und lebte hier als einfache Rekluse, nachdem sie ihre Erwählung zur Äbtissin des Klosters abgelehnt hatte.
Im Jahre 725 wurde sie nach einem heiligen Opferleben zum ewigen Lohn abberufen [54].

Die hl. Ida von Herzfeld und Eckbert

* um 766
† 4. September 813 oder 825
Mutter von fünf Kindern

Traumgesicht: Ida erhält den Auftrag zum Bau der Kirche in Herzfeld im Bistum Münster.
Glasfenster in der Ida-Kapelle in der Kirche St. Ida, Herzfeld.

Eine vorbildliche Ehegattin und Familienmutter war die hl. Ida von Herzfeld [55]. Sie selbst war um 766 in eine christliche Familie hineingeboren wor-

den. Von ihren fünf Brüdern und Schwestern erwählten alle das Ordensleben, was undenkbar wäre, wenn nicht in dieser Familie ein wahrhaft christlicher Geist geherrscht hätte. Zwei der Brüder der hl. Ida, nämlich Adalhard und Wala, wurden Äbte des Klosters Corvey.
Ida selbst aber vermählte sich nach rein verlebter Kindheit und Jugend mit dem Sachsenherzog Eckbert, den sie während einer langwierigen Krankheit überaus liebevoll pflegte. Unter den fünf Kindern, die die hl. Ida ihrem herzoglichen Gemahl gebar, finden sich wieder zwei Ordensberufe: Ihr Sohn Warin wurde Abt von Corvey und ihre Tochter Hadwig wurde Äbtissin von Herford. Beide gelten als Selige.
Mit ihrem Gemahl stiftete die hl. Ida von Herzfeld eine Kirche. Nach dem Tod ihres Gemahls führte sie dann in Herzfeld (Diözese Münster in Westfalen) ein Leben der Frömmigkeit, der Buße und der Nächstenliebe. Sie starb in Herzfeld am 4. September 813 (825?) und wurde in der von ihr und ihrem Gemahl erbauten Kirche beigesetzt. Als am 26. November 980 ihre Reliquien erhoben wurden, mehr als 150 Jahre nach ihrem Tod, machte sich der Mönch Uffing von Werden daran, die wunderreiche „Vita" der hl. Ida von Herzfeld niederzuschreiben. Sie wird in Westfalen von den Frauen besonders als Helferin bei der Niederkunft angerufen und verehrt.

Der hl. Barnard von Vienne

* um 778 im Gebiet von Lyon
† 22. Januar 842 im Kloster Romans, Departement Ain, Frankreich

Ein heiliger Ehegatte und Familienvater, der zu Lebzeiten seiner Gattin Benediktinermönch wurde und dann sogar Erzbischof von Vienne, ist der um 778 im Gebiet von Lyon in eine Adelsfamilie hineingeborene Barnard (Bernard) [56)]. Er leistete zuerst Kriegsdienst im Heer Karls des Großen. Dann vermählte er sich oder – richtiger formuliert – wurde er durch seine Eltern vermählt, obwohl er damals schon die Berufung zum Ordensstand in sich verspürte.
Nach dem Tod seines Vaters und siebenjähriger Ehe trennte er sich im Einverständnis mit seiner Gemahlin von dieser und den Kindern und trat in Bugey in das von ihm gestiftete Kloster Ambroinay (Ambronianum) ein und wurde Benediktinermönch.
Vier Jahre später wurde der Mönch Barnard bereits Abt seines Klosters und 810 nach dem Tod von Erzbischof Vulferius von Vienne wurde er zu dessen Nachfolger als Erzbischof erwählt.

Diese hohe Berufung stellte aber den Anfang einer Reihe von schweren Prüfungen und Heimsuchungen dar, in denen Barnards Tugenden hart auf die Probe gestellt wurden.
Als 815 Kaiser Ludwig der Fromme sein Reich unter seinen Söhnen aufteilte und Streit unter diesen entstand, da sie sich gegen ihren Vater empörten, da mußte Erzbischof Barnard seinen Bischofssitz verlassen und nach Italien fliehen. Nach seiner Rückkehr ins Frankenreich hielt sich der hl. Barnard in dem von ihm gestifteten Kloster Romans im Departement Ain auf. Dort starb der einstige Ehemann und Familienvater am 22. Januar 842.

Die hl. Irmgard und Lothar I.

* um 800
† 20. März 851 in Erstein im Elsaß, Frankreich
Hochzeit im Jahre 821
Mutter von drei Kindern

Von dieser im Elsaß als Heilige verehrten Frau ist wenig bekannt [57)]. Sie wurde als Tochter des Grafen Hugo von Tours geboren und war eine Nachfahrin des Herzogs Attich von Elsaß. Im Jahre 821 wurde sie mit Kaiser Lothar I. vermählt. Sie muß eine vorbildliche, kirchlich gesinnte Gattin und Familienmutter gewesen sein. Beweis dafür ist neben der vorbildlichen christlichen Erziehung, die den drei Söhnen Ludwig II., Lothar II. und Karl zuteil wurde, die Tatsache, daß Kaiserin Irmgard die Frauenabtei Erstein im Elsaß gründete und daß ihre Tochter Rotrud die erste Äbtissin dieser Abtei südlich von Straßburg wurde. In diese Reichsabtei pflegten die späteren Kaiser gerne zu pilgern und am Hochgrab der heiligen Kaiserin in der Abteikirche zu beten. Kaiserin Irmgard starb in Erstein am 20. März 851, vier Jahre vor ihrem kaiserlichen Gemahl. Der verwitwete Kaiser Lothar I. verfügte im

Spätsommer 855 die Aufteilung seines Herrschaftsbereichs unter seine drei Söhne Ludwig II., Lothar II. und Karl. Dann trat er in das Kloster Prüm ein, wo er wenige Tage später am 29. September 855 starb.

Die hl. Ludmilla und Herzog Boriwoj von Böhmen

* um 860
† 15. September 921 in Tetin bei Beraun
Mutter von sechs Kindern

Ein heidnisches Ehepaar steht in Ludmilla und Boriwoj vor uns, das zusammen zum christlichen Glauben gefunden und gemeinsam vom Slawenapostel Methodius getauft worden ist und – wie es scheint – eine vorbildliche christliche Ehe geführt hat. Beiden ist es zu danken, daß sich Böhmen vom heidnischen Osten abwandte und dem christlichen Abendland zuwandte.
Die Legende, die sicher einen historischem Kern enthält, schildert uns die Bekehrung der hl. Ludmilla und ihre Ehe mit Boriwoj von Melnik. Am Sitz des Grafengeschlechts, dem Ludmilla entstammte, war das Standbild der heidnischen Wettergöttin Baba aufgerichtet. Zu bestimmten Zeiten pflegte sich das Volk davor zu versammeln. Als das wieder einmal geschah, erschien der christliche Einsiedler

Ivan. Mit feurigen Worten verdammte er den Götzendienst und pries den christlichen Glauben. Noch während seiner Worte schritt er auf das Bild der heidnischen Göttin Baba zu und zerstörte dieses vor den Augen des versammelten Volkes. Stumm und entsetzt erwarteten die versammelten Menschen das Strafgericht der Götter. Der Einsiedler aber ging ungehindert wieder dem Wald zu, aus dem er gekommen war. Ludmilla, die alles mitangesehen hatte, war zutiefst erschüttert. In ihrer Seele regte sich erstmalig eine Ahnung vom Licht des christlichen Glaubens. Sie folgte dem Einsiedler Ivan zu seiner Klause und wurde seine Schülerin. Auf einer Jagd erblickte sie hier den Böhmenherzog Boriwoj aus dem Geschlecht der Premysliden. Dieser war entzückt von der liebreizenden Schönheit Ludmillas und begehrte sie alsbald als Gattin. Sie aber verlangte, daß sich der Herzog mit ihr zum Christentum bekehre und ihrem Beispiel folge. Er ging auf diese Bedingung ein. Es kam zur Taufe und Trauung der beiden durch Methodius in der Kirche von Velehrad. Das böhmische Volk folgte größtenteils bald dem Beispiel des christlich gewordenen Herzogspaares und bekannte sich ebenfalls zum christlichen Glauben.

Die Ehe des Herzogspaares wurde angeblich mit drei Söhnen und drei Töchtern gesegnet. Welchen Wert das Herzogspaar, vor allem Ludmilla, auf christliche Erziehung in ihrem Schloß zu Prag legte, wird spürbar an dem Enkelsohn, dem hl. Wenzel. Zusammen mit ihrem Gemahl ließ Ludmilla mehrere Kirchen erbauen. Sie war überdies sehr wohltätig gegen die Armen und erwarb sich den Ehrentitel „Mutter der Armen".

Als Herzog Boriwoj um 894 und auch sein Nachfolger Wratislaw I. frühzeitig starben, übernahm Ludmillas Schwiegertochter Drahomira die Regentschaft im Herzogtum Böhmen. Weil Drahomira noch Heidin war, hatte noch Herzog Boriwoj seine Gemahlin Ludmilla damit beauftragt, beim ältesten Enkel Wenzeslaus´, dem Sohn Drahomiras, für dessen christliche Erziehung Sorge zu tragen. Das besorgte Ludmilla, diese tugendhafte Frau, mit großem Erfolg. Ludmillas Einfluß legte in dem jungen Prinzen die Wurzel zu jener tiefen christlichen Gläubigkeit, kraft der er später ein Heiliger wurde. Drahomira aber, die weiter dem alten Götterglauben anhing, hegte wegen des Eifers, mit dem Ludmilla das Christentum im Land verbreitete, einen tödlichen Haß gegen diese. Es gelang Drahomira, einen Teil des böhmischen Adels auf ihre Seite zu ziehen, so daß sich, wie die Überlieferung berichtet, auf ihr Anstiften hin zwei böhmische Edelleute bereitfanden, Ludmilla auf ihrem Witwensitz Tetin bei Beraun am 15. September 921 mit ihrem eigenen Schleier zu erdrosseln. Der Leichnam Ludmillas wurde zuerst in Tetin beigesetzt, unter Herzog Wenzel jedoch in die St. Georgs-Kirche auf der Prager Burg übertragen [58)].

Die hl. Mathilde und Heinrich I.

* um 895 in Engern, Sachsen
† 14. März 968
Hochzeit im Jahre 909
Mutter von fünf Kindern

Eine besonders edle Gestalt unter den Gemahlinnen der deutschen Könige und Kaiser des Mittelalters ist die hl. Mathilde, die Gemahlin von König Heinrich I. Sie wurde um 895 in Engern in Sachsen als Tochter des sächsischen Grafen Dietrich, eines Urenkels des Herzogs Widukind, und der dänisch-fränkischen Adeligen Reinhilde geboren und im Damenstift Herford, in welchem ihre Großmutter Mathilde Äbtissin war, bestens erzogen.
Im Jahre 909 vermählte sich Mathilde mit Herzog Heinrich dem Vogler, der 919 zum deutschen König als Heinrich I. erwählt wurde. Sie war eine anmutige, kluge, liebevolle, fromme und wohltätige Frau, der bald nach ihrem Tod in den ältesten Dokumenten „Vita Mathildis prior“, aus dem Jahre 975 [59)], „Vita Mathildis posterior“ [60)] der Titel „sancta“ (heilig) und die Bezeichnung „mirae sanctitatis femina“ (Frau von wundersamer Heiligkeit) gegeben wurde.
Über ihre Ehe heißt es: „Mit ihrem Gatten lebte sie in Eintracht, seine Liebe war ihre Lebensluft; sie entfaltete in seinem Umgang alle Schätze ihrer Seele, ihre ganze, zarte, milde Weiblichkeit; sie erheiterte und verschönte sein Leben, erleichterte durch ihr lebensfrisches Wesen sein sorgenschweres Gemüt, beschwichtigte seinen manchmal etwas ungestümen Geist. Nie griff sie in die Regierungsgeschäfte ihres königlichen Gemahls ein, nie drängte sie sich mit ihrer Ansicht, mit ihrem Rate vor, aber ein absichtsloses, unbefangenes Wort von ihr war ihm oft ein Leitfaden aus Wirrnis und Verlegenheit. Nur auf ein Recht erhob sie als Königin Anspruch, auf das Recht, Fürbitte um Gnade und Vergebung einzulegen; diese übte sie bei jeglichem Anlaß; aber

Herzog Heinrich von Sachsen macht Mathilde einen Heiratsantrag. Zeichnung von Ferdinand Loeke, 19. Jh.

wenn der König in seiner strengen Gerechtigkeit ihr nicht willfahren konnte, so blieb sie ruhig, sie hatte dem Drang ihres Herzens Genüge getan, er mochte dann nach dem Spruch seines Herzens handeln [61].

Fünf Kinder wurden in die Ehe Mathildes mit König Heinrich hineingeboren: 1. Otto, der spätere König Otto I., der Große, 2. Gerberga, die sich 928 mit Herzog Giselbert von Lothringen und 940 mit König Ludwig IV. von Frankreich vermählte, 3. Hadwig, 4. Heinrich († 955), der spätere Herzog von Bayern, und 5. Bruno († 965), der spätere heilige Erzbischof von Köln. Allen ihren Kindern gab sich Mathilde mit zärtlicher Muttersorge hin und suchte ihren Geist und ihr Herz zu bilden zu echter Frömmigkeit Gott gegenüber und zu gütigem Wohlwollen gegen die Mitmenschen. 23 Jahre lang durfte Mathilde das Glück ungetrübter ehelicher Liebe genießen. Da starb 936 ihr Gemahl, König Heinrich I., auf einer Reise zu Memleben an der Unstrut im 60. Lebensjahr und wurde im Dom zu Quedlinburg bestattet.

Die Königin-Witwe versammelte ihre Kinder und bat sie inständig, Gottesfurcht und Treue gegen Gottes Gebote, vor allem aber auch Eintracht und Frieden untereinander zu wahren. Das aber geschah leider nicht, teilweise sogar durch die Schuld Mathildes. Sie hatte ihrem zweiten Sohn, dem schönen Heinrich, immer bevorzugende Liebe entgegengebracht und dadurch die Eifersucht der anderen Kinder geweckt. Auch jetzt wünschte sie ihren Liebling als Nachfolger auf dem Thron des deutschen Königs nach dem Tod ihres Gemahls. Die Großen des Reiches aber wählten, wie Heinrich I. es gewünscht hatte, den älteren Sohn, Otto, zum König und führten ihn nach Aachen zur Königskrönung. Daraufhin erregte Heinrich gegen seinen königlichen Bruder Otto einen bewaffneten Aufstand. König Otto I. konnte diesen erst nach langen Kämpfen niederringen. Die Königin-Mutter Mathilde mußte die Bevorzugung Heinrichs schwer büßen; sie mußte viele Bitten und Tränen aufwenden, bis es ihr gelang, die entzweiten Brüder zu versöhnen.

Es dauerte nicht lange, da kam über Mathilde neues Leid. Diesmal stellten sich die beiden Brüder Otto und Heinrich gegen die Mutter und warfen ihr vor, sie verschwende Hab und Gut an Unwürdige. Mathilde mußte den königlichen Hof verlassen. Sie zog sich in ein Kloster zurück. Erst manches persönliche Unglück und bittere Erfahrungen ließen die beiden Söhne zur Erkenntnis kommen, der Mutter Unrecht zugefügt zu haben; sie leisteten öffentlich Abbitte, Mathilde durfte an den Königshof zurückkehren. Von da an gab sich Mathilde wieder ohne Hemmung Werken der Nächstenliebe und der Frömmigkeit hin.

Am 14. März 968 starb die Königin-Witwe und Königin-Mutter Mathilde, nachdem sie von ihrem Enkel, dem Erzbischof Wilhelm von Mainz, noch durch die heiligen Sakramente gestärkt worden war. Sie fand neben ihrem Gemahl, König Heinrich I., im Dom zu Quedlinburg ihre letzte Ruhestätte.

Durch ihre Kinder und Enkel wurde Mathilde zur Stammutter berühmter Herrschergeschlechter: in männlicher Erbfolge der Ottonen, in weiblicher der fränkischen Salier, der Hohenstaufen und der französischen Kapetinger. Noch bemerkenswerter aber ist, daß Mathilde in ihrer nächsten Verwandtschaft von Heiligen umgeben ist: Ihr jüngster Sohn Bruno, Erzbischof von Köln, wird als Heiliger verehrt. Ihre Schwiegertochter Adelheid, die Gemahlin ihres Sohnes Otto, der 962 in Rom als Otto I. zum Kaiser gekrönt wurde, wird ebenfalls als Heilige verehrt. Mathildes Urenkel, Kaiser Heinrich II., seine Gemahlin Kunigunde, seine Schwester Gisela und deren Gemahl, König Stephan von Ungarn, und dessen Sohn Emerich gelten ebenfalls als Heilige.

Die hl. Adelheid und Lothar

* 931
† 16./17.12.999 im Benediktinerinnen-Kloster in Selz
Hochzeit im Jahre 947
Mutter von fünf eigenen und zwei Pflegekindern
Heiligsprechung 1097

Eine Heilige, die sogar – sicher eine große Ausnahme – zweimal verheiratet war, ist die hl. Adelheid [62)], die 931 als Tochter des Königs Rudolf von Burgund und Berthas, der Tochter des Herzogs Buchard von Schwaben geboren wurde.

Sie teilte das Los vieler adeliger Töchter und wurde schon als Kind von sechs Jahren mit König Lothar von Italien verlobt und, kaum 16 Jahre alt, 947 mit diesem vermählt. Dieser glücklichen Ehe entsproß eine Tochter namens Emma, welche mit Lothar, dem König der Franken, dem letzten Karolinger, verheiratet war und Mutter von König Ludwig V. wurde.

Adelheids Ehe mit Lothar von Italien dauerte nur drei Jahre, denn er starb schon am 22. November 950, angeblich vergiftet durch seinen mächtigen Gegner, den Markgrafen Berengar III. von Ivrea. Adelheid war, als sie Witwe wurde, erst 20 Jahre alt; sie galt damals als besonders schön, klug und fromm und wurde bald darauf von Berengar, dem Gegner ihres verstorbenen Mannes, umworben, nicht für sich, sondern für seinen Sohn Adalbert: mit diesem sollte sie eine zweite Ehe eingehen, Berengar wollte dadurch die Königswürde, die er sich angemaßt hatte, absichern und gewissermaßen legitimieren. Adelheid aber verabscheute eine Ehe mit dem Sohn dessen, der womöglich ihren Gemahl Lothar vergiftet hatte, sie widersetzte sich dieser Heirat, wurde aber dafür in der Burg Garda am Ostufer des Gardasees gefangengesetzt und sehr übel behandelt. Adelheids treuer Kaplan Martin verhalf ihr zur heimlichen Flucht; mit Hilfe treuer Freunde ihres verstorbenen Gemahls gelang es ihr dann, das Bergschloß Canossa zu erreichen, das Berengar nun wütend, aber vergeblich belagerte. Von Canossa aus rief nämlich Adelheid den deutschen König Otto I. um Hilfe an. Dieser zog mit einem Heer über die Alpen, besiegte Berengar, setzte ihn ab und ließ sich selbst in Pavia zum König der Langobarden krönen.

Nach Pavia kam dann auch Adelheid, um ihrem Retter zu danken. König Otto I. aber, dessen erste Gemahlin Edith schon 946 gestorben war, warb, von der Schönheit und dem edlen Charakter Adelheids tief beeindruckt, um ihre Hand. Im Herbst 951 ließ sich König Otto I. in Pavia mit Adelheid trauen. Sie lebte nun als königliche Gemahlin an der Seite des deutschen Königs Otto I. und wurde, als dieser 962 in Rom von Papst Johannes XII. zum Kaiser des Römischen Reiches deutscher Nation gekrönt wurde, zur Würde einer Kaiserin erhoben. Als Kaiserin und Königin hatte Adelheid überreich Gelegenheit, alles Gute und Heilige zu fördern. Sie, die einst selbst eine Schutzbedürftige gewesen war, hatte ein mütterliches Herz für alle Armen und Bedrängten, wie der hl. Odilo von Cluny um das Jahr 1000 in seiner Biographie der Kaiserin Adelheid „non modo auditu, sed visu et experimento", also aus engem, freundschaftlichem Kontakt mit der Kaiserin zu berichten weiß [63]. Adelheid, die man mit Recht „eine der edelsten und hoheitsvollsten Frauengestalten der deutschen Geschichte" genannt hat [64], lebte mit Kaiser Otto I. eine vorbildliche christliche Ehe, aus der vier Kinder hervorgingen, nämlich Heinrich († ca. 954), Bruno († 957), der spätere Kaiser Otto II. († 7.12.983) und Mathilde († 999), die nachmalige Äbtissin von Quedlinburg. Zu den eigenen Kindern hinzu nahm Kaiserin Adelheid auch zwei Töchter des Erbfeindes ihres verstorbenen ersten Gemahls an den Hof und war ihnen eine liebevolle Mutter und Beschützerin.

Sie umsorgte vor allem ihren Gemahl, Kaiser Otto I., mit viel Liebe und interessiertem Verständnis für seine Regierungsaufgaben. Der hl. Odilo verweist hier wohl aus persönlicher Beobachtung bezüglich der Ehe und Haushaltsführung der hl. Adelheid auf das Gleichnis von der klugen, liebevoll sorgenden Frau im Buch der Sprüche 31, 20-29. Über den Raum ihrer Ehe und Familie hinaus war die hl. Adelheid aufgeschlossen für die Reformbestrebungen, die von Cluny ausgingen. Sie förderte Klostergründungen wie die in Peterlingen, San Salvatore in Pavia und in Selz im Elsaß.

Nach dem Tod ihres Gemahls, des Kaisers Otto I. († 7.5.973), trat Adelheids Sohn als Kaiser Otto II. die Herrschaft an. Leider war dessen Gemahlin Theophanu, eine griechische Prinzessin, eifersüchtig wegen Adelheids Einfluß auf ihren Sohn, den sie gegen die Schwiegermutter aufhetzte, vor allem mit dem Argument, Adelheid vergeude durch ihre Freigebigkeit das Krongut. Die Kaiserin-Mutter wurde vom Hof verbannt, sie zog sich in ihre Heimat

zurück, trug aber die Demütigungen mit der gleichen inneren Ruhe und großmütigen, edlen Bescheidenheit, mit der sie früher während ihrer Ehe an der Seite ihres Gemahls die Würde der Kaiserin getragen hatte.
Adelheids Sohn, Kaiser Otto II., mußte bald erfahren, wie sehr ihm der Rat der erfahrenen und erprobten Mitregentin und Mutter abging; denn alle seine Pläne scheiterten und was er angriff, mißlang. Da ging er in sich und rief die Mutter zurück. Nach dem frühen Tod ihres Sohnes Otto II. († 7.12.983 in Rom), dem dessen Gattin Theophanu am 23./24. Januar 1002 ins Grab nachfolgte, mußte die nun 60jährige Kaiserin-Mutter für ihren unmündigen Enkel Otto III. ab 983 die Regentschaft übernehmen.
Als dann 994 Adelheids Enkel Otto III. selber die Regierung antrat, zog sie sich ins Privatleben zurück. Ihre letzten Lebensjahre widmete sie ganz der Vorbereitung auf den Tod. Ihr letztes Unternehmen war eine Reise in ihre burgundische Heimat, wo zwischen dem König, ihrem Neffen, und dem Volk erbitterte Zwietracht herrschte. Es gelang ihr, den Frieden wiederherzustellen. Auf dieser Reise besuchte sie auch alle am Weg liegenden, von ihr gemachten und geförderten frommen Stiftungen, um zu sehen, ob alles in Ordnung sei. Auf der Heimreise hielt sie sich dann noch im Elsaß, das sie ganz besonders liebte, auf. Im Benediktinerinnen-Kloster Selz – es war ihre Lieblingsstiftung – blieb sie dann bis zu ihrem Tod am 16./17. Dezember 999.
In der Einleitung zur letzten kritischen lateinischen Ausgabe der „Lebensbeschreibung der Kaiserin Adelheid von Abt Odilo von Cluny“ [65)] schrieb der Bearbeiter und Herausgeber H. Paulhart mit Recht: „Mater regnorum nannte Gerbert von Aurillac in seinen Briefen die Kaiserin Adelheid und prägte damit den Ausdruck, der in gleicher Weise der Gattin, der Mutter wie der Herrscherin das Höchste an Achtung und Ehrerbietung ausdrücken sollte. Adelheid, die durch ein halbes Jahrhundert zuerst als Gemahlin des deutschen Königs, dann als Kaiserin, später als Mutter und Großmutter zweier weiterer Imperatoren nicht unbedeutend die Geschicke des Reiches mitbestimmen geholfen hat, entstammt dem burgundischen Königshaus. In jungen Jahren verwitwet, war sie in die oberitalienischen Wirren um die Mitte des 10. Jahrhunderts hineingezogen worden, hatte dann durch ihre zweite Heirat mit Otto I. diese Schwierigkeiten überwunden und war schließlich zu den höchsten Würden des Kaisertums aufgestiegen. Nach dem Tod ihres zweiten Gemahls war es ihr beschieden, noch zweimal, für den verstorbenen Sohn und dann für den minderjährigen Enkel, die Leitung der Geschäfte des Reiches übernehmen zu müssen. Als religiöse und der Kirche treu ergebene Frau hatte sich bei ihr mit fortschreitenden Jahren der Hang zu einer beschaulichen Lebensführung eingestellt, doch scheute sie auch in hohem Alter nicht davor

zurück, politische Aufgaben zu übernehmen, wenn es dem Gebot der Stunde entsprach. Als sie im Jahre 999 dahinschied, herrschte in den ihr nahestehenden Kreisen tiefe Trauer. – Nicht einmal 100 Jahre sollten vergehen, bis Rom die allgemeine Verehrung genießende Kaiserin zur Ehre der Altäre erhob und damit den um sie und ihre Grabstätte entstandenen Kult sanktionierte. Kein Geringerer als Odilo von Cluny, der Adelheid schon zu ihren Lebzeiten ein vertrauter Freund war, fühlte sich berufen, ihr Andenken zu verherrlichen und, um die Erinnerung an sie wachzuhalten, ihr eine Gedächtnisschrift zu widmen, die bis heute die bedeutendste Grundlage aller biographischen Versuche über die Kaiserin Adelheid geblieben ist."
Man kann abschließend und zusammenfassend nur sagen, daß Papst Urban II. im Jahre 1097 durch die Heiligsprechung Adelheids die vorbildliche Ehegattin und Mutter, Regentin und Kaiserin ehren und den Eheleuten beiderlei Geschlechts als Vorbild für die rechte, christliche Lebensführung in der Ehe vor Augen stellen wollte.

Der selige Ansfried und Ilsunda

* um 940
† 3. Mai 1010
Vater von einem Kind

Ähnlich dem hl. Hilarius von Poitiers, der einst Ehegemahl und Vater einer Tochter war, dann aber Bischof und begnadeter Oberhirte seiner Diözese geworden ist, so war auch der aus einem flandrischen Adelsgeschlecht stammende selige Ansfried [66)], Graf von Brabant, zuerst glücklich verheiratet mit Ilsunda (Hilswind), die ihm eine Tochter namens Benedicta gebar. Er gehörte zu den treuesten Freunden von Kaiser Otto III. und war wegen seiner Rechtschaffenheit und Weisheit sehr beliebt; er bemühte sich redlich, dem ihm gehörigen Herrschaftsgebiet Ordnung und Frieden zu verschaffen. Sicher war er auch ein vorbildlich treuer Ehegatte und Vater, der – wie seine Gemahlin und seine Tochter – sehr bestrebt war, ein frommer, aus dem Glauben heraus lebender Christ zu sein. Vermutlich hat Ansfried zuletzt seine Ehe in Enthaltsamkeit gelebt, weil er – wie seine Gemahlin – in sich den Drang und die Berufung spürte, die weiteren ihm von Gott geschenkten Lebensjahre ganz Gott zu weihen. Er gründete zu Thron im Jahre 992 für seine Gemahlin und seine Tochter ein Kloster. Dann schenkte er seine Grafschaft dem Bischof von Lüttich und wurde selbst noch Mönch.

Nach dem Tod des Bischofs Balduin von Utrecht wurde Ansfried von Kaiser Otto III. gebeten, den Bischofssitz von Utrecht einzunehmen. Der Kaiser schenkte damals der Kirche von Utrecht auch eine Reihe von Gütern. Ansfried entsprach dem Wunsch des Kaisers und übernahm als Oberhirte die Leitung der Diözese Utrecht. Er ließ sich dazu auch die Bischofsweihe erteilen. Dem hl. Kaiser Heinrich II. war Bischof Ansfried ein besonders gesuchter Ratgeber.

Leider dauerte die bischöfliche Tätigkeit von Bischof Ansfried nicht sehr lange, weil er erblindete. Er zog sich in die Zelle Hohort zurück und lebte hier wieder, wie vor seiner Erhebung zum Bischof von Utrecht, ganz bescheiden und gewissenhaft nach der Ordensregel des hl. Benedikt. Die Zelle Hohort wurde 1006 durch Mönche aus Gladbach zu einem Kloster ausgestaltet.

Bischof Ansfried, der einstige Gemahl von Ilsunda und Vater der Tochter Benedicta, starb um das Jahr 1010. Er wird in der Diözese Utrecht, in deren St. Pauls-Kathedrale der Leichnam Ansfrieds ruht, als Seliger, beziehungsweise Heiliger verehrt, genauso wie seine Gemahlin Ilsunda und seine Tochter Benedicta.

Der hl. Heinrich II. und die hl. Kunigunde

* 6. Mai 973 wahrscheinlich in Hildesheim
† 13. Juli 1024 in Grona bei Göttingen (hl. Heinrich)
Hochzeit 998/1000
Heiligsprechung 1146
† 3. März 1033 (hl. Kunigunde)
Heiligsprechung 1200

Königin Kunigunde von Albrecht Dürer, Kirche St. Sebaldus, 16. Jh.

Die Ehe von zwei Heiligen, die am meisten bei Historikern, Theologen und Kanonisten in die Diskussion geraten ist, ist die des hl. Kaisers Heinrich II. mit der hl. Kunigunde: Einerseits wurde diese Ehe als Josephsehe charakterisiert, in der sich die Gatten von Anfang bis zum Ende durch gelobte Enthaltsamkeit ausgezeichnet hätten, andererseits wurde an der Ehe des Kaiserpaares nur die Kinderlosigkeit gesehen und alles, was dieser Ehe das Erhabene und Religiös-Übernatürliche im Sinn einer Josephsehe geben könnte, als unglaubwürdig, als „alberne Fabel“, als „nichtssagende Legende“ hingestellt. Vielleicht kann an Hand zeitgenössischer Quellen diesbezüglich einiges geklärt werden.

Zuerst aber kurz das Wesentliche über die Persönlichkeit Heinrichs und Kunigundes:

1. Heinrich (als deutscher König und Kaiser Heinrich II.) wurde am 6. Mai 973 wahrscheinlich in Hildesheim geboren. Er trug denselben Namen wie sein Vater und Großvater. Der Großvater Heinrich hatte jahrelang dem eigenen Bruder, Kaiser Otto I., die unangenehmsten Schwierigkeiten bereitet und oft die Herrschaft streitig gemacht. Der Vater Heinrich führt in der Geschichte nicht ohne Grund den Beinamen „der Zänker“. Auch er war mit seinem Vetter, dem König Otto II., in Streit verwickelt. Nach dem Tod Heinrichs des Zänkers 955 übernahm sein Sohn Heinrich II. als Herzog die Herrschaft in Bayern. Damals regierte in Deutschland Otto III.

Dem gespannten Verhältnis seiner Familie (Großvater und Vater) zum Königshaus verdankte es der junge Heinrich II., daß er, weil er nie zur Regierung kommen werde, wie sein Bruder Bruno, der spätere Bischof von Würzburg – ursprünglich für den geistlichen Stand bestimmt und dementsprechend ausgebildet wurde: Er erhielt seine Ausbildung zuerst beim Bischof Abraham von Freising, dann in der Hildesheimer Domschule; sein letzter Lehrer war der hl. Wolfgang, der Bischof von Regensburg.

Als Heinrich II. dann doch Bayernherzog geworden war, war er seinem Vetter, dem Kaiser Otto III., in Treue verbunden. Als dieser Kaiser schon mit 20 Jahren in Rom starb, sprach Heinrich II. mit großer Achtung von seinem Vetter, dem „großen Kaiser“. Heinrich II. wurde dann sogar Nachfolger Ottos III., er orientierte sich als solcher nicht so sehr wie dieser nach Rom, sondern suchte vor allem in den deutschen Landen gut zu regieren. Das hat ihm das Lob moderner Historiker eingetragen, weniger aber die Tatsache, daß er im besten Sinn rom- und papsttreu war und sich für die Kirche mitverantwortlich fühlte und viel für ihre Reform und ihre Ausbreitung tat. Darin aber liegt vor allem der Grund für die 1146 vorgenommene Heiligsprechung. Heinrich II. starb hochverdient um Deutschland und die Kirche im 51. Lebensjahr in Grona bei Göttingen am 13. Juli 1024. Heinrich war nicht bloß mit einer Heiligen, der hl. Kunigunde, rund 25 Jahre glücklich verheiratet, er war auch durch seine heilige Schwester Gisela mit dem heiligen König Stefan von Ungarn verschwägert.

2. Kunigunde, die Heinrich II. 998/1000 angetraute Gemahlin, war als sechstes unter den elf Kindern des Grafen Siegfried von Lützelburg (Luxemburg) und dessen Gemahlin Hadewig geboren worden.
Wie Heinrich II. genoß auch Kunigunde eine sorgfältige Erziehung. Da sie überdies dem späteren Kaiser an Begabung ebenbürtig war, erwies sich ihre Ehe mit ihm, wenn von der Kinderlosigkeit abgesehen wird, als glücklich. Kunigunde war nämlich für Heinrich II. bei vielen Gelegenheiten eine kluge Ratgeberin, die ihn mehrmals sogar in der Durchführung der kaiserlichen Amtsgschäfte würdig und klug zu vertreten verstand.
Als der Bayernherzog Heinrich II. zum deutschen König gewählt worden war und 1002 in Mainz von Erzbischof Willigis gekrönt wurde, geschah Gleiches in Paderborn dann auch mit Kunigunde. Und als Heinrich II. am 14. Februar 1014 in Rom von Papst Benedikt VIII. zum Kaiser gekrönt wurde, wurde gleichzeitig Kunigunde zur Kaiserin gekrönt. Auch sie erwies sich im weiteren Leben als papst- und kirchentreu und als große Wohltäterin der Kirche, besonders in Bamberg. Seit seiner Kindheit hatte Heinrich II. die Burg Bamberg in Ostfranken ganz besonders geliebt und mehr als jede andere gefördert. Nach seiner Vermählung aber verlieh er die Burg Bamberg seiner Gemahlin Kunigunde als Morgengabe.

Königin Kunigunde war der ehelichen Untreue verdächtigt worden und mußte sich einem sogenannten „Gottesurteil" unterstellen. Um ihre Unschuld zu beweisen, schreitet sie über glühende Eisenplatten. Zeichnung K. Weigand, 19. Jh.

Der gleiche Papst, der an Heinrich und Kunigunde die Kaiserkrönung vorgenommen hatte, weihte dann zu Ostern 1020 in Bamberg die auf dem Burgberg vom Kaiserpaar errichtete Kirche als Kathedrale der vom Kaiser geschaffenen Diözese Bamberg.
Kunigunde war nach dem Tod ihres kaiserlichen Gemahls nach Ablauf eines Jahres der Witwenschaft 1025 in das von ihr gegründete Benediktinerinnenkloster Kaufungen als Nonne eingetreten. Am 3. März 1033 starb sie dort. Am 29. März 1200 wurde auch Kunigunde heiliggesprochen. Ihre Gebeine wurden am 9. September 1201 an der Seite ihres kaiserlichen Gemahls im Bamberger Dom beigesetzt. Ihr Fest, das früher an ihrem Sterbetag, am 3. März gefeiert worden war, wird seit der letzten Kalender- und Liturgiereform zusammen mit dem des hl. Heinrich am 13. Juli gefeiert, um so zu unterstreichen, daß das, was Gott in der Ehe verbunden hat, auch in der Liturgie nicht getrennt werden soll.
Sehen wir uns nun die Ehe der beiden Heiligen Heinrich und Kunigunde mit den darob entstandenen kontroversen Problemen näher an:
Prof. J. B. Sägmüller hat sich ausführlich mit dem Thema „Die Ehe Heinrich II., des Heiligen, mit Kunigunde“ [67)] und mit der damit verbundenen Kontroverse befaßt. Die Ehe des hl. Heinrich II. und der hl. Kunigunde wurde vom 12. Jahrhundert an bis in unsere Zeit von gar nicht wenigen Autoren in dem Sinn als „jungfräuliche Ehe“ angesehen, daß sie diesem Ehepaar von Anfang an den Dauerverzicht auf geschlechtliche Hingabe zutrauten; daneben aber gab es sehr früh schon, vor allem aber in unserer Zeit, Autoren, die der Meinung waren, Heinrichs Ehe mit Kunigunde sei aus biologischen Gründen kinderlos gewesen; diese Tatsache sei dann, um zur Heiligkeit dieses Ehepaares zu passen, „verklärt“ worden im Sinn einer Josephsehe.
Am besten ist es, sich hier nun mit J. B. Sägmüller an das zu halten, was der Mönch Rodulfus Glaber [68)] über die Ehe Heinrichs und Kunigundes berichtet: Der hl. Odilo von Cluny († 1048) verkehrte viel am Hof Heinrichs II. Diesem Abt aber dedizierte Rodulfus Glaber seine Chronik, die vor 1048 entstanden ist. Seine auf Heinrich II. bezüglichen Nachrichten verdienen vollen Glauben. Nun berichtet dieser Mönch, daß Kaiser Heinrich II., obgleich er sah, daß er von seiner Gemahlin Kunigunde keine Kinder erhalten könne, sie deswegen doch nicht verstoßen habe, daß er vielmehr all sein Vermögen, das sonst den Kindern zugefallen wäre, der Kirche Christi überwiesen habe. Daraus folge unmittelbar – so meint Prof. J. B. Sägmüller –, daß der die Zeugung von Nachkommenschaft verhindernde Umstand in der Ehe des hl. Heinrich als Impotenz auf seiten Kunigundes gelegen sei. Ob das nun Sterilität im engeren Sinn gewesen sei und ob die Impotenz eine vorausgehende oder eine nachfolgende gewesen sei, lasse sich aus dem Bericht von Rodulfus Glaber

nicht ausmachen. Der Chronist Rodulfus Glaber berichtet dann weiter, daß Kaiser Heinrich II. seine Gemahlin Kunigunde wegen der genannten Unfruchtbarkeit nicht verstoßen habe, um, was natürlich der Hintergedanke wäre, eine andere Frau zu ehelichen und mit ihr Kinder zu zeugen. Hätte Heinrich II. das so ohne weiteres gekonnt? Nach dem damaligen deutschen Ehe- und Kirchenrecht hätte er es gekonnt. Nach deutschem Eherecht und Kirchenrecht hielt man die Ehe bei vorausgehender Impotenz in der Weise für löslich, daß jeder potente Teil sich anderweitig wieder verheiraten konnte.

Dieser Praxis der deutschen Kirche, bei Impotenz eine Eheauflösung zuzulassen, stand aber die Gewohnheit der römischen Kirche gegenüber, wegen Impotenz keine Scheidung zu gestatten, vielmehr die Eheleute dazu anzuhalten, wie Bruder und Schwester zusammenzuleben.

Heinrich II. war in seiner Lage nicht gezwungen, dem römischen Brauch zu folgen; er hätte sich der Praxis der deutschen Kirche anschließen und Kunigunde entlassen können, um aus einer anderen Ehe die für einen deutschen König und Kaiser höchst wünschenswerte Nachkommenschaft zu bekommen. Er tat es dennoch nicht und gab von einer bestimmten Zeit an die Hoffnung auf Nachkommen auf. Er hat Christus zum Erben eingesetzt. Er hat also – aus den Worten des hl. Heinrich bei der Stiftung von Bamberg kann man das schließen – von einer bestimmten Zeit an sich des ehelichen Umgangs mit Kunigunde enthalten und mit ihr wie Bruder und Schwester zusammengelebt. Das ist ein edler Zug im Bild des heiligen Kaisers, hat doch schon Papst Gregor II. in einem Brief an den hl. Bonifatius geschrieben, daß solche Selbstbeherrschung nur wahrhaft großmütige Menschen zustandebringen.

Heinrich II. erwies sich gegenüber seiner Gemahlin Kunigunde viel edler und großmütiger als Heinrich IV., der von den zu Worms im Jahre 1069 versammelten Fürsten verlangte, von seiner unfruchtbaren Gemahlin Berta getrennt zu werden, „quia non posset ei tam naturali quam maritali coitus foedere copulari", wie es im Brief des Erzbischofs Siegfried von Mainz an Papst Alexander II. heißt [69].

Man sollte also – was die Ehe des heiligen Kaisers betrifft – den großmütigen Charakterzug an ihm nicht übersehen: Auch wenn eine vollständige, auf Grund eines Jungfräulichkeitsgelübdes der hl. Kunigunde geschlossene Josephsehe wohl tatsächlich nur eine Legende ist, so war doch die Ehe des heiligen Kaiserpaares von edler, gegenseitiger Liebe erfüllt; vielleicht war diese Ehe sogar eine partielle Josephsehe, weil Heinrich nach Feststellung der Sterilität Kunigundes ihr die Treue hielt und von einem bestimmten Zeitpunkt an mit ihr sehr bewußt enthaltsam lebte.

Heute könnten manche christliche Eheleute, die gerne Kinder hätten, die ihnen aber aus biologischen Gründen versagt bleiben, sich das heilige Kaiserpaar zum Vorbild nehmen. Sie sollten die Verwirklichung ihres Wunsches nach Kindern nicht künstlich – gegen die Verfügung Gottes und gegen die Weisungen der Kirche – forcieren, sondern sollten sich in aller Demut und Großmütigkeit in den Willen Gottes fügen und umso mehr Liebe einander und anderen, vor allem Waisenkindern entgegenbringen.

Die hl. Hemma von Gurk und Graf Wilhelm

* um 980
† 29. Juni 1045
Hochzeit um 1010-1015
Mutter von einem Sohn
Heiligsprechung 4. Januar 1938

Hemma von Gurk. Die Darstellung zeigt die Stifterin in der ungarisch-kroatischen Nationaltracht, wie sie um 1500 getragen wurde.

Hemma, das einzige Kind des Grafen von Friesach-Zeltschach, wurde um 980 geboren und – weil früh verwaist – am Hof Kaiser Heinrichs II., mit dem sie mütterlicherseits verwandt war, erzogen. Um 1010-1015 wurde sie mit dem Grafen Wilhelm von Sanngau vermählt. Beide, in höfischer Zucht und christlicher Sitte aufgewachsen, führten dementsprechend ein vorbildliches Eheleben. Gott segnete die Ehe mit einem Sohn, der den Namen des Vaters Wilhelm erhielt. Durch kaiserliche Schenkungen erhielt der an sich schon große Besitz des gräflichen Paares noch eine bedeutende Vergrößerung. Hemma stand als kluge Beraterin und umsichtige Helferin in der Verwaltung des großes Besitzes im Gurk- und Sanntal und weit darüber hinaus treu an der Seite ihres Gemahls. Sie widmete sich aber auch Werken christlicher Wohltätigkeit und setzte sich mit Rat und Tat für die Untergebenen, vor allem für die Armen ein. Überdies war ihr die religiös-sittliche Bildung der Untertanen

ein großes Anliegen. Darauf sind die zahlreichen Kirchengründungen der Gräfin Hemma zurückzuführen.
In einer politischen Auseinandersetzung des Herzogs Adalbero mit Graf Wilhelm, dem Gemahl Hemmas, wurde dieser am 20. März 1036 ermordet. So war Hemma nach rund 20 glücklichen Ehejahren Witwe geworden. Besondere Sorgfalt hatte die Gräfin Hemma auf die Erziehung ihres Sohnes Wilhelm verwendet. Er wuchs in Gottesfurcht und ritterlicher Zucht heran. Erwachsen führte er im Auftrag seiner Mutter die Aufsicht über die gräflichen Silbergruben bei Friesach und Zeltschach. Bei einem Knappenaufstand soll er – wie berichtet wird – ermordet worden sein. So verlor die fromme, wohltätige Gräfin Hemma durch Gewalt sowohl ihren Gemahl als auch ihren Sohn.
Als kinderlose Witwe zog sie sich in das stille Gurktal zurück und suchte Trost in ihrem tiefen Leid in guten Werken und Übungen der Frömmigkeit. In dieser Abgeschiedenheit reifte in ihr der feste Entschluß, ihr bedeutendes Vermögen zur Ehre Gottes und zum Seelenheil ihres Gemahls und ihres Sohnes und zum Heil ihrer eigenen Seele und zum frommen Nutzen der Mitmenschen zu verwenden. Sie gründete dazu in Gurk ein Benediktinerinnenstift und in Admont in der Steiermark ein Benediktinerstift. Sie starb am 29. Juni 1045 und wurde schon bald nach ihrem Tod vom Volk als Selige verehrt. Der Heiligsprechungsprozeß der Gräfin Hemma von Gurk wurde 1466 begonnen und am 4. Januar 1938 durch Bestätigung des Kultes der edlen Gattin und Mutter, die um die beiden liebsten Menschen so viel Leid erdulden mußte, abgeschlossen. Der österreichische Dichter Guido Zernatto hat diesem Vorbild aller leiderprobten Witwen die folgenden Verse gewidmet:
„Sankt Hemma, auf zu dir ins Licht soll unser Jubel dringen,
neig gütig uns dein Angesicht, hör deiner Kinder Singen!
Du unserer Heimat Stolz und Zier, du Blume, froh zu schauen,
Dich grüßen wir, dich preisen wir, du Vorbild aller Frauen.
Du warst die Mutter, treu und mild, die Frau nach Gottes Herzen,
der Armen Trost, der Schwachen Schild, die Trösterin der Schmerzen;
Dir gab der Glaube Kraft und Mut, dein schweres Leid zu tragen.
O wahr auch uns des Glaubens Gut in harten Prüfungstagen!
Du hast das Gold, das Gott dir gab, dem Herrn zurückgegeben,
und tatest Prunk und Reichtum ab im armen Klosterleben.
Lehr uns wie du die eitle Welt und ihre Lust verachten
und nur nach dem, was Gott gefällt, und nach dem Himmel trachten!
Sankt Hemma, hilfsbereite Frau, heb auf zum Herrn die Hände,
daß gnädig er vom Kärntner Gau Gefahr und Unheil wende!
Bereit uns nach dem letzten Streit ein selig Heimstatt oben,
daß wir mit dir in Ewigkeit Gott, unseren Vater, loben!“

Die hl. Godeleva und Graf Bertulf

* in der Gegend von Boulogne, Nordfrankreich
† um 1070

Godeleva von Arnaldo di Soissons, Miniatur, 15. Jh., Brügge, bischöfliches Seminar

Die Gott liebende Tochter der adeligen Eltern Enfred und Ogiva wurde an einem unbekannten Datum in der Gegend von Boulogne, südlich von Calais in Nordfrankreich geboren und noch sehr jung mit dem groben und rohen Bertulf, einem flämischen Grafen, verheiratet.
Eine höchst unglückliche Ehe nahm da ihren Anfang. Denn Godeleva (Godelieve) wurde von ihrem Gatten oft arg mißhandelt und schließlich davongejagt. Der Bischof von Tournai nahm sich schließlich der Verstoßenen an. Scheinbar kam es sogar zur Versöhnung der beiden Eheleute. Tatsächlich aber war jetzt der Haß Bertulfs gegen seine Gemahlin nur noch größer geworden. Eines Nachts drangen in seinem Auftrag zwei gedungene Knechte in das Schlafzimmer Godelevas ein, erdrosselten sie mit einem Schal und warfen ihren Leichnam in einen Brunnenschacht. Es soll sich das im Juli 1070 ereignet haben. Sicher ist aber nur das Datum 30. Juli 1084. An diesem Tag wurden durch Bischof Radbod von Noyon-Tournai die Reliquien der in Flandern sehr verehrten Godeleva erhoben und in der Kirche von Ghistelles in Westflandern beigesetzt. Bertulf, der zum Mord an seiner Gemahlin Godeleva angestiftet hatte, soll in Reue über seine Untat Mönch im Kloster Bergues-St. Winoc in Flandern geworden sein [70].

Martyrium der hl. Godeleva, Brügge, Abtei St. Godeleva

Die hl. Margareta von Schottland und Malcolm III. Canmore

* um 1046 in Reska bei Nadasad, Ungarn
† 16. November 1093
Hochzeit 1070
Mutter von acht Kindern
Heiligsprechung im Jahre 1251

Ein adeliges Flüchtlingskind, das in Ungarn geboren wurde und auf einer weiteren Flucht in Schottland landete, dort aber gastfreundlich aufgenommen wurde und den Gastgeber, den König von Schottland heiratete und mit diesem dann eine wahrhaft glückliche, harmonische und kinderreiche Ehe führte, ist Margarete, die Urgroßnichte des hl. Eduard, des Bekenners [71]. Sie wurde um 1046 in Reska bei Nadasd in Ungarn als Tochter des aus England geflüchteten königlichen Thronfolgers Eduard Atheling und der ungarischen Prinzessin Agathe geboren; sie hatte Christine und Edgar Atheling zu Geschwistern.
Die schönste Jugendzeit vom 11. bis zum 20. Lebensjahr verbrachte sie von 1057 bis 1066 am Hof ihres heiligen Urgroßonkels Eduard des Bekenners.
Nach der Schlacht bei Hastings (14. Oktober 1066) mußte Margareta mit ihrem Bruder Edgar wieder fliehen und kam nach Schottland. Dort wurden die Flüchtlinge gastfreundlich von König Malcolm III. Canmore aufgenommen.
Der König lernte Margareta bald wegen ihrer hervorragenden Tugenden schätzen und lieben. Es kam um 1070 zur Vermählung der beiden, wobei Margareta mit ihrer Klugheit und ihrem Tugendreichtum den wilden Geist des Königs zu zähmen und gut zu beeinflussen und zu formen verstand in einer überaus harmonischen, glücklichen, leider nur 23 Jahre dauernden Ehe, die mit acht Kindern, sechs Söhnen und zwei Töchtern gesegnet wurde. Die Namen der sechs Söhne der hl. Margareta sind Edward, Edmund, Ethelred,

Edgar, Alexander und David, von denen die drei letztgenannten der Reihe nach ihrem königlichen Vater Malcolm auf dem Thron als Könige von Schottland folgten: Margaretas Töchter waren Mathilda (auch Maud genannt), die sich mit Heinrich I. von England († 1135), dem jüngsten Sohn Wilhelms des Eroberers, vermählte, und Mary, die den Grafen Eustachius von Boulogne heiratete.

Margareta von Schottland schifft sich nach Schottland ein.
Edinburgh, Schottische Nationalgalerie

Für eine wahrhaft gute, christliche Erziehung ihrer Kinder verpflichtete Königin Margareta hervorragende Lehrkräfte. Wie sie ihren Kindern eine vorbildliche, liebevoll sorgende Mutter war, so auch dem ganzen schottischen Volk eine fürsorgliche, gütige Landesmutter. Das gottgefällige Leben der Königin, zu dem ganz wesentlich Gebet, Buße und die Werke der Barmherzigkeit gehörten, wirkte nicht nur auf ihren Gemahl, den König Malcolm, sondern auch auf das Volk wie eine eindrucksvolle Dauerpredigt. Margareta war bemüht, jedes Unrecht auszurotten, Zank und Streit, wenn diese irgendwo ausgebrochen waren, zu schlichten und die christlichen Tugenden der Nächstenliebe, der Mäßigkeit und zuchtvoller Keuschheit nicht nur am Hof, sondern auch bei den Untertanen zum Blühen zu bringen. Jene Hofbeamten, die keinen einwandfreien Lebenswandel führten, entließ die Königin im Einverständnis mit ihrem königlichen Gemahl. Die Königin und der König besuchten regelmäßig die Spitäler und Gefängnisse. Armen und Kranken reichten sie oft persönlich Speise und Trank.
In ihrem 46. Lebensjahr wurde Königin Margareta von einer sehr schweren Krankheit heimgesucht, die sie mit vorbildlicher Geduld ertrug. Während sie selbst sterbenskrank darniederlag, brach noch dazu eine kriegerische Auseinandersetzung aus, in die der König hineingezogen wurde. In der Schlacht bei Alnwick fielen König Malcolm und einer seiner Söhne. Sterbend erhielt Königin Margareta diese bittere Nachricht. Sie starb nur wenige Tage darauf. Die letzten Worte der Königin Margareta an ihrem Sterbetag, am 16. November 1093 lauteten: „Herr Jesus, der Du durch Deinen Tod der Welt das Leben geschenkt hast, befreie mich von allem Übel!“ Ihr Leichnam wurde in der von ihr erbauten Dreifaltigkeitskirche in Dunfermlin beigesetzt. Von Papst Innozent IV. wurde Königin Margareta als vorbildliche Ehegattin und Mutter 1251 heiliggesprochen.

Die selige Ida von Boulogne und Graf Eustach II.

* um 1040 in Bouillon, Ardennen, Südbelgien
† 13. April 1113
Hochzeit 1057
Mutter von drei Kindern

Diese Selige der Kreuzzugszeit wurde als Tochter des Herzogs Gottfried II., des Bärtigen, von Niederlothringen um 1040 in Bouillon (Ardennen, Südbelgien) geboren.

Nach einer rein verlebten Kindheit und Jugend wurde Ida 1057 mit dem Grafen Eustach II. von Boulogne vermählt und führte von da an eine vorbildliche christliche Ehe, der drei Söhne entsprossen, die sich während des I. Kreuzzugs als exemplarisch fromme und tapfere Ritter erwiesen, nämlich Eustach III., Gottfried von Bouillon und Balduin. Der 1060 geborene Gottfried wurde auf dem I. Kreuzzug 1099 zum ersten König des lateinischen Königreiches Jerusalem gewählt und führte den Titel „Advocatus s. Sepulchri"; die altfranzösische Dichtung brachte Gottfried in Verbindung mit dem Schwanenritter und erhöhte ihn, der im September 1100 starb, zum Idealbild des von Demut, Frömmigkeit und Mut geprägten christlichen Ritters; dieses Ideal geht sicher in seinem Ursprung auf die vortreffliche christliche Erziehung zurück, die Gottfried von Bouillon von seinen frommen Eltern erhalten hatte. Gleiches gilt sicher auch von seinem Bruder Balduin, der nach dem Tod Gottfrieds zu Weihnachten 1100 in Bethlehem zum König von Jerusalem gekrönt wurde.
Die selige Ida von Boulogne, die Mutter der beiden Könige von Jerusalem, erwies sich während ihrer Ehe und besonders dann nach dem um 1070 erfolgten Tod ihres Gemahls als überaus fromme, kirchlich gesinnte Frau; sie gründete verschiedene Klöster, so Saint-Wulmer in Boulogne für Augustiner-Chorherren und Saint-Michel du Wast in Arras für Cluniazenser-Benediktinermönche. Sie begünstigte unter dem Einfluß des hl. Anselm von Canterbury, mit dem sie bis zu ihrem Tod in Briefkorrespondenz blieb, die von Cluny ausgegangene Reformbewegung. Sie nahm aber nicht, wie behauptet worden ist, das Ordenskleid einer Benediktinerin; wohl aber erhielt sie vom heiligen Abt Hugo von Cluny die spirituelle Aggregation mit Cluny, so daß sie als Oblatin des Benediktinerordens angesehen werden kann. Auf jeden Fall war Ida von Boulogne eine vorbildliche, benediktinisch gesinnte Gattin und Mutter, die sich im persönlichen Leben und in der Erziehung ihrer Söhne an die benediktische Grundregel des „Ora et labora" hielt. Die selige Ida starb am 13. April 1113 und wurde in der Kirche von Saint-Michel du Wast beigesetzt. Ein zeitgenössischer Mönch des Klosters Wast schrieb die „Vita" dieser seligen Mutter zweier Könige von Jerusalem [72)].

Die gottselige Pauline von Arnstadt und Ulrich von Schraplan

* um 1050 Calw, Schwarzwald

† 14. März 1117 in Münsterschwarzach bei Würzburg

Mutter von zwei Kindern

Klostergründerin, Einsiedlerin

Eine tapfere und zugleich fromme Frau ist die deutsche Gräfin Pauline. Sie wurde als Tochter des kaiserlichen Truchseß Moricho, der später Konverse (Laienbruder) im Kloster Hirsau bei Calw im Schwarzwald wurde, geboren, vermutlich um 1050, wie man aus der „Vita“ Paulines, die ihr Beichtvater Sigeboto um 1150 verfaßte [73)], folgern kann.

Pauline zog sich nach dem Tod ihres zweiten Gemahls Ulrich von Schraplan mit einigen Freundinnen in die Einsamkeit eines abgelegenen Waldtales zwischen Rudolstadt und Arnstadt zurück. Sie gründete hier eine Maria-Magdalenen-Kapelle und daneben für sich eine Einsiedelei. Ihre Tochter und ihr Sohn Werner gesellten sich der frommen, kleinen klösterlichen Gemeinschaft zu, die allmählich größer wurde. Das strenge Bußleben und die fleißige Arbeit der Frauen im Sticken und Weben machten die bescheidene Gründung immer bekannter. Deshalb wollte Gräfin Pauline ihrer Stiftung die Form eines richtigen Klosters geben. Die Stätte, wo sie bisher geweilt hatte, überließ sie Mönchen aus dem Kloster Hirsau; in einer engen Waldschlucht sollten sich die Nonnen niederlassen. Nun begann die mühevolle Arbeit, den Unterhalt für die Bewohner der beiden Klöster zu sichern. An die Kräfte der mutigen Frau wurden auch durch manche entbehrungsreiche Reisen und Pilgerfahrten, z. B. nach Rom und Santiago de Compostela, hohe Anforderungen gestellt. In Rom erbat sie sich den Segen des Papstes für ihre Klostergründung. Auf der Heimreise stürzte sie vom Pferd und erlitt dabei einen unheilbaren Armbruch.

Als der Bau des Klosters für die Mönche vollendet und der Grundstein für die Kirche an dem Ort, der fortan nach der Gründerin „Paulinzelle“ benannt wurde, gelegt war, wollte die Gräfin Pauline mit ihrem Sohn Werner die für das Kloster bestimmten Mönche aus Hirsau abholen. Im Kloster Münsterschwarzach bei Würzburg aber erkrankte sie schwer und starb dort am 13. März 1117. Ihr Leichnam wurde 1122 in einem Hochgrab in der Basilika von Paulinzelle beigesetzt. Im Bezirk Erfurt der Diözese Fulda wurde die adelige Ehefrau und Familienmutter, die Witwe und gottgeweihte Reklusin Pauline von Arnstadt auch liturgisch verehrt, und zwar an ihrem Sterbetag, am 13. März.

Die selige Aleth und Graf Tezelin

* um 1070
† 1. September zwischen 1105-1110
Hochzeit um 1085
Mutter von sieben Kindern, darunter des hl. Bernhard von Clairvaux.

Eine glückliche Gattin und Mutter, die ihre sieben Kinder und wohl auch ihren Gemahl so gut erzog, daß sie alle insgesamt den Priester- oder Ordensberuf erwählten, ist die selige Aleth [74]. Sie wurde um 1070 als Tochter des hochadeligen Bernard von Montbard und der Humbeline von Ricey geboren. Die Eltern weihten das Kind noch vor der Geburt dem gütigen Gott und erzogen es dann dementsprechend. Aleth bejahte das von ihren Eltern für sie gemachte Gelöbnis und den ihr von den Eltern zugedachten Ordensberuf. Als sie aber in jugendlicher Schönheit erblüht war, kam es mit 15 Jahren dann zu ihrer Vermählung mit dem jungen, tapferen und tugendhaften Grafen Tezelin von Fontaine-les-Dijon: Hier nahm eine überaus glückliche Ehe und kinderreiche Familie ihren Anfang. Tezelin, der Gatte, aber lebte oft lange Zeit hindurch, bedingt durch den Kriegsdienst, den er leistete, fern von seiner geliebten Gemahlin und den Kindern, die der Reihe nach Jahr für Jahr das Licht der Welt erblickten, und zwar zuerst drei Söhne: Guido, Gerhard und Bernhard, dann genau in der Mitte die einzige Tochter: Humbeline und anschließend die nächsten drei Söhne: Andreas, Bartholomäus und Nivard.
Worum hat die gläubig fromme Aleth am Traualtar Gott gebeten? Um schönes, liebendes Einvernehmen mit ihrem gleichgesinnten Gatten, ja; aber weil sie von ihren Eltern schon vor der Geburt Gott in besonderer Weise im Ordensberuf geweiht worden war, so richtete sie zusätzlich an Gott auch noch die Bitte: Wenn Du, o Gott, mir in meiner Ehe mit Tezelin Kinder schenkst, so möchte ich sie alle Dir gleichsam ersatzweise und an meiner Stelle zurückschenken im Ordensberuf. Gott erfüllte tatsächlich diese Bitte in ganz auffallender Weise, obwohl es anfangs gar nicht danach ausschaute.
Mutter Aleth erzog zwar alle ihre Kinder ganz bewußt zu ganzen Christen und lebte ihnen echtes Christentum in vorbildlicher Weise vor, nicht bloß durch Frömmigkeit, sondern auch durch tätige Liebe gegenüber den Armen und Kranken, denen sie bei ihren Hausbesuchen auch die niedrigsten Dienste leistete. Um die Söhne mit Priestern in Kontakt zu bringen, damit in ihnen Aufgeschlossenheit für den Priesterberuf geweckt würde, lud Aleth Jahr für Jahr am Fest des Pfarrpatrons, des hl. Ambrosianus, alle Priester des Dorfes und der ganzen Umgebung in ihr Schloß ein und bewirtete sie festlich. Aber

fünf ihrer Söhne gerieten zunächst ganz nach dem kriegerischen Vater: Kampfspiele, Fechten und Reiten füllten randvoll die Tage ihrer ersten Jugendjahre aus. Trotz aller dabei vorhandenen Ritterlichkeit in Gesinnung und Haltung spürte keiner von diesen fünf Söhnen in sich den Zug zum Ordensleben. Bernhard aber, der Drittälteste, war ein stiller junger Mensch, eher schüchtern und scheu, unbeholfen im täglichen Leben und für sein Alter viel zu ernst. Er verstand sich am besten mit der Mutter. Sie aber starb viel zu früh am 1. September eines Jahres zwischen 1105 und 1110, noch nicht 40 Jahre alt, als er fern von daheim bei den Kanonikern in Chatillon die Schule besuchte. Bernhard trauerte sehr um sie. „Der Gedanke an seine heilige Mutter setzte ihm sehr zu. Oft schien er sie vor sich zu sehen, wie sie auf ihn zukam, sich beklagte und ihm Vorwürfe machte: sie habe ihn doch nicht für irdischen Tand und Zeitvertreib so gut erzogen.“ So heißt es in der „Vita“ des hl. Bernhard von Clairvaux, die sein Freund, der selige Wilhelm von St. Thiery († 1148) verfaßt hat. Die Mutter ließ Bernhard vom Himmel aus keine Ruhe mehr. Mit Macht zog es schließlich den 21jährigen ins Kloster.
Als dieser Entschluß bei seinem Vater Tezelin und seinen Brüdern auf heftigen Widerstand stieß, zeigte es sich, daß Bernhard noch ritterlicher gesinnt war als diese. Er verstand es, mit seiner glühenden Christusbegeisterung seine Brüder und andere junge Männer aus der Nachbarschaft anzustecken, so daß schließlich nicht er allein, sondern neben seinem Onkel Gaudrich auch vier seiner Brüder und 20 adelige Jungmänner aus den Nachbarschlössern ringsum sich für den Ordensstand begeisterten und im benediktischen Reformkloster Citeaux eintraten.
Als Bernhard und seine vier Brüder vom elterlichen Schloß Abschied nahmen, sagte Guido, der älteste der sechs Söhne Tezelins und Aleths, zu Nivard, dem jüngsten: „Schau, unser ganzes Erbe gehört nun dir.“ Darauf antwortete dieser: „Also euch soll der Himmel und mir die Erde gehören? Das ist doch keine gerechte Teilung!“ Einige Jahre später folgte auch Nivard den Brüdern ins Kloster nach. Die Schwester Humbeline ging ebenfalls nach einer gewissen Zeit eitler Weltverfallenheit ins Kloster. Zuletzt schloß sich auch der greise Vater Tezelin, der Witwer nach der seligen Aleth, seinen Söhnen an und wurde gleich ihnen Mönch.
So vorbildlich hat Aleth zusammen mit ihrem Gemahl Tezelin ihre Ehe geführt und die sieben Kinder erzogen, daß sie siebenfache Mutter von gottgeweihten Ordensleuten und Mutter von Heiligen wurde, denn ihre Söhne Gerhard, Bernhard und Nivard werden wie ihr Gemahl Tezelin im Zisterzienserorden als Selige verehrt. Mutter Aleths größter Ruhm aber ist der hl. Bernhard von Clairvaux († 20.8.1153), der große Kreuzzugsprediger, Marienverehrer und Kirchenlehrer.

Abschließend sei wörtlich zitiert, was Wilhelm von St. Thiery in seiner „Vita" des hl. Bernhard über dessen Eltern und deren Ehe geschrieben hat: „Bernhard wurde in Burgund zu Fontaines-les-Dijon von Eltern geboren, die wegen ihrer Stellung in der Welt hoch angesehen, noch ehrenwerter und vornehmer aber durch ihre christliche Frömmigkeit waren. Sein Vater Tezelin war ein Vertreter des alten, echten und rechten Rittertums, ein Verehrer Gottes und Wahrer der Gerechtigkeit. Treu den Weisungen des Vorläufers, leistete er einen evangeliengemäßen Waffendienst, er schlug keinen nieder, fügte niemandem ein Unrecht zu und war zufrieden mit seinem Sold (vgl. Lk 3, 14), ja, er hatte davon noch übrig für jedes gute Werk. Seinen irdischen Gebietern diente er mit Rat und Tat und mit der Waffe so, daß er nie versäumte, auch seinem Herrgott zu geben, was er ihm schuldete. Auch Mutter Aleth, die aus dem Schloß Montbard stammte, hielt sich in ihrer Stellung an die vom Apostel erteilte Mahnung: sie war ihrem Mann ergeben und führte unter ihm in Gottesfurcht das Hauswesen (vgl. Eph 5, 22); sie übte eifrig Werke der Barmherzigkeit und zog ihre Kinder in jeglicher Zucht groß. Sieben Kinder gebar sie – nicht so sehr ihrem Manne als vielmehr Gott: sechs Söhne und eine Tochter, wovon die Söhne alle dereinst Mönche, die Tochter aber Nonne werden sollte... Als hochadelige Dame verschmähte sie es, ihre Kinder an fremden Brüsten trinken zu lassen, als wollte sie mit ihrer Muttermilch auch das Gute, das diese Mutter in sich hatte, den Kindern einflössen. Während sie heranwuchsen, erzog sie sie, solange sie ihr unterstanden, eher für die Wüste als für den Hof. Denn sie duldete keine Gewöhnung an leckere Speisen, sondern verabreichte ganz einfache und gewöhnliche Kost. Unter Gottes Eingebung gestaltete sie die Erziehung und Unterweisung ihrer Kinder zu einer Art unmittelbarer Vorbereitung für den Gang in die Klostereinsamkeit.

Von Mutter Aleth darf auch das Folgende nicht übergangen werden: Nachdem sie lange Zeit ehrbar und gerecht nach allen Rechts- und Ehrbegriffen dieser Welt und treu den Gesetzen der Ehe mit ihrem Gemahl zusammengelebt hatte, tat sie es einige Jahre vor ihrem Tod in dem Stück, zu dem sie ihre Kinder großgezogen zu haben schien, allen ihren Kindern zuvor, soweit dies einer Frau, die unter der Herrschaft des Mannes steht und kein Verfügungsrecht über ihren Körper hat (vgl. 1 Kor 7, 4), möglich und erlaubt war. Denn zu Hause, im Eheleben und mitten in der Welt schien sie lange Zeit hindurch ein Einsiedler- oder Klosterleben nachzuahmen: Sie begnügte sich mit schmaler Kost, kleidete sich ganz schlicht, entsagte der Lust und Pracht der Welt; sie entzog sich weltlichen Geschäften und Sorgen nach Möglichkeit und verlegte sich auf Fasten, Wachen und Beten; und worin dieses ihr Ordensleben zu kurz zu kommen schien, das machte sie mit Almosen und mancherlei Werken der Barmherzigkeit wett. Indem sie so von Tag zu Tag größere Fortschritte machte, gelangte sie ans Ende, um im anderen Leben in Gott ihre Vollendung zu finden, mit dem sie durchs Leben geschritten war und dann hinübergegangen ist. Sie entschlief unter dem Psalmengesang der Geistlichen, die herbeigekommen waren und denen sie sich singend angeschlossen hatte: Ja, in den letzten Zügen noch, da ihre Stimme kaum mehr hörbar war, schien es, als bewegten sich ihre Lippen und als zuckte ihre Zunge noch ein Lob auf Gott. Endlich, als während der Litanei die Anrufung gebetet wurde: ‚Durch dein Leiden und Kreuz – erlöse uns, o Herr', erhob sie die Hand, bekreuzigte sich und gab so unmittelbar ihren Geist auf, daß sie die erhobene Hand nicht mehr senken konnte."

Der hl. Leopold von Österreich und Agnes

* um 1075 in Gars am Kamp, Niederösterreich
† 15.11.1136
Hochzeit 1106/1107
Vater von 18 Kindern
Heiligsprechung 6. Januar 1485

Aus dem Stammbaum der Babenberger, Klosterneuburg

Der um 1075 in Gars am Kamp in Niederösterreich geborene hl. Leopold aus dem Geschlecht der Babenberger [75)] wurde nicht nur durch seine friedliebende und kluge Regierung des ihm anvertrauten Landes berühmt, sondern auch durch seine mit 18 Kindern gesegnete Ehe mit Agnes, der Tochter des Kaisers Heinrich V. Diese wurde 1106/1107 dem schon 31 Jahre alten Markgrafen angetraut.

Agnes war damals bereits Witwe. Sie war in erster Ehe mit Herzog Friedrich von Schwaben vermählt. Der Sohn aus dieser Ehe war der spätere König Konrad III. Auch Leopold war – wie vermutet wird – bei seiner Vermählung mit Agnes bereits Witwer. Diese Vermutung stützt sich auf folgendes: Es ist erstens wenig wahrscheinlich, daß in der damaligen Zeit ein Fürst von mehr als 30 Jahren noch unverehelicht geblieben war; fürs zweite wurde überzeugend nachgewiesen, daß Adalbert, der älteste Sohn des Markgrafen Leopold, schon vor dem Jahre 1106 geboren wurde; er kann darum wohl nur aus einer früheren, weniger vornehmen Ehe Leopolds stammen.

Was die Kinder aus der Ehe Leopolds mit Agnes betrifft – die hohe Kinderzahl läßt auf eine harmonische, friedliche Ehe des Heiligen mit seiner Gemahlin Agnes schließen –, so sind von den Kindern, die das Erwachsenenalter erreichten, zwei Söhne Bischöfe geworden, nämlich Otto, der 1132 mit 15 Gefährten Zisterziensermönch und dann Abt im Kloster Morimund, schließlich aber Bischof von Freising und ein ganz bedeutender Kirchenhistoriker wurde; und Konrad, der zuerst Bischof von Passau, dann 1164 bis 1168 Erzbischof von Salzburg war; zwei weitere Söhne wurden nacheinander Nachfolger des hl. Leopold in der Regierung Österreichs, nämlich Leopold IV. und Heinrich Jasomirgott. Drei Töchter von Leopold und Agnes wurden gut verheiratet, nämlich eine mit dem Herzog von Polen, eine mit dem Herzog von Böhmen und die dritte mit dem Markgrafen von Montferrat.

Es darf hier, wo von der Ehe und den Kindern des hl. Leopold die Rede ist, nicht verschwiegen werden, daß es unter den Kindern des Markgrafen auch häßliche Zwistigkeiten gegeben hat, an denen – wie vermutet wird – die Mutter Agnes nicht ganz schuldlos war. Dem hl. Leopold wird das sicher Sorge und Kummer bereitet haben. Aber Zank und Streit kommen auch in den besten christlichen Familien vor; und auch beste christliche Eheleute, auch heilige, sind nicht gefeit vor gegenseitigen Mißverständnissen und vor falscher Beeinflussung ihrer heranwachsenden Kinder.

Die schöne, 1371 erstmals bezeugte Gründungslegende von Klosterneuburg deutet in ihrem historischen Wahrheitskern vielleicht sehr zart und verhalten darauf hin, daß zwischen Markgraf Leopold und seiner Gattin, der Kaisertochter Agnes, trotz allem eine schöne friedvolle eheliche Liebe bestand. Nach der Trauung mit Agnes sei der hl. Leopold auf dem Söller seiner Burg auf dem Kahlenberg bei Wien gestanden mit dem Blick auf das ihm anvertraute Land. Da wurde der Neuvermählten der Schleier vom Haupt gerissen und vom Winde verweht. Bei allem eifrigen Suchen konnte man ihn nicht mehr finden. Aber als der Markgraf neun Jahre später in den Donau-Auen jagte, schlugen plötzlich die Hunde an, und Leopold fand den Schleier seiner Gemahlin unversehrt an einem Holunderstrauch. Da sei ihm die „Mutter der schönen Liebe", Maria, erschienen mit dem Auftrag, an dieser Stelle ihr zu Ehren ein Kloster zu errichten; er tat es, sicher auch aus Hochschätzung und Liebe, die er auch im zehnten Jahr seiner Ehe immer noch für seine Gemahlin empfand. Der liebevolle Gatte und väterlich für seine Familie und die Bevölkerung seines Landes sorgende Familienvater und Landesfürst, der um

Auf der Jagd in den Donauauen erscheint dem Markgrafen Leopold III. die Muttergottes mit dem Auftrag, an dieser Stelle ein Kloster zu gründen.

die Kirche und um die von ihm gegründeten oder geförderten Klöster hochverdiente Staatsmann, starb am 15. November 1136 – angeblich durch einen Jagdunfall – im 61. Lebensjahr, im 41. Regierungsjahr als Markgraf von Österreich und im 30. Jahr seiner glücklichen Ehe. Am 6. Januar 1485 hat Papst Innozenz VIII. den heiligen Ehegatten, Familienvater und Markgrafen heiliggesprochen.

Der hl. Isidor und die selige Maria de la Cabeza

* um 1080 in oder um Madrid, Spanien
† um 1130
Vater von einem Kind
Heiligsprechung 12. März 1622

Isidor der Bauer bei der Feldarbeit. Ein Engel hilft ihm beim Pflügen.

Ein heiliges Ehepaar, nicht von hochadeliger Herkunft und kaiserlicher Würde wie Heinrich II. und Kunigunde, sondern von bescheidener bäuerlicher Herkunft ist der am 12. März 1622 zugleich mit Ignatius von Loyola, Franz Xaver, Teresa von Avila und Philipp Neri durch Papst Gregor XV. feierlich heiliggesprochene Bauer Isidor mit seiner als Selige verehrten Gattin Toribia oder Maria de la Cabeza. Von ihrer Ehe ist wie aus ihrem ganzen Leben nichts Herausragendes zu berichten, nur dies wurde überliefert, daß sie mit einem Sohn gesegnet wurde, der aber frühzeitig starb. Nach dem Tod des Kindes aber sollen die beiden völlig gleichgesinnten bäuerlichen Menschen ihre Ehe in strenger Enthaltsamkeit weitergeführt haben, nur der Arbeit, dem Gebet und dem Gottesdienst hingegeben.

Die ersten schriftlichen Nachrichten über den hl. Isidor verdanken wir einem in der Zeit von 1232-1275 an der St. Andreas-Kirche in Madrid angestellten Diakon namens Johannes Egidius von Zamora, der fast 150 Jahre nach Isidors Tod aufschrieb, was er von dessen Lebensweise gehört und von den

Isidor wird von seinem Herrn beaufsichtigt. Zeichnung von Ludwig Seitz.

an seinem Grab geschehenen Wundern selbst gesehen hatte [76]. Diesem Bericht zufolge war der um 1080 in oder um Madrid geborene Isidor von Jugend an unermüdlich in der Arbeit und ebenso eifrig im Gebet. Der tägliche Besuch der hl. Messe war ihm ein Herzensanliegen. Dafür wurde seine Arbeit von Gott umso reichlicher gesegnet, so daß er den Armen großmütig von seinem Einkommen mitteilen konnte, ohne eine Minderung seiner Habe befürchten zu müssen. Als Pächter eines verlotterten Landgutes wurde er durch Arbeitskollegen beim Gutsbesitzer Vera, dessen volles Vertrauen er gewonnen hatte, aus Neid verleumderisch verklagt, er vernachlässige seine Arbeit durch das viele Beten und Kirchengehen.
Bei einem feindlichen Angriff auf die Stadt Madrid mußte Isidor mit vielen anderen fliehen. Er begab sich nach Torrelaguna, wo er seine gleichgesinnte fromme Braut kennenlernte und ehelichte. Schließlich kehrte er mit seiner Gattin Toribia nach Madrid zurück und nahm dort wieder eine Anstellung bei einem begüterten Gutsbesitzer namens Johannes des Vargas an. Auch da kannte er zusammen mit seiner Gemahlin nur Gebet und Arbeit als Lebensinhalt. Wieder mußte er den Vorwurf hören, er vergeude die Zeit durch sein vieles Beten und Kirchengehen. Isidor aber erklärte seinem Herrn, daß er zu allererst Gott zu dienen habe, dieser aber sorge für ihn und helfe ihm bei der Arbeit durch die heiligen Engel. Isidors Arbeitgeber soll es dann tatsächlich eines Tages erlebt haben, wie anstelle des in der Kirche beim Gottesdienst weilenden Isidors draußen auf den Feldern zwei Engel mit einem mit weißen Rossen bespannten Pflug ackerten und so für Isidor arbeiteten. Eines Tages versuchten Mitknechte Isidors ihm Böses anzutun, indem sie seine fromme Gattin bei ihm verleumdeten. Diese war es gewohnt, täglich zu einer kleinen Kirche zu gehen, in der die seligste Jungfrau Maria besonders verehrt wurde. Hier verrichtete sie ihre Andacht und versorgte das Ewige Licht in der Lampe mit Öl. Die Mitknechte wollten nun Isidor einreden, daß sich seine Frau in der kleinen Kirche täglich mit einem Hirten treffe und mit diesem sträflichen Umgang pflege. Aber Isidor kannte seine Gattin zu gut und wußte um ihre absolute eheliche Treue.
Beide, der Bauer Isidor und seine Gattin Toribia, lebten in so inniger Verbundenheit mit Gott, daß ihnen dieses Einssein mit Gott die harte Berufsarbeit immer mehr zur süßen Bürde machte. Nie hörte man aus ihrem Mund Schelt- oder Fluchwörter; die beiden, die selber arm waren, vergaßen auch nie jene, die noch ärmer waren, sondern halfen ihnen in christlicher Nächstenliebe und teilten mit ihnen, was sie an Lohn empfangen hatten.
Isidor starb in seinem 50. Lebensjahr am 15. Mai 1130, nachdem er seine Sterbestunde vorausgesagt hatte. Fünf Jahre danach starb auch seine Gattin und folgte ihm in die ewige Seligkeit nach. Sie wird seit langem als Selige

verehrt. Der Kult der seligen Maria de la Cabeza oder Toribia, wurde durch Papst Innozenz XII. im Jahre 1697 feierlich bestätigt. Der hl. Isidor aber wurde – wie schon erwähnt worden ist – 1622 feierlich heiliggesprochen, und zwar vor allem auf Veranlassung von König Philipp III. von Spanien. Als dieser nämlich ganz gefährlich erkrankt war und die ihn pflegenden Ärzte schon alle Hoffnung aufgegeben hatten, daß der König je wieder gesund werde, da trugen Geistliche in feierlicher Prozession die Reliquien des frommen Bauern Isidor in das Gemach des Königs. Kaum hatte der Schrein mit den Reliquien Isidors die St. Andreas-Kirche in Madrid verlassen, war das Fieber vom König gewichen; und als der Reliquienschrein im Zimmer des Königs aufgestellt worden war, stand der König vollständig gesund vom Bette auf.

Der selige Erkenbert und die selige Richlinde

* um 1080 in Worms
† 24. Dezember 1132 in Frankenthal
Vater von zwei Kindern
Augustiner-Chorherrenpropst

Der selige Ehegatte und Familienvater Erkenbert wurde um 1080 als Sohn des bischöflichen Kämmerers Reginmar zu Worms geboren. Ganz jung wurde er dem Abt Stephan von Limburg zur Erziehung anvertraut; dieser schätzte ihn unter allen seinen Zöglingen über alles wegen seiner Tugenden, die so beeindruckend gewesen sein müssen, daß der anonyme Biograph des seligen Erkenbert ihn so charakterisierte: „Fuit enim fide catholicus, integritate, spei robustus, in caritate fundatus, in veritate radicatus – denn er war katholisch im Glauben, stark in der christlichen Hoffnung, fest verankert in der Liebe und verwurzelt in der Wahrheit.“ [77]
Er führte, als er 15jährig in seine Familie heimgekehrt war, immer ein frommes, beinahe priesterliches Leben. Nur auf das Drängen seiner Mutter hin heiratete er die fromme, ihm an Tugenden ebenbürtige Richlinde, die ihm zwei Söhne schenkte: Wolfram und Kuno.
Als Erkenbert einmal schwer erkrankte, dann aber von der tödlichen Krankheit wunderbar geheilt wurde, steigerte er seinen religiösen Eifer im Einvernehmen mit seiner frommen Gemahlin Richlinde noch mehr. Er widmete sich von da an – unterstützt von seiner Gattin – ausschließlich Werken der Barmherzigkeit gegenüber den Armen. Im Jahre 1119 gründete er auf seinem

Landgut in Frankenthal südlich von Worms ein Augustiner-Chorherrenstift, in das er schließlich selber eintrat. Im Jahre 1129 empfing er die heiligen Weihen und wurde zuletzt sogar Propst des von ihm gegründeten Stiftes. Seine Gemahlin Richlinde folgte seinem Beispiel und gründete im nahen Ormsheim ein Kloster für Augustiner-Chorfrauen.
Propst Erkenbert starb am Heiligen Abend, den 24. Dezember 1132 in Frankenthal im Ruf der Heiligkeit. Seine Gemahlin Richlinde überlebte ihn 18 Jahre lang. Sie starb als Äbtissin des von ihr gegründeten Klosters am 26. Dezember 1150.

Der hl. Gottfried von Cappenberg und Jutta von Arnsberg

* 1097 auf dem Schloß der Grafen von Cappenberg in Westfalen
† 13. Januar 1127 in Ilbenstadt

Gottfried von Cappenberg als Prämonstratensermönch. Im Hintergrund die drei von Gottfried gestifteten Klöster.

Ein Heiliger, dessen glückliche Ehe eines höheren Zieles wegen aufgelöst wurde, ist Gottfried von Cappenberg, der 1097 auf dem Schloß der Grafen von Cappenberg in Westfalen geboren wurde [78]. Auf diesem hochgelegenen Schloß am wiesengrünen Ufer der Lippe lebte der Graf mit seiner Gemahlin Jutta von Arnsberg nicht bloß in Frieden und Glück, sondern auch in Gottesfurcht und Frömmigkeit. Das Leben beider war getragen von den Grundsätzen der christlichen Religion. In der ganzen Umgebung liebte man den Grafen Gottfried und seine Gemahlin Jutta wegen ihrer leutseligen Freundlichkeit und hilfsbereiten Herzensgüte, in der sie sich der Kranken und Armen annahmen.

Da kam der hl. Norbert von Xanten, der Gründer des Prämonstratenserordens, eines Tages auf das Schloß Cappenberg, nachdem er predigend die Rheinlande und Westfalen durchzogen hatte. Längere Zeit war er Gast auf dem Schloß. Während dieser Zeit mußte Graf Gottfried einen schweren inneren Kampf durchleiden. Durch lange Aussprachen mit dem seeleneifrigen Reformpriester Norbert fühlte sich der Graf auf einmal gedrängt, sein Schloß in ein Kloster umzuwandeln und sich selbst im Ordensstand ganz Gott zur Verfügung zu stellen. Aber der Stolz auf das Erbe der Väter, die große Liebe zu seiner edlen Gemahlin und halt doch auch noch eine vorhandene Anhänglichkeit an das Irdische und Vergängliche suchten immer wieder seine Pläne zu durchkreuzen. Endlich rang er sich durch; seine immer stärker herangereifte Gottesliebe errang den Sieg.
Zuletzt ging es noch darum, seinen Bruder Otto und seine Gemahlin Jutta für seinen Plan zu gewinnen. Da wurde ihm aber zuletzt noch härtester Widerstand entgegengesetzt von seinem Schwiegervater Graf Friedrich von Arnsberg. Nach langen Auseinandersetzungen gelang es aber der überzeugenden Wortgewalt des hl. Norbert, den Weg für den Grafen Gottfried zur Ausführung seines Planes freizumachen. Das Schloß Cappenberg wurde tatsächlich ein Prämonstratenserkloster, in das Graf Gottfried und sein Bruder Otto eintraten. Als 1124 Graf Friedrich von Arnsberg gestorben war, wurde am Fuß des Schloßberges für Jutta ein Frauenkloster nach den Regeln des hl. Norbert errichtet. Sie begann hier gemeinsam mit den beiden Schwestern des hl. Gottfried, Beatrix und Gerberga, das Ordensleben. Auf Gottfrieds Landgütern wurden ebenfalls Ordensniederlassungen gegründet, so in Ilbenstadt am Main und in Varlar.
Graf Gottfried von Cappenberg war zum demütigen Mönch geworden, der die bescheidensten Arbeiten verrichtete und sich willig den Anordnungen der harten Ordensregel unterwarf. Er starb am 13. Januar 1127, erst 30 Jahre alt, in Ilbenstadt.

Die selige Wulfhildis und Rudolf von Bregenz

† 8. Mai nach 1180

In dem durch das berühmte „Wessobrunner Gebet“ bekanntgewordenen bayerischen Dorf Wessobrunn gab es vor der Säkularisation nicht bloß ein Männerkloster, sondern auch einen Frauenkonvent, in welchem einst sogar

Fürstentöchter ein Leben strengster Abtötung und Buße führten. Zu diesen gehörte auch Wulfhildis, die fromme Tochter des Herzogs Heinrich IX. von Bayern und dessen Gemahlin Wulfhildis von Sachsen [79].
Wulfhildis war nur kurze Zeit mit Rudolf, dem letzten Grafen von Bregenz und Pfullendorf vermählt. Nach dem Tod ihres Gemahls ging sie zuerst zu ihrem Bruder Welf nach Schongau. Da erwachte in ihr immer mehr die Sehnsucht, ein ganz mit Gott verbundenes Leben zu führen.
Als sie in Schongau vom Aufblühen des Doppelklosters Wessobrunn und von der tiefen Frömmigkeit des ehrwürdigen Abtes Walto gehört hatte, beschloß sie, in das dortige Kloster einzutreten. Aus der Hand des Abtes Walto empfing sie den Schleier, nachdem sie all ihren ererbten Gütern entsagt und ihre kostbaren Gewänder und Kleinodien dem Kloster vermacht hatte. Sie vergaß ihre frühere Stellung in der Welt ganz und gar, verrichtete zusammen mit ihren Mitschwestern die niedrigsten Hausarbeiten in echter Demut. In der liebevollen Pflege der Kranken tat sie sich besonders hervor. Oft war sie auch in der herzoglichen Familie Friedensstifterin und Trösterin, als schwere Drangsale diese heimsuchten. Am 8. Mai nach 1180 vollendete Wulfhildis ihr gottseliges Leben. Das Jahr ihres Hinscheidens kann nicht genau angegeben werde. Im Kloster Wessobrunn verehrte man sie nach ihrem Tod als Selige, die nach kurzem, durch den Tod ihres Gemahls früh beendetem Eheleben erkannt hat, als Witwe zu einem gottgeweihten Leben in der Stille eines kontemplativen Frauenklosters berufen zu sein.

Die selige Hildegundis und Graf Lothar

* um 1130
† 6. Februar 1183

Von dieser seligen Gräfin und Ehegattin [80] ist nicht viel bekannt, nur daß sie aus dem Geschlecht der Grafen von Meer bei Neuss (Köln) stammte und den Grafen Lothar heiratete. Nach dessen Tod pilgerte sie zu den Gräbern der Apostelfürsten Petrus und Paulus nach Rom, um dort im Gebet die Erkenntnis zu erlangen, was nun nach ihrer Ehe für ihr weiteres Leben der Wille Gottes sei; ihm wollte sie vorbehaltlos folgen. Ihre Güter vermachte sie dem von ihr gegründeten Prämonstratenserinnenkloster an ihrem Geburtsort Meer. Sie wurde die erste Oberin dieses Klosters und zeichnete sich durch wahre Demut und durch Werke der Liebe und Barmherzigkeit aus. Sie starb am 6. Februar 1183.

Der hl. Homobonus und seine namentlich nicht bekannte Gattin

* um 1130 in Cremona, Italien
† 13. November 1197 in Cremona
Heiligsprechung 12. Januar 1199

„Homobonus“ = ein guter Mensch, ein guter Mann, unter dieser Bezeichnung ist ein in Cremona vor der Mitte des 12. Jahrhunderts geborener und dort wirkender Kaufmann in die Heiligengeschichte eingegangen. Schon ein Jahr nach seinem Tod wurde er nach Befragung verschiedener Zeitzeugen, darunter vor allem auch sein Beichtvater, der Pfarrer Osberto, und sein Bischof, der berühmte Kanonist Sicardus von Cremona, durch Papst Innozenz III. am 12. Januar 1199 mit der Bulle „Quia Pietas“ heiliggesprochen [81)].

In der Cremoneser Chronik des Sicardus († 1215) steht folgende Notiz: „In diesen Zeiten (d.h. Ende des 12. Jahrhunderts) lebte in Cremona ein schlichter Mann („vir simplex“) , überaus gläubig und fromm („fidelis plurimum et devotus“) mit Namen Homobonus, bei dessen Tod und auf dessen Fürbitte der Herr viele Wunder zur Bestätigung (seines heiligmäßigen Lebens) vor allem Volk geschehen ließ. Darum pilgerte ich (Sicardus) nach Rom, suchte den Papst auf und bat ihn um die Kanonisation (Heiligsprechung) für diesen Menschen, was ich auch erreichte.“

Seit damals wird der Kaufmann (Tuchhändler, Schneider) Homobonus in Cremona viel verehrt und an seinem Reliquienschrein in der Krypta der Kathedrale eifrig um seine Fürsprache angerufen, und zwar nicht bloß von seinen Berufskollegen, sondern vor allem von Ehemännern, die Schwierigkeiten in ihrer Ehe haben. Solche hatte nämlich der hl. Homobonus auch: Seine Ehe blieb kinderlos; er zog sich aber nicht von seiner Gattin zurück, er schenkte seine Vaterliebe nun vielmehr den verlassenen Kindern und sorgte bei ihnen für gute Erziehung; er unterstützte mit seinem Einkommen die Armen der Stadt und suchte sie in ihren Elendshütten auf und half, wo er nur konnte.

Seine Gemahlin brachte dieser Liebestätigkeit anfangs keinerlei Verständnis entgegen, sondern reagierte darauf mit Ablehnung und Gehässigkeit. Er aber suchte seine Gattin mit ungetrübter Liebenswürdigkeit für seinen caritativen Einsatz zu gewinnen, so daß sie ihm schließlich bereitwillig dabei half. Homobonus vermittelte auch erfolgreich in ausgebrochenen Ehe- und Familienkonflikten und suchte Versöhnung herbeizuführen und Frieden zu stiften, so daß ihm der Papst in der Heiligsprechungsbulle mit vollem Recht den Ehrentitel „pacificus vir“ gab.

Die nötige Kraft und Ausdauer für seine guten Werke holte sich Homobonus in der täglich mitgefeierten hl. Messe und im vielen Gebet; dabei wurde es ihm zur lieben Gewohnheit, täglich in einer Kirche Cremonas mit dem Klerus auch das Stundengebet mitzufeiern und sogar bei der nächtlichen Matutin dabeizusein. Zu den Übungen der Frömmigkeit kamen bei diesem vorbildlichen Laien auch verschiedene Bußwerke und Abtötungen und der furchtlose Einsatz für den unverfälschten Glauben in der Auseinandersetzung mit den Sektierern und Irrlehrern, so daß über ihn mit Recht geschrieben wurde: „Homobonus ist ein Vertreter der im 12. Jahrhundert unter den Laien weitverbreiteten Bewegung für eine geistig-religiöse Erneuerung im Gehorsam gegen die Kirche; er zeichnete sich durch Frömmigkeit, Bußgesinnung und besonders durch Nächstenliebe aus.“ [82)]

Wie das Leben, so war auch das Sterben diese vorbildlichen christlichen Laien und Ehemanns: Am Morgen des 13. Novembers 1197 hatte er sich, wie gewohnt, in der Kirche S. Egidio in Cremona zur hl. Messe eingefunden. Beim Engelshymnus „Gloria in excelsis Deo“ brach der gute Mann und Ehegatte tot zusammen. Er setzte im Himmel die Verherrlichung Gottes fort, der Herr aber bestätigte sein christliches Leben und Sterben durch viele Wunder, die im Martyrologium Romanum am 13. November ausdrücklich erwähnt werden: „Zu Cremona der heilige Bekenner (und Ehemann) Homobonus, berühmt durch Wunder, wurde er von Papst Innozenz III. in die Schar der Heiligen aufgenommen.“

Der hl. Raimondo Zanfogni und seine namentlich nicht bekannte Gattin

* um 1140 In Piacenza
† 28. Juli 1200 in Piacenza
Vater von sechs Kindern, Caritas-Apostel
als Heiliger bestätigt durch mehrere Päpste

Ein heiliger Ehegatte und Familienvater aus der zweiten Hälfte des 12. Jahrhunderts, über dessen frommes, caritatives Leben wir durch eine zeitgenössische „Vita" gut unterrichtet sind – sie wurde geschrieben von dem Kanoniker Rufinus von Piacenza im Auftrag des seinen heiligen Vater überlebenden Sohnes Gerardo –, ist der hl. Raimondo Zanfogni, genannt Palmerio [83].

Er wurde um 1140 in Piacenza in eine bescheidene Handwerkerfamilie hineingeboren und erlernte das Schuhmacher-Handwerk. Nach dem Tod seines Vaters machte er sich mit 15 Jahren zusammen mit seiner Mutter auf zu einer Pilgerfahrt in das Heilige Land. Beide suchten dort der Reihe nach in Ergriffenheit und Frömmigkeit die heiligen Stätten auf. Auf dem Rückweg in das heimatliche Piacenza starb die Mutter, so daß Raimondo nun Vollwaise war. Mit einem Palmzweig in der Hand ging er zum Bischof von Piacenza, um diesem über seine Hl. Land-Erlebnisse Bericht zu erstatten. Dann begann er den erlernten Beruf als Schuhmacher auszuüben. Weil die Verwandten ihn dazu drängten, heiratete er. Der Ehe entsprossen der Reihe nach fünf Kinder. Mit seinen Kunden, die sich bei ihm Schuhe anmessen oder diese reparieren ließen, führte Raimondo auf Grund seiner Erlebnisse im Hl. Land gerne religiöse Gespräche. Dabei zeigte er, obwohl er Analphabet war, staunenswerte religiöse Bildung. Bald wurde er von seinen Mitbürgern sehr geschätzt. Das verhalf ihm dazu, ein sehr wirksames Apostolat auszuüben. An den Festtagen begab er sich in die verschiedenen Werkstätten Piacenzas und erteilte den Handwerkern eine religiös-sittliche Unterweisung. Der Erfolg war derartig, daß er gedrängt wurde, auf öffentlichen Plätzen zu predigen, er aber lehnte das in Bescheidenheit und Klugheit ab und erklärte, das sei Aufgabe der Geistlichen. Er selbst bemühte sich um immer mehr vertiefte religiöse Bildung; er empfing darum auch eifrig die Sakramente der Buße und des Altares.

Nachdem Raimondo innerhalb eines Jahres alle seine fünf Kinder durch den Tod verloren hatte, machte er seiner Gattin den Vorschlag, die Ehe fortan in vollkommener Enthaltsamkeit zu führen. Die Frau aber erklärte sich nicht bereit dazu. Sie bekamen ein sechstes Kind, einen Jungen namens Gerardo, der vom Vater Gott geweiht wurde. Als die Gattin nach langer, schwerer Krankheit starb, wußte sich Raimondo frei, um wieder das Pilgern aufzunehmen. Er pilgerte zunächst nach Santiago de Compostela, dann auf der Rückreise von dort nach St. Magdalena in der Provence, schließlich ging er nach Pavia, um dort die Reliquien des hl. Augustinus zu verehren. Als er von Pavia nach Rom gelangt war, dachte er daran, noch einmal Jerusalem aufzusuchen. Da aber wurde ihm eine Christus-Vision zuteil, in der ihm der Auftrag gegeben wurde, wieder nach Piacenza zurückzukehren, um sich in seiner Heimatstadt Werken der Barmherzigkeit zu widmen. Raimondo gehorchte dieser Weisung Christi. Es war um 1178.

Es begann nun der zweite Lebensabschnitt des hl. Raimondo, der fortan ganz dem Liebesdienst an den Armen gewidmet war. Er teilte sein Vorhaben dem Bischof von Piacenza mit. Dieser hieß es gut und gab ihm den Segen dazu. Von den Kanonikern der Kirche der Zwölf Apostel bekam er ein hinreichend großes Lokal, um darin Obdachlose zu beherbergen. Er suchte verschämte Arme auf und half diesen. Er sammelte Almosen für die Betreuung und medizinische Versorgung der Kranken. Da es damals noch keine öffentliche staatliche soziale Fürsorge im heutigen Sinn gab, war Raimondos Initiative aufsehenerregend und Mißverständnisse sowie Verdächtigungen seiner Person kamen auf. Aber das drängte ihn erst recht dazu, den Reichen ins Gewissen zu reden und sich der immer zahlreicher gewordenen Bettler liebevoll anzunehmen. Raimondo setzte sich schließlich an die Spitze einer ganzen Prozession von Bettlern, die durch die Stadt zog mit dem Ruf: „Helft uns doch, ihr grausamen, geizigen Reichen, denn wir sind am Verhungern, während ihr in Saus und Braus dahinlebt!" Raimondo, mit einem großen Kreuz auf der Schulter, wurde immer mehr zum Sprecher der Armen in der Stadt Piacenza, ihr offizieller Protektor und Verteidiger, vor allem auch gegenüber mächtigen und ungerechten Richtern. Er begleitete die schuldlos in Schulden geratenen Menschen vor das Gericht und nahm sie in Schutz und verteidigte sie gegen alle Ausbeutung und Ungerechtigkeit.

Als Raimondo sah, daß die Tag für Tag geübte persönliche Nächstenliebe nicht mehr genügte, schuf er weitere, caritative Einrichtungen, so z. B. in der Nähe seines Hospizes ein Frauenhaus ganz im heutigen, modernen Sinn, um darin von ihren Männern geschlagene Ehefrauen und reumütige Prostituierte unterzubringen. Mittellosen Frauen, die heiraten wollten, verschaffte er die notwendige Mitgift, solchen aber, die ins Kloster gehen wollten, vermittelte er die Aufnahme. Er kümmerte sich auch um verlassene Kinder und um ausländische Pilger, besuchte die Eingekerkerten und verschaffte vielen von ihnen die Freiheit, weil er die Garantie für deren künftige ordentliche Lebensführung abgab. Manche Interventionen brachten ihm aber auch Verkennung von seiten der Behörden ein. Auch auf politischen Boden wagte sich Raimondo, und zwar suchte er zwischen den politischen Parteien zu vermitteln. Ganz besonders tat er dies, als sich Streitigkeiten zwischen den Städten Piacenza und Cremona zum Krieg ausgeweitet hatten. Die Cremoneser nahmen ihn dabei gefangen, ließen ihn aber bald wieder frei, nachdem sie von der Heiligkeit dieses Mannes und von der Lauterkeit seiner Gesinnung überzeugt worden waren.

Am 27. Juli 1200 starb Raimondo Zanfogni. Die Stadt Piacenza bereitete ihm mit dem Bischof an der Spitze ein überaus ehrendes Begräbnis. Sein Leichnam wurde in einer Kapelle nahe der Kirche der Zwölf Apostel beigesetzt. Bald schon stellten sich Wunder ein, die auf Anrufung des Verstorbenen geschahen. Immer mehr wurde Raimondo als Heiliger verehrt und sein Fest am 27. Juli gefeiert. Mehrere Päpste bestätigten die Rechtmäßigkeit dieser Verehrung, so Papst Martin V. 1422 in einer Bulle.

Die hl. Hedwig und Heinrich I. von Schlesien

* um 1174 auf der Burg Andechs am Ammersee, Oberbayern
† 15.Oktober in Trebnitz
Hochzeit 1186
Mutter von sieben Kindern
Heiligsprechung 26. März 1267

Hedwig, die mit der Sehergabe ausgestattet war, sagt ihrem Mann den baldigen Tod voraus.

Eine der segensreichsten Ehen heiliggesprochener Frauen ist zweifellos die der hl. Hedwig [84)] mit Herzog Heinrich I. von Schlesien.

In der Heiligsprechungsbulle vom 26. März 1267 heißt es von der um 1174 auf der Burg Andechs am Ammersee in Oberbayern geborenen Hedwig: „Sie stammte ab von hohen Ahnen, von solchen, die Länder regiert haben und berühmt waren durch ihre große Macht. Aus ihnen ging sie hervor wie ein Edelreis. Den Glanz ihrer vornehmen Abkunft aber überstrahlte sie noch weit durch ihre Seelengröße..." Hedwigs Vater war der Graf von Andechs und Herzog von Meranien Berthold VI.; Hedwigs Mutter war Agnes von Wettin, die Tochter des Markgrafen Dedo V. von Niederlausitz. Hedwigs Geschwister, vier Brüder und drei Schwestern, kamen wie sie zu hohen Stellungen; genannt sei nur Hedwigs Schwester Gertrud, die, vor 1203 mit König Andreas II. von Ungarn vermählt, Mutter der hl. Elisabeth, der Gemahlin des Landgrafen Ludwig IV. von Thüringen, wurde.

Die fünfjährige Hedwig wurde von ihren Eltern der Benediktinerinnen-Abtei Kitzingen am Main zur Erziehung übergeben. Hier erreichte sie einen hohen Bildungsstand, zu dem auch die Kenntnis der lateinischen Sprache, vor allem aber auch die Kenntnis der Hl. Schrift gehörte. In der um 1300 vollendeten Lebensbeschreibung der Heiligen, in der „Vita beatae Hedwigis quondam ducisse slesie" heißt es: „Sie lernte in ihrer Jugend im Kloster Kitzingen die Hl. Schrift kennen. Mit dem Studium derselben brachte sie ihre Jugend nutzbringend zu; die Hl. Schrift wurde ihr später eine reiche Quelle des inneren Trostes und der Andacht."

Hedwig muß später im fernen Schlesien an ihre Lehrerinnen in Kitzingen dankbar zurückgedacht haben, vor allem an die junge Ordensfrau Petrissa; diese gewann sie zwei Jahrzehnte später als erste Äbtissin für das Kloster Trebnitz.

Vermutlich wäre die jugendliche Hedwig gerne im Kloster Kitzingen eingetreten, denn in der „Vita" heißt es, daß sie „bei der Eingehung der Ehe mehr den Willen der Eltern als ihren eigenen erfüllt" habe. Hedwig wurde schon sehr früh, mit 12 Jahren, durch ihre Eltern aus Gründen der Familienpolitik mit dem schlesischen Piaristenprinzen Heinrich I., dem 18jährigen Sohn des Herzogs Boleslaus I. verheiratet. „Keine romantische Liebesgeschichte führte Hedwig in die Arme ihres Gatten. Mit keinem Wort wird berichtet, daß sie Heinrich als den süßesten Gemahl empfand und überglücklich war, seine Geliebte zu sein. Die Eltern hatten ihr den Mann zugeführt, und Hedwig hat sich in kindlichem Gehorsam der Anordnung gefügt. Der junge Gemahl führte seine Angetraute mit einem ansehnlichen Brautschatz aus dem Bayernland hinweg in das ferne, damals fast ausschließlich von Polen bewohnte Schlesien. Man hat an das junge Mädchen nicht geringe Anforderungen gestellt, denn ihr war nicht nur der Gatte unbekannt, auch das Land war ihr völlig fremd. Wohl fühlte sie sich zunächst einsam in der Fremde, aber sie beklagte sich nicht über ihr Schicksal. Tapfer bejahte sie die veränderte Situation, tapfer lernte sie die polnische Sprache und begann, das noch wenig besiedelte

Land zu lieben." [85] Sie begann vor allem, ihren Gemahl immer mehr zu lieben, so daß dann der Verfasser der „Vita" schreiben konnte, Hedwig habe ihren Gemahl „als einen tugendhaften und dem Volk nützlichen Mann in Gott geliebt".

In der Heiligsprechungsbulle vom 26. März 1267 heißt es: „Weil sie (Hedwig) den Ehestand als ein Geschenk des Himmels betrachtete, hielt sie ihn überaus heilig: Nie verletzte sie die eheliche Treue auch nur im geringsten: Die ihr von Gott geschenkten Kinder aber erzog sie in der Furcht des Herrn. Dem Herzog (Heinrich I.) war sie bis zu seinem jähen Tod in Liebe zugetan, indes nicht mit der Glut sinnlicher Leidenschaft, sondern in besonnener, herzlicher Hingabe."

„Wie stark muß doch der Einfluß Hedwigs auf ihren Gatten und wie tief die Liebe desselben zu ihr gewesen sein, daß beide in gegenseitigem Einverständnis nach Weihnachten 1208, nach der Geburt des siebten Kindes, das Gelübde ehelicher Enthaltsamkeit ablegten", bemerkt J. Gottschalk [86]. Hedwig verstand es, ihren Gemahl, Herzog Heinrich I., an die von ihr selbst geübten Tugenden zu gewöhnen. Da heißt es in der „Vita": Er hatte damals in der Regierung Polens um so mehr Erfolg, je mehr er nicht nur die Heiligkeit seiner Gemahlin förderte, sondern auch ihren Tugenden nacheiferte. Er folgte auf den Spuren der Demut und Keuschheit, die sie von Christus erlernt hatte, soweit sich dies ermöglichen ließ, seiner Gattin nach. Angeregt durch Gott und begeistert von ihrem geistlichen Zuspruch, wurde er gerade zu einem Mann von mönchischer Haltung, zwar nicht durch Gelöbnis und Ordenskleid, wohl aber durch seine fromme Herzensgesinnung und seinen bescheidenen Sinn, der sich in seinen Werken zeigte. Ja, er trug sogar eine runde Tonsur, und sein Bart war nicht langwallend, sondern durch mäßigen Schnitt edel geformt. Deshalb nennt ihn die Geschichte bis auf den heutigen Tag Herzog Heinrich den Bärtigen... Es unterliegt wohl keinem Zweifel, daß der Mann einer solchen Frau heilig war; wenn sie ihm (in der Ehe) auch dem Gesetz nach unterworfen war, so wurde sie ihm doch Führerin auf der Bahn der Tugend und Frömmigkeit."

Werfen wir jetzt noch einen Blick auf die sieben Kinder, die der Ehe der hl. Hedwig mit Herzog Heinrich I. von Schlesien entsprossen sind: Von allen sieben Kindern hat nur eines den Tod der Mutter überlebt, nämlich die Tochter Gertrud. Diese, um 1200 geboren, wurde von den Zisterzienserinnen im Kloster Trebnitz bestens erzogen, trat dort 1212 ein und wurde 1232 Äbtissin. Herzog Heinrich I. hatte das Kloster Trebnitz auf den inständigen Wunsch seiner heiligen Gemahlin Hedwig gegründet. Sie hatte nämlich bei ihrer Ankunft in Schlesien mit Staunen gemerkt, daß es hier noch keine Frauenklöster gab, in welchen sie ihre etwa kommenden Töchter ausbilden lassen könne, in Rückerinnerung an ihre eigene Ausbildung im Kloster Kitzingen. In der „Vita" heißt es: „Durch ihren Rat und ihre Bitte veranlaßte Hedwig ihren Gemahl, aus seinen eigenen Mitteln ein Kloster für Zisterzienserinnen zu gründen: ... Die erste Äbtissin dieses Klosters (in Trebnitz) wurde dann Frau Petrissa, die Lehrmeisterin der jungen Hedwig, die sie mit den Nonnen des genannten Ordens aus Bamberg herbeigerufen hatte."

Die übrigen Söhne und Töchter aus der Ehe Hedwigs mit Herzog Heinrich I. starben sehr früh: Boleslaus zwischen 1206-1208, Konrad 1213, Agnes vor 1214, ebenso Sophie. Nur der Sohn Heinrich II. erreichte das Mannesalter. Er ererbte nach dem Tod des Vaters dessen Würde als Herzog von Schlesien und vermählte sich zwischen 1214-1218 mit Anna, der Tochter des Königs Ottokar I. von Böhmen, der älteren Schwester der hl. Agnes von Prag. Heinrich II. fiel in der Abwehr der Mongolen am 9. April 1241. Damals sagte die hl. Hedwig über diesen ihren Sohn: „Er hat mir nie Kummer bereitet, bewies mir stets Hochachtung und liebte mich allzeit herzlich wie eben ein gutes Kind." In den Berichten über die Schlacht bei Wahlstatt gab man Herzog Heinrich II. die ehrenvolle Bezeichnung „Christianissimus dux Poloniae" und schuf für ihn den Beinamen „der Fromme", ein Beweis, wie gut er von seiner heiligen Mutter im christlichen Glauben und in einem Leben aus dem Glauben erzogen worden ist.

Wie oft ist auch in guten christlichen Ehen das Verhältnis zwischen Schwiegermutter und Schwiegertochter getrübt und gespannt. Im Fall der Gemahlin des Herzogs Heinrich II. herrschte schönste Harmonie zwischen ihr und ihrer Schwiegermutter Hedwig. Sie lebten fast 30 Jahre lang zusammen und förderten einander im Streben nach Heiligkeit. In der „Vita" heißt es: „Die selige Anna war, nachdem sie das Land Polen betreten hatte, der hl. Hedwig in allem untertan und gehorsam... Sie war mit ihrer heiligen Schwiegermutter so vertraut, daß sie gleichsam zur Mitwisserin aller Geheimnisse ihrer Heiligkeit wurde."

Erwähnt gehört noch, daß Herzogin Hedwig, die an der Missionierung der damals noch heidnischen Preußen lebhaften Anteil nahm, im Einverständnis mit ihrem Gemahl für ein auf den Namen Katharina getauftes Preußenmädchen Taufpatin wurde und dieses Mädchen an ihrem Hof großzog.

Nun nochmals ein Blick auf die eheliche Lebensführung der hl. Hedwig mit ihrem Gemahl, den sie nicht bloß in frohen, sondern auch in leidvollen Tagen mit großer treuer Liebe umsorgte. „Sie bemühte sich nicht nur durch Kindergebären ihre Seligkeit zu erlangen. Sie beobachtete in ihrer Ehe auch die Enthaltsamkeit." Die „Vita" berichtet darüber ausführlich: „Sie wünschte sehr, durch eheliche Keuschheit Gottes Wohlgefallen zu erlangen und verpflichtete sich deshalb mit Zustimmung ihres Gemahls zur Enthaltsamkeit, soweit

Die hl. Hedwig begnügte sich mit dem Notwendigsten für ihren eigenen Lebensunterhalt, um desto wirksamer den Armen und Kranken helfen zu können, denen sie schenkte, was sie entbehren konnte.

der Ehestand es erlaubte. Fühlte sie, daß Gott sie (mit einem Kind) gesegnet habe, so blieb sie voll Ehrfurcht der Wohnung ihres Gatten und dem ehelichen Umgang fern und hielt daran fest bis nach der Geburt des Kindes... Sie bemühte sich nicht nur, wie erzählt wird, nach jeder Empfängnis enthaltsam zu wandeln, sondern brachte auch durch heilsamen Ratschlag und Zuspruch ihren edlen Gemahl dazu, daß er mit ihr zusammen heilige Enthaltsamkeit übte; und zwar alle Jahre den ganzen Advent hindurch, in der Fastenzeit, an allen Quatembertagen, an den Feiertagen, an den Vigilien und Festen der Heiligen und an den Sonntagen: Sie war der Meinung, daß ihr Dienst durch Fasten den Heiligen und Gott selbst nicht genehm sei, wenn es mit irdischen Freuden begangen würde. Daher lebte sie mit ihrem Gemahl oft einen Monat lang, bisweilen auch sechs Wochen, ja sogar acht Wochen lang, enthaltsam, obgleich sie nicht voneinander getrennt zur Ruhe gingen." „Es wäre verfehlt, aus diesem Bericht auf eine mangelhafte Liebe zu ihrem Gatten zu schließen", schreibt W. Nigg [87)], „denn mit ihrer Enthaltsamkeit rettete sie, die keine von sinnlicher Leidenschaft erfüllte, aber auch keine frigide Frau war, ihre eheliche Vereinigung vor dem Absinken in eine alltägliche, ohne seelisches Erleben sich vollziehende Gewohnheit, und diese blieb dadurch stets ein gesteigertes Fest der Freude.

Im Alter zwischen dem 31. und dem 35. Lebensjahr bekam das Herzogspaar nochmals ein Kind, das siebte, das zu Weihnachten 1208 auf der Burg Glogau in Anwesenheit hoher Persönlichkeiten feierlich getauft wurde. Es war dieses Kind ein Sohn, von dem uns aber eigenartigerweise der Taufname nirgendwo berichtet wird. Wohl aber wird sowohl in der Bulle für die Heiligsprechung Hedwigs als auch in der „Vita" betont, daß von dann an feierlich gelobte Enthaltsamkeit in diese Ehe einzog. In der Heiligsprechungsbulle heißt es, daß das Herzogspaar „auf Grund eines Gelübdes und in vollstem gegenseitigem Einvernehmen viele Jahre lang – „28 Jahre hindurch" heißt es in der bei der Heiligsprechungsfeier gehaltenen Papstpredigt – auf den ehelichen Umgang verzichtete." In der „Vita" aber liest man: „In vollem gegenseitigem Einverständnis legten sie (Hedwig und Heinrich I.) unter dem feierlichen Segen des Bischofs (Laurentius von Breslau) das immerwährende Gelübde der Keuschheit ab. Durch Gottes Geist gestärkt, führten sie nun 30 Jahre hindurch ein jungfräuliches Leben, das sich durch fast wunderbare Enthaltsamkeit auszeichnete."

„Dieses Keuschheitsgelübde der beiden Eheleute Hedwig und Heinrich gehört zu jenen Handlungen, die der moderne Mensch kaum versteht, er schüttelt mißbilligend den Kopf und empfindet es als unnatürlich", schreibt der evangelische Theologe W. Nigg [88)]. „Hedwig wußte Bescheid um das Ehesakrament und um den Ehesegen und aller Wahrscheinlichkeit nach schätzte sie auch die ehelichen Freuden im Leben des Menschen richtig ein. Wenn ihr die Wonnen der Ehe nichts gesagt hätten, so wäre der Verzicht darauf kein Opfer gewesen. Sie hat sich nicht schmollend ihrem Gatten versagt, sondern hat mit seinem Einverständnis und mit ihm zusammen das Gelübde abgelegt. Heinrich war zur gleichen Überzeugung gelangt. Das Gelübde ist nicht mit der trübsinnigen Resignation einer unerfüllten Ehe zu vergleichen. Hedwigs Entschluß hatte einen viel tieferen Sinn: Ihr Enthaltsamkeitsgelübde war Verzicht auf höchster Ebene; sie schwang sich zu diesem heroischen Entschluß auf, weil von ihr fortan eine höhere Mutterschaft gefordert war: Statt bloß Mutter für ihre Familie zu sein, war Hedwig zur Mutterschaft am ganzen Volk berufen. Vor dieser das Natürliche überhöhenden Sendung ist Ehrfurcht am Platze."

Tatsächlich war die hl. Hedwig gegenüber den Armen und Kranken im schlesischen Volk von vorbildlicher Hilfsbereitschaft. Weil sie frei bleiben wollte für die Liebestätigkeit an den Armen und Kranken, trat Hedwig auch nicht in das von ihr so geschätzte und geförderte Kloster in Trebnitz ein, auch nicht nach dem Tod ihres Gemahls, der am 19. März 1238 in Krossen an der Oder erfolgte.

Die fünf Jahre ihrer Witwenschaft verbrachte Hedwig zwar im Klosterbereich von Trebnitz und in engster Verbindung mit den Ordensfrauen, sie ist aber nie selber Ordensfrau geworden. In Trebnitz starb die heilige Frau „am 15. Oktober zur Zeit der Vesper im Jahre 1243", wie es in der „Vita" heißt. Am 26. März 1267 wurde sie von Papst Clemens IV. heiliggesprochen. Sie war eine vorbildliche Gattin und Familienmutter, darüber hinaus eine Mutter der Armen und Mutter des ganzen schlesischen Volkes.

Die selige Ingeborg und König Philipp II. August

* 1176
† 1236 in Corbeil

Ingeborg, die zweite Gemahlin des französischen Königs Philipp II. August, wird nur vereinzelt da und dort als Selige bzw. Heilige verehrt, aber der Ehe-Casus um ihre Person ist so berühmt, daß es sich lohnt, auf sie in diesem Buch über verheiratete Selige und Heilige einzugehen.

Ingeborg stammte – wie ihr Bruder Knut VI., König der Dänen – von Waldemar I. von Norwegen und dessen Gemahlin Sophie ab, die hinwieder eine

Tochter des Fürsten Matislaw von Nowgorod war. Die 17jährige Ingeborg zeichnete sich damals, als 1193 die Gesandtschaft des französischen Königs Philipp II. August an den dänischen Königshof kam, nicht bloß durch Schönheit, sondern auch durch Frömmigkeit, hochstehende Sittlichkeit und unverletzte Jungfräulichkeit aus.
Dem überaus eigenwilligen französischen König Philipp II. August war seine Gemahlin Isabella, eine Tochter des Grafen Philipp von Flandern und der Gräfin Margaretha von Hennegau, durch den Tod geraubt worden. Er suchte nach einer neuen Gemahlin und glaubte diese in der Person Ingeborgs, der Schwester des dänischen Königs Knut VI. zu finden. So schickte er unter Führung des Bischofs Stephan von Noyon eine Gesandtschaft an den dänischen Hof. König Knut VI. nahm die französische Gesandtschaft freundlich auf und willigte dann rasch, nachdem er die Zustimmung der Großen des Landes erlangt hatte, in die Bitte des französischen Königs ein. Nur bei der Mitgift, die Ingeborg, die Schwester Königs Knut VI., mitbringen sollte, gab es Schwierigkeiten: König Philipp II. August wünschte sich als Mitgift das alte Anrecht des Dänenkönigs auf das englische Reich und – um dieses durchsetzen zu können, auch noch Hilfe durch eine dänische Flotte und ein dänisches Heer.
König Knut VI. antwortete der französischen Gesandtschaft, die dieses Verlangen vorbrachte, daß hier König Philipp II. August etwas zu viel verlange; er müsse sich darüber erst mit den Großen seines Landes beraten. Diese aber meinten mit Recht, Dänemark habe schon genug mit dem benachbarten heidnischen Volk der Wenden zu kämpfen; warum sollte Dänemark jetzt diesen Kampf aufgeben und stattdessen das christliche Volk der Engländer angreifen und sich dabei in doppelte Gefahr stürzen, die Dänemark dann einerseits von den wilden Wenden, andererseits von dem mächtigen, freiheitsliebenden Volk der Engländer drohe. Da der dänische König also wegen der Heirat seiner Schwester Ingeborg nicht sein eigenes Volk gefährden dürfe, möge König Philipp II. August etwas anderes als Mitgift verlangen. Man einigte sich schließlich darauf, daß die Mitgift in 10.000 Mark Silber bestehe.
Auf das Beste ausgestattet, übergab König Knut VI. nun seine Schwester Ingeborg für dic Vermählung mit König Philipp II. August. Sie wurde durch Bischof Peter von Roskild mit einem entsprechenden Gefolge nach Frankreich geführt. Ihr kam König Philipp II. August mit den Bischöfen und Großen des französischen Königreiches bis nach Amiens entgegen. Dort wurde die Vermählung gefeiert. Noch während der Krönung seiner neuen Gemahlin sei aber König Philipp II. August von Widerwillen und Abscheu gegen sie erfüllt worden. Manche Autoren schildern den Umschwung in der Stimmung des französischen Königs gegen seine zweite Gemahlin und den

Beweggrund zur Trennung von dieser so: König Philipp II. August sei mit großer Freude seiner neuen Gemahlin nach Amiens entgegengeeilt. In dieser freudigen Stimmung habe er zu wenig an seine staatspolitischen Angelegenheiten gedacht und nicht sogleich die an den dänischen Königshof abgeordnete Gesandtschaft gefragt, unter welchen Bedingungen, was die Mitgift betrifft, der Ehevertrag abgeschlossen worden sei. Als König Philipp II. August dann aber hörte, daß seine Hauptabsicht bei dieser neuen ehelichen Verbindung, auf das englische Reich ein Anrecht zu erhalten und des Beistandes von seiten der Dänen zur Eroberung Englands versichert zu sein, ganz und gar vereitelt sei, da habe ihn die ganze Angelegenheit der Vermählung mit Ingeborg verdrossen. Der König habe seiner Umgebung sogleich den Umschwung in seiner Stimmung zur Kenntnis gebracht und habe sogleich an Trennung der neugeschlossenen Ehe gedacht.

Um die beabsichtigte Ehescheidung oder Ehenichtigkeits-Erklärung zu motivieren, suchte man einen vor einem kirchlichen Ehegericht geltenden schwerwiegenden Grund und glaubte diesen in einem verbotenen Grad der Verwandtschaft zwischen der ersten und der zweiten Gemahlin des Königs gefunden zu haben. Man leitete fälschlich eine Verwandtschaft Isabellas und Ingeborgs von Karl dem Guten, dem Grafen von Flandern, einem Sohn des Königs Knut von Dänemark, her.

König Philipp II. August schrieb deshalb an Papst Coelestin III., der die Bischöfe von Beauvais und von Chartres beauftragte, dieses Ehehindernis zu beurteilen. Diesen Bischöfen galt die angebliche Verwandtschaft der beiden Frauen Isabella und Ingeborg tatsächlich als hinreichend für die Trennung der Ehe.

Durch die Ansicht der beiden Bischöfe von Beauvais und Chartres bestärkt, hielt König Philipp II. August etwas mehr als zwei Monate nach seiner Vermählung mit Ingeborg mit den Bischöfen und Ständen seines Reiches unter dem Vorsitz des Erzbischofs von Reims zu Compiègne ein Parlament ab. Die angebliche Verwandtschaft der beiden Königinnen Isabella und Ingeborg wurde aufs neue geprüft; man ließ Zeugen auftreten, die diese Verwandtschaft als wirklich bestehend eidlich versicherten. Der Erzbischof von Reims erklärte hierauf die Ehe des Königs mit Ingeborg für ungültig und nichtig.

Die der französischen Sprache unkundige Königin Ingeborg verstand nichts von dem, was über sie beraten und entschieden worden war. Als sie aber durch einen Dolmetscher davon in Kenntnis gesetzt worden war, rief sie von Schrecken ergriffen und mit Tränen in den Augen in gebrochenem Französisch aus: „Wehe Frankreich, wehe Frankreich! Rom, Rom!“ Sie wollte damit andeuten, daß sie an den Papst in Rom appellieren werde. Der König aber verstieß Isabella, sobald der Erzbischof von Reims das Ehenichtigkeits-

Urteil ausgesprochen hatte. Er wollte sie nach Dänemark zurückschicken. Sie aber beschloß, in Frankreich zu bleiben und die Klärung ihres Falles in einem Kloster abzuwarten.
König Knut VI. von Dänemark war mit Recht höchst erbittert über das Verhalten des Königs Philipp II. August gegen Königin Ingeborg; er war ebenso wie andere der Meinung, daß die Ehetrennung widerrechtlich erfolgt sei. Er beklagte sich bei Papst Innozenz III. und zeigte auf, daß nicht die geringste Verwandtschaft zwischen der verstorbenen Königin Isabella und seiner Schwester Ingeborg existiere.
Papst Innozenz III. sandte 1195 seinen Legaten, den Kardinalpresbyter Melior und den Subdiakon Censius Cencio nach Frankreich. Sie kamen nach Paris und beriefen ein Konzil aller Bischöfe und Äbte Frankreichs ein, um über die Wiederherstellung der ehelichen Verbindung König Philipps II. August mit seiner verstoßenen Gemahlin Ingeborg zu verhandeln. Aber aus Furcht vor dem König kamen die versammelten Bischöfe und Äbte zu keiner Entscheidung.
König Philipp II. August kümmerte sich nicht um die Mahnungen, die Papst Innozenz III. mehrmals an ihn richtete bezüglich Wiederherstellung seiner Ehe mit Ingeborg, er schritt im Gegenteil sogar zur Vermählung mit Agnes, der Tochter Bertholds IV., des Herzogs von Istrien und Grafen von Meran. Nach mehreren weiteren, letztlich aber erfolglosen Versuchen des Papstes Innozenz III., von König Philipp II. August von Frankreich die Aussöhnung mit seiner verstoßenen Gemahlin Ingeborg zu erreichen, verhängte der Papst am 13. Januar 1200 über Frankreich das Interdikt. Auf Grund der schmerzlichen Folgen dieser das ganze Land treffenden Kirchenstrafe gab König Philipp II. August schließlich nach: Er schickte Agnes von Meran weg und versöhnte sich mit Ingeborg halb und halb. Aber erst im Jahre 1213 nahm er sie wirklich wieder gnädig zu sich, nachdem er sie über 16 Jahre lang aufs äußerste gedemütigt hatte.
Große Freude entstand darob im französischen Volk. Die Ehe Ingeborgs mit König Philipp II. August hielt nun bis zum Tod des Königs im Jahre 1223 an; sie blieb aber kinderlos. Dieser Umstand, in Verbindung mit dem so lange andauernden Widerwillen des Königs gegen sie, veranlaßte das Gerücht, Ingeborg habe geheime Gebrechen gehabt, was kaum stimmen dürfte. Sie lebte nach dem Tod des Königs sehr zurückgezogen noch weitere 13 Jahre als Witwe in Klöstern und starb 60jährig im Jahre 1236 zu Corbeil, wo sie im Priorat des hl. Johannes begraben wurde [89)].

Die selige Maria von Oignies und Johannes

* 1177 in Nivelles in Brabant, Niederlande
† 23. Juni 1213 in Oignies
12 Jahre Pflegerin der Reklusin Heldewigis
ab 1207 Begine in Oignies

Eine der markantesten Gestalten aus den Anfängen des Beginentums, die in gottgeweihter Jungfräulichkeit ihr kurzes Leben verbrachte und dennoch verheiratet war und in edler, reiner Josephsehe lebte und zusammen mit ihrem Gemahl in selbstloser Liebe den Aussätzigen diente, ist die selige Maria von Oignies [90)].

Das Leben dieser Seligen wurde gewissenhaft von Jakob von Vitry niedergeschrieben, der von 1207 bis zu ihrem Tod 1213 ihr Seelenführer und Beichtvater war; er gehörte dem 1192 gegründeten, armen Priorat der Augustiner-Chorherren an; 1216 wurde er Bischof und 1229 Kardinal. Er gilt als überaus zuverlässiger Geschichtsschreiber.

Maria wurde 1177 in Nivelles in Brabant (damals Diözese Lüttich, heute Mecheln) als Tochter einer vermögenden Brabanter Familie geboren. Schon im Kind „erwachte sehr früh der Geist des Widerspruchs gegen die allzu diesseitige und üppige, geldstolze Behäbigkeit, mit der die Bürger der aufblühenden Städte ihren Wohlstand genossen.“ [91)]

Maria weigerte sich standhaft, sich aufwendig zu schmücken und herausputzen zu lassen, wie es dem Vermögen und dem Ansehen der Familie entsprochen hätte. Ihre Eltern wollten dem entgegenwirken und beeilten sich deshalb 1191, ihre 14jährige Tochter passend zu verheiraten, um sie – wie sie meinten – „zur Vernunft zu bringen, da sie allzu sehr dazu geneigt war, Nonne zu werden“. Der junge Gatte mit Namen Johannes – er hatte einen Bruder, der Guido hieß und Priester war – enttäuschte aber die Erwartungen seiner Schwiegereltern vollkommen, „denn schon kurz nach der Hochzeit war es in

Nivelles ein offenes Geheimnis, daß er nicht nur die Gebete seiner jungen Gattin Maria und ihre harten Bußwerke teilte, sondern daß die beiden jungen Ehegatten – von der gleichen glühenden Liebe zu Christus ergriffen – einander versprochen hatten, in ihrer Ehe enthaltsam, wie Bruder und Schwester zu leben. Sie machten zum Entsetzen ihrer Familien aus ihrem schönen, gut eingerichteten Haus eine Art Obdachlosenasyl und verbrauchten in kürzester Zeit ihr Vermögen im Dienste der Armen und Kranken mit so verschwenderischer Großzügigkeit, daß die Bürger von Nivelles es als Skandal empfinden mußten; die beiden jungen Eheleute wurden deshalb wie Asoziale gemieden oder als Verrückte öffentlich verlacht und beschimpft. Das junge Ehepaar,

Maria von Oignies lebte als Begine in einer Zelle neben dem Augustinerchorherrenstift. Kupferstich, 17. Jh.

dessen tiefe seelische Gemeinschaft in dem Maß wuchs, in welchem es sein irdisches Glück opferte, ließ sich vom Verlangen, Christus ähnlich zu werden, auf diesem Kreuzweg weiter vorantreiben und landete schließlich am Stadtrand von Nivelles in der Aussätzigensiedlung Willenbroeck. Das war die letzte Station, die die beiden jungen Eheleute gemeinsam erreichten. Bei ihrem Ausbrechen aus der Enge des herkömmlichen und allzu Gesicherten war Maria stets die Kühnere, die Maßlosere und Glühendere: Der Gatte stand etwas in ihrem Schatten und war in schweigender Opferbereitschaft ein wachsamer Beschützer und eine nie versagende Stütze für seine Gattin bei dem Spießrutenlaufen inmitten öffentlicher Verachtung. Die beiden bezogen eine kleine Hütte zwischen den Aussätzigen und pflegten diese am furchtbarsten leidenden Glieder des mystischen Leibes Christi.

Zwölf Jahre hatten beide Ehegatten im Dienst an den Aussätzigen verbracht und sich für dieses heroische Opferleben die Kraft geholt in der Betrachtung des Leidens Christi, den beide oft stundenlang anbeteten in seiner eucharistischen Gegenwart.

Die kleine Hütte in Willenbroeck wurde mit der Zeit allzusehr von Neugierigen und Hilfesuchenden überlaufen. Maria empfing wohl deshalb einen inneren Befehl, sich in größere Einsamkeit zurückzuziehen. Ihr treuer Gatte Johannes und ihr damaliger Beichtvater und Schwager, der Priester Guido, willigte in Marias Entschluß ein. Sie zog sich 1207 in das damals ganz abgelegene Oignies in Südbelgien zurück, das ein kleines Muttergottes-Heiligtum besaß, das vom Augustiner-Chorherrn Jakob von Vitry betreut wurde. Dieser gebildete Priester wurde nun bis zu ihrem Tod Mariens Seelenführer, Beichtvater und Biograph. Die Jahre in Oignies waren für Maria bis zu ihrem seligen Heimgang am 23. Juni 1213 „ein Paradies vieler mystischer Gnaden, zugleich aber auch eine Hölle furchtbarer Leiden".

Bild zu Seite 119:
Die Grafen Gottfried und Otto von Cappenberg. Stifter-Denkmal in der Stiftskirche Cappenberg um 1315.

Der hl. Ferdinand III. und Beatrix

* 1198
† 30. Mai 1252 in Sevilla, Spanien
Hochzeit 1219
Vater von elf Kindern
christlicher Herrscher und Held
Heiligsprechung 4. Februar 1671

Ein Heiliger, der sogar zweimal verheiratet war und dabei wahrhaft christlich seine Ehe gelebt hat und elf Kindern ein guter Familienvater und seinem Land ein umsichtiger Landesvater war, steht im hl. Ferdinand [92)] vor uns:
Er wurde 1198 als ältester Sohn von Alfons IX., dem König von León, und der Berengaria (Berenguela) von Kastilien geboren. Ferdinands Mutter Berengaria war eine sehr energische, lebenstüchtige, vor allem aber auch tief gläubige Frau, die in diesen Eigenschaften ganz ihrer Schwester Blanca von Kastilien, der Mutter des hl. Ludwig IX. von Frankreich glich. Wie diese ihren Sohn nicht bloß zu einem vorbildlichen Christen, sondern auch zu einem beispielgebenden Herrscher, ja sogar zu einem Heiligen erzog und heranbildete, so tat es auch Berengaria.
Von seinem Vater Alfons IX. übernahm Ferdinand die Königswürde und Herrschaft über das Königreich León; von seiner Mutter Berengaria aber gleiche Würde und Macht über das Königreich Kastilien. Beide Reiche auf der iberischen Halbinsel führte Ferdinand zu unzertrennbarer Einheit zusammen.
Berengaria weckte in ihrem Sohn Ferdinand die ihm eigenen wertvollen Anlagen und Talente, so daß aus ihm ein bedeutender christlicher Herrscher und ein überaus tapferer Held im Kampf um die Befreiung Spaniens von der maurisch-islamischen Herrschaft wurde. Ausbreitung und Stärkung des christlichen Glaubens und Lebens auf der iberischen Halbinsel war dem hl. Ferdinand höchstes Ziel; dazu erzog ihn seine Mutter. Diesem Ziel sollte

auch sein Kampf gegen die Mauren dienen, den Ferdinand 1224 mit Erfolg begann. Die Gebete, die er vor und nach den Schlachten zum Himmel emporsandte, die Anordnung, daß Bischöfe und Geistliche zur seelsorglichen Betreuung der Soldaten das Heer zu begleiten hatten, die Wiederherstellung christlicher Zucht in den zuvor von den Mauren beherrschten Ländern, die Wiedererrichtung der Bistümer, Kirchen und Klöster, all das legt Zeugnis ab von der Reinheit der Absichten Ferdinands bei seinen kriegerischen Auseinandersetzungen.

In erster Ehe war Ferdinand verheiratet mit Beatrix, der Tochter des deutschen Königs Philipp von Schwaben, des Sohnes Friedrich Barbarossas.

Diese überaus glückliche Ehe dauerte leider nur 15 Jahre, von 1219 bis 1234. Ihr entstammten folgende acht Kinder: 1. Alfons X. (1220-1284), der Ferdinands Nachfolger als König von León und Kastilien wurde; 2. Friedrich († 1277); 3. Heinrich († 1304); 4. Philipp († 1262), der in Paris Schüler Alberts des Großen war; 5. Sancho († 1261), der als Erzbischof von Toledo wirkte und starb; 6. Johannes Manuel († 1283); 7. Berengaria, die bei den Zisterzienserinnen im Kloster Las Huelgas (Burgos) eintrat; und 8. Maria († 1234), kurz nach deren Geburt Mutter Beatrix und das Kind starben.

Aus der zweiten Ehe, die König Ferdinand 1237 schloß, stammten noch drei Kinder. 1. Ferdinand († um 1260); 2. Leonore († 1290), die als Gemahlin König Eduards I. von England starb; und 3. Ludwig.

König Ferdinand war streng gegen sich selbst, fromm und gerecht, er regierte nach den Grundsätzen des Evangeliums, er war mildtätig gegen seine Untergebenen, überaus freigebig gegen Klöster, vor allem gegen solche der neu entstandenen Orden der Franziskaner, Dominikaner und Trinitarier; er war dem Papst in Rom treu ergeben. Seine Mutter Berengaria hatte in ihm in jeder Hinsicht eine treu katholische Gesinnung geweckt.

Mit seinen beiden Ehegattinen, vor allem mit Beatrix, lebte Ferdinand friedvoll und glücklich in ehelicher Liebe und unverbrüchlicher Treue. Seine Kinder erzog er zusammen mit seiner Gemahlin zu guten Christen und gab ihnen stets ein gutes Beispiel. Er freute sich herzlich darüber, daß zwei seiner Kinder einen gottgeweihten Beruf ergriffen: Der Sohn Sancho wurde Priester, ja sogar Erzbischof von Toledo; und die Tochter Berengaris wurde Nonne. Von den anderen Söhnen standen mehrere, als sie in das Mannesalter gekommen waren, ihrem Vater tapfer im Befreiungskampf bei; sie führten verantwortungsbewußt die Aufträge des königlichen Vaters aus, vor allem im Jahre 1243, als Ferdinand erkrankt war.

Ferdinands Wunsch, nach der Befreiung Südspaniens von der Herrschaft des Islam nun die Mauren auch noch aus Nordafrika zu verdrängen und dort die vielen Christensklaven zu befreien, die in hartem Frondienst arbeiteten und litten, ging nicht mehr in Erfüllung. Als er nämlich in Sevilla letzte Vorbereitungen für die Nordafrika-Expedition traf, erkrankte er wieder, diesmal tödlich. Er rief seine Familienangehörigen zusammen und gab ihnen letzte Ermahnungen für ein wahrhaft christliches Leben und für ein einträchtiges und friedliches Zusammenleben, legte dann ein öffentliches Sündenbekenntnis in aufrichtiger Reue ab und empfing – trotz seiner schweren Krankheit – kniend die heilige Wegzehrung; dann übertrug er noch seinem Erben und Nachfolger Alfons X. mit seinem väterlichen Segen die Sorge für die beiden Königreiche León und Kastilien mit dem Auftrag, gegen alle Menschen liebevoll und gerecht zu sein. Im Angesicht des vor ihm aufgestellten Kreuzes, das er nochmals ergriffen verehrte, starb König Ferdinand unter dem Gesang des Te Deum, das er dem anwesenden Klerus zu singen befohlen hatte. Es war der 30. Mai 1252. In der Kathedrale von Sevilla wurde er gemäß seiner eigenen Verfügung im Habit eines Terziars im Dritten Orden des hl. Franziskus, dem er sich zugehörig wußte, bestattet. Papst Clemens X. hat ihn am 4. Februar 1671 heiliggesprochen mit dem Wunsch, dieser wahrhaft christliche Herrscher, Ehegatte und Familienvater möge vor allem den spanischen Katholiken allzeit Vorbild und Fürsprecher sein.

Die selige Jutta von Sangershausen und Johannes Konopacki von Bielczna

* um 1200 in Sangershausen, Thüringen
† 5. Mai 1260
Mutter von vier Kindern
Einsiedlerin bei Kulmsee, Chelmza, nördlich von Thron, Polen

Wenn heute nach leidvollen Ereignissen viel von neu entstehender Freundschaft zwischen dem deutschen und polnischen Volk die Rede ist, könnte als Motivierung dafür auch auf die glückliche eheliche Verbindung zwischen deutschen und polnischen Seligen und Heiligen hingewiesen werden. Das beste Beispiel dafür ist sicher die Ehe der hl. Hedwig. Auch auf die glückliche Ehe der seligen Jutta von Sangershausen [93)] könnte berechtigterweise

hingewiesen werden. Die um 1200 in der Umgebung von Sangershausen in Thüringen geborene Jutta vermählte sich mit dem polnischen Freiherrn Johannes Konopacki von Bielczna und war diesem eine vorbildliche Gattin und Mutter von vier Kindern, die – sicher durch die ihnen von den gläubig frommen Eltern zuteil gewordene christlichen Erziehung – alle insgesamt den Ordensberuf als Lebensstand erwählten.
Nach dem Tod ihres Gemahls betätigte sich die Witwe Jutta selbstlos in der Krankenpflege und nahm sich besonders liebevoll um Aussätzige an. Schließlich lebte sie vier Jahre lang als Einsiedlerin bei Kulmsee (Chelmza, nördlich von Thron, Polen) und führte ein ganz gottverbundenes Leben in evangelischer Armut, dabei klug geführt von ihrem Beichtvater, dem seligen Franziskanermönch Johannes Lobedau († 9.10.1264 in Kulm).
Ihre Verehrung setzte unmittelbar nach ihrem heiligmäßigen Sterben am 5. Mai 1260 ein.

Die hl. Elisabeth von Thüringen und Landgraf Ludwig

* 1207 auf der Burg Saros Patak in Nordungarn
† 17. November 1231 in Marburg
Hochzeit 1221
Mutter von drei Kindern
Heiligsprechung 27. Mai 1235

Eine vorbildliche christliche und auch – von der schmerzlichen Kürze abgesehen – überaus glückliche Ehe führte die hl. Elisabeth von Thüringen.
Sie wurde im Jahre 1207 auf der Burg Saros Patak südlich von Kaschau in

Elisabeth nimmt Abschied von ihrem Gemahl, der ins Heilige Land zieht.

Nordungarn geboren. Ihr Vater war der spätere König Andreas II. von Ungarn; dessen Gemahlin, Elisabeths Mutter, war Gertrud von Andechs, eine Schwester der hl. Hedwig. König Andreas II. bestieg nach blutigen Auseinandersetzungen mit seinem Bruder 1205 den ungarischen Königsthron. Seine Gemahlin Gertrud besaß großen Einfluß auf ihren Gemahl und bevorzugte ihre bayerische Verwandtschaft und die ins Land gerufenen Deutschen und wurde deshalb sowie wegen ihres Machthungers und ihrer Goldgier vom ungarischen Adel gehaßt und am 28. September 1213, als ihre auf der Wartburg in Thüringen weilende Tochter erst sechs Jahre alt war, ermordet.
Im Jahre 1211 war die 4jährige Elisabeth aus politischen Gründen mit dem 11jährigen Ludwig, dem späteren Landgrafen Ludwig IV. von Thüringen, verlobt und an den prachtliebenden Hof von Thüringen gebracht worden. In einer mit seidenen Tüchern ausgeschlagenen, silbernen Wiege brachte man das Bräutchen zusammen mit einem reichhaltigen Brautschatz dorthin.
Fern der ungarischen Heimat wuchs Elisabeth unter fremden Menschen auf. Ihre Erziehung besorgte die Landgräfin Sophie, die nun ihre Pflegemutter war und nach zehn Jahren ihre Schwiegermutter wurde. Landgräfin Sophie, aus dem Wittelsbacher Haus stammend, war durch schwere Eheerfahrungen mit Landgraf Hermann, der alles andere als ein „Ritter ohne Furcht und Tadel" war, in religiöser Hinsicht sehr gereift. Sie trat vier Jahre nach dem Tod ihres Gatten in das Zisterzienserinnenkloster in Eisenach ein. Sie erzog ihre künftige Schwiegertochter Elisabeth im religiösen Sinn und brachte ihr die nötigen gesellschaftlichen Umgangsformen bei. Elisabeth fühlte sich aber sehr bald schon durch das protzige und intrigenreiche Hofleben auf der Wartburg zu einer entgegengesetzten Haltung gedrängt.
1221 wurde die nun 14jährige Elisabeth mit Landgraf Ludwig IV. vermählt. Das junge Paar machte die Hochzeitsreise nach Ungarn. Dort erfuhr Elisabeth die näheren Einzelheiten über die furchtbare Ermordung ihrer Mutter Gertrud. Wieder in die deutschen Lande zurückgekehrt, bezogen die beiden Neuvermählten die Wartburg.
Über das nun beginnende Eheleben der hl. Elisabeth macht W. Nigg [94)] die Bemerkung: „Sie (Elisabeth) hat die Ehe mit allen Fasern ihrer Gefühlskraft erlebt und hat ihrem Gatten gegenüber einen fraulichen Charme voller Zartheit und Anmut entfaltet. Elisabeths Ehe wurde zwar aus dynastischen Gründen und nicht aus einer persönlichen Neigung betrieben; trotzdem war es eine über alles Erwarten glückliche Gattengemeinschaft... Elisabeth war keine abweisende, kalte Frau, die bei jeder zärtlichen Annäherung gleich mimosenhaft zurückwich oder ein momentanes Kopfweh vorschützte, nein, sie war ein überaus warmer, gefühlvoller Mensch, der nach Liebe und Geborgenheit hungerte. Die beiden Gatten kannten sich von Kindheit an, die gleiche Mut-

ter hatte sie erzogen, sie nannten sich auch nach ihrer Vermählung Bruder und Schwester. Zwischen ihnen gab es schon früh eine dermaßen vertraute Liebe, wie sie sonst nur lang vermählte Ehegatten füreinander empfinden. ‚Ihrer beider Herzen hatten sich in süßer Liebe miteinander so verbunden, daß sie nicht lange voneinander getrennt sein mochten‘, steht in Kaplan Bertholds Chronik... Mit kleidsamen Gewändern wollte Elisabeth allezeit ihrem Gemahl gefallen. Kehrte Ludwig (von Regierungsgeschäften in seinen Herrschaftsgebieten auf die Wartburg) heim, dann flog ihm Elisabeth entgegen, umarmte ihn in voller Freude, und mit der Leidenschaft ihres ungarischen Blutes ‚küsste sie ihn mehr als tausendmal herzlich auf den Mund‘; zärtlich und warmherzig umschlang sie Ludwig, auch hierin sich ganz und nicht nur halb schenkend und lebend aus einer starken Liebesfähigkeit. Dank der seelischen Harmonie wirkte sich der Eros zwischen Elisabeth und Ludwig so aus, daß es zwischen den beiden zusammenschwang und -klang; es war eine innige Entfaltung des sakramentalen Charakters der ehelichen Minne, süß und duftig, kosend und holdselig.
Am Glück der Ehe war Ludwig wesentlich beteiligt... Ludwig war ein ganz anderer Mann als sein leichtfertiger Vater, er war ernst gesinnt und ließ sich von der intrigenreichen Ohrenbläserei am Hofe nicht beirren, sondern hielt treu zu Elisabeth; jeden Gedanken der Untreue gegenüber Elisabeth, den ihm andere Ritter suggerierten, wies Ludwig mit Entschiedenheit von sich, denn er war nicht gewillt, ‚seine liebe Gemahlin zu betrüben‘.“ Ludwig erklärte einmal: „Man sage, was man sage, so spreche ich es doch aus, daß mir Elisabeth sehr lieb ist und daß ich auf diesem Erdreich nichts Lieberes habe.“
Landgraf Ludwig besaß neben seiner großen Liebe zu seiner Gemahlin Elisabeth auch ein selten großes Verständnis für ihre Eigenarten, vor allem für ihre ausgeprägte Frömmigkeit. Nie stellte er sich diesbezüglich hindernd in den Weg; er ließ sie frei gewähren. Wenn Elisabeth beispielsweise nachts aufstand und dem Gebet oblag, stellte sich Ludwig oft schlafend, nur manchmal hielt er ihr die Hände und sagte: ‚Liebe Schwester, schone dich und lege dich zur Ruhe!‘ “
Was Elisabeth betrifft, so huschte bisweilen ein kleiner Schatten über ihre Ehe, wenn sich in ihrem Innern ein zwiespältiges Gefühl meldete und der Gedanke sie beunruhigte, ob sie sich nicht in zu intensiver Liebe ihrem Gatten hingebe, während doch ihr Herz Gott allein gehören sollte. Einmal sagte sie zu ihren Dienerinnen, sie bedürfe der nächtlichen Gebete, „ ‚um der übergroßen Liebe zu meinem Gemahl zu widerstehen‘ “. Manchmal gab es bei Elisabeth sogar Augenblicke der Reue, sich überhaupt vermählt zu haben und nicht als Jungfrau sterben zu können.
W. Nigg schließt seine Ausführung über die Ehe der hl. Elisabeth mit der

Feststellung: „Die beiden Ehegatten waren im tiefsten, was Menschen miteinander verbinden kann, nämlich im Göttlichen, einig und dank der gemeinsamen Blickrichtung ‚war der heilige Engel zwischen ihnen oft Bote'. Diese geheimnisvolle Aussage leuchtet tief in das Erleben der beiden Gatten hinab und erhellt plötzlich die Hintergründe, aus denen sie lebten. Eine Ehe kann nur gelingen, wenn ein Engel zwischen den Vereinigten unsichtbare Botendienste tut; dies hilft hundertmal mehr als alle modernen Eheberatungsstellen zusammen. Ein zwischen Mann und Frau hin- und hergehender Engel, wahrhaftig, etwas Schöneres kann man über zwei Ehegatten schlechterdings nicht mehr berichten."

Die heilige Elisabeth sorgt für die Kranken.

Der Dominikaner Dietrich von Apolda († nach 1297) schreibt in seinem 1289 begonnenen Leben der hl. Elisabeth über die Heiligkeit ihrer Ehe: „Beglückt durch die Wonne einer keuschen Liebe und innigen Gemeinschaft, konnten sie (Elisabeth und Ludwig) weder lange noch weit voneinander getrennt sein. Elisabeth folgte daher häufig ihrem Gemahl auf rauhen Wegen, über weite Strecken und bei schlechtem Wetter, mehr geleitet von der Inbrunst reiner Liebe als von fleischlicher Lust. Denn die keusche Gegenwart ihres schamvollen Gemahls hinderte die überaus fromme Gemahlin weder am Beten und Wachen noch an anderen wohltätigen Werken. Der fromme Mann freute sich im Herrn über ihre heiligen Sitten und stand ihr aufmunternd und getreu zur Seite."

In Abwesenheit ihres Gemahls verbrachte Elisabeth manche Nacht mit Wachen und Beten. In dieser Zeit trug sie keine prächtigen Kleider und ging gekleidet wie eine Witwe. Auf ihrem Leib trug sie Wolle oder ein Bußhemd. Das tat sie auch, wenn sie in golddurchwirkten Gewändern oder in Purpur gekleidet war. Wußte sie von der bevorstehenden Rückkehr ihres Gemahls, so schmückte sie sich festlich und erklärte: „‚Nicht zu fleischlicher Hoffart, sondern nur Gott zuliebe will ich mich schmücken, aber schicklich, um meinem Gemahl keinen Anlaß zur Sünde zu geben, falls ihm etwas an mir mißfallen sollte. Er soll nur mich in ehelicher, züchtiger Zuneigung im Herrn so lieben, daß wir den Lohn des ewigen Lebens in gleicher Weise von dem erhoffen dürfen, der das Gesetz der Ehe geheiligt hat.'"

Kurz zusammenfassend schreibt Dietrich von Apolda über Elisabeths Verhalten ihrem Gemahl gegenüber: „In seiner Abwesenheit verhielt sie sich untadelig und gottergeben, in seiner Gegenwart war sie ganz Zuneigung, Liebe und Güte. Gott befruchtete ihren Schoß mit edelster Nachkommenschaft, so daß sie von der Schmach der Unfruchtbarkeit verschont blieb und den Trost von Kindern erlebte."

Dem gesegneten Ehebund zwischen Elisabeth und Ludwig wurden drei Kinder geschenkt. Mit 15 Jahren gebar Elisabeth 1222 ihr erstes Kind, Hermann, den späteren Landgrafen von Thüringen, 1224 dann Sophie, die spätere Herzogin von Brabant und Stammutter der Landgrafen von Hessen, und 1227 Gertrud, die spätere Äbtissin von Altenberg.

Elisabeth liebte nicht bloß ihren Gemahl und ihre Kinder mit ganz großer verantwortungsbewußter Liebe, sie liebte auch alle notleidenden Mitmenschen, diente liebevoll den Kranken und half allen bedrängten Menschen so großmütig, daß darüber manche in ihrer Umgebung dem Landgrafen Klage führten. Er aber hatte für die Wohltätigkeit seiner geliebten Gattin Verständnis und sagte: „Laßt sie Gutes tun und für Gott geben, was sie mag!" Schon sechs Jahre nach der Vermählung Elisabeths mit dem Landgrafen Ludwig IV. von Thüringen kam es zur schmerzlichen Trennung der beiden: Auf Geheiß des Papstes wurde 1227 der Kreuzzug gepredigt. Viele ließen sich das Kreuz reichen, um in heiligem Eifer gegen die Feinde Christi im heiligen Land zu kämpfen. „Auch Landgraf Ludwig, ein Christ durch und durch, ließ sich im Namen Christi nach reiflicher Beratung mit Bischof Konrad von Hildesheim von diesem das Kreuz anheften. Er wünschte aber, daß es verborgen bleibe. Darum heftete er das Kreuz nicht, wie es Sitte war, an sein Gewand, damit seine Gemahlin, die ihn zärtlich liebte, es nicht erblicke und sich über seine bevorstehende Abwesenheit nicht ängstige. Als sie dann aber einmal in der Tasche etwas suchte, wie es öfters vorkam, fand sie das Kreuz und wurde von schrecklicher Bestürzung wie zerschmettert..."

Es kam dann tatsächlich zum wehmütigen Abschiednehmen. Als wenige Wochen später Elisabeths düstere Ahnung Wirklichkeit wurde – Landgraf Ludwig IV. wurde in Süditalien von einer Seuche hinweggerafft; er starb in Otranto in Süditalien am 11. September 1227 – und Elisabeth die Todesnachricht überbracht wurde, da rief die Heilige tief erschüttert aus: „Nun ist mir die Welt und alles, was ich in ihr liebte, tot." Sie mußte das Schwerste erleben, das einer Frau in einer guten Ehe beschieden sein kann: den Tod ihres innig geliebten Gatten. In Gegenwart des in die Heimat zurückgebrachten Leichnams des verstorbenen Gemahls kamen folgende Worte über Elisabeths Lippen: „Wenn ich ihn lebend wieder haben könnte um den Preis der ganzen Welt, ich nähme ihn und würde dann stetsfort mit ihm betteln gehen." Welch große Liebe spricht aus diesen Worten jener 19jährigen Gattin, die nach sechs Jahren glücklicher Ehe nun Witwe war!

Nach dem Tod ihres Mann nahm man Elisabeth dann unter dem Vorwand, daß sie allen Besitz für die Armen verschwende, die freie Verfügung über ihr Witwengut.

Um sich dieser ungerechten Bevormundung zu entziehen, verließ Elisabeth arm und allein mit ihren Kindern bei Nacht die Wartburg. Sie mußte zunächst von erbettelten Almosen leben. Aber durch die Franziskaner, die 1225 in Eisenach erschienen waren, hatte Elisabeth vom hl. Franziskus gehört und die freiwillige Armut lieben gelernt. Der Berater ihres Mannes, der strenge Franziskaner Konrad von Marburg, der seit 1226 auch Elisabeths Seelenführer geworden war, hat sie im Geist der Abtötung nur noch weiter bestärkt. So war Elisabeth in allem Elend glücklich, für Gott leiden und auf alles verzichten zu dürfen. Sie ließ sogar zum Dank für die ihr zuteil gewordene Gnade von den Franziskanern in Eisenach ein Te Deum singen.

Mit der Zeit nahmen sich einflußreiche Verwandte wieder ihrer an und die Männer, die in der Umgebung ihres Gemahls in Süditalien geweilt hatten und nun wieder heimkehrten, führten sie sogar wieder auf die Wartburg zurück.

Aber Elisabeth fühlte sich auf der Wartburg nicht mehr daheim. Nach kurzer Zeit zog sie auf ihr Witwengut in Marburg und gründete dort ein großes Spital, für das sie ihre Einkünfte verwendete. Sie besuchte dort täglich ihre Schutzbefohlenen und widmete sich ihrer Pflege.
Im Jahre 1231 ist Elisabeth, diese große Liebende, in der Nacht zum 17. November, erst 24 Jahre alt, gestorben. Am 27. Mai 1235 wurde sie heiliggesprochen als eine vorbildliche junge Frau, die es meisterhaft verstanden hat, ihre Gottesliebe und Gattenliebe sowie ihre Liebe zu ihren Kindern, zu den Kranken und Armen in harmonischen Einklang und Gleichklang zu bringen. Mit Recht wird diese jugendliche Heilige in der Präfation der Festmesse an ihrem Fest am 19. November so charakterisiert: „In Wahrheit ist es würdig und recht, Dir, Herr, heiliger Vater, immer und überall zu danken und am Fest der hl. Elisabeth deine Gnade zu rühmen. Denn du hast ihr große Liebe geschenkt. Ihren Gatten liebte sie mit der ganzen Glut ihres Herzens. Als sie ihn durch den Tod verlor, folgte sie dem Ruf des Evangeliums. Sie verkaufte, was sie besaß, und gab freudig alles den Armen, die sie als ihre Mutter verehrten. In ihnen erkannte sie Christus; ihm wollte sie dienen in den Ärmsten der Armen. Froh in der Bedrängnis, ertrug sie Schmähung und Unrecht, früh vollendet, gelangte sie zur Freude des Himmels."

Die selige Zdislava Berka und Gallo Markwart

* um 1210
† um 1252
Hochzeit um 1227
Mutter von vier Kindern
Heiligsprechung 28. August 1907

Die Ehegattin und Familienmutter Zdislava [95)], die zur Landespatronin Böhmens geworden ist, als am 28. August 1907 ihr Kult vom Heiligen Stuhl anerkannt worden war, wurde um 1210 als Tochter des Burggrafen von Brünn, Pribislav Berka von Krlzanov, und der Sibylle (nach den einen eine Tochter des Pfalzgrafen Otto von Wittelsbach, nach anderen aus Sizilien stammend) geboren.
Das Mädchen Zdislava bewährte sich in der Kindheit und Jugend in echter, tiefer Frömmigkeit und in großherziger Nächstenliebe. Mit sieben Jahren floh sie in die Einsamkeit; sie wurde aber von ihren Eltern zurückgeholt.

Mit 17 Jahren wurde sie – entgegen ihrem eigenen Willen, der nach dauernder gottgeweihter Jungfräulichkeit verlangte – mit Gallo Markwart von Gabel (zwischen Glatz und Olmütz) verheiratet. Mit unerschütterlicher Geduld ertrug Zdislava in der Ehe den Jähzorn und die Roheit ihres Gatten. Den vier Kindern, die sie gebar, gab sie eine vorbildliche christliche Erziehung. Von diesen vier Kindern sind nur zwei namentlich bekannt, nämlich Gallo, der jung starb, und Margarita. Der Gatte der seligen Zdislava nahm maßgeblichen Anteil an den politischen Ereignissen Böhmens, bewährte sich dabei aber gesinnungsmäßig als Ritter Christi. Im Jahre 1250 gründete er, motiviert durch seine Gattin, zwei Dominikanerklöster, nämlich in Jablonné und Turnov.

Zdislava wurde weltliche Terziarin im Dominikanerorden, die erste in Böhmen. Sie versenkte sich besonders in das Leiden Christi und hatte wiederholt Ekstasen. Eine Chronik aus dem Ende des 14. Jahrhunderts schreibt der seligen Zdislava nach ihrem Tod, der um 1252 erfolgte, mehrere Wunder zu.

Neben der Hilfe, die die selige Zdislava den Dominikaner-Mönchen bei der Ausbreitung ihres Ordens gewährte, wird ihre Wohltätigkeit gegenüber den Armen und ihre tiefe Frömmigkeit gerühmt. Begraben wurde die selige Zdislava in der Dominikaner-Kirche St. Laurentius neben dem Schloß Lemberk.

Selige Elisabetta Canori Mora, vgl. Seite 282

Die selige Gherardesca von Pisa und Alferio di Bandino

* um 1212
† bald nach 1269
Hochzeit um 1231/1232

Cecco di Pietro, Bildnis der Gherardesca da Pisa, Pisa, Museo Nazionale di S. Matteo, 14. Jh.

Gegen ihren Willen wurde die um 1212 geborene Grafentochter Gherardesca [96)] um 1231-1232 mit dem adeligen Alferio di Bandino vermählt. Diese Ehe entwickelte sich nicht glücklich, nicht bloß weil sie kinderlos blieb, sondern vor allem deshalb, weil die junge Ehefrau Gherardesca unter viel Kummer und Leid immer mehr spürte, nicht für die Ehe, sondern für die Ganzhingabe an Gott im Ordensstand berufen zu sein. Immer wieder überlegte sie: Gibt es vielleicht doch die Möglichkeit, daß ihre Ehe rechtmäßig aufgelöst wird? Was wäre, wenn sie beide, ihr Gatte und sie ins Kloster gingen? Aus dieser Frage reifte immer mehr als Antwort darauf die Sehnsucht nach einer so gearteten Auflösung ihrer Ehe: Sie fragte ihren gläubig frommen Gemahl. Dieser merkte gar bald, daß auch er mehr zum Ordensstand als zum Ehestand berufen sei: Er willigte schließlich in die Auflösung der Ehe ein, wenn dies kirchlicherseits ermöglicht würde. Solche Ehetrennungen waren von der Kirche eigentlich immer – bis herauf in die Gegenwart ermöglicht worden, wenn beide Ehepartner sich Gott ganz und vorbehaltlos weihen und den Ordensstand ergreifen.

Im Jahre 1234 – nach höchstens dreijähriger Ehe – wurde Alferio di Bandino Mönch im sehr streng geführten Kloster der Camaldulenser S. Savino in Pisa. Gherardesca aber tat das Gleiche: Für sie wurde eine kleine Zelle an das genannte Kloster angebaut.

Vom Camaldulensermönch Alferio schweigt von da an die Geschichte, über Gherardesca aber entstand eine „Vita", die vermutlich ihr

Beichtvater, der Mönch Pater Paolo von S. Savino verfaßt hat. Das Leben der zur Nonne gewordenen Ehefrau wurde – so kann man in dieser „Vita" lesen – immer mehr durch außerordentliche Charismen ausgezeichnet; sie besaß u. a. die Gabe der Herzensschau. Ergreifende Visionen, die Christus, seine jungfräuliche Mutter Maria, den Liebesjünger des Herrn, den Apostel Johannes, und die Armen Seelen zum Thema hatten, wurden ihr immer häufiger zuteil; sie besaß auch die Gabe der Krankenheilung und erreichte immer häufiger ganz auffallende Bekehrungen von verstockten Sündern, denen sie ihre geheimsten Verfehlungen kundtat.

Die genannten außerordentlichen Ereignisse im Leben der Nonne Gherardesca erregten aber bei manchen Mönchen im Kloster S. Savino zu Pisa Mißtrauen und Neid; Gherardesca wurde bei der Ordensleitung angezeigt, sie wurde harten Prüfungen unterzogen, zuletzt sogar exkommuniziert. Aber ihr Beichtvater stand trotz allem treu zu ihr und verteidigte ihre Unschuld, so daß sie schließlich von der harten Strafe der Exkommunikation absolviert wurde; alles kam wieder in Ordnung; die Verleumdete trug einen vollen Sieg davon.

Kurz nach 1269 starb Gherardesca und wurde in der Kirche S. Savino in Pisa beigesetzt. Ihr Fest wird im Orden der Camaldulenser am 9. Juni begangen.

Hl. Ludwig IX.

Der hl. Ludwig IX. von Frankreich und Marguerite von Provence

* 1214 in Poissy, westlich von Paris, Frankreich
† 25. August 1270 in Tunis
Hochzeit 27. Mai 1234
am 29.11.1226 mit 12 Jahren zum König von Frankreich gekrönt
wegen Teilnahme am 7. Kreuzzug 1248-1254 sechs Jahre von Frankreich abwesend
1267 erneute Teilnahme am Kreuzzug
Heiligsprechung 1297

Reliquienbüste in der Schatzkammer Notre-Dame, Paris

Unter den Herrscherpersönlichkeiten des Mittelalters, die zur Ehre der Altäre erhoben wurden, ist zweifellos der hl. Ludwig IX. von Frankreich unter verschiedenen Aspekten, auch als Ehemann und Familienvater, eine der anziehendsten Gestalten. [97)] Dabei ist sein Leben, auch sein religiös-sittliches Leben einmalig gut bezeugt von vier zeitgenössischen Biographen, die das Leben des Heiligen fast unmittelbar nach dessen Tod niedergeschrieben haben: 1. vom Dominikaner-Ordenspriester Gottfried von Beaulieu, der 20 Jahre lang Beichtvater Ludwigs IX. war und seine Biographie 1272-73, also zwei bis drei Jahre nach dem Tod Ludwigs IX. niedergeschrieben hat; 2. von Wilhelm von Chartres, ebenfalls Dominikaner-Ordenspriester, der das Werk seines Ordensmitbruders Gottfried nur ergänzen wollte; 3. von Wilhelm von Saint-Pathus OFM, dem Beichtvater der Königin-Witwe Marguerite von Provence, der das Leben Ludwigs IX. nach 1297 niederschrieb; 4. von Jean de Joinville, einem intimen Freund des Herrschers, der seine auch in deutscher Übersetzung von J. Kock 1969 edierte Biographie des hl. Ludwig IX. zwischen 1298 und 1309 verfaßt hat.

Ludwig wurde 1214 in Poissy als Sohn des Königs Ludwig VIII. und dessen Gemahlin Blanca von Kastilien geboren. Den stärksten Einfluß auf die Erziehung des künftigen Königs von Frankreich übte zweifellos seine Mutter aus, die ihm seine Christenpflichten und einen ganz lebhaften Abscheu vor der Sünde einprägte; bezeichnend ist das Wort, das Blanca von Kastilien zum jungen, noch unmündigen König Ludwig IX. gesprochen hat: „Du weißt, Kind, wie sehr ich dich liebe, aber lieber sehe ich dich tot als eine Todsünde begehen!"

Da Ludwig mit 12 Jahren seinen Vater verlor – König Ludwig VIII. starb 1226 –, wurde der Knabe am 26. November 1226 in Reims bereits zum König gekrönt; wegen seiner Unmündigkeit führte jedoch seine Mutter zehn Jahre lang die Regentschaft.

Ludwig IX. vermählte sich am 27. Mai 1234 19jährig mit der 13jährigen Marguerite von Provence. Es begann damals eine überaus glückliche christliche Ehe und eine vorbildliche kinderreiche Familie. Zwar dirigierte anfangs die Mutter des jungen Königs allzusehr das Leben des jungen Ehepaares und hielt die beiden Ehegatten noch sechs Jahre lang voneinander getrennt; auch in der Folgezeit mischte sich Blanca von Kastilien noch in das Eheleben des jungen Paares ein bis hinein in die intimste Sphäre, so daß die beiden Ehegatten sich gezwungen sahen, sich gegen die Zudringlichkeit der Mutter bzw. Schwiegermutter zur Wehr zu setzen. Es war das für Ludwig nicht immer leicht; entweder enttäuschte er nämlich seine eifersüchtige Mutter, die von einer krankhaften Eifersucht auf die hübsche Schwiegertochter erfüllt war, oder aber seine junge Gemahlin bekam das Gefühl, ihr Gatte Ludwig stehe nicht treu zu ihr, wo sie doch ganz treu zu ihm stehe, alles mit ihm teile und immer bei ihm sein wolle und ihn darum sogar auf seinen Kreuzzügen begleite und deren Strapazen tapfer ertrage.

Der hl. Franz von Sales hat über die ergreifende eheliche Treue Marguerites von Provence geschrieben: „Hätte jemand diese tapfere Fürstin gefragt, wohin sie fahre, so hätte sie sicherlich geantwortet: ‚Ich fahre dorthin, wohin der König fährt.' Und hätte man sie weitergefragt: ‚Aber wissen Sie auch genau, wohin der König fährt?', so hätte sie geantwortet: ‚Er hat es mir wohl im allgemeinen gesagt, doch bin ich gar nicht besorgt zu wissen, wohin er fährt, sondern nur, daß ich mit ihm fahre:' Hätte man darauf erwidert: ‚Haben Sie also keinerlei Plan bei dieser Reise?', so hätte sie gesagt: ‚Nein, ich habe keinen anderen als den, bei meinem lieben Herrn und Gemahl zu sein...'" [98)]

Wenn man das Eheleben des hl. Ludwig IX. beurteilen soll, so kann man ohne Einschränkung sagen: Es entsprach ganz dem, was Papst Pius XI. in seiner Ehe-Enzyklika „Casti connubii" gefordert hat: Es war eine keusche Ehe, in der es vor allem den Ehemißbrauch nicht gab. Hätte es damals schon die Pille gegeben, so wären beide Ehepartner sicher niemals in die Versuchung gekommen, sie zu gebrauchen; denn sie hatten sich – treu den kirchlichen Vorschriften – von Jugend an in die oft notwendige eheliche Enthaltsamkeit eingeübt. Sie verbrachten, wie uns die Biographen ausdrücklich berichten, enthaltsam die sogenannten „geschlossenen Zeiten" des Kirchenjahres, den Advent und die Fastenzeit, weiter den Freitag und Samstag jeder Woche und überdies einen Tag vor und einen Tag nach Empfang der hl. Kommunion, die Ludwig IX. und seine Gemahlin Marguerite, dem damaligen Brauch entsprechend, nur sechsmal im Jahr, zu Ostern, zu Pfingsten, an Mariä Himmelfahrt, Allerheiligen, Weihnachten und Lichtmeß empfingen. Sexuelle Enthaltsamkeit wurde in dieser Ehe selbstverständlich auch geübt, wenn die Gattin schwanger war, und das war in den 36 Jahren dieser Ehe mindestens elf Mal der Fall. Denn elf Kinder schenkte Marguerite ihrem Gemahl Ludwig, von denen neun erwachsen wurden.

Die religiöse Kraft zu dieser keuschen Ehe, die überdies ganz harmonisch, friedvoll und glücklich verlief, holte sich Ludwig zusammen mit seiner Gattin in eifrigem Gebet, im täglichen Mitfeiern der hl. Messe und in der Teilnahme am Chorgebet der Mönche.

Übrigens führte König Ludwig IX. auch ein sehr sparsames, genügsames und zuchtvolles Leben, über das er regelmäßig bei seinem Beichtvater Woche für Woche Rechenschaft ablegte.

Zur schlichten, bescheidenen Lebensführung gehörte bei Ludwig auch der Verzicht auf prunkvolle Kleidung. Hier gab es in dieser Ehe vielleicht den einzigen Ansatzpunkt zu kleinen Differenzen und Zwistigkeiten. Denn daß sich Ludwig, obwohl er König von Frankreich war, betont einfach kleidete, mißfiel seiner Gemahlin. – Sie hätte ihn lieber in prächtigen Kleidern gesehen, ein begreiflicher Wunsch, denn die meisten Eheleute wünschen ihren Partner gut angezogen; so war es jedenfalls bei Marguerite, der Königin von Frankreich. König Ludwig IX. aber war bei aller Zuneigung zu seiner liebreizenden Gemahlin, die er zärtlich liebte, nicht gewillt, ihr in diesem Punkt zu entsprechen. Es ergab sich daraus eines Tages, wie Joinville, der Freund Ludwigs, erzählt, ein kleiner ehelicher Disput, den zu belauschen vergnüglich ist. Ludwig sagte nämlich voller Charme zu seiner Marguerite: „Schön, du willst, daß ich mich kostspieliger kleide!? Gut, es geschehe, ich muß mich dir fügen und du dich mir. Ich wünsche also, daß du so freundlich bist und all deinen Putz ablegst. Du passest dich meiner Art an und ich mich deiner!"

„Wir wissen nicht, wie Königin Marguerite auf den spaßigen Vorschlag ihres Gemahls reagiert hat, offensichtlich wollte Ludwig mit einer kleinen List seine Gattin überspielen." [99)]

Als vorbildlicher christlicher Ehegatte und Familienvater war König Ludwig IX. zusammen mit seiner Gemahlin auch sehr besorgt um die rechte christliche Erziehung seiner neun heranwachsenden Kinder. Dafür zeugen die Anweisungen, die er ihnen insgesamt, beziehungsweise konkret seiner Toch-

ter Isabella, der späteren Gemahlin Tibalds V., des Grafen von Champagne und Königs von Navarra, und seinem Sohn Philipp hinterließ:
Für seinen Thronerben diktierte er noch am Sterbebett in Tunis folgende testamentarische Unterweisungen: „Lieber Sohn, an erster Stelle möchte ich dich lehren, den Herrn, deinen Gott, aus deinem ganzen Herzen und aus allen Kräften zu lieben; denn ohne das gibt es kein Heil. Mein Sohn, du sollst dich vor allem vor dem hüten, von dem du weißt, daß es Gott mißfällt, das heißt vor jeder schweren Sünde. Eher sollst du dich jeder Art von Martyrium unterwerfen als eine Todsünde begehen.
Wenn Gott es zuläßt, daß dich ein Unglück trifft, mußt du es bereitwillig ertragen und bedenken, daß es dir zum Guten ausschlägt und daß du es vielleicht durchaus verdient hast. Schenkt Gott dir aber Wohlergehen, sollst du ihm demütig danken.
Hüte dich, daß du nicht schlechter wirst, sei es durch eitle Ruhmsucht, sei es auf irgendeine andere Weise; denn du darfst nicht mit den Gaben Gottes gegen Gott streiten oder ihn beleidigen.
Gern und fromm höre den Gottesdienst der Kirche. Wenn du im Gotteshaus bist, hüte dich umherzuschauen, und führe keine leeren Gespräche: Vielmehr bete zu Gott mit mündlichen Worten oder in der Betrachtung des Herzens.
Dein Herz sei gütig gegen die Armen, Elenden und Betrübten. Komm ihnen nach Möglichkeit entgegen und tröste sie! Danke Gott für alle Gaben, die er dir verliehen hat, damit du noch größerer würdig wirst!
Sei gerecht gegenüber deinen Untergebenen! Halte den Weg der Gerechtigkeit ein und weiche nicht zur Rechten oder zur Linken ab. Schlage dich stets eher auf die Seite der Armen als auf die der Reichen, bis du sicher bist, die Wahrheit gefunden zu haben. Sei sorgfältig darauf bedacht, daß alle deine Untertanen im Schutz der Gerechtigkeit und des Friedens leben können, besonders kirchliche Personen und Ordensleute!
Sei unserer Mutter, der römischen Kirche, und dem Papst als dem geistlichen Vater ergeben und gehorsam! Bemühe dich, daß aus deinem Land alle Sünden verschwinden, besonders Gotteslästerung und Irrlehre!
Lieber Sohn, ich gebe dir jeden Segen, den ein liebender Vater seinem Sohn geben kann: Die Heiligste Dreieinigkeit und alle Heiligen mögen dich vor allem Bösen bewahren! Der Herr gebe dir die Gnade, seinen Willen ganz zu erfüllen, so daß du ihm dienst und ihn ehrst, und daß wir nach diesem Erdenleben gemeinsam die Gnade erlangen, ihn ohne Ende zu schauen, zu lieben und zu loben.“ [100)]
In diesen Dokumenten kommt ergreifend schön die tiefe Frömmigkeit Ludwigs IX. und das Ideal, das ihm beim Regieren vorschwebte, zum Ausdruck. Gern hätte es dieser heilige König in der Erziehung seiner Kinder gesehen,

wenn das eine oder andere sich für den Priester- oder Ordensberuf begeistert hätte, insbesondere in einem der von ihm hochgeschätzten Orden der Dominikaner, Franziskaner und Zisterzienser; konkret dachte er dabei vor allem an seinen Sohn Johannes Tristan, den die königliche Gemahlin Marguerite drei Tage nach Ludwigs Gefangennahme durch die Sarazenen geboren und wegen ihrer Trauer Tristan genannt hatte; gern hätte der König diesen Sohn als Ordenspriester und seine Tochter Blanca als Ordensfrau gesehen; doch diese Hoffnung erfüllte sich nicht. Jemanden aber zum Priester- oder Ordensberuf zu zwingen, widerstand Ludwig IX.

Seine Kinder erzog er nicht bloß zu echter Frömmigkeit, sondern auch zur Freigebigkeit den Armen und den Bettelmönchen gegenüber. In der von König Ludwig IX. gegründeten Zisterzienser-Abtei Royaumont fühlte er sich ganz daheim, wenn er sich wie in ein „Kloster auf Zeit" dorthin zurückzog und dann alle asketischen und liturgischen Übungen der Mönche mitmachte und die 100 Mönche bei Tisch sogar bediente.

Unter der klugen und absolut gerechten Regierung Ludwigs IX. erlebte Frankreich eine Zeit des Friedens und Wohlstandes. Nur aus reinem Idealismus ließ sich dieser Herrscher zweimal in das Abenteuer eines Kreuzzugs ein: Im Jahre 1244 hatte er während einer Krankheit das Gelübde gemacht, an einem Kreuzzug teilzunehmen, um Jerusalem, das eben wieder in die Hände der Mohammedaner gefallen war, zu befreien. In Ägypten gelang es ihm im Juni 1249, Damiette zu erstürmen. Doch einige Monate später erlitt Ludwig IX. vor Mansohrah eine schwere Niederlage; er wurde mit seinen Rittern gefangengenommen. Schwer an Ruhr erkrankt, mußte er Damiette wieder freigeben und ein Lösegeld zahlen. Eine große Zahl seiner Gefährten kehrte daraufhin nach Frankreich zurück, während er selbst noch mehr als drei Jahre in Palästina blieb. Nach Erhalt der Nachricht vom Tod seiner Mutter Blanca, die in seiner Abwesenheit von Frankreich die Regierungsgeschäfte geführt hatte, kehrte König Ludwig IX. Ende November 1252 nach Frankreich zurück und befaßte sich nun aktiv mit den Angelegenheiten seines Reiches. In seinem Privatleben glich er fortan eher einem Mönch als einem König. Seine Lebensweise war immer schon sehr einfach gewesen, aber nach der Rückkehr vom Kreuzzug lebte er noch einfacher und noch strenger. Er schaffte an seinem Hof jeden Luxus ab und legte sich außerdem körperliche Bußen auf, zu denen strenges Fasten an bestimmten Tagen, ein Bußgürtel und sogar gelegentlich die Geißelung gehörten.

Als sich 1261 der Sultan Baibars von Ägypten in den Besitz eines großen Teils Palästinas gesetzt hatte, beschloß König Ludwig IX. aufs neue, einen Kreuzzug zu organisieren: Mit einer Streitmacht von 60.000 Mann stach der König von Aigues Mortes aus in See. Das erste Ziel war Tunis: Dort wollte

man auf Karl von Anjou und seine Mithilfe im Kampf gegen den islamischen Feind warten. Während des Wartens brach aber im Heer Ludwigs die Cholera aus. Ludwig selbst erkrankte wie mehrere Tausende seiner Soldaten. Er fühlte sein Ende nahen und diktierte darum seinem Thronfolger Philipp dem Kühnen seine letzten Ratschläge. Er ließ sich auf ein Lager von Asche betten und starb am 25. August 1270, die Arme zum Kreuz ausgebreitet und die letzten Worte auf den Lippen: „Nous irons à Jerusalem“. Anstelle des irdischen Jerusalem erreichte der fromme König, der ein vorbildlicher Ehegatte und Familienvater war, das himmlische Jerusalem.
Papst Bonifaz VIII. hat König Ludwig IX. am 11. August 1297 heiliggesprochen.

Die selige Umiliana Cerchi und X. Bonaguisi

* um 1219
† 19. Mai 1246
Mutter von zwei Kindern

Die selige Umiliana [101)] wurde im Jahre 1219 in Florenz als Tochter des adeligen Oliviero dei Cerchi, eines Nachkommen der von Dante Alighieri in der „Divina Commedia“, Paradiso XVI, Vers 65 genannten Herren D'Acone, in Val di Sieve geboren.
Im zarten Kindesalter verlor Umiliana ihre Mutter und wurde nun von der Stiefmutter Ermellina di Cambio dei Benizi, einer Verwandten des hl. Filippo Benizi, erzogen. Noch nicht 16 Jahre alt, wurde Umiliana mit einem kranken Bankier aus dem Hause der Bonaguisi verheiratet. Dieser Ehe entstammten zwei Mädchen. Obwohl diese Ehe aus sehr materiellen Motiven der Verwandtschaft zustandegekommen war, kann der erste Biograph der Seligen, der Franziskaner Vito da Cortona, in seiner 1248 verfaßten Biographie der seligen Umiliana Cerchi betonen, daß sie sich als Ehefrau exemplarisch verhielt: Sie war eine gute Hausfrau, sie liebte ihre Kinder und pflegte ihren kranken Gatten. Als schöne junge Frau eines einflußreichen Mannes mußte sie Juwelen tragen, schöne Kleider anziehen, an Festen teilnehmen usw., was sie nur mit Widerwillen tat. Mit Hingabe pflegte sie dagegen Kranke und Arme und verteilte an sie ihre schönsten Kleider und besten Tücher. Als ihr Mann auf dem Sterbebett lag, bemühte sie sich vergeblich, ihn dazu zu überreden, alles, was er durch Wucher erworben hatte, zurückzugeben. 1239,

nach fünfjähriger Ehe, mit 20 Jahren Witwe geworden, verzichtete sie zu Gunsten der Armen auf einen großen Teil ihres Witwengutes und widmete sich mit ganz großer Liebe der Erziehung ihrer beiden Töchter. Nach dem ersten Jahr der Witwenschaft kehrte sie nach der Gewohnheit der damaligen Zeit in ihr Elternhaus zurück. Ihre beiden Kinder mußte sie den Angehörigen ihres verstorbenen Gatten überlassen. Sie gelobte immerwährende Keuschheit und lebte fortan – da man ihre mehrmalige Bitte um Aufnahme bei den Klarissen von Monticelli ablehnte – im Turm neben dem Elternhaus, in dem sogenannten Torre dei Cerchi, unter der geistlichen Leitung des seligen Franziskaners Michele degli Alberti. Der genannte Biograph der Seligen hat ihr frommes asketisches Leben als Muster für die franziskanischen Tertiarinnen beschrieben. Umiliana dei Cerchi starb im Ruf der Heiligkeit am 12. Mai 1246 im Alter von erst 27 Jahren. Ihren Kult bestätigte Papst Innozenz XII.

Die selige Kinga und Boleslaus V. von Krakau

* 1224 in Ungarn
† 25. Juli 1292 in Stary Sacz
Hochzeit 1239
Eintritt in das Klarissenkloster Stary Sacz
Äbtissin
Seligsprechung 1690

Die ungarische Königsfamilie war im 13. Jahrhundert eine Familie von Heiligen. Zu ihr zählte die selige Kinga (Kunigunda), die 1224 als Tochter Belas IV., des Königs von Ungarn, und der Theodora Laskarysa geboren wurde. Tante der seligen Kinga und Schwester ihres Vaters Bela IV. war die hl. Elisabeth von Thüringen. Andere heilige Verwandte der seligen Kinga sind die hl. Hedwig und die hl. Agnes von Prag; Schwestern der seligen Kinga sind die selige Jolenta und die selige Margaretha; die hl. Elisabeth (Isabella) von Portugal und die selige Salomea sind Nichten der seligen Kinga, die ebenfalls Tante des heiligen Bischofs Ludwig war.
Mit 15 Jahren wurde Kinga [102] mit Boleslaus V., Fürst von Krakau, später König von Polen, vermählt. Beide Ehegatten beschlossen, in Enthaltsamkeit eine Josephs-Ehe zu führen. Sie lebten die 40 Jahre ihres ehelichen Zusammenseins in jungfräulicher Reinheit, wie die Überlieferung bezeugt, die dem

König Boleslaus V. den Beinamen „der Keusche“ gegeben hat, während der Königin Kinga von der Kirche der Ehrentitel „Jungfrau“ zugeteilt wurde.
Als Landesmutter nahm sich Kinga besonders der Armen, Kranken und Bedrängten an.
Nach dem 1279 erfolgten Tod ihres königlichen Gemahls wurde Kinga bestürmt, die Regierungsgeschäfte zu übernehmen, sie aber lehnte das ab und trat in das von ihr gestiftete Klarissen-Kloster zu Stary Sacz ein. Bei ihrem Eintritt sprach die fromme Königin zu den Schwestern: „Vergeßt, was ich gewesen bin; ich komme nur, um als die Geringste unter euch zu dienen!“ Tatsächlich verrichtete sie im Kloster die niedrigsten Arbeiten, kehrte die Gänge, wusch die Schüsseln und leistete den Kranken die bescheidensten Dienste. Später gab sie den eindringlichen und einstimmigen Bitten ihrer Mitschwestern nach und übernahm – ganz gegen ihren persönlichen Wunsch – das Amt der Äbtissin. Sie benahm sich weiterhin so, als ob sie die Untergebene aller sei und gab das Beispiel ergreifender Demut.
Ihr Leben im Kloster dauerte 13 Jahre. Ihre vielfältigen Abtötungen rieben schließlich ihre Kräfte auf. Im Sterben am 24. Juli 1292 wurde sie gestärkt durch eine Erscheinung des hl. Franz von Assisi. Ihren Mitschwestern rief sie in Verzückung zu: „Macht Platz! Seht, unser heiliger Vater Franziskus kommt, mir beizustehen!“
Im Jahre 1628 wurde für Königin Kinga der Seligsprechungsprozeß begonnen; 1690 hat Papst Alexander VIII. die Verehrung der jungfräulichen Königin Kinga, die zur demütigen Klarissin geworden war, als berechtigt bestätigt. Papst Clemens XI. ernannte die selige Kinga 1715 zur Patronin Polens und Litauens. Ihr Fest wird am 24. Juli begangen.

Die hl. Humilitas und Ugoletto dei Caccianemici

* um 1226 in Faënza, Italien
† 22. Mai 1310 in Florenz, Italien
Hochzeit 1242
Mutter zweier Kinder
Reklusin, Klostergründerin
Kult genehmigt durch Papst Clemens XI. 1721

Eine Ehegattin und Familienmutter, die nach dem Tod ihrer beiden Kinder im Einverständnis mit ihrem Gemahl Ordensfrau und Mutter vieler geistlicher

Töchter wurde, ist die Hl. Humilitas, Benediktinerin in der Kongregation der Vallombrosaner [103].

Sie wurde 1226 in Faënza als Tochter des adeligen Elimonte und seiner Gemahlin Richelda Negusanti geboren und auf den Namen Rosanna getauft. Mit 15 Jahren verlor sie im Jahre 1241 ihren Vater. Mit 16 Jahren heiratete sie 1242 den Patrizier Ugoletto dei Caccianemici. Dieser Ehe entsprangen rasch hintereinander zwei Kinder, die aber bald nach der Taufe starben. Die Ehe blieb fortan kinderlos, was als großes Leid empfunden wurde. Aber statt sich nun frustriert und pessimistisch der Traurigkeit hinzugeben oder sich umgekehrt sinnlosem weltlichem Genuß auszuliefern, überlegte die 24jährige Rosanna zusammen mit ihrem Gemahl Ugoletto, ihrem gemeinsamen Leben nach neun Ehejahren eine große Wende auf Gott hin zu geben und den Ordensstand zu ergreifen im Doppelkloster der hl. Perpetua zu Faënza. Der Gemahl willigte ein. So begann nun für Rosanna das Ordensleben unter dem Ordensnamen Humilitas (= Demut), was voll der Wirklichkeit entsprach.

Schwester Humilitas wurde bald von einer ganz schweren Krankheit heimgesucht, von dieser aber 1254 wunderbar geheilt. Daraufhin verließ sie den Klosterbezirk mit der Erlaubnis, sich in strenger Klausur für das weitere Leben als Reklusin in eine an das Vallombrosanerkloster St. Apollinare angebaute Zelle zurückzuziehen.

Hier kamen aber durch den Kontakt mit Schwester Humilitas junge Christinnen aus Faënza immer mehr auf den rechten Geschmack für ein ganz gottverbundenes Ordensleben; einige junge Frauen bauten sich neben der Zelle der Schwester Humilitas ebenfalls eine Zelle, um unter ihrer Führung ein geistliches Leben zu beginnen. So kam es, daß 1266 aus diesen jungen Christinnen unter der Leitung von Schwester Humilitas in S. Maria Novella ein Kloster entstand, in welchem die nun 40jährige Schwester Humilitas wieder Mutter sein durfte, diesmal geistlichen Töchtern gegenüber, die sie mit viel Güte, Weisheit und Energie auf den Gipfel der Heiligkeit hinaufführen wollte, was ihr bei gar manchen auch wirklich gelang.

Die nun folgenden 15 Jahre verliefen besinnlich und still in der treuen Übung jener Tugenden, die die Regel des hl. Benedikt und die Satzungen des hl. Johannes Gualbertus für die Kongregation Vallombrosa fordern.

Mit 55 Jahren schickte sich Schwester Humilitas an, eine neue geistliche Zufluchtsstätte für junge Florentinerinnen zu schaffen. Mit beiden von ihr geschaffenen Klöstern und ihren Bewohnern blieb Schwester Humilitas durch ihre inspirierenden Ansprachen und ihre Weisungen, vor allem aber durch ihr vorgelebtes heiligmäßiges Ordensleben ein beständiger Antrieb zum Streben nach Heiligkeit. Am 22. Mai 1310 nahm nach sechs Monaten

schmerzlicher Leiden das irdische Leben von Schwester Humilitas im Alter von 84 Jahren ein Ende.
In Florenz war das Begräbnis der Verstorbenen ein wahrer Triumph der Hochschätzung dieser einstigen Ehegattin und Mutter zweier Kinder, die zur Mutter vieler geistlicher Töchter in zwei von ihr geschaffenen Klöstern geworden war und die ihre Töchter aufwärtsgeführt hat in einer tiefen Spiritualität, die heute noch spürbar wird in den paar überlieferten Ansprachen, die stilistisch zwar bescheiden sind, dem Inhalt nach aber – wie Kenner behauptet haben – dem Schrifttum der Kirchenlehrerin Caterina von Siena an die Seite gestellt werden können.
Der Leichnam der hl. Humilitas, deren kultische Verehrung als „ab immemorabili tempore" existierend von Papst Clemens XI. 1721 gutgeheißen worden war, ruht heute unverwest in der Hl. Geist-Kirche von Varlungo bei Florenz.

Der selige Jacopone da Todi und Vanna di Bernardino di Guidone

* um 1230 in Todi in Umbrien, Italien
† 25. Dezember 1306 in Collazone
Hochzeit zwischen 1265 und 1267

Paolo di Dono, Bildnis von Jacopone da Todi, Dom, 15. Jh.

Ein leichtfertiger Lebemann, Rechtsanwalt von Beruf, aus Neigung Liedermacher, der durch den tragischen Tod seiner jungen schönen Gattin die Gnade der Bekehrung erlangte, ist der Franziskaner-Laienbruder Jacopone da Todi [104].
Um 1230 wurde er in der Stadt Todi in Umbrien als Sohn der adeligen Familie Benedetti geboren. Jacopone studierte in Bologna Jus und übte dann in

seiner Heimatstadt den Beruf eines Rechtsanwaltes recht und schlecht aus; er muß zunächst aber mehr ein „Playboy" im heutigen Sinn und ein Liedermacher für große Festveranstaltungen gewesen sein. Viele Mitbürger in Todi und seine Angehörigen hofften, er werde, wenn er einmal verheiratet sei und eine Familie gegründet habe, seine Leichtfertigkeit und Oberflächlichkeit aufgeben. Da fiel seine Wahl auf ein besonders edles, reines, frommes Mädchen aus bestem Haus, nämlich auf die schöne Vanna di Bernardino di Guidone aus dem Geschlecht der Grafen von Coldimezzo, die er zwischen 1265 und 1267 heiratete.

Auf seine schöne Gattin war der in allen Advokatenkünsten wohl erfahrene, mit großem Aufwand immer noch weltlichem Treiben hingegebene Jacopone stolz. Er liebte seine Gattin Vanna glühend und besang sie u.a. mit folgenden Versen: „Ich denk an Mund und Wangenrot / der schönsten aller Frauen. / Sie ist so zart, so lieb, so schmuck, / Ein Wunder ist's zu schauen. / Mich fesselt noch der süße Blick, / die fein geschwungnen Brauen; / dürft ich mich ihr vertrauen, / es wäre Seligkeit."

Vanna war edel, fromm und freigebig, sie mußte aber gar manches gute Werk versteckt vor dem Blick ihres sehr weltlich gesinnten Gemahls tun. Äußerlich paßte sie sich, um dem Begehren ihres Mannes zu entsprechen, der mondänen Lebensführung der Edeldamen in der Stadt Todi an, verborgen für alle Welt aber leistete sie durch Bußwerke Sühne für das Treiben ihres Mannes und mancher Ehebrecher in Todi.

Es tat dem Eitelkeitsbedürfnis Jacopones wohl, wenn die Schönheit seiner liebreizenden Gattin allseitige Bewunderung erregte. Daß ihr die Leute, vor allem lüsterne Männer auf der Straße bewundernd nachschauten, kam dem Geltungsdrang Jacopones sehr entgegen. Um so härter traf ihn nach nur einjähriger Ehe im Jahre 1268 ihr völlig unerwarteter tragischer Tod, der sich auf folgende Weise einstellte: Vanna mußte eines Tages einem rauschenden Festspiel beiwohnen, das ihr Gemahl organisiert hatte. Auf der Ehrentribüne saß neben anderen Edeldamen der Stadt Todi sie, die sich auf Befehl Jacopones als Schönheitskönigin hatte herausputzen müssen. Mitten in der festlichen Ausgelassenheit brach plötzlich die Ehrentribüne krachend zusammen und begrub neben anderen Ehrengästen auch Vanna unter den Trümmern.

Als Jacopone seine heißgeliebte junge Gattin sterbend aus den Trümmern hervorzog und ihr Gürtel und Kleid öffnete, um ihr noch Erleichterung zu verschaffen, da fand er unter dem festlichen Prunkgewand einen härenen Bußgürtel am zarten, schönen Leib seiner schwerverwundeten Gattin. Mit brechender Stimme flüsterte die Sterbende ihrem Gemahl ins Ohr: „Das war für dich!"

Hatte bereits der nun eintretende plötzliche Tod seiner Gattin den lebenslustigen Rechtsanwalt aufs tiefste erschüttert, so machte ihn zusätzlich die späte Erkenntnis ihres vor ihm bisher geheimgehaltenen Büßerlebens gänzlich sprachlos. Wie hatte er doch von der eigentlichen Einstellung und Gesinnung seiner Gattin keine blasse Ahnung gehabt! Welche Tiefe besaß doch seine Gattin mit ihrer sich verbergenden keuschen Reinheit und Frömmigkeit im Unterschied zu seiner ganz auf äußeren Effekt gerichteten Oberflächlichkeit. Völlig in seiner törichten Prahlsucht und Lebenslust befangen, hatte er gar nicht wahrgenommen, was im Innern des ihm am nächsten stehenden Menschen vorgegangen war. Er hatte Vanna zu einem Leben der Hoffart gedrängt und genötigt, in auffallender Kleiderpracht neben ihm einherzuschreiten, während sie sich leidenschaftlich nach bescheidener christlicher Lebensführung sehnte und für ihre erzwungen zur Schau getragenen Eitelkeit durch einen härenen Bußgürtel Buße tat. Über diese von ihm vollführte seelische Vergewaltigung Vannas machte sich Jacopone an ihrer Bahre bitterste Gewissensvorwürfe.

Bis zu dieser Stunde war der Advokat Jacopone ein gewinnsüchtiger Jurist gewesen, der die Streitigkeiten seiner Klienten geldgierig eher noch schürte als schlichtete. Angesichts der Leiche seiner geliebten Gattin aber wurde es ihm schwarz vor den Augen. Der untröstliche Mann wurde erst getröstet, als man ihn an die Schmerzensmutter unter dem Kreuz auf Golgotha erinnerte, die gleichsam allen Sündern bei jedem ihrer sieben Schmerzen, die ihr Herz durchbohrten, zuruft: „Das war für dich!" Jacopone bekehrte sich, gab seine glänzende Stellung auf, verteilte sein ganzes Vermögen an die Armen und dachte nun nur noch an Buße.

Nach 10 Jahren faßte Jacopone den Entschluß, Laienbruder im Orden des seraphischen Heiligen zu werden: Aus Demut sträubte er sich, die Priesterweihe zu empfangen; er blieb zeitlebens der einfache Laienbruder, der im Kloster die niedrigsten Dienste verrichtete und der von Liebe zu Jesus Christus und seiner jungfräulichen schmerzensreichen Mutter glühte. Den größten Schmerz verursachte ihm im weiteren Ordensleben die Tatsache, daß Gott viel zu wenig oder gar nicht geliebt, sondern so viel beleidigt wird, gerade auch von Eheleuten in ihrem oft so lieblosen Zusammenleben und in ihrem oft so beschämenden, den eigentlichen Zweck der Ehe mißachtenden Ehemißbrauch.

Von solcher Haltung getrieben, begann Jacopone mit rücksichtsloser Freimütigkeit die Sünden und Laster seiner Zeit zu tadeln, die Schlechtigkeit und Verkommenheit in den verschiedenen Ständen und Rängen der Gesellschaft zu rügen, auch die Mißstände in der Kirche zu beklagen. Dabei übergoß er auch das machthungrige Treiben des Papstes Bonifaz VIII. mit schärfstem Tadel und schreckte dabei auch vor härtesten Worten nicht zurück: „Papst Bonifaz, wie ein Fuchs tratest du die Herrschaft an, wie ein Wolf regierst du, wie ein Hund wirst du sie beenden!" Jacopones Freimütigkeit erbitterte den gegen seine Gegner rücksichtslos vorgehenden Papst Bonifaz VIII. so sehr, daß er gegen ihn nicht nur die Exkommunikation aussprach, sondern ihn auch zu lebenslänglicher Kerkerhaft bei Wasser und Brot verurteilte.

Jacopone ertrug das in aller Demut, er wandte sich aber in einem ergreifenden Gedicht an den Papst mit der Bitte, ihn wenigstens von der Exkommunikation zu befreien. Diese Bitte, die er im Jubeljahr 1300 wiederholte, blieb unerhört. Erst durch die allgemeine Amnestie des 1303 gewählten Papstes Benedikt XI. öffneten sich für Jacopone die Kerkertore. Er begab sich dann in das Franziskaner-Kloster zu Collazone, wo er bis zu seinem Tod in der Christnacht 1306 sein strenges Büßerleben fortsetzte.

Noch auf dem Sterbebett dichtete der einstige Lebemann ergreifende Lobgesänge („Laudi") auf Christus und seine jungfräuliche Mutter. Sein schönstes und ergreifendstes geistliches Lied, von dem gesagt wurde, es wiege einen ganzen Band Lyrik auf, ist die Sequenz „Stabat mater", die im bitteren Leid über den tragischen Tod seiner vielgeliebten, jugendlich schönen Gattin Vanna entstanden war.

Der selige Raimundus Lullus und Blanca Picany

* 1233 zu Palma de Mallorca, Spanien
† zwischen Dezember 1315 und 25. März 1316 auf der Rückfahrt von Tunis nach Mallorca
Hochzeit 1256
Vater von zwei Kindern
ab 1281 ausgedehnte Missionsreisen
zwischendurch Professor in Montpellier und Paris
Verfasser von 300 philosophischen und theologischen Werken

Der 1232/33 in eine aus Barcelona stammende adelige Familie in Palma de Mallorca hineingeborene Raimundus (Ramón) Lullus [105)] wurde 14jährig Page am Hof König Jakobs I. von Aragón und dann Erzieher und Seneschall (Chef von Küche und Tafel) des dritten Prinzensohnes Jakob II. von Mallorca.

Um 1256 heiratete der überaus lebenslustige junge Mann Blanca Picany, die ihm zwei Kinder, Dominicus und Magdalena, gebar. Während der damals 31jährige Raimundus Lullus – es war im Juni 1263 – einmal eine recht zweifelhafte Kanzone für eine Dame, „die er damals närrisch liebte", wie er selber geschrieben hat, dichtete, erschien ihm der gekreuzigte Herr Jesus Christus, dann noch mehrmals. Als am 4. Oktober 1263 der Bischof in der Kirche der Minderbrüder in Palma die Ganzhingabe des hl. Franziskus an Gott in einer feurigen Predigt geschildert hatte, beschloß Raimund, ein neues Leben zu beginnen. Er machte eine längere Pilgerfahrt durch Frankreich und Spanien. 1264 kehrte er auf den Rat des hl. Raimund von Peñafort auf die Heimat-Insel Mallorca und zu seiner Familie zurück. Er begann intensiv zu studieren und sein religiöses Wissen zu vertiefen. Nach neun Studienjahren, vor allem in der Einsamkeit des Randaberges, wurde ihm plötzlich eine wundersame Zusammenschau der religiösen Wahrheiten und eine klare Zielsetzung für sein weiteres Leben als Missionar für die Bekehrung der Juden und Muslims zuteil. Nichts hielt ihn jetzt weiter in der Heimat zurück, weder Frau noch Kinder, noch Besitz. Besessen von der Idee, die Rückgewinnung der entchristlichten Teile Afrikas und Kleinasiens ins Werk zu setzen, bereiste Raimundus Lullus nun in den folgenden Jahren mehrmals große Teile der um das Mittelmeer gelegenen Länder. Er ließ trotz Steinigungen, Prügelstrafen und Kerkerhaft nicht ab, gelegen oder ungelegen, mit größtem Freimut den Juden und Mohammedanern den einen und dreifaltigen Gott und den menschgewordenen Sohn Gottes Jesus Christus zu verkünden. In klarer Zukunftsschau forderte er den vollen Einsatz der Christen für die Bekehrung der Andersgläubigen und Ungläubigen; er arbeitete mit allen wirtschaftspolitischen und militärischen Einzelheiten Kreuzzugspläne aus, desgleichen Pläne für eine bessere Organisation des gesamten Missionswerkes der Kirche.
Doch er ließ es nicht beim Entwerfen der Pläne für die Bekehrung von Juden und Muslimen bewenden, sondern ging selbst daran, dies auf verschiedenen Missionsreisen zu versuchen. Zwischenhinein war er wieder als philosophisch und theologisch bestens gebildeter Schriftsteller an der Arbeit, um in fast zahllosen Werken auch theoretisch zu zeigen, wie man Juden und Muslime für den christlichen Glauben gewinnen könne und müsse.
Auf der letzten Missionsreise, die der schon 80jährige Franziskaner-Terziar noch nach Tunis unternahm, wurde er gesteinigt. Halbtot trat er die Rückfahrt nach Mallorca an. Er starb unterwegs in der Zeit zwischen Dezember 1315 und dem 25. März 1316.
Was hier in diesem Buch über verheiratete Heilige aus dem Leben des seligen Raimundus Lullus besonders interessiert hätte, ist die Frage, wie dieser Selige es mit seiner Ehe und Familie hielt. Aber darüber schweigt er selbst und

schweigen durchwegs auch die Autoren, die über Leben und Werk dieses bedeutendsten Mohammedaner-Missionars des Mittelalters und tiefsinnigen mystischen Schriftstellers geschrieben haben. Hat er, als die Stunde seiner Bekehrung schlug und er als Bekenner nun andere Menschen aus dem Judentum und Islam zur Bekehrung zu führen sich von Gott berufen wußte, seine Gemahlin und seine zwei Kinder einfach stehengelassen in der Überzeugung, daß Gott ihn von ihnen wegrufe? Liegt also bei Raimundus Lullus ein ähnlicher Fall wie beim hl. Nikolaus von Flüe vor? Oder sind Raimundus' Gattin und seine beiden Töchter freiwillig zurückgestanden oder bereits vom Tod hinweggerafft worden, bevor sich der Gatte und Vater Raimundus Lullus endgültig seiner missionarischen Sendung hingab? Jedenfalls spürt man in der Betrachtung des Lebens dieses Missionars, daß für eine solche Aufgabe doch wohl der Zölibat und nicht die Ehe die entsprechendere Lebensform sein muß gemäß den Worten des Völkerapostels Paulus im ersten Korintherbrief (1 Kor 7, 32-34).

Die selige Alda und Bindo Bellanti

* 28. Februar 1245 in Siena, Toskana, Italien
† 26. April 1309 in Siena

In Siena (Toscana/Italien) lebte in der ersten Hälfte des 13. Jahrhunderts ein vorbildliches Ehepaar: der Kaufmann Pietro-Francesco Ponzi, der sich an den Wahlspruch hielt: „Ehrlich im Handel, christlich im Wandel", und seine Gattin Agnes, geborene Bulgarini. Beide sehnten sich nach einem Kind, aber lange blieb ihre Ehe kinderlos. Da hatte Agnes eines Nachts einen eigenartigen Traum: Ihr Schlafzimmer war hell erleuchtet; sie aber gebar ein Mädchen, das sogleich von vielen Leuten umgeben war; vom Himmel her aber hörte die Frau eine Stimme, die ihr sagte: „Erziehe dieses Mädchen überaus sorgfältig, denn Gott hat es für sich erwählt!"

Tatsächlich stellte sich bei Frau Agnes bald eine Schwangerschaft ein, und wirklich konnte sie einem lieben Mädchen das Leben schenken. Nach der Taufe, bei der das Kind den Namen Aldobrandesca (abgekürzt Alda) erhielt, erzählte die Frau ihrem Mann erstmals von dem Traum, den sie gehabt hatte, und bat ihn, mitzuhelfen, das Mädchen besonders sorgfältig und gut für Gott zu erziehen. Beide, die Mutter und der Vater, bemühten sich gewissenhaft, ihrem Kind in bester Weise eine christliche Erziehung und Bildung zuteil werden zu lassen [106)]. Alda reifte zu einem hübschen, gebildeten und frommen Mädchen heran, auf das bald die männliche Jugend von Siena sehnsuchtsvolle Blicke warf.

Eines Tages hielt der adelige junge Mann Bindo Bellanti um die Hand Aldas bei ihren Eltern an. Diese waren bald einverstanden, weil der junge Mann nicht bloß von adeliger Herkunft, sondern auch von vorbildlicher Haltung und Gesinnung war und gute Bildung besaß. Sie vergaßen, was ihnen noch vor der Geburt über ihr Kind gesagt worden war.

Alda selbst sagte zwar dem jungen Mann, daß sie eigentlich den Ordensstand erwählen wollte und sollte, aber im Gehorsam gegen die Eltern wolle sie zur Ehe mit ihm ja sagen.

Die Trauung fand statt. Das junge Paar hielt sich zunächst an das biblische Vorbild von Tobias und Sara. Nach einer gewissen Zeit wollten sie aber doch von ihrer Ehe Gebrauch machen, um Kindern das Leben zu schenken. Aber es kam nicht mehr dazu, denn Bindo Bellanti erkrankte plötzlich schwer an einer eigenartigen, höchst unangenehmen Krankheit. Alda pflegte ihren Gatten mit ergreifender Liebe und hoffte, ihn wieder ganz gesund pflegen zu können. Aber verhältnismäßig rasch ereilte ihn der Tod. Es schien wirklich, als ob diese Ehe nicht dem Plane Gottes entsprochen hätte. Er hatte seine Hand auf Alda gelegt, noch ehe sie geboren ward, und hatte gesagt: „Mein bist du!"

Nach dem Tod ihres Gatten trat Alda in den Dritten Orden der damals blühenden Ordensgemeinschaft der Humiliaten ein und führte ein ergreifendes Leben der Buße, der Gottes- und der Nächstenliebe. Dabei stellten sich bei der jungen Witwe immer häufiger außerordentliche Ereignisse ein, die auf ihre besondere Erwählung durch Gott hinwiesen. In Ekstasen und Visionen zog der Herr seine Braut immer mehr an sich und nahm sie in seine Passion auf mystische Weise hinein, er gab ihr aber auch das Charisma, noch zu Lebzeiten auffallende Heilungen und Wunder zu bewirken.

Die letzten Lebensjahre verbrachte die selige Alda im St. Andreas-Hospital in Siena, wo sie sich den armen Kranken mit außerordentlicher Selbstlosigkeit und Opferbereitschaft widmete. Sie starb am 26. April 1309 im Alter von 64 Jahren.

Die hl. Angela von Foligno

* 1248 in Foligno, Umbrien, Italien
† 4. Januar 1309
Mutter mehrerer Kinder

Bild nach einem Holzschnitt von 1521

Diese heilige Ehegattin und Familienmutter ist als Mystikerin der Trinität und des eucharistischen Geheimnisses bezeichnet worden, aber auch unter die großen Herz-Jesu-Verehrer kann sie mit Recht eingereiht werden [107]. Hier darf sie auch zu den verheirateten Heiligen gerechnet werden, die den christlichen Eheleuten als Vorbilder dienen können, und wäre es auch nur im Hinblick auf ihre tiefe Reue über die in der Ehe begangenen Fehler und Sünden.

Angela wurde 1248 als Kind adeliger Eltern in Foligno in Umbrien geboren. Wegen ihrer außerordentlichen Schönheit wurde sie schon früh vielfach umschwärmt und sehr jung mit einem vermögenden jungen Gutsbesitzer verheiratet, der es ihr ermöglichte, ihrem Hang und Drang nach eitlem Vergnügen, luxuriöser Kleidung und geselliger Unterhaltung nachzugehen. Obwohl die Ehe mit mehreren Kindern gesegnet wurde, änderte Angela ihre Lebensführung in keiner Weise. Wahrscheinlich vernachlässigte sie sogar die Pflege und Erziehung ihrer Kinder und nahm es wohl auch mit der ehelichen Treue nicht sehr genau.

Im Alter von 37 Jahren aber wurde Angela plötzlich und ganz unvermutet von Ekel über ihren bisherigen oberflächlichen und sündhaften Lebenswandel, zu dem offenbar auch schwere Sünden gehörten, befallen. Eine unerträgliche Seelenqual peinigte Angela auf einmal Tag und Nacht.

Wörtlich gestand Angela in ihrer Selbstbiographie („Memoriale"): „Ich begann, mich zwar meiner Sünden zu schämen, die Beschämung aber hinderte mich, eine vollständige Beichte abzulegen. So geschah es, daß ich öfters kommunizierte, ohne vorher aufrichtig gebeichtet zu haben. Ich empfing so den Leib des Herrn im Zustand schwerer Sünde. Deswegen wurde ich nun bei Tag und bei Nacht von Gewissensqualen beunruhigt. Eines Tages bat ich den hl. Franziskus, er möge mich einen erfahrenen Beichtvater finden lassen, der meinen Seelenzustand richtig erfassen würde und dem ich in aller Aufrichtigkeit alles beichten könne." Bald fand sie diesen Beichtvater in dem mit ihr weitschichtig verwandten P. Arnaldo von Foligno: Bei ihm legte sie – es war im Jahre 1285 – eine aufrichtige Lebensbeichte ab. Dieser Priester wurde nun ihr Seelenführer und auch ihr Sekretär bei der Niederschrift ihrer autobiographischen Notizen sowie ihrer mystischen Visionen und sonstigen Offenbarungen, die ihr zuteil geworden waren. Angela fing nach ihrer Bekehrung an, in überaus harter Weise für die in ihrem Eheleben begangenen Sünden Buße zu tun: Dabei wurde sie auch von Gott selbst in eine harte Leidensschule genommen, da ihr in kurzen Zeitabständen die Mutter, der Ehegatte und auch alle Kinder durch den Tod entrissen wurden.

Die büßende Witwe verpflichtete sich nun durch Gelübde zu immerwährender Keuschheit und spürbarer Armut und bestimmte ihr großes Vermögen für die Unterstützung der Armen und Kranken in ihrer Stadt. Im Jahre 1291 bat sie um Aufnahme in den Dritten Orden des hl. Franziskus, die ihr gewährt wurde. Von da an wuchs in Angela immer stärker das Verlangen, nur noch dem gekreuzigten Heiland zu gefallen. Sein Leiden und Sterben machte sie zu ihrem dauernden Betrachtungsgegenstand. Das Kreuz wurde nun – wie sie mehrmals betonte – ihr Ruhebett; der Herr am Kreuz aber mit seinen fünf Wunden, voran mit der Seitenwunde und dem durchbohrten Herzen, wurde von ihr immer inniger geliebt, er war ihr Seelenbräutigam, dem ihre ganze Liebe galt. Von da an empfing Angela immer häufiger besondere Gnadenerweise: Es stellten sich Ekstasen und Visionen ein. In ihrer Autobiographie heißt es: „Ich empfing die besondere Gnade, auf das Kreuz schauen zu dürfen, an dem ich mit leiblichen und geistigen Augen Christus erblickte, der für uns gestorben ist. Ich wurde mir dabei mit großem Schmerz aller meiner Sünden bewußt, ja ich fühlte, daß *ich* es war, die Ihn gekreuzigt hatte..."

In der Zeit nach ihrer Bekehrung wurde die Witwe Angela in der Stadt Foligno und weit darüber hinaus Mutter und Lehrmeisterin vieler geistlicher Söhne und Töchter, die von den Lippen dieser mystisch begnadeten Frau sehr praktische und wirksame Lektionen einer hervorragenden gesunden Lehre der Askese und Mystik vernehmen konnten. Aus ihrer bescheidenen Zelle schickte sie an ihre Jünger und Jüngerinnen Botschaften und Ermahnungen über die rechte Art, Gott zu lieben und Christus, dem Gekreuzigten, nachzufolgen.

Am 4. Januar 1309 starb die Ehegattin und Familienmutter, die in ergreifender Bußgesinnung und Liebe zum Gekreuzigten 24 Jahre lang alles gutzumachen suchte, was sie in ihrer Ehe gefehlt hatte.

Die hl. Elisabeth und Dionysius von Portugal

* 1271 in Barcelona oder Zaragoza
† 4. Juli 1336 zwischen Portugal und Kastilien
Hochzeit 24. Juni 1288
Mutter von zwei Kindern
Heiligsprechung 25. Mai 1625

Jan Provoost: Elisabeth von Portugal mit den beiden Kronen, Genua, Galeria di Palazzo Bianco, 15./16. Jh.

Eine Heilige, die es in ihrer Ehe und Familie glänzend verstanden hat, Frieden zu stiften und bei Streitigkeiten zu vermitteln, ist die hl. Elisabeth (Isabella) von Portugal [108]. Christliche Eheleute könnten sich bei Unstimmigkeit und Streit in ihrer Ehe und Familie diese heilige Gattin und Mutter zum Vorbild nehmen und sie sicher auch mit Erfolg als Fürsprecherin anrufen. In der 4. Lesung der 2. Nokturn hieß in es der Matutin an ihrem Fest am 8. Juli bis zur großen Liturgiereform: „Schon bei ihrer Geburt zeigte sich sofort, welch glückliche Friedensstifterin diese Heilige zwischen Königen und Ländern werden sollte, denn die Freude über ihre Geburt verwandelte die unheilvolle Zwietracht zwischen ihrem Vater und ihrem Großvater in herzliche Eintracht." Und im Kirchengebet hieß es: „Gütigster Gott, Du hast die heilige Königin Elisabeth neben anderen hohen Gaben auch mit dem Vorzug ausgestattet, furchtbaren Kriegen Einhalt zu gebieten, gib uns auf ihre Fürsprache hin die Gnade, daß wir nach dem Frieden in diesem vergänglichen Leben, um den wir demütig bitten, zu den ewigen Freuden gelangen."
Diese edle adelige Frau wurde im Jahre 1271 (nach den einen in Barcelona, nach anderen in Zaragoza) als Tochter Pedros III. von Aragón († 1285) und der Constantia, Tochter des Hohenstaufers Manfred, des Königs von Sizilien, geboren. Sie war Nichte Kaiser Friedrichs II. und Großnichte der hl. Elisabeth von Thüringen, deren Namen sie in der heilige Taufe erhielt, zumal es damals erst 40 Jahre her war, daß die heilige Landgräfin 1235 von Papst Gregor IX. heiliggesprochen worden war.

Mit 12 Jahren wurde Elisabeth aus dynastischen Gründen 1283 mit Dionysius, dem König von Portugal, verlobt und am 24. Juni 1288 mit diesem vermählt. Die damals 17jährige Königin schenkte ihrem Gemahl 1290 die Tochter Constantia, die später Ferdinand IV. († 1342), den König von Kastilien, heiratete, und 1291 den Sohn Alfons, der dann seinem Vater als Alfons IV. auf dem Königsthron von Portugal nachfolgte.

Die Ehe Elisabeths mit König Dionysius entpuppte sich anfangs wegen der Leichtlebigkeit des königlichen Gemahls als wenig glücklich. Aber Elisabeth ertrug alle Beleidigungen und Zurücksetzungen gegenüber den Maitressen des Königs mit viel Geduld und verzeihender Liebe; für die ehebrecherischen Seitensprünge des Königs unterzog sich Elisabeth sühnend harten Bußwerken und führte ein Leben der Entsagung und des Gebetes wie eine Ordensfrau. Sie betete, opferte und sühnte, um die Bekehrung ihres Gemahls zu erreichen. Sie vergaß dabei ganz auf sich selbst und weinte nicht über das viele Leid, das ihr angetan wurde, sondern beweinte die Gott zugefügten Beleidigungen. Ja, sie nahm sich sogar liebevoll der Kinder der Maitressen ihres Gemahls an und erzog auch diese wie ihre eigenen Kinder in christlicher Zucht und Frömmigkeit.

Es gelang der Königin schließlich nach langer leidvoller Prüfungszeit, den König zum Aufgeben seines unsittlichen Lebenswandels und zu ernster Bekehrung zu führen, so daß er in der Folgezeit sogar das Muster eines christlichen Ehegatten und Fürsten wurde.

Erzürnt über die erreichte Bekehrung des Königs suchte sich nun der Böse Feind durch gemeine Verleumdungen an der Königin zu rächen: Ein eifersüchtiger Page sagte der Königin verleumderisch nach, sie habe ein unsittliches Verhältnis zu einem anderen Pagen. Aber Gott selbst nahm die Unschuld der Königin Elisabeth gegen alle Verdächtigungen des eifersüchtigen Pagen in Schutz; der Verleumder fand anstelle des verleumdeten Pagen irrtümlich und doch wohl von Gott so gewollt sein Ende in einem brennenden Kalkofen. Friedrich Schiller hat diese Episode in der Dichtung „Der Gang zum Eisenhammer“ dichterisch geschildert.

Wiederholt vermittelte die Königin Elisabeth durch ernste Ermahnungen und inständige Bitten den Frieden in der königlichen Familie; so 1299 vor Portalegre zwischen König Dionysius und dessen rebellischem Bruder Alfons; 1321 vor Coimbra und dann wieder 1323 zwischen König Dionysius und dessen Sohn Alfons. Die Königin intervenierte in diesem Streit zwischen Vater und Sohn wie ein Engel des Friedens; sie stellte sich zwischen die einander bekämpfenden Anhänger des einen wie des anderen und erreichte, daß die Waffen niedergelegt wurden. Als ihr dann Parteilichkeit zugunsten des Sohnes Alfons vorgeworfen und sie deshalb zu Alemquer konfiniert werden sollte, bis sie ihren Fehler eingestanden habe, da erwies König Dionysius seiner Gemahlin vorbehaltlos seine ganze Hochschätzung und erzwang ihre Freilassung. Bald nach dem Tod ihres Gemahls vermittelte die Königin zwischen ihrem Sohn Alfons und dessen Halbbruder Sanchez. Ihren schwer erkrankten Gemahl, König Dionysius, pflegte die Königin Elisabeth mit einer ganz großen, sich selbst vergessenden Liebe und Hingabe; sie dachte dabei nicht nur an den kranken Leib, sondern auch an die kranke Seele; sie bereitete ihren Gemahl auf ein ganz mit Gott versöhntes Sterben vor. Der einstige Ehebrecher starb schließlich heiligmäßig eines wahrhaft erbaulichen Todes am 6. Januar 1325 zu Santarem.

Zur Witwe geworden, widmete sich Königin Elisabeth nun ausschließlich Werken der Nächstenliebe; sie verkaufte ihren Besitz, vor allem ihren kostbaren Schmuck, und gab den Erlös den Armen und den von ihr gegründeten Klöstern und kleidete sich fortan wie eine Franziskaner-Terziarin. In solcher Kleidung machte sie dann eine Wallfahrt nach Santiago de Compostela. Heimgekehrt nach Coimbra, zog sie sich in den von ihr gegründeten Konvent der Klarissen zurück; doch legte sie, um bei ihren Werken der Nächstenlieben frei zu sein, die eigentlichen Ordensgelübde erst kurz vor ihrem Tod ab.

Auch in dieser letzten Periode ihres Lebens machte Königin Elisabeth ihren Einfluß wiederholt noch für das öffentliche Wohl und für die Wiederherstellung des Friedens geltend. Das Kloster verließ sie zum letzten Mal, um noch einmal Frieden zu stiften zwischen ihrem Sohn Alfons und ihrem Schwiegersohn Ferdinand IV. im Krieg zwischen Portugal und Kastilien. Die 65jährige Königin eilte trotz drückender Sommerhitze im Jahre 1336 auf den Kriegsschauplatz. Schon die Kunde von ihrem Herannahen bewirkte damals einen Stillstand in der kriegerischen Auseinandersetzung. Als die Königin aber zu Estremez an der portugiesischen Grenze angekommen war, wurde sie von hohem Fieber befallen, das zu ihrem Tod führen sollte. Sie starb in den Armen ihres Sohnes und ihrer Schwiegertochter am 4. Juli 1336. Ihr Leichnam wurde nach Coimbra gebracht und dort in der Klarissenkirche beigesetzt. Papst Urban VIII. hat diese große edle Frau, die das Friedenstiften in ihrer Ehe und Familie und zwischen den Volksstämmen der iberischen Halbinsel so großartig verstanden hat, am 25. Mai 1625 feierlich heiliggesprochen.

Der hl. Elzear und die selige Delphina

* um 1285 in Ansouis, Provence, Frankreich
† 27. September 1323 in Paris (hl. Elzear)
Hochzeit 1299
Heiligsprechung 1369
* um 1282 in Puy-Michel
† 26. November 1360 in Apt (sel. Delphina)

Bildnis von Delphina, Stampa populare, 19. Jh.

Ein wahrhaft christliches Ehepaar, das die ganze Zeit des Bestandes der Ehe in Enthaltsamkeit jungfräulich gelebt hat, ist der hl. Elzear von Sabran mit seiner Gemahlin, der seligen Delphina von Signe [109)].
Elzear von Sabran wurde 1285 im Schloß von Ansouis, einem Dorf in der Provence zwischen den Städten Apt und Aix geboren.
Er war der Sohn Ermangaus', welcher Herr von Sabran, Graf von Ariano Irpino (Avelino, Provinz Neapel, Italien) sowie Graf von Lauduna d'Albe de Roquemartine war, und der frommen Gräfin von Lauduna. Diese heiligmäßige Mutter nahm den kleinen Elzear nach der Taufe in ihre Arme und bat Gott, er wolle dieses Kind lieber jetzt gleich wieder zu sich nehmen, sollte er voraussehen, daß sich Elzear mit einer Todsünde beflecken werde. Die Liebe zur Frömmigkeit und zu den Armen wurde im jungen Grafensohn noch verstärkt durch die vortreffliche Erziehung, die ihm sein Onkel Wilhelm von Sabran, der Abt des berühmten Benediktinerklosters St. Victor in Marseille, angedeihen ließ.
Drei Jahre vor Elzear von Sabran war um 1282 Delphina (Dauphine) in Puy-Michel im Gebirge von Lubéron als Kind der adeligen Familie derer von Glandevez geboren worden. Sie wurde im Alter von 14 Jahren mit Elzear verlobt. Anfangs lehnte sie die Vermählung ab, gab aber schließlich nach, als ihr Elzear zusicherte, daß er bis auf weiteres von der Ehe sexuell keinen Gebrauch machen werde. Zwei Jahre nach der Verlobung fand 1299 die

Hochzeit statt. Delphina glühte darauf, unbedingt trotz der Vermählung Jungfrau zu bleiben. Elzear respektierte diesen Wunsch seiner Gemahlin, beide gelobten schließlich wie Bruder und Schwester in jungfräulicher Ehe zusammenzuleben.

Nach dem Tod seines Vaters erbte Elzear von ihm neben anderen Adelstiteln und Besitzungen auch die Grafschaft von Ariano in Italien. Er begab sich dorthin, wurde anfangs aber von der Bevölkerung feindselig aufgenommen. Elzear verstand es jedoch durch seine liebenswürdige und bescheidene Art und durch seine Freigebigkeit die Herzen der Menschen in seiner Grafschaft zu gewinnen. Täglich speiste er zwölf Arme an seinem Tisch. Mit bewundernswerter Ruhe und Selbstbeherrschung nahm er Beschimpfungen, wie sie dann und wann noch vorkamen, hin und sagte: „Gegen Christus hat man noch viel Ärgeres geredet."

Als Mitglied des Dritten Ordens des hl. Franziskus von Assisi verrichtete er das kirchliche Stundengebet, unterzog sich strenger Buße und nahm sich mit selbstloser Liebe der Kranken an. Auch als Staatsminister und Oberst im Militär des Königs Robert von Neapel bewährte sich Elzear bestens. Als Kaiser Heinrich VII. von Luxemburg 1312 Rom belagerte, bekam Elzear von König Robert von Neapel Befehlsgewalt über alle papsttreuen und für ihn kämpfenden Soldaten. Es gelang ihm, die kaiserlichen Truppen zum Abzug vom belagerten Rom zu bringen.

1324 wurde Elzear von König Robert beauftragt, eine Gesandtschaft an den französischen Hof in Paris anzuführen, um den König bei der Trauung von Herzog Carl von Kalabrien mit Prinzessin Marie von Valois zu vertreten. Während dieses Pariser Aufenthaltes erkrankte Elzear so schwer, daß er am 27. September 1323 im Alter von erst 38 Jahren starb. Er wurde in Apt in der dortigen Franziskanerkirche als besonders regeltreues Mitglied der Drittordensgemeinschaft beigesetzt. Der bedeutende Franziskanertheologe Franz von Maironis, der vermutlich Elzears Beichtvater gewesen war, hielt beim Begräbnis die Leichenrede. Im Jahre 1369 wurde Elzear von seinem Patenkind, Papst Urban V., dessen Aufstieg zur päpstlichen Würde er ihm vorausgesagt hatte, heiliggesprochen.

Elzears gleichgesinnte Gemahlin Delphina führte wie ihr heiliger Gatte ebenfalls ein gottwohlgefälliges Leben. Auch sie war Tertiarin des hl. Franziskus. Nach dem Tod ihres Gemahls verließ sie Aviano und Neapel, wo Elzear am Königshof segensreich gewirkt hatte; sie veräußerte ihre großen Besitzungen und lebte dann in Apt nördlich von Marseille ein Leben des Gebetes, der Buße und der Mildtätigkeit. Nachdem sie am 26. November 1360 in Apt gestorben war, wurde sie an der Seite ihres heiligen Gemahls beigesetzt. Papst Innozenz XII. hat Delphina seliggesprochen.

Das heilige Ehepaar Elzear und Delphina wird sowohl in Frankreich als auch in Süditalien viel verehrt. Beide zeigen den Eheleuten sehr eindringlich, daß es in der Ehe auf viel mehr ankommt als bloß auf Befriedigung der sexuellen Triebe.

Die selige Michelina Metelli

* 1300 - 1316 in Pesaro, Mittelitalien
† 19. Juni 1356 in Pesaro
Hochzeit 1312 - 1328
Mutter eines Sohnes
Kult am 24. April 1737 approbiert

Michelina [110)] wurde in der Zeit zwischen 1300 und 1316 in Pesaro als Tochter des wohlhabenden adeligen Antonio dei Pardi Metelli und dessen Gattin geboren.
Schon mit 12 Jahren wurde das Mädchen von seinen Eltern einem Mann aus dem Geschlecht der Malatesta zur Frau gegeben. Michelina führte mit diesem Gatten ein zwar standesgemäßes, aber keineswegs vorbildliches christliches Eheleben. Ein einziges Kind war den jungen Eltern schon genug; eine größere Kinderzahl hätte von ihnen zu viele Opfer verlangt. Hat man sich etwa gar durch süßes Wohlleben allzu viel und allzu früh – fern der redlichen Suche nach tieferem Lebenssinn – verausgabt? Der Gatte starb jedenfalls schon im achten Ehejahr.
Nun lernte aber die 20jährige Witwe Michelina eine aus Syrien nach Pesaro gekommene Frau namens Sira oder Soriana kennen, von deren vorbildlichem christlichen Lebenswandel sie tief beeindruckt wurde. Michelina nahm diese Frau in ihr Haus auf. Dadurch änderte sie selbst allmählich ihre Lebenswei-

se. Als dann ihr einziges Kind, der Sohn Pardino, plötzlich starb, fing Michelina zusammen mit Soriana ein ganz neues Leben an: Sie verzichtete auf ihren Besitz und lebte fortan in größter Armut und Zurückgezogenheit und widmete sich nur noch Werken der Barmherzigkeit. Sie bemühte sich dabei immer mehr, gemäß dem Evangelium in Armut, Bußgesinnung und Frömmigkeit als Terziarin des Dritten Ordens des hl. Franziskus zu leben. In inniger Verehrung des Leidens Christi wuchs in ihr die Sehnsucht, die Stätten der Passion des Herrn im Heiligen Land kennenzulernen. Es gelang ihr tatsächlich, eine Pilgerfahrt ins Heilige Land zu unternehmen. Dort betreute sie eine Zeitlang Aussätzige. Auf dem Kalvarienberg in Jerusalem wurde ihr die Gnade einer trostvollen Vision zuteil.
Wieder daheim in Pesaro sühnte Michelina durch strenge Bußwerke für ihre Sünden, Fehler und Nachlässigkeiten in ihrer Ehe. Am 19. Juni 1356 starb sie. Ihr Kult als Selige wurde von seiten der Kirche am 24. April 1737 als zu Recht bestehend bestätigt.

Die hl. Birgitta von Schweden und Ulf Gudmarsson

* im Juni 1303 auf dem Herrensitz Finta im Dorf Skederik, Uppland, Schweden
† 23. Juli 1373 in Rom
Hochzeit im September 1316
Mutter von acht Kindern
Heiligsprechung 1391

Bei der schwedischen Heiligen Birgitta geht es um eine wahrhaft herausragende Frau, die in allen Ständen, als Jungfrau, als Ehegattin und Familienmutter, als Witwe und Ordensstifterin beispielgebend war. Hier soll sie nur in ihrer wahrhaft christlich gelebten Ehe als Gattin und Mutter geschildert werden [111].
Die Eltern Birgittas, Birger Persson, Lagman (Landeshauptmann) im schwedischen Uppland, und dessen zweite Frau Ingeborg Bengtsdotter (nach dem 1295 erfolgten Tod der ersten Frau, Kristina Johannsdotter) bekamen in ihrer

glücklichen Ehe von Gott sieben Kinder geschenkt: drei Söhne (Peter, Bengt und Israel) und vier Töchter (Ingridis, Margaretha, Birgitta und Katharina).

Als die im Juni 1303 auf dem Herrensitz Finta im Dorf Skederik (Provinz Uppland) geborene Birgitta 13 Jahre alt geworden war, dachte sie daran, sich ganz Gott im jungfräulichen Stand zu weihen. Der Vater aber hatte anderes mit ihr vor: Er suchte aus politischen Gründen eine engere Verbindung seiner Familie mit der Familie seines Amtskollegen Gudmar, des Lagmans von Närke. Dieser hatte zwei heiratsfähige Söhne: Ulf und Magnus; Birger aber hatte zwei heiratsfähige Töchter: Katharina und Birgitta. Katharina sollte nun den Magnus Gudmarsson, Birgitta aber den Ulf Gudmarsson heiraten; Birgitta wurde demnach, wie es in einer der ältesten Lebensbeschreibungen dieser Heiligen heißt, „non voluptatis, sed paternae voluntatis causa" (nicht aus begehrlicher Lust, sondern des väterlichen Willens wegen) vermählt.

Im September 1316 fand die Doppelhochzeit statt. Der Tag der Vermählung war für Birgitta kein Freudentag, da sie „mit ganzer Sehnsucht danach verlangt hatte, dem Herrn im jungfräulichen Stand zu dienen". Die hl. Birgitta erzählte später öfters ihrer heiligen Tochter Katharina, sie wäre damals viel lieber gestorben als vermählt worden.

Dennoch begann an jenem Hochzeitstag eine relativ glückliche und jedenfalls nach christlichen Grundsätzen gelebte, mit acht Kinder gesegnete Ehe, die 28 Jahre lang, von 1316 bis 1344, dem Todesjahr Ulfs, in Freud und Leid standhielt.

Als Birgitta am Abend des Hochzeitstages zum ersten Mal mit ihrem Gatten Ulf allein beisammen war, erinnerte sie ihren Gatten an das alttestamentliche Beispiel im Buch Tobit, wo der junge Tobias und seine Braut Sara einander das Versprechen gaben, zunächst vornehme, taktvolle Zurückhaltung in bezug auf die geschlechtliche eheliche Hingabe zu üben. Darum lebten Birgitta und Ulf entsprechend dem biblischen Vorbild länger als ein Jahr wie Bruder und Schwester zusammen, wie dies in der Heiligsprechungsbulle und in der ältesten Lebensbeschreibung der hl. Birgitta betont wird. Ihre ein- bis zweijährige Enthaltsamkeit ist ein sehr kontrastreicher Vergleich zu dem geschlechtlichen Verhalten junger Menschen in unserer Zeit!

Sehen wird uns nun die beiden jungen Eheleute, die da in dem erst vor 200 Jahren christlich gewordenen Schweden ihre Ehe lebten, näher an:

Ulf Gudmarsson, Sohn des Gudmar Magnusson, des Lagmans von Västergötland, war damals, als er im September 1316 die erst 13jährige Birgitta heiratete, 18 Jahre alt. Es heißt von ihm in der Chronik der Äbtissin Margareta Clausdotter, daß er „ein sehr guter, frommer, rechtschaffener und gottes-

Die Eltern der hl. Birgitta

fürchtiger junger Mann, überdies recht erfahren in allen Dingen“ war. Mit der schulischen Bildung dürfte es aber damals bei ihm nicht weit her gewesen sein, denn er wird weiter als „simplex“, was hier wohl „ohne viel Bildung“ bedeutet, beschrieben. Erst seine junge Frau Birgitta brachte Ulf das Lesen und Schreiben bei. Er machte unter ihrer Anleitung dann aber große Fortschritte, sowohl in der Bildung als auch in der Frömmigkeit. Er kam dabei so weit, daß er mit Birgitta täglich das „Kleine Officium der seligsten Jungfrau Maria“, das „Laienbrevier“ von damals, beten und zusammen mit Birgitta Terziar im Dritten Orden des hl. Franziskus werden konnte. Auch in der Rechtswissenschaft bildete sich der strebsame junge Mann sehr intensiv weiter, so daß man ihm 1330 das wichtige Amt des Lagmans von Närke in Zentralschweden anvertrauen konnte.

Ulf ließ sich nach der Hochzeit mit seiner jungen Gemahlin in Ulvåsa, das 8 km von der Stadt Motala entfernt ist, nieder. Hier lebte er – sofern er nicht dienstlich abwesend war – die 28 Jahre seiner Ehe mit Birgitta auf einem ausgedehnten Gutshof. Wenn Ulf als Lagman in seinem Verwaltungsbezirk oder am Königshof zu tun gehabt hatte, kehrte er immer wieder gern auf seinen Adelssitz zurück, weil ihn zweifellos die unverbrüchliche Treue und die zarte Liebe zu seiner Gemahlin Birgitta und die gemeinsame Sorge um die wachsende Zahl der Kinder, die Gott aus seiner Ehe hervorgehen ließ, dorthin zogen.

Es ist von acht Kindern die Rede gewesen, mit denen die Ehe der hl. Birgitta und ihres frommen Gemahls Ulf gesegnet worden ist. Ihr Eheleben bestand aber nicht nur im Zeugen, Austragen, Gebären, Ernähren und Erziehen der Kinder, Birgitta und Ulf wußten vielmehr aus gläubiger Sicht der Ehe, was diese für die beiden Ehegatten selber zu bedeuten hat: „Der eine – Stab des andern und liebe Last zugleich, gemeinsam Rast und Wandern und Ziel das Himmelreich.“ Im Ehestand bewährte sich Birgitta als jene „starke Frau“, von der im alttestamentlichen Buch der Sprüche 31, 10 – 30 so anschaulich die Rede ist.

In der ältesten Lebensbeschreibung der hl. Birgitta heißt es: „Sie liebte Gott und hütete sich, daß niemand von ihr unrecht reden könnte; sie floh alle Leichtlebigkeit und alle leichtsinnigen Personen und hatte nur ehrbare Mägde in ihrem Haus; sie war darauf bedacht, auch ihre Hausgenossen zum Gottesdienst und zur Hilfsbereitschaft gegenüber den Mitmenschen anzuleiten. Unter Gebet und Tränen verehrte sie Jesus Christus, so daß sie, wenn ihr Gemahl abwesend war, ganze Nächte durchwachte und durch viele Kniebeugen und Züchtigungen ihren Leib in Zucht zu halten suchte.“

Beachtenswert ist in dieser Schilderung Birgittas, wie hier von ihr als Ehegattin betont wird, was sie bei der häufigen, beruflich bedingten Abwesenheit ihres Gemahls Ulf zu tun pflegte, um die notwendige Enthaltsamkeit in ihrer Ehe durchhalten und das verwirklichen zu können, was Papst Pius XI. schon mit den Anfangsworten seiner Ehe-Enzyklika „Casti conubii" gemeint hatte: „Damit die eheliche Treue in vollem Glanz erstrahle, muß auch der vertraute Verkehr der Gatten untereinander das Gepräge der Keuschheit an sich tragen. Die Eheleute müssen sich also in allem nach den Normen des göttlichen Gesetzes und des Naturgesetzes richten und sich bemühen, den Willen des allweisen und allheiligen Schöpfers immer mit großer Ehrfurcht vor Gottes Werk zu befolgen."

Durch Gebet, Nachtwachen und Opfer der Selbstbeherrschung verstand es Birgitta, die eheliche Treue und Keuschheit (im Sinn von gelegentlich notwendiger Enthaltsamkeit) hochzuhalten. Es ist schon erwähnt worden, daß die beiden neuvermählten, noch sehr jungen Ehegatten zu Beginn ihrer Ehe beschlossen haben, zunächst noch auf den Geschlechtsverkehr ganz zu verzichten. Sie taten dies dann auch Jahr für Jahr während der gesamten Fastenzeit, dann an hohen Festen und an jedem Freitag der Woche, wie in den alten Lebensbeschreibungen der hl. Birgitta und auch in der Kanonisationsbulle des Papstes Bonifaz IX. ausdrücklich erwähnt wird. In der Zeit unmittelbar vor oder gleich nach der gemeinsamen Pilgerfahrt nach Santiago de Compostela in Spanien beschlossen Birgitta und ihr Gemahl Ulf für ihre weitere Ehe völlige Enthaltsamkeit. Sie wollten sogar einander völlig freigeben und ins Kloster gehen, was dann auch im Zisterzienserkloster Alvastra verwirklicht wurde.

In der Kanonisationsbulle von Papst Bonifaz IX. heißt es: „Birgitta hatte acht auf den Wandel ihres Hauses und aß ihr Brot nicht müßig, sie öffnete ihre Hand den Armen und streckte ihre Hände aus nach den Bedürftigen; denn sie übte um Gottes Willen unermüdlich die Pflichten einer unerschöpflichen Liebe gegen Bedürftige, Kranke und Verachtete. Auch als ihr Gemahl noch lebte, pflegte sie an jedem Tag zwölf Arme in ihrem Haus zu Tisch zu laden, wartete ihnen selbst auf und reichte ihnen alles Notwendige; an jedem Donnerstag wusch sie ihnen eingedenk des Abendmahls des Herrn die Füße. Aus ihrem eigenen Vermögen ließ sie in mehreren Gegenden ihres Heimatlandes verfallene Spitäler wiederherstellen; dort besuchte sie als liebevolle, barmherzige und emsige Dienerin in größter Aufmerksamkeit die darin befindlichen Armen und Kranken... Sie berührte, wusch, verband und pflegte ohne Abscheu und Ekel deren Geschwüre. In ihr war eine wundersame Geduld lebendig, so daß sie die Krankheiten des eigenen Leibes, die ihr zugefügten Beleidigungen sowie alle Widerwärtigkeiten des Lebens in rührender Demut und Gottergebenheit ertrug. Sie pries den Herrn und wurde immer standhafter im Glauben, stärker in der Hoffnung, glühender in der Liebe; sie liebte aufs höchste die Gerechtigkeit und Rechtschaffenheit und verachtete die Stacheln des Fleisches mit seinen verschiedenen Lockungen; die eitle Pracht aber, den leeren Schein und Ruhm schätzte sie in hochherziger Gesinnung sehr gering. Wer könnte wohl verständiger gefunden werden als es diese Frau mit ihrer vortrefflichen Klugheit vom frühesten Alter an bis zur letzten Stunde gewesen ist. Soweit es die menschliche Gebrechlichkeit zuließ, wußte sie in allem die Gabe der Unterscheidung der Geister richtig einzusetzen und nannte das Gute niemals schlecht und das Schlechte niemals gut; auch machte sie aus der Finsternis nicht Licht und aus dem Licht nicht Finsternis."

Es ist ein herrliches Lob, das hier Papst Bonifaz IX. in seiner Heiligsprechungsbulle über die Ehefrau Birgitta von Schweden ausgesprochen hat, nachdem vorher nicht etwa leichtfertig, sondern sehr gründlich der Heiligsprechungsprozeß über diese schwedische Frau geführt worden war.

Daß es auch in dieser christlichen Ehe Sorgen und Leid gab, ergibt sich schon aus den Zeitumständen, in denen dieses adelige Ehepaar seine Ehe führen mußte: Der Bürgerkrieg wütete ringsum im Land. Ulf und seine Leute mußten in den Krieg. Birgitta aber, die auf dem Gutshof zu Ulvåsa in Abwesenheit ihres Gemahls alles zu leiten hatte, begleitete ihren Mann im Geiste mit ihren Gebeten und Segenswünschen. Die blutigen Ereignisse belasteten Birgitta seelisch ganz schwer.

Nach Wiederherstellung des Friedens im schwedischen Reich kam für Birgitta ein großer Freudentag, als ihr Gemahl Ulf 1328 zum Ritter geschlagen wurde. Der ritterlichen Frau Birgitta schwebte als Ideal für den schwedischen Mann der christliche Ritter vor Augen, der es für seine höchste Ehre hält und dies bei Gott, der seligsten Jungfrau Maria und dem hl. Erik schwört, ‚nach Kräften die Kirche und das Reich, die Waisenkinder, Jungfrauen und Witwen zu schützen'. In ihren „Offenbarungen" ruft die hl. Birgitta einmal aus: „Ein härteres Leben gibt es nicht als das der Ausbreitung des wahren Glaubens geweihte Leben christlicher Ritterschaft." Dabei meint sie: „Der Mönch hat einen weißen Habit, die Ritter einen eisernen Harnisch und Schild; der Mönch hat sein, wenn auch hartes Bett, der Ritter aber muß sich in der Rüstung niederlegen. Und mag auch die Entsagungspflicht des Mönchs schwer ein, schwerer ist es jedoch, beständig in Lebensgefahr zu schweben angesichts des schwer bewaffneten Feindes."

Birgittas Gemahl Ulf, der 1330 zum Lagman von Närke ernannt worden war, besaß in seiner Provinz Herrenhöfe, Bergwerke und Eisenhütten. Durch Erbschaft und Ankäufe wuchs der ohnehin schon bedeutende Besitz des Ehepaares noch um ein Beträchtliches. Durch all diese Umstände wurde Ulf allmählich einer der einflußreichsten Männer im ganzen Land. Birgitta aber blieb trotzdem immer die schlichte, dienst- und hilfsbereite Familien- und Landesmutter. Sie kümmerte sich nicht nur um ihre wachsende Familie, sondern überwachte auch klug den Lebenswandel ihrer Mägde. Abends versammelte sie ihr Gesinde nach nordischem Brauch in der Spinnstube, um ihm aus der Heiligen Schrift oder aus dem Leben der Heiligen vorzulesen. Sie tadelte und strafte nur ungern. Später warf sie sich vor, aus Mangel an Strenge manche Unterlassungssünde begangen zu haben. Ihre mütterliche Sorge um das leibliche und seelische Wohl der Menschen auf dem Gut Ulvåsa gestattete ihr keine Muße. „Birgitta haßte Faulenzerei", so versicherte einer ihrer Zeitgenossen. Dem Reichtum und dem Wohlstand aber stand diese Frau sehr kritisch gegenüber, denn sie wußte um deren Gefahren. Birgitta faßte ihren Besitz nur als ein Lehen auf, das Gott ihr zur Verwaltung anvertraut habe; und sie sagte: „Alles, was man über seinen persönlichen Bedarf hinaus besitzt, ist Überfluß und soll anderen mitleidsvoll mitgeteilt werden." Darum kannte sie in ihrer Freigebigkeit oft keine Grenzen.

Büste von Birgitta. Schule von Bernini, Birgittenhaus Rom, 17. Jh.

Abschließend zur Schilderung des Lebens der hl. Birgitta als Gattin, Mutter und Hausfrau kann man nur jene Sätze als vollauf berechtigt hinstellen, die Papst Paul VI. in seinem Brief an Bischof John Taylor von Stockholm am 29. September 1973 geschrieben hat: „Birgitta war ein wunderbares Vorbild einer Ehegattin und Familienmutter, denn ihrem Gemahl gegenüber war sie durch das Band wahrhaft christlicher Liebe in Gleichgesinntheit verbunden, ihre acht Kinder aber erzog sie sorgfältig in der Absicht, sie sollten nicht bloß gut gebildete Bürger der irdischen Heimat, sondern noch mehr gute Kinder und Diener des dreimal heiligen Gottes werden. So kam es, daß in einigen ihrer Kinder der Ordensberuf geweckt wurde, eine Tochter aber, nämlich Katharina, mit Hilfe der göttlichen Gnade den Gipfel der Heiligkeit erreichte; erwähnenswert ist aber auch Birgittas hingebende Liebe zu den armen, notleidenden Gliedern Christi."

Wenn die Ehe der hl. Birgitta mit ihrem edlen Gemahl Ulf von Gott mit acht Kindern gesegnet worden ist, darf auch noch auf das Lebensschicksal dieser acht Kinder hingewiesen werden:

1. Das erste Kind namens Marta, geboren 1319/20, wurde, volljährig geworden, mit einem reichen, aber harten Mann namens Siwid Ribbing verheiratet. Birgitta ahnte damals, daß hier eine nicht glückliche Ehe ihren Anfang nahm; dieser Ehe entsproß ein Sohn namens Peter Ribbing, der auf einer Heilig-Land-Pilgerfahrt ums Leben kam. Marta heiratete nach dem Tod ihres ersten Gemahls Knut Algotsson, der in Schweden, Norwegen und Halland reich begütert war. Aus dieser Ehe gingen zwei Töchter hervor: Katharina und Ingegerd Knudsdotter; diese wurde Äbtissin im Kloster der hl. Birgitta in Vadstena.

2. Karl, geboren 1321, dieser lebenslustige, eitle, etwas oberflächliche erste Sohn der hl. Birgitta war ihr Sorgenkind. Sein Leichtsinn und Übermut verwickelte ihn in verschiedene Abenteuer und zog ihn in manche Sünde hinein. Karl war dreimal verheiratet. In der politischen Stellung folgte er seinem Vater Ulf als Lagman von Närke nach. Karl starb am 12. März 1372 in Neapel, als er zusammen mit seiner Mutter und seinem Bruder Birger im Begriffe war, ins Heilige Land zu pilgern.

3. Birger, geboren 1323, war im Gegensatz zu seinem älteren Bruder Karl sehr ernst und besonnen und betrübte seine Mutter nie. Als er mit seiner Mutter ins Heilige Land pilgerte, war er bereits Witwer nach seiner ersten Frau; er heiratete bald darauf zum zweiten Mal. Er starb am 27. August 1391 als Schirmvogt und Pfleger des Klosters Vadstena. Seine Mutter hat ihm in einem Brief 15 kostbare Lebensregeln übersandt, an die er sich gewissenhaft gehalten hat. Erwähnt sei noch, daß Birger aus seiner erste Ehe mit Benedicta Glysingsdotter zwei Söhne hatte, namens Ulf und Gudmar, die aber beide jung starben: Ulf, der sich den Mönchen von Vadstena angeschlossen hatte, starb noch vor der Profeß; Gudmar, der zusammen mit seinem Vater Birger in Vadstena lebte, aber außerhalb des Klosters, starb bald darauf. Die zweite Ehe Birgers mit Marthe Siggesdotter blieb kinderlos.

4. Bengt (Benedikt), geboren 1326, wollte in Alvastra bei den Zisterziensern eintreten, starb dort aber noch vor seiner Einkleidung.

5. Gudmar, geboren 1327, starb 11jährig, in der Zeit, als er in Stockholm zur Schule ging.

6. Karin (Katharina), geboren 1330, Birgittas Lieblingstochter, wurde in Rom und auf der Hl.-Land-Pilgerfahrt die Mitarbeiterin und Begleiterin ihrer heiligen Mutter und reifte selbst zur Heiligkeit heran; ihre Sehnsucht war der

Ordensstand, dennoch heiratete sie auf Wunsch des Vaters Ulf den Edelmann Edgar Lydersson von Kyren. Als sie am Tag der Vermählung mit ihrem Gemahl das Brautgemach betrat, sprach sie so hinreißend von der Tugend der Enthaltsamkeit und Reinheit, daß darauf beide jungen Eheleute lebenslängliche Enthaltsamkeit gelobten. Im Jubeljahr 1350 folgte Katharina mit Einverständnis ihres Gemahls ihrer heiligen Mutter nach Rom und lebte dann 23 Jahre mit ihr zusammen als deren treueste Jüngerin.

7. Ingeborg, geboren 1332, fand im Zisterzienserinnenkloster Risaberg Aufnahme; sie starb jung um 1350 heiligmäßig, wie sie gelebt hatte.

8. Cäcilia, geboren 1334, wurde, nachdem sie schulpflichtig geworden war, den Dominikanerinnen in Skännige in Östergötland zur Erziehung übergeben, vielleicht in der Hoffnung, daß sie einmal dort eintreten werde. Cäcilia aber hatte keine Lust zum Ordensleben. Sie nahm den jungen Ritter Bengt Philippson zur Ehe. Als dieser 1363 starb, vermählte sich Cäcilia mit dem königlichen Hofarzt Lars Johannsson.

So verschieden diese acht Kinder der hl. Birgitta und ihres Gemahls Ulf in ihrem Naturell auch waren, Birgitta verstand es auf jeden Fall, den Auftrag der ihr erschienenen Gottesmutter zu erfüllen: „Sorge, daß diese deine Kinder auch meine Kinder werden!“ Sogar vom leichtsinnigen Sohn Karl heißt es in einer zeitgenössischen Chronik, er habe eine besondere Liebe zur jungfräulichen Gottesmutter Maria gehabt und oft gesagt, „er wolle lieber ewig in der Hölle schmachten als zulassen, daß Maria von ihrem Ruhm etwas verliere“.

Die hl. Birgitta erzog ihre Kinder zu wahren Marienkindern und echten Christen und war ängstlich besorgt, alles Verderbliche von ihnen fernzuhalten. Überdies hielt sie im Einklang mit ihrem Gemahl Ulf ihre Kinder von klein auf zu Werken der Nächstenliebe gegenüber Notleidenden und Kranken an und nahm sie bei ihren Krankenbesuchen in Häusern und Spitälern ganz bewußt mit, damit ihre Kinder durch das hervorragende, demütig dienende und hilfsbereite Beispiel, das sie ihnen dabei gab, beeindruckt würden. Sie übergab ihre heranreifenden Kinder auch klugen Lehrern und Erziehern.

Nun gehört noch auf die zuerst freiwillig, dann erzwungenermaßen durch den Tod herbeigeführte Auflösung der Ehe zwischen der hl. Birgitta und ihrem Gemahl Ulf hingewiesen: Nach der großen, mit Birgitta gemeinsam unternommenen Pilgerfahrt nach Santiago de Compostela wollte sich Ulf ganz Gott weihen als Mönch im Zisterzienserkloster Alvastra. Als Novize unterwarf er sich noch – so weit er gesundheitlich konnte – mit Eifer und Freude der strengen Regel des reformierten Zweiges des Benediktinerordens. Er starb – noch vor der Ordensprofeß – im Ruf der Heiligkeit am 12. Februar 1344. Er, der zu Beginn seiner Ehe mit der hl. Birgitta der „Durchschnittstyp eines schwedischen Ritters war, der laute Feste liebte und ein leidenschaftlicher Pferdeliebhaber war" und auch sonst seine Fehler und Schwächen hatte, ist unter dem Einfluß Birgittas zu ganz edler Haltung und Gesinnung herangereift mit dem Vorsatz, am Höhepunkt seines Leben mit 46 Jahren fortan Gott treu und opferbereit im Ordensstand zu dienen. Gott aber hat es anders gefügt.

Birgitta hat, wie manche Biographen meinen, in Arras, wo ihr Gemahl Ulf auf der Rückreise von Santiago de Compostela todkrank darniederlag, erstmalig Erleuchtungen über den von ihr zu gründenden Orden bekommen. Ein paar Jahre verbrachte sie als Gast in Alvastra. Hier wurde sie durch viele Gnaden für ihre Aufgabe als Ordensgründerin vorbereitet. Um besser für den zu errichtenden Orden wirken zu können, ging Birgitta 1349 nach Rom und machte 1372/73 eine Pilgerfahrt ins Heilige Land. Die letzten 24 Jahre verbrachte sie dann weiter in Rom und wirkte auf die geistlich und weltlich Großen stark ein in Richtung auf echte Erneuerung der Kirche. Birgitta starb in Rom am 23. Juli 1373. Im Jahre 1391 wurde sie heiliggesprochen.

Der selige Giovanni Colombini und Biagia Cerretani

* 1305 in Siena, Italien
† 31. Juli 1367 in der Abtei Santissimo Salvatore bei Aquapendente, Italien
Vater von zwei Kindern

Gemälde von C. Incisione, Antwerpen 1634

In den Jahren, in denen die hl. Caterina, diese einzigartig begnadete Jungfrau und Kirchenlehrerin, ihre Heimatstadt Siena berühmt machte, wirkte in dieser Stadt der Toscana ein verheirateter Mann überaus segensreich: Giovanni

(Johannes) Colombini [112]. Er wurde im Jahre 1305 in Siena geboren. Im erlernten Beruf als Manufakturwarenhändler erwarb er sich ein gewisses Vermögen, das ihm erlaubte, zu heiraten und eine Familie zu gründen. Er heiratete eine Frau namens Biagia Cerretani, die ihm zwei Kinder gebar; von weiteren Kindern ist nichts bekannt. Das Wehe Jesu Christi über die Reichen, für die es schwer ist, in das Himmelreich einzugehen, mag bei diesem wohlhabenden, sehr weltlich gesinnten Kaufmann seine Wirkung getan haben. Im 50. Lebensjahr schlug plötzlich für ihn die Stunde der Bekehrung. Während er auf das Mittagessen wartete, das ihm gewohnheitsmäßig seine Gattin bereitete, packte ihn die Ungeduld, weil das Essen nicht rechtzeitig fertig auf dem Tisch stand. Da gab ihm seine Frau, um ihn zu besänftigen, die Geschichte der hl. Maria von Ägypten zum Lesen. Diese Lektüre beeindruckte den Kaufmann ganz tief. Er fing an, seinen Reichtum mit den Armen zu teilen. Die vielen Kirchen Sienas, die er bisher wohl nur von außen gekannt hatte, suchte er immer häufiger zu stillem Gebet auf. Oft hielt er sich stundenlang zum betrachtenden Gebet in einer dieser Kirchen auf. Immer ging er in sich und verband die in ihm erwachte Frömmigkeit mit hilfsbereiter Nächstenliebe für alle Notleidenden in Siena.

Das gute Beispiel Giovanni Colombinis wirkte ansteckend. Mit dem bekehrten Kaufmann nahm ein anderer Mann namens Francesco di Mino de Vincenti Kontakt auf. Beide begannen, in äußerster Bedürfnislosigkeit und Armut zu leben. Schließlich legte Giovanni Colombini im Einverständnis mit seiner Ehegattin das Gelübde der Keuschheit ab. Im Kloster der hl. Bonda brachte er seine Tochter unter. Diesem Kloster übereignete er mit Ausnahme eines Teils für seine Gattin sein ganzes Vermögen. Dann begann er ein Leben zu führen ganz ähnlich dem des hl. Franz von Assisi. Wie diesem seraphischen Heiligen schlossen sich auch Giovanni Colombini gleichgesinnte Jünger an, die, von seinen Tugenden und den angeblich von ihm gewirkten Wundern angezogen, ebenfalls nach Vollkommenheit und Heiligkeit streben wollten.

Einige originelle Eigentümlichkeiten in der Lebensführung brachten Giovanni Colombini und seine Gefährten in den Verdacht der Häresie, so daß sie bei der Inquisition angezeigt wurden. Das bereitete den staatlichen Behörden Ärger und Verdruß. Darum wurden sie aus der Stadt Siena verwiesen. Dadurch aber kamen nun auch die Städte im Umkreis von Siena, wie z.B. Arezzo, Città di Castello, Lucca, Montalcino, Pisa, Florenz und Pistoia dazu, Giovanni Colombini zu vernehmen. Man bewunderte mehr und mehr die gelebte Armut und Bußgesinnung Colombinis und seiner Anhänger, die vom Volk bald den Namen „Jesuaten“ (nicht „Jesuiten“) bekamen, weil sie in ihren Predigten und Gebeten mit besonderer Vorliebe den Namen Jesus auszusprechen pflegten und zur Nachfolge Jesu aufriefen. Die Anfangs- und Schlußformel ihrer Predigten lautete immer: „Es lebe Jesus, gelobt sei Jesus!"

Als Papst Urban V. bei seiner Rückkehr aus Avignon nach Rom im kleinen Hafen von Corneto am 4. Juni 1367 an Land ging, um in Viterbo für einige Zeit Zwischenaufenthalt zu nehmen, da waren die „Jesuaten" beim Empfang des Papstes dabei und huldigten ihm. Dieser aber empfing sie zu längerer Aussprache in Audienz, er approbierte ihre Lebensweise, dann kleidete er sie sogar auf seine persönlichen Kosten hin neu ein mit einer weißen Tunika und einem dunklen Umhang; schließlich gab er ihnen seinen Bruder, den Kardinalbischof von Avignon, zum Protektor.

Nach diesem für seine Gemeinschaft richtungsweisenden Ereignis machte sich Giovanni Colombini mit seinen Gefährten wieder auf den Weg nach Siena. Aber in Bolsena wurde der Selige vom Fieber befallen, das sehr rasch anstieg. Man brachte den Kranken in die Abtei Santissimo Salvatore bei Aquapendente. Dort starb er am 31. Juli 1367. Der Leichnam wurde in das Kloster der hl. Bonda gebracht. In der dortigen Klosterkirche wurden die Begräbnisfeierlichkeiten unter großem Zustrom des Volkes und der politischen Behörden abgehalten.

Giovanni Colombini ist zwar nie offiziell seliggesprochen worden, aber Papst Gregor XIII. verfügte seine Aufnahme in das Martyrologium Romanum. Papst Paul V. genehmigte den Text für die Messe und das Stundengebet zu Ehren dieses Seligen für die Diözese Siena und für den Jesuatenorden. Dieser erlebte in Italien und Spanien eine beachtliche Blüte. 1668 aber wurde er von Papst Clemens IX. aufgelöst, weil den Mitgliedern, die verpflichtet waren, durch Gebet, Werke der Buße und Nächstenliebe, besonders auch durch Krankenpflege, am Heil der Seelen mitzuarbeiten, der rechte Ordensgeist verlorengegangen war.

Vom seligen Ehemann und Ordensstifter Giovanni Colombini existieren 140 aufschlußreiche Briefe, die von D. Fantozzi 1925 in Lanciano im Druck herausgebracht worden sind, und mehrere Gedichte („Laude"), u.a. eines auf Jesus Christus, das mit den Worten beginnt: „Diletto Jesu Christo, chi ben t'ama - Geliebtester Jesus, wie innig liebe ich Dich."

Die selige Jeanne Marie de Maille und Robert de Silkle

* 14. April 1331 auf Schloß La Roche, Tours, Frankreich
† 28. März 1414 in Tours
Hochzeit 1347
Verehrung als zu Recht bestehend bestätigt am 28. April 1871

Die auf Schloß La Roche (Tours) geborene Jeanne Marie [113)] erlebte als 11jähriges Mädchen in einer ersten ihr zuteil gewordenen Vision die Gottesmutter mit dem Jesuskind. Daraufhin weihte sich das Mädchen spontan Gott, um immer in ganz besonderer Weise das Leiden Jesu zu betrachten. Sie erhielt eine gläubig fromme Erziehung, vor allem beeinflußt vom Franziskaner-Beichtvater ihrer Familie.
Gegen ihren Willen, aber im Gehorsam heiratete die 16jährige Jeanne Marie 1347 den Baron Robert de Silkle. Beide beschlossen, ihre Ehe in unverletzter Keuschheit zu leben und sich anstelle der sexuellen Ehefreuden ganz dem Liebesdienst an den bedauernswerten Opfern der schwarzen Pest (1346-1353) zu widmen. So lebten die beiden in einer Ehe, die 15 Jahre lang geprägt war von radikalem Verzicht auf die erlaubten sexuellen Freuden, um dafür ihre Liebesfähigkeit gemeinsam und ganz in den Dienst der Pestkranken zu stellen. Ist solche Haltung in jungen Jahren überhaupt möglich? Aus eigener Kraft sicher nicht, wohl aber mit der Gnade Gottes.
Jeanne Maries Gemahl Robert geriet in englische Gefangenschaft und starb 1362 nach 15jähriger, rein verlebter Ehe. Die Witwe wurde von der Familie ihres verstorbenen Gemahls gezwungen, das Schloß zu verlassen. Sie ging nach Tours und pflegte dort Arme und Kranke. Infolge von Verleumdungen mußte sie sich eine Zeitlang in der Einsiedelei von Planche de Vaux verbergen. Dort lebte sie in Armut und Buße ein rein kontemplatives Leben. Aus Gesundheitsgründen kehrte sie 1386 nach Tours zurück, wohnte dort neben dem Franziskanerkloster und lebte unter der geistlichen Führung des Franziskaners Martin de Bois-Gaultier. Bald wurde sie von allen Seiten als erleuchtete und prophetisch begnadete Frau um Rat angegangen. Voll Eifer für die Wiederherstellung eines religiös-sittlichen Lebens in Frankreich begab sie sich mehrmals an den Hof König Karls VI.
Jeanne Marie de Maille starb in Tours am 28. März 1414. Papst Pius IX. hat am 28. April 1871 die Verehrung der seligen Jeanne Marie als zu Recht bestehend bestätigt.

Die hl. Katharina von Schweden und Eggard von Ryren

* um 1331 in Ulvåsa, Uppland, Schweden
† 24. März 1381 zu Vadstena, Schweden
Hochzeit 1350
von 1350 bis 1373 und von 1375 bis 1380 in Rom
1374 Eintritt in das Kloster zu Vadstena
1375 Erste Äbtissin dieses Klosters
Kult bestätigt 1484

Christus und Maria offenbaren sich der hl. Birgitta, flankiert von ihrer Tochter Katharina. Oelgemälde von einem unbekannten Künstler um 1600. Birgitta-Kloster, Piazza Farnese, Rom.

Katharina (Karin) wurde 1331/32 als zweites Kind der hl. Birgitta und des seligen Ulf Gudmarsson geboren und führt von ihrem Vater her auch den Namen Karin Ulfsdotter.
Mit 14 Jahren wurde sie mit dem Edelmann Eggard von Kyren vermählt. Beide gelobten zusammen immerwährende Enthaltsamkeit und wollten eine jungfräuliche Josephs-Ehe führen. Sie dauerte aber nicht lange, denn Katharina zog noch im Jahr ihrer Vermählung zu ihrer Mutter nach Rom. Dort erfuhr sie 1351 vom plötzlichen Tod ihres Gemahls. Nun blieb Katharina an der Seite ihrer heiligen Mutter, machte zusammen mit ihr alle Übungen der Frömmigkeit und war ihre treue Begleiterin auf den verschiedenen Pilgerfahrten, vor allem 1372-1373 in das Heilige Land. An der Seite ihrer heiligen Mutter reifte auch Katharina zur Heiligkeit heran.
Nachdem Katharina ihrer Mutter auch noch beim Sterben am 23. Juli 1373 in der gemeinsamen Wohnung auf der Piazza Farnese in Rom beigestanden war, brachte sie den Leichnam der hl. Birgitta in die schwedische Heimat zurück. Dann trat Katharina in das von ihrer Mutter gegründete Kloster zu Vadstena am Vättersee in Südschweden ein. Da ihr die Selig- und Heiligsprechung ihrer Mutter ein besonderes Anliegen war, ging sie bald darauf wieder nach Rom, um dort den Prozeß voranzutreiben: Fünf Jahre blieb Katharina noch in Rom. 1380 kehrte sie wieder nach Schweden zurück und wurde bald darauf Äbtissin des Klosters zu Vadstena. Doch starb sie schon am 24. März 1381. Der Ruf ihrer Heiligkeit wuchs auf Grund von erfolgten Wundern sehr rasch. Der Heiligsprechungsprozeß wurde zwischen 1466-1489 geführt, wurde aber bis jetzt nicht abgeschlossen. Ihr Gedächtnis wird am 2. August begangen, weil an diesem Tag im Jahre 1488 auf Grund der von Papst Innozenz VIII. erteilten Erlaubnis die Übertragung der Reliquien in Gegenwart des schwedischen Königs Sten Sture erfolgte.
Am Ende dieser Kurzbiographie der heiligen Tochter der hl. Birgitta stellt sich wieder, wie schon mehrmals, die Frage nach Sinn und Berechtigung der Josephs-Ehe. Heute steht man einer solchen Ehe sehr skeptisch gegenüber, im Mittelalter war sie gar nicht so selten; und es wäre ungerecht, sie in allen überlieferten Fällen als nicht wirklich vom Anfang bis zum Ende tapfer gemeistert oder nur als fromme Legende zur Beschönigung einer durch psychische oder physische Defekte auf der einen oder anderen Partnerseite verursachten Sterilität hinzustellen [114].

Die selige Dorothea von Montau und Adalbert Schwertfeger

* 25. Januar 1347 in Montau an der Weichsel
† 25. Juni 1394 in Marienwerder
Hochzeit 1363
Mutter von neun Kindern

Miniatur aus der Staatsbibliothek, München

In der seligen Dorothea von Montau steht eine deutsche Frau vor uns, von der ihr Beichtvater, Seelenführer und Biograph, der ehemalige Prager Universitätsprofessor und nachmalige Domherr Magister Johannes von Marienwerder († 1417) in der „Vita" dieser Seligen [115)] im 2. Buch ausdrücklich ein paar vielsagende Kapitel (27-31) über ihre Ehe niedergeschrieben hat. Er leitet diese Ehe-Kapitel in seiner „Vita" ein mit den Worten: „Da nicht nur jungfräuliche, enthaltsam lebende Menschen, sondern auch Eheleute, die durch den rechten Glauben und gute Werke Gott gefallen, es verdienen, zur ewigen Seligkeit zu gelangen, so ist es sicher nicht zufällig, sondern durch göttliche Verfügung so geschehen, daß die von Gott geliebte Braut (Dorothea von Montau) mit einem Mann bräutlich verbunden worden ist, damit der Ehestand, wie er durch die Kirche gutgeheißen worden ist, auch durch die Heiligkeit der Lebensführung approbiert würde und jene, die im Ertragen der Mühseligkeiten des Ehelebens mehr gedemütigt werden sollte, in ihren Kindern den Herrn großartiger verherrliche. In allen Lebensständen (als Jungfrau, als Ehegattin, als Witwe) sollte sie zum Lobpreis Gottes und seiner Verherrlichung gründlicher erprobt werden."
Dorothea wurde als siebtes von neun Kindern des aus den Niederlanden nach Montau an der Weichsel zugezogenen Deichfachmannes und Bauern Willem

Swarcze († 1359) und dessen Gattin Agatha am 25. Januar 1347 geboren und am 6. Februar 1347 in der Montauer Pfarrkirche getauft und dann christlich erzogen. Im Jahre 1352, als Kind von fünf Jahren, erlebte Dorothea erstmalig besondere Gnadenerweise Gottes. Sehr früh schon begann sie dann ein für ein Kind unbegreiflich hartes Leben der Buße mit Nachtwachen, Fasten und Kasteiungen.

Zu jugendlicher Schönheit erblüht, wies Dorothea alle Burschen, die um ihre Hand anhielten, ab. Schließlich aber wurde sie, nachdem der Vater schon 1359 gestorben war, vom älteren Bruder dazu gedrängt, sich doch mit dem vermögenden Danziger Schwertfeger Adalbert im Jahre 1363 – sie zählte erst 16 Jahre – zu vermählen. Pfarrer Otto nahm in Montau Mitte August 1363 die Trauung vor. Der für Dorothea ausersehene Gatte dürfte schon ein gutes Stück älter gewesen sein; beruflich war er ein tüchtiger Handwerksmeister, der aber ein jähzorniges Temperament besaß. Die etwas seltsame, für ihn unbegreifliche asketische Frömmigkeit seiner jungen Frau verwirrte und erbitterte ihn. Das Ehepaar nahm Wohnung in einem guten Haus in Danzig, Langgasse 64.

Adalbert hielt sich zuerst, was den ehelichen Geschlechtsverkehr betrifft, zur Freude seiner frommen jungen Gattin sehr vornehm und rücksichtsvoll zurück, so daß der Biograph der seligen Dorothea vom Beginn eines „castum et honorabile connubium", also von einer keuschen und lobenswerten Ehe und von einem „unbefleckten Ehebett" („thorus immaculatus") sowie von einer ehelichen Verbindung, in der gemäß dem Wort des hl. Augustinus „fides, prolis et sacramentum" beachtet wurden, also die Treue, die Bereitschaft für den Kindersegen und die sakramentale Besiegelung und Wertung der Ehe.

Im Oktober 1366 gebar Dorothea mit 19 Jahren ihr erstes Kind, dem noch weitere acht folgten. In den Jahren 1367 bis 1378 starben vier Kinder im Kindesalter. Am 8. Dezember 1378 lebten noch vier, die von der Mutter bei einem Brand vor dem Feuertod gerettet wurden, aber auch diese Kinder starben frühzeitig 1383 an der Pest, die damals in Ostpreußen wütete. Nur das im März 1380 geborene letzte Kind, die Tochter Gertrud, kam beim Wüten der Pest mit dem Leben davon. Sie wurde später Benediktinerin in Kulm. Ihr hat die selige Dorothea eine Abhandlung über das geistliche Leben („Die geistliche Lehre") gewidmet.

Kann man nun die Ehe der seligen Dorothea wirklich eine „lobenswerte Ehe" nennen, wie es ihr Biograph tut, der das 27. Kapitel im 2. Buch so überschreibt („De laudabili ejus matrimonio")? Von der Fruchtbarkeit dieser Ehe abgesehen, war sie doch eher eine recht schwierige Ehe. Man darf dabei freilich nicht übersehen, daß diese Ehe besonders durch die mystischen Zustände Dorotheas auch für den Mann schwierig wurde. Ein italienischer Autor [116]) nennt in seiner Schilderung des Lebens Dorotheas ihren Gatten Adalbert „ricco e pio, ma di pessimo carattere“, also reich und fromm, aber von ganz schlechtem Charakter, und das wohl deshalb, weil er seine Gemahlin, wenn sie – bedingt durch ihre mystischen Zustände – ihren Aufgaben als Hausfrau nicht richtig nachkam, in Ungeduld zu schlagen begann, vor allem wenn sie nach ihren eigenen Worten wieder im Zustand der „heißbrennenden Liebe“ war. Adalbert versuchte – abwechselnd zwischen grober Mißhandlung und derber Zärtlichkeit – ihr ungewöhnliches Wesen auszutreiben; vergebens, denn immer wieder neu und immer fordernder erfuhr Dorothea die Einbrüche der Übernatur in ihr bedrängtes kleinbürgerliches Leben, nachdem 1364, kurz nach der Hochzeit, eine erste Kreuzesvision für sie die Grenze zwischen Sichtbarem und Unsichtbarem niedergerissen und ihr Herz, nach ihren eigenen Worten, „zu heißbrennender Liebe entflammt worden war“. Weit über menschliches Maß hinaus fühlte sie sich durch die zweifache, fast unvereinbare Verpflichtung ihrer Familie und ihrer mystischen Berufung gegenüber wie auf einem Kreuz ausgespannt. Die Ehe wurde ihr zum Martyrium... Erst allmählich verwandelte Dorotheas geduldiges Leiden auch ein wenig den störrischen Sinn des Gatten.

Nach dem Tod der Kinder beschlossen die beiden Ehegatten, gemeinsam eine große Pilgerreise zu machen. Sie zogen über Aachen nach Süden, nach „Vinsterwald“ (heute Einsiedeln in der Schweiz), wie es in den Quellen heißt. Als es Winter wurde, tauchten sie am 11. November 1384 wieder in Danzig auf, aber nur, um einen viel entschiedeneren Aufbruch vorzubereiten. Adalbert verkaufte am 5. April 1385 Haus und Werkstatt. Dann sah man die kleine Familie wieder auf der Landstraße. Diesmal fuhren sie in einem Planwagen, die fünfjährige Tochter Gertrud war mit dabei. Unterwegs raubten ihnen Strauchdiebe das kleine Vermögen, das sie mit sich führten und das ihnen dazu dienen sollte, eine neue Heimstatt zu gründen. Am 11. Oktober 1385 wieder in Einsiedeln angekommen, steigerte sich die Spannung, die Dorotheas Herz zerriß, ins Unerträgliche. Es war wohl die größte Versuchung ihres Lebens, der sie einen Augenblick nachgab, indem sie dem Gatten, der nach Danzig zurückkehren wollte, zuredete, allein zu reisen und sie in der Einsiedelei in „Vinsterwald“ zurückzulassen. Adalbert willigte ein. Dorotheas Jubel über die endlich gewonnene Freiheit war unbeschreiblich. Als das Ehepaar aber vor den Pfarrer von Einsiedeln trat, um die Trennung sanktionieren zu lassen, reute den Mann die gerade erst gegebene Zusage, und der Pfarrer befahl Dorothea, den Gatten wieder nach Danzig zurückzubegleiten. Sie nahm ohne ein Wort der Klage ihr Kreuz wieder an.

Alles, was nun folgte, war wie ein Alptraum: Die im Winter im ausgehenden

Monat Januar 1387 begonnene Heimreise erfolgte unter größter Lebensgefahr. Am 25. März 1387 kam das Ehepaar – von Lübeck kommend – zu Schiff in Danzig wieder an. Es folgte eine mühsame Herbergssuche, eine elende Unterkunft in einer Hütte bei der Katharinenkirche, dann der Spott der Nachbarn, der allmählich in Bösartigkeit umschlug und Dorothea als Hexe und Ketzerin denunzierte. Adalbert war von da an überdies beständig krank und beantwortete Dorotheas aufopferungsvolle, treue und geduldige Pflege mit Übellaunigkeit und noch Schlimmerem. Beide waren so arm, daß Dorothea zeitweilig den Unterhalt erbetteln mußte. „Scheinbar unabhängig vom äußeren Unglück und doch in geheimnisvollem Zusammenhang damit entfaltete sich Dorotheas inneres Leben in immer tieferem Einswerden mit dem Herrn am Kreuz; und in immer rückhaltloserem Offenwerden für den Strom der dreifaltigen Liebe." So schildert L. Brede [117)] Dorotheas Entwicklung.
In einer seiner seltenen Anwandlungen von Großmut schickte der wieder gesund gewordene Ehemann Adalbert seine Gattin Dorothea Ende August 1389 mit einem Danziger Pilgerzug nach Rom, damit sie dort das Jubiläumsjahr mitfeiere. Als sie nach eigenartigen mystischen Erlebnissen am 15. Mai 1390 wieder nach Danzig zurückkam, war ihr Gemahl inzwischen (um den 16. Februar 1390) gestorben und begraben worden.
Dorothea versorgte nun ihre kleine Tochter Gertrud im Kloster zu Kulm, verschenkte den Rest ihrer Habe in Danzig und siedelte nach Marienwerder über, wo sie nun im Domdekan Johannes von Marienwerder einen gütigen, hochherzigen Priester fand, der sich ihrer annahm. Er prüfte Dorothea streng, überzeugte sich von der Echtheit ihrer Frömmigkeit und ihrer besonderen Begnadung und nahm ihr die quälende Sorge, ob sie nicht doch vielleicht ein Spielball von Selbsttäuschung und teuflischer Einflüsterung sei. Am 2. Mai 1393 schloß er sie als Rekluse in eine an den Dom in Marienwerder angebaute Zelle ein.
Hier erlebte die Selige noch viele Offenbarungen und einzigartige Gnaden, bis sie dann, vom Herrn selbst einmal „eine Märtyrin" genannt, vor Sonnenuntergang am 25. Juni 1394 an der „herzzerbrechenden Liebe" starb, um von da an, wie der gekreuzigte und auferstandene Herr ihr angekündigt hatte, „den Ruhm und die Freude der Märtyrer zu schauen". Ist Dorothea von Montau etwa eine Märtyrin der opferbereit und treu, auch unter größten Schwierigkeiten gelebten und bejahten Unauflöslichkeit der Ehe und dadurch Vorbild für viele Eheleute, die bis zuletzt trotz vieler Versuchungen und Schwierigkeiten die Unauflöslichkeit ihrer Ehe bejahen, bis der Tod sie scheidet?
In den „Akten des Kanonisationsprozesses Dorotheas von Montau von 1394 bis 1521" [118)] heißt es über die Ehe der seligen Dorothea von Montau zusammenfassend: „Prefata Dorothea post contractum matrimonium in ipso

matrimonio perseveravit honestissime et castissime usque ad annum Domini 1390, quo anno dictus Adalbertus, vir ejus, diem vite sue clausit extremum." („Die genannte Dorothea hat nach ihrer Verehelichung in der Ehe überaus ehrenvoll und keusch ausgeharrt bis zum Jahr des Herrn 1390, in welchem ihr Mann Adalbert seinen letzten Lebenstag beschlossen hat.")

Die selige Jadwiga und Jagiello

* 1374 in Ungarn
† 17. Juli 1399 in Krakau
Hochzeit 1386
Königin von Polen
Seligsprechung 1979

Kirche Heiligkreuz, Krakau, 16. Jh.

Bei der seligen Jadwiga [119)], Königin von Polen, taucht nicht bloß das Problem der einst in Adelskreisen üblich gewesenen Verlobung von Kindern, sondern sogar deren regelrechter Vermählung auf.

Jadwiga wurde 1374 als dritte und jüngste Tochter Ludwigs von Anjou, des Königs von Ungarn, Polen und Kroatien, und der Prinzessin Elisabeth, der Tochter des Herzogs Stephan II. von Bosnien, geboren. Noch als Kind von vier Jahren wurde sie mit dem achtjährigen Sohn Wilhelm des Markgrafen Leopold III. von Österreich nicht bloß verlobt, sondern am 15. Juni 1378 in Hainburg vermählt.

Die an sich gültig vermählten Kinder wurden gemeinsam erzogen, abwechselnd in Wien und in Budapest. Vom sechsten Lebensjahr an blieb Jadwiga ganz in Ungarn, weil ihr Vater, König Ludwig, vorhatte, sie nach seinem Ableben auf den Königsthron von Ungarn setzen zu lassen. Nach dem Tod von König Ludwig aber wurde anders entschieden: Jadwigas älteste Schwe-

ster Maria sollte Königin von Ungarn werden, Jadwiga aber Königin von Polen. Tatsächlich wurde die zehnjährige Jadwiga am 15. Oktober 1384 von Bodzanta, dem Erzbischof von Gnesen, zur Königin Polens gekrönt.
Die Habsburger wollten nun an der Seite der Königin Jadwiga den mit ihr seit dem vierten Lebensjahr vermählten Wilhelm von Habsburg als Prinzgemahl und König von Polen sehen. Der polnische Adel aber wußte das geschickt zu verhindern; er hatte für Königin Jadwiga einen anderen Prinzgemahl in Aussicht genommen, nämlich den litauischen Großfürsten Jagiello. Für Jadwiga bedeutete diese neue Eheschließung ein großes persönliches Opfer, das sie aber im Interesse Polens und zur Förderung der Bekehrung des litauischen Volkes bringen wollte. Sie stimmte der Eheschließung mit Jagiello jedoch nur unter der Bedingung zu, daß dieser sich taufen lasse und sein litauisches Volk dem christlichen Glauben zuführe. Am 12. Februar 1386 kam Großfürst Jagiello nach Krakau. Drei Tage danach, am 15. Februar 1386, wurde er zusammen mit seinen Brüdern getauft und nahm den Namen Wladislaw an. Jadwiga widerrief nun in aller Öffentlichkeit in Gegenwart des Erzbischofs Bodzanta und vieler Mitglieder des Klerus in der Kathedrale von Krakau die ihr als vierjährigem Kind aufgedrängte Vermählung mit Wilhelm von Habsburg. Anläßlich der neuen Vermählung Jadwigas mit Jagiello-Wladislaw ließ Papst Urban VI. die Angelegenheit der ersten Ehe Jadwigas genau untersuchen. Überzeugt von der Ungerechtigkeit der Vorwürfe, die Wilhelm von Habsburg gegen Jadwiga erhob, der es nicht der Mühe wert fand, in Rom zu erscheinen, um bei dem von ihm selbst angestrengten kirchlichen Eheprozeß auszusagen, sandte Papst Urban VI. schließlich am 18. April 1388 an Jagiello-Wladislaw eine Bulle, in der er dessen Konversion vor der Vermählung mit Königin Jadwiga lobte und erklärte, daß gegen seine Vermählung mit ihr nichts einzuwenden sei, die am 18. Februar 1386 stattgefunden hatte. Der Nachfolger von Papst Urban VI., Papst Bonifaz IX., genehmigte sogar die Bitte, Taufpate für den zu erwartenden Sohn des königlichen Ehepaares Jadwiga und Jagiello-Wladislaw zu werden. Das wäre unmöglich gewesen, hätte noch irgendein Zweifel an der Gültigkeit der Ehe Jadwigas mit Jagiello-Wladislaw bestanden.
Jadwiga entwickelte sich in der Folgezeit immer mehr zu einer vorbildlichen Herrscherin, die nichts sparte, um dem polnischen und litauischen Volk die Aufwärtsentwicklung zu ermöglichen. Für Litauen wurde Königin Jadwiga gewissermaßen zur Taufpatin, denn das litauische Volk wurde nun sehr bewußt aus dem Heidentum zur christlichen Gläubigkeit und Gesittung hingeführt.
Für Polen erreichte Königin Jadwiga von Papst Bonifaz IX. am 11. Februar 1399 die Errichtung einer Theologischen Fakultät an der Universität Krakau,

damit theologisch gut ausgebildete Priester herangebildet werden könnten. Königin Jadwiga nahm sich auch mit viel Liebe der Armen und Kranken an und errichtete an mehreren Orten (in Sandomierz, Biecz, Sacz und Krakau) Spitäler; sie besuchte die dort untergebrachten Kranken oft.
Königin Jadwiga errichtete in Litauen die Diözese Wilna. Sowohl dort als auch in Polen ließ sie zahlreiche Kirchen bauen; sie sorgte sich auch darum, daß an diesen neu erbauten Kirchen eifrige Seelsorger zu wirken begannen; sie verschaffte diesen auch die nötigen liturgischen Bücher und Altargeräte; sie bemühte sich sogar um die Förderung der Volkssprache in der Liturgie und gründete zu diesem Zweck in Krakau ein Benediktiner-Kloster, in welchem Polnisch als liturgische Sprache benützt wurde.
Königin Jadwiga starb nach allzu kurzer, aber doch sehr wertvoller Regierung in Polen und Litauen mit 25 Jahren am 17. Juli 1399 in Krakau. Papst Johannes Paul II. hat auf seiner Polenreise vom 2. bis zum 10. Juni 1979 als Geschenk an seine frühere Erzdiözese Krakau das Dekret der Ritenkongregation mitgebracht, nach welchem das Fest der seligen Königin Jadwiga am 17. Juli begangen werden darf.

Die hl. Rita von Cascia und Fernando Mancini

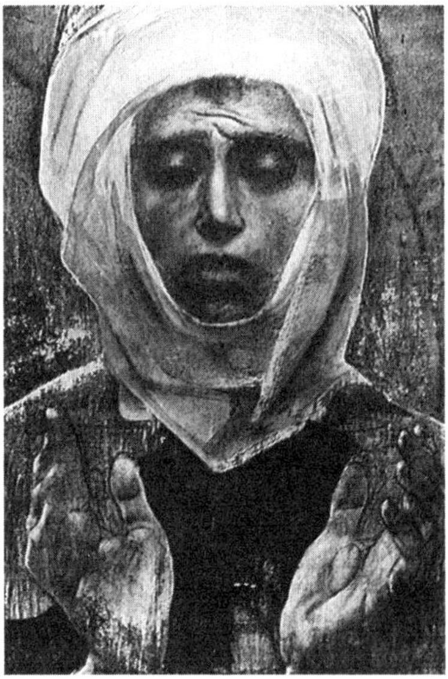

* um 1381 in Roccaporena, Provinz Spoleto, Umbrien, Italien
† 22. Mai 1447
Mutter von zwei Kindern
Heiligsprechung 24. Mai 1900

Basilika di S. Lorenzo, Florenz

Eine "Helferin in aussichtslosen Anliegen", sicher auch in ganz großen Schwierigkeiten des ehelichen Zusammenlebens, ist die seit ihrer Heiligsprechung am 24. Mai 1900 durch Leo XIII. in aller Welt verehrte hl. Rita von

Cascia [120]), die mit einem unberechenbaren Mann verheiratet war, dessen Roheiten sie mit größter Geduld ertrug und um dessen Seelenheil sie mit größter Opferbereitschaft rang.
Lange erwartet, erhofft und erbetet von ihren jahrelang vergebens auf Kinder wartenden Eltern Antonio und Amata Lottius, wurde Rita – der Name ist die Abkürzung von Margarita – im Mai 1381 in Roccaporena bei Cascia (Provinz Spoleto, Umbrien, Italien) geboren. Dieses einzige Kind erhielt von ihren Eltern Geborgenheit und Liebe in reichem Maß dargeboten. Die Glaubensüberzeugung der Eltern übertrug sich auf Rita, die – zur blühenden Jungfrau herangereift – in ihrem Herzen immer mehr den Wunsch spürte, sich ganz Gott zu weihen im Kloster Santa Maria Maddalena zu Cascia.
Rita bat ihre Eltern um die Erlaubnis zu diesem Schritt. Doch diese waren trotz ihrer Gläubigkeit über das Vorhaben ihrer Tochter entsetzt und meinten, Gott könne sie doch unmöglich nach den vielen Jahren der Kinderlosigkeit, des durch wunderbare Gebetserhörung erlangten einzigen Kindes berauben, und ihnen in ihren alten Tagen die Stütze ihres Alters nehmen. Nachdem also Rita den Eltern ihren Entschluß zum Klostereintritt vorgetragen hatte, suchte sie der Vater mit Vernunftgründen davon abzubringen, die Mutter aber blieb mit Tränen in den Augen stumm. Was sollte Rita nun machen? Sie pilgerte in die nahe Einsiedelei Santa Croce, feierte dort die hl. Messe des frommen Augustinermönchs P. Ugolino mit und erbat sich hierauf mit diesem eine Aussprache. Der Priester stimmte ihr zu, daß es wirklich eine erhabene Berufung sei, als Braut Christi Gott und der Kirche zu dienen, und daß die Berufung zu einem Leben nach den drei evangelischen Räten eine große Gnade sei. In ihrem Fall aber fordere Gott trotz aller guten Voraussetzungen und ihrer zweifellos vorhandenen Eignung zum klösterlichen Leben den Verzicht darauf.
Die Eltern Ritas waren voller Dankbarkeit, als sie von ihrer Tochter vernahmen, sie wolle Rücksicht nehmen, die eigenen Zukunftspläne opfern und ihnen zuliebe einem Mann die Hand zum ehelichen Lebensbund reichen. Zwar tat es den Eltern weh, ihre einzige Tochter leiden zu sehen, doch sie hofften, daß ein fürsorglicher Gatte und das Glück der Ehe die geschlagene Wunde heilen werde.
Die Anmut der jungen Rita war den Burschen im Dorf nicht verborgen geblieben: Gar mancher hätte gern um ihre Hand angehalten. Obwohl Rita in ihrem Benehmen von freundlicher, liebenswürdiger Art war, verhielt sie sich dem anderen Geschlecht gegenüber doch sehr zurückhaltend. Darum wagte kaum einer der jungen Männer des Dorfes um sie zu werben. Nur einer war verwegen genug: Fernando Mancini. Er war vor Jahren aus dem Dorf Roccaporena weg und in die Fremde gezogen; er wollte die Welt kennenlernen und

etwas erleben. So diente er einige Jahre im Heer der Cascianer als Söldner. Unter der Führerschaft des Hauptmanns Lorenzo da Collegiacone hatte Fernando Mancini an einer Reihe von erfolgreichen Kriegszügen teilgenommen. Stolz auf die Siege seiner Truppe über verschiedene italienische Städte war er nun in sein Dorf Roccaporena zurückgekehrt. Viel wußte er zu erzählen; er genoß es, sich seiner Heldentaten zu rühmen. Daß ihm der Söldnerdienst auch einen gewissen Wohlstand eingebracht hatte, war unübersehbar und auch an seinem Äußeren abzulesen. Diese Tatsache gab Fernando Mancini ein gewisses Ansehen im Dorf, obwohl er etwas zwielichtig erschien. Auch drang trotz seiner Geselligkeit und Redseligkeit das Bild seines wahren Charakters durch: Fernando Mancini hatte ein jähzorniges Temperament, er geriet oft wegen Kleinigkeiten in helle Wut. Einmal in Zorn geraten, schreckte er auch vor Handgreiflichkeiten nicht zurück.
Als eines Tages der gefeierte Kriegsheld bei den Eltern Ritas um deren Hand anhielt, gerieten sie in einen inneren Konflikt. Sie sahen: Fernando Mancini würde ihrer Tochter Sicherheit und Wohlstand bieten können, aber sein Zorn, sein unbeherrschtes, streitsüchtiges Wesen! Wie würde ihr einziges vielgeliebtes Kind, ihre Tochter Rita, damit leben können? In der Zwiespältigkeit ihrer Gefühle suchten sich Vater und Mutter Lottius gegenseitig zu trösten und zu beruhigen: „Wir haben doch Fernando als guten aufgeweckten Jungen gekannt. Nun ist halt die Soldatenzeit nicht spurlos an ihm vorübergegangen; es steckt jetzt kriegerische Unruhe in ihm. Aber wenn er verheiratet ist und Verantwortung für eine Frau und später für eigene Kinder zu übernehmen hat, kommt er – so ist doch zu hoffen – wieder ins seelische Gleichgewicht. Im übrigen kann doch eine fürsorgliche liebe Gattin, wie es sicher unsere Rita werden wird, wahre Wunder wirken."
Schließlich rangen sich die Eltern zur Überzeugung durch: Unsere Tochter wird in ihrer klugen, gütigen und doch festen Art den Fernando Mancini schon richtig behandeln. Sie wird auf ihn und sein rebellisches Wesen einen guten Einfluß ausüben. Mutter Amata, die ihre Tochter Rita nicht an die Augustinerinnen verlieren wollte, vertraute fest darauf, daß bei Fernando Mancini der gute Kern von einst wieder hervortreten werde; an der Seite einer guten gläubigen Frau werde sich seine Ruhelosigkeit schon wie von selber verlieren; und Rita wird an der Seite Fernandos gut versorgt sein. Nicht ganz leichten Herzens gaben die Eltern Ritas schließlich dem heimgekehrten Söldner die Zusage und ihren Segen für die Vermählung.
Das Werben Fernando Mancinis um Rita war dann freilich nicht so leicht. Ihr gefiel zwar der stattliche Mann nicht schlecht, aber in ihr brannte immer noch die Sehnsucht, Braut Christi im Ordensstand zu werden und sich nicht einem Mann zu schenken. Schließlich erinnerte sich Rita aber an die mahnenden

Worte von P. Ugolino in der Einsiedelei von Santa Croce: Gehorsam gegen Gott könne auch in der Unterwerfung unter den Willen der Eltern geübt werden. So gab sie schließlich den Eltern die Zusage, Fernandos Frau zu werden. Tiefe Dankbarkeit erfüllte das Mutterherz von Frau Amata über den Gehorsam ihrer Tochter.

Niemand im Dorf Roccaporena war dann über die Neuigkeit erstaunt, daß Rita dem heimgekehrten Söldner Fernando Mancini versprochen sei. Einhellig bildete sich die Überzeugung, daß die beiden ein schönes glückliches Paar abgeben würden.

Wurde diese Ehe wirklich glücklich? Anfangs ging alles gut. In seiner Verliebtheit und in seiner Eitelkeit, das schönste Mädchen des Dorfes für sich gewonnen zu haben, trug Fernando Mancini seine Gattin Rita auf den Händen. Zunächst waren die beiden tatsächlich glücklich miteinander. Im Lauf der ersten Jahre wurde ihre Ehe auch mit zwei gesunden Kindern, dem Giovanni und dem Paolo, gesegnet, die der Stolz des Vaters wurden. Für Rita waren die Buben die Erfüllung ihrer Liebe. Auch ihre Eltern konnten sich noch an den beiden Enkeln erfreuen. Überdies herrschten neben der täglichen Arbeit Friede und Eintracht in der Familie. Doch allmählich meldeten sich bei Fernando Mancini wieder Bedürfnisse an, die seinem unruhigen Wesen und seiner Abenteuerlust entsprangen. Immer öfter blieb er des Abends aus, um sich heimlich mit seinen Freunden aus der Partei der Ghibellinen, die in Roccaporena verhaßt waren, zu treffen. Kam er dann von den Zusammenkünften aufgebracht und aufgewiegelt heim, blieb Rita vor seinen Zornausbrüchen nicht verschont, wenn sie ihn nach seinem langen Verbleib fragte oder auch nur ihre Ängste um ihn zeigte. Fernando Mancini scheute sich auch nicht, sogar die Hand gegen seine junge Frau zu erheben. Bald wußten alle im Dorf, was Rita zu leiden hatte, auch wenn sie Dritten gegenüber nie über ihre Ehenot Klage führte. Rita litt überdies unter der Parteizugehörigkeit ihres Mannes, der begeisterter Anhänger der Ghibellinen war, während doch die meisten Bewohner von Roccaporena zur Partei der Guelfen hielten.

Es wurde allmählich immer schwerer für die Ehegattin und Familienmutter Rita. Sie verstand es aber auf den Rat des Augustiner-Paters Ugolino zu hören und ihre Verlassenheit mit der des gekreuzigten Herrn zu vereinen. Rita spürte, wie ihr vom Kreuz jene Kraft zufloß, die sie nicht zerbrechen ließ, wo andere Ehegattinen längst zerbrochen wären. Bei allem Wüten und Toben des Gatten blieb Rita stets ruhig und war immer von seltsamer innerer Gelassenheit erfüllt. Da sie bei Menschen keine Hilfe fand und mit niemandem über ihre Ehesorgen sprechen konnte, legte sie alles in das bittere, aber erlösende Leiden des Herrn am Kreuz hinein. Im Lauf ihres dornenreichen Ehelebens verband sie sich immer inniger mit dem Herzen des göttlichen Schmerzens-

mannes. Bei ihm holte sie sich Kraft, Trost und Mut; bei ihm fand sie auch immer wieder Antwort auf die Frage nach dem Sinn ihres Ehekreuzes.
Schließlich durfte Rita den Sieg ihrer treuen Liebe erleben. Ihr stilles Opfern, Beten und Dulden brachte nach Jahren schmerzlicher Verdemütigungen den Gatten zur Besinnung und zum wirksamen Vorsatz, über seine unbeherrschten Leidenschaften doch noch Herr zu werden. Ritas Demut und Geduld erreichten das, was ungeduldiges, zorniges Aufbegehren und empörte Auflehnung gegen den aufbrausenden, streitsüchtigen Ehegatten nie zustandegebracht hätten.
Wieder einmal kehrte Fernando Mancini zu später Stunde verärgert heim: Die Zusammenkunft mit seinen Parteifreunden dürfte diesmal nicht nach seinen Wünschen verlaufen sein. Zornig erregt wollte er das Haus betreten und seine Wut und seinen Unfrieden an der schuldlosen Gattin auslassen. Drinnen in der Stube aber fand er seine Frau – in tiefes Leid versenkt – vor dem Bild des Gekreuzigten knien und bitterlich weinen. Fernandos erster Gedanke war: Es hat ein Unglück gegeben; etwa mit einem der beiden Söhne, die doch seinen ganzen Stolz ausmachten? Doch plötzlich wurde es ihm klar: Er selbst war die Ursache des Leids, des Kummers und der Sorgen seiner Gattin. Bilder der Vergangenheit tauchten da plötzlich vor ihm auf: Seine Roheit und Lieblosigkeit Rita gegenüber in all den vergangenen Jahren. Reue überkam ihn, die mit dem Vorsatz verbunden war: Es muß sich in meiner Ehe etwas ändern. Ich selbst muß mich ändern! Zum ersten Mal sah er Rita mit den Augen der wahren Liebe. Was hatte er doch in den Jahren der Ehe diesem so edlen Menschen alles angetan an Schmerz und Leid in seiner Streitsucht und Lieblosigkeit! Er bat seine Frau von Herzen für alles um Verzeihung. Rita spürte diesmal die Aufrichtigkeit und den guten Willen bei ihrem Mann. Es kam zur Aussöhnung mit ihm, der gar nicht lange gedrängt werden mußte, nun auch mit Gott sich zu versöhnen in einer reumütigen Beichte.
Im Lichte der Versöhnung mit Gott im Bußsakrament konnte nun ein neuer Lebensabschnitt beginnen, nicht nur für den Mann, sondern für die ganze Familie. Ohne daß Rita ihn drängen mußte, gab Fernando nun auch seine politische Tätigkeit bei der Partei der Ghibellinen auf und machte mit anderen Streitigkeiten und Feindschaften ein Ende.
Nach 16 Jahren ehelichen Zusammenlebens war endlich Friede und Harmonie im Hause Mancini eingezogen. Rita dankte dafür Gott von ganzem Herzen.
In dem so schwer errungenen Glück ahnte die Heilige aber nicht, daß bald ein noch schwereres Unglück über sie und ihre Familie hereinbrechen würde. Eines Tages teilte Fernando seiner Gattin mit, er müsse dringend nach Collegiacone reiten; er habe nämlich erfahren, daß auf Grund neu ausgebrochener

Parteihändel ein hinterhältiger Anschlag auf seinen ehemaligen Hauptmann Lorenzo geplant sei. Rita flehte ihren Mann an, sich aus der Sache herauszuhalten. Zu stark lebte in ihr noch die Erinnerung an frühere Zeiten. Fernando sollte nicht mehr rückfällig werden. Er aber begründete seinen Entschluß als Freundesdienst. Obwohl er Verständnis aufbrachte für Ritas Befürchtungen, blieb er bei seinem Vorhaben; er fühle sich verpflichtet, dem alten Vorgesetzten und Freund beizustehen, ihn zu warnen und zu schützen. So verließ Fernando das Haus zuletzt im Einverständnis Ritas, die ihn von seinem Freundesdienst nicht abhalten wollte und konnte. Sie begleitete ihn aber bange zu Hause mit ihrem Gebet.

Lange wartete Rita an diesem Abend auf ihren Mann, der ihr versprochen hatte, noch vor Einbruch der Dunkelheit wieder daheim zu ein. Angst und Sorge lasteten schließlich fast unerträglich auf ihrer Seele, als es Nacht geworden war und Fernando noch immer nicht zurückgekehrt war. Da klopfte plötzlich jemand mit dumpfen Schlägen an die Haustür. Rita öffnete. Ein fremder Mann stand draußen. In der Dunkelheit erkannte sie die Umrisse noch weiterer Gestalten. Sie trugen eine Bahre, auf der jemand lag: Nachdem Fernando seinen Freundesdienst geleistet hatte, begab er sich eilends auf den Heimweg. Zwar hatte ihn der Hauptmann Lorenzo zum Verweilen eingeladen. Fernando aber wollte sein Rita gegebenes Versprechen halten und vor Einbruch der Dunkelheit wieder daheim sein. Auf dem Weg wurde er aber von einem gewaltigen Gewitter überrascht und mußte an einer geschützten Stelle Unterschlupf suchen. Als er den Weg endlich fortsetzen konnte, lauerten ihm mehrere bewaffnete Männer auf. Sie überfielen den unbewaffneten Fernando und versetzten ihm mit mehrere Dolchstichen schwerste Verletzungen. In der Meinung, er sei schon tot, flüchteten die Mörder. Ein Mann aus dem Dorf, der ahnungslos des Weges kam, fand den Schwerverwundeten auf der Straße. Sofort erkannte er, daß hier jede Hilfeleistung zu spät kam. Er konnte von dem Sterbenden nur noch einige Worte vernehmen, Abschiedsworte an Rita und die beiden Söhne und dazu die Bitte, die beiden Söhne und die übrigen Verwandten sollten den Mördern verzeihen, wie auch er ihnen verziehen habe.

Rita erwog das Gehörte beim Anblick der Leiche des geliebten Mannes in ihrem Herzen. Wie schmerzlich war doch jetzt dieser Verlust! Nach den vielen schweren Ehejahren hätte sie endlich in Liebe und Eintracht mit ihrem Mann zusammenleben können – und nun dieses jähe Ende!

Als Lichtstrahl in das Dunkel der Trauer fiel das Wissen, daß Fernando noch im Sterben seinen Mördern verziehen hatte. Sie konnte Gott nicht genug danken, daß er ihrem Gemahl noch die Möglichkeit gegeben hatte, die Vaterunser-Bitte zu verwirklichen: „Vergib uns unsere Schuld, wie auch wir ver-

geben unseren Schuldigern." Rita war überzeugt: Gott wird ihrem Mann dafür Vergebung aller Sündenschuld geschenkt haben, weil er selber großherzig noch seinen Mördern verziehen hatte.
Voll Dankbarkeit gegen Gottes weise Fügungen und Zulassungen ging Rita – halbwegs getröstet durch die gläubige Gewißheit, daß ihr Gemahl im Stand der heiligmachenden Gnade gestorben war – schließlich wieder an die tägliche Arbeit in ihrem Haus. In Ruhe und Frieden hätte die Witwe Rita ihr Leben weiterführen können. Nun aber begannen die beiden heranwachsenden Söhne ihr Sorge zu bereiten. Die beiden sannen nämlich – Rita spürte das und merkte es an deren eigenartigem Verhalten – nach Blutrache. Schon nach dem Begräbnis des Vaters hatten sie böse Drohungen gegen die Mörder ausgestoßen. Rita bat die beiden Söhne, ihren völlig unchristlichen Gedanken aufzugeben. Aber alles Mahnen und Bitten der Mutter war vergebens, die Mutter erntete dafür nur eisiges Schweigen. Wenn die Söhne doch einmal das Wort ergriffen, hieß es immer nur: Der Tod des Vaters darf nicht ungesühnt bleiben; sein Andenken erfordert Blutrache.
Die Mutter aber war zu jedem Opfer bereit, um zu verhindern, daß ihre Söhne zu Mördern würden. Sogar ihr eigenes Leben, ihre Gesundheit, ihr Hab und Gut bot Rita Gott an. Lieber sollten ihre beiden Söhnen sterben, als sich am Leben anderer Menschen zu versündigen. Ritas Gebet fand schließlich eine ganz eigenartige schmerzliche Erhörung.
In Roccaporena hielt eines Tages die Pest Einzug und forderte ihren Tribut: In den meisten Häusern gab es Kranke. Auf dem Dorffriedhof reihte sich ein frisches Grab an das andere. Auch im Hause Mancini kehrte Trauer ein: Paolo, der Schwiegervater Ritas, und seine Frau wurden von der Pest ergriffen und starben in kurzem Abstand. Schließlich wurden auch die beiden Söhne Ritas von der schrecklichen Krankheit befallen. Es waren lange und bittere Stunden, die Rita am Lager der sterbenden Söhne verbrachte, deren von Rachegedanken vergiftete Herzen sie durch gutes Zureden zu läutern und zu reinigen suchte. Das gelang ihr schließlich auch noch mit Gottes Hilfe. Die beiden Söhne Giovanni und Paolo Maria haben allen Rachegedanken entsagt und vor ihrem Sterben noch ausdrücklich den Mördern ihres Vaters verziehen.
An Rita selbst ging der Tod noch vorüber. Gott wollte ihr die Möglichkeit bieten, den Traum ihrer Jugend, das Verlangen nach Ganzhingabe an Gott im Ordensstand zu verwirklichen. Nach 16 Ehejahren und sechs Jahren der Witwenschaft durfte Rita bei den Augustinerinnen in Cascia eintreten, nachdem man sie vorher mehrmals abgewiesen hatte. Hier führte sie nun bis zu ihrem Tod am 22. Mai 1447 in ergreifender Liebeshingabe an den göttlichen Bräutigam Christus ein Leben der Buße in heroischer Weise und übte sich in hilfs-

bereiter Liebe ihren Mitschwestern und den Bewohnern von Cascia gegenüber. 15 Jahre vor ihrem Tod empfing Rita die Stigmen der Dornenkrone auf der Stirne eingeprägt zum Zeichen ihrer ständigen sühnenden Verehrung des demutsvollen Erlöserleidens des Herrn.

Die selige Margarita von Savoyen und Teodoro II. von Monferrato

* 1382 in Pinerolo bei Turin, Italien
† 23. November 1464
Hochzeit 1403
Mutter von zwei Stiefkindern
Terziarin bei den Dominikanern
Kult approbiert 1566

Im Jahre 1382 wurde in Pinerolo bei Turin Margarita, die Tochter des Fürsten Amedeo von Savoyen und der Catharina von Genf geboren [121)]. Auf dem väterlichen Schloß in Pinerolo verbrachte das Mädchen seine Kindheit und Jugend, wobei in der Lebensführung immer mehr gläubiger Lebensernst gepaart mit Liebenswürdigkeit sichtbar wurden.
Als der Vater Margaritas 1402 starb, wurde sie von ihrem Onkel Ludwig, der ihr Vormund war, dem Herzog Teodoro II. von Monferrat als Gemahlin versprochen. Sie willigte 1403 in diese Ehe ein, die als Mittel gedacht war, die Rivalität zwischen den beiden Adelsfamilien von Savoyen und von Monferrat zu beenden. Dabei wußte Margarita aber um die Schwierigkeiten, die sie in dieser Ehe erwarteten; denn Herzog Teodoro II. von Monferrat war um vieles älter und hatte überdies in seiner rauhen kriegerischen Art einen schwierigen Charakter; zudem hatte er aus erster Ehe zwei Kinder namens Giangiacomo und Sofia.
Margarita widmete sich liebevoll der Ausbildung der beiden Stiefkinder und war ebenso besorgt um das Wohl der notleidenden Menschen im Herzogtum. Als 1411 Genua von Hungersnot und Pest heimgesucht wurde und ihr Gemahl dorthin gerufen worden war, um die Franzosen zu verjagen, da organisierte Margarita in klarer Voraussicht der Notwendigkeiten jeden nur denkbaren sozialen und caritativen Beistand für die Bevölkerung. Nachdem sie dann wieder nach Monferrat zurückgekehrt war, galt ihr Interesse und ihre Bemühung auch dem Erfolg des Konzils von Konstanz; sie wollte ihren Beitrag leisten bei der Überwindung des schmerzlich großen abendländischen

Schismas, zu dessen Vertiefung zuletzt auch ihr Cousin Amedeo VIII. als Gegenpapst Felix V. beigetragen hatte.
Im Jahre 1418 starb Teodoro II. von Monferrat, und Margarita wurde Witwe. Sie führte nun die Regentschaft für das Herzogtum bis zur Großjährigkeit ihres Stiefsohns Giangiacomo. Dann zog sie sich mit einigen Hofdamen aus ihrer Umgebung auf das Schloß im Stadtteil Santa Maria Maddalena am Rand von Alba (Cuneo) zurück. Nur zur Betreuung von Kranken und Armen verließen diese einstigen Hofdamen das Schloß. Der Zusammenschluß dieser Damen wurde schließlich mehr und mehr zu einer klösterlichen Gemeinschaft regulierter Terziarinnen des Dominikanerordens. Durch eine Bulle Papst Eugens IV., vom 13. Juli 1445, wurde diese Gemeinschaft kanonisch errichtet.
Erwähnt gehört noch, daß Herzog Filippo Maria Visconti von Mailand wiederholt die Witwe Margarita aufforderte, doch ihre Witwenschaft aufzugeben und ihn zu heiraten. Sie blieb aber ihrer neuen Berufung treu. Ihre letzten Lebensjahre waren dann aber geprägt von Krankheit, Verfolgung und Verkennung, von jenen drei „Pfeilen", die ihr Herz gemäß einer Vision durchbohren sollten. Margarita von Savoyen starb am 23. November 1464 und wurde von der Bevölkerung von Alba sogleich als Selige verehrt. Ihr Kult wurde 1566 von Papst Pius V., dem einstigen Vikar des Dominikanerklosters in Alba, und noch einmal 1670 von Papst Clemens X. bestätigt.

Bild zu Seite 339: Gianna Beretta-Molla

Die hl. Francisca Romana und Lorenzo dei Ponziani

* 1384 in Rom
† 9. März 1440 in Monte Oliveto
Hochzeit 1396
Mutter von sechs Kindern
Heiligsprechung 29. Mai 1608

Lüttich, Abtei de la Paix Notre Dame, 17. Jh.

Eine Heilige, die in fast 40 Jahre dauernder Ehe als vorbildliche Gattin lebte und als Familienmutter gewissenhaft ihren Verpflichtungen nachging, ist die hl. Francisca Romana, [122)] die zu Beginn des Jahres 1384 in Rom geboren wurde als Tochter des adeligen Paolo Bussa de'Leoni (verwandt mit bedeutendsten Adelsgeschlechtern wie den Orsini und den Savelli) und der adeligen Jacobella de'Roffredeschi. Francisca hatte eine Schwester namens Perna und einen Bruder namens Simeon.
Allzu gern hätte sich die elfjährige, von der Mutter überaus fromm erzogene Francisca Gott geweiht im Ordensstand, aber der Vater war dagegen. Er verheiratete sie mit Lorenzo dei Ponziani im Jahre 1396.
Das junge Paar begann im Palazzo Ponziani in der Nähe der Kirche St. Cecilia im römischen Viertel Trastevere zu wohnen, zusammen mit Paluzzo, dem Bruder Lorenzos und dessen Gattin Vanozza. Mit dieser schloß Francisca eine innige Freundschaft, weil diese ebenso wie sie zur Ehe mehr oder weniger gezwungen worden war, obwohl sie sich – ebenso wie Francisca – zum Ordensstand berufen gefühlt hatte. Die beiden jungen Frauen berieten sich oft gegenseitig über die rechten Mittel, um trotz der eingegangenen Ehe erfolgreich nach Vollkommenheit streben und Gott durch Werke der Liebe verherrlichen zu können.
Francisca war in ihrer langen Ehe – sie überlebte ihren Gatten neun Jahre – eine treue aufopfernde Gemahlin, die es verstand, dem Leben Lorenzos den

richtigen gesellschaftlichen Rahmen zu geben und ihn dabei doch immer mehr auf die Verherrlichung Gottes hinzulenken.
Sechs Kindern durfte Francisca in ihrer Ehe das Leben schenken: Drei starben bald nach der Geburt, zwei starben im Kindesalter, nur ein Sohn überlebte die Eltern, nämlich der Sohn Battista, der 44 Jahre alt wurde; dieser heiratete Mabilia de ,Papazurri, die sich ihrer Schwiegermutter Francisca gegenüber als sehr arrogante Schwiegertochter erwies und es darauf abgesehen hatte, Francisca zu kränken und zu beleidigen. Durch ihre heroische Geduld, ergreifende Demut und Opferbereitschaft, aber auch durch viel Gebet gelang es Francisca schließlich, die Schwiegertochter vollständig umzuwandeln.
Die Namen und Daten der drei Kinder der hl. Francisca sind: Battista (* 1400 / † 1444), Evangelista (* 1403 / † 1410) und Agnese (* 1404 / † 1410). Die beiden Kinder Evangelista und Agnese wurden ein Opfer der 1410 in Rom wütenden Pest.
Wie sich Francisca mit aufopfernder Liebe um ihren Gatten Lorenzo sorgte, so tat sie es auch mit gleicher Liebe ihren Kindern gegenüber und darüber hinaus auch gegenüber den Armen und Kranken, die sie in ihren Wohnungen oder in den städtischen Spitälern aufsuchte und selbstlos pflegte.
Francisca liebte es, trotz ihrer adeligen Herkunft sich äußerst bescheiden zu kleiden. In ärmlichem Aufzug sammelte sie für die Armen der Stadt Rom Almosen und Holz. Sie fastete häufig und betete viel daheim und in den Kirchen Roms, wußte aber immer die Übungen der Frömmigkeit mit ihren Pflichten als Hausfrau, Gattin und Mutter in Einklang zu bringen. Sobald ihr Gemahl sie benötigte oder der Haushalt ihre Anwesenheit forderte, zögerte sie keinen Augenblick, ihre frommen Übungen abzubrechen. Sie pflegte zu sagen: „Eine verheiratete Frau muß alle Andachtsübungen lassen, wenn der Haushalt dies verlangt.“ Francisca erschöpfte sich fast ganz im Dienst an den Armen und Kranken und war dabei doch eine ganz innerliche Seele, der besondere Gnadenerweise Gottes in Visionen und Ekstasen zuteil wurden und die zur Mystikerin wurde im vertrauten Umgang mit Christus, seiner jungfräulichen Mutter und mit dem Schutzengel.
Dieser vorbildlichen Ehegattin und Familienmutter blieben leidvolle Heimsuchungen nicht erspart: Sie verlor im gleichen Jahr 1410 durch die Pest zwei ihrer Kinder im Alter von sechs, bzw. sieben Jahren. Ihr Gemahl Lorenzo aber, welcher Befehlshaber der päpstlichen Truppen gegen König Ladislaus von Neapel war, dem es zweimal gelang, Rom zu erobern, zu plündern und nahezu in Trümmer zu legen, wurde in der kriegerischen Auseinandersetzung durch einen Dolchstich schwer verwundet. Francisca pflegte ihren dem Tod nahen Mann in ausdauernder liebevoller Sorgfalt wieder gesund. Dafür aber wurde der Sohn Battista als Geisel verschleppt. Der Palast der Ponziani aber

ging bei den kriegerischen Auseinandersetzungen in Flammen auf. Die Familie war nun größter Not ausgesetzt. Dennoch widmete sich Francisca weiter der Betreuung der Kranken, der Armen und Obdachlosen. Für ihr caritatives Wirken sammelte sie ab 1425 gleichgesinnte Frauen und Mädchen aus den Adelsfamilien Roms um sich. Daraus entwickelte sich schließlich eine Gemeinschaft, deren Mitglieder in der Welt blieben, aber dem Geist der Welt entsagen und nach der Regel des hl. Benedikt ein gottgeweihtes Leben führen wollten. Lorenzo, der Gatte Franciscas, durch die harten, leidvollen Prüfungen und Heimsuchungen geläutert, ließ seiner heiligmäßigen Gemahlin bei ihrem frommen, mildtätigen Wirken freie Hand.
In die von Francisca gegründete und von Papst Eugen IV. am 14. Juli 1433 approbierte Gemeinschaft der Oblatinnen der Benediktiner-Kongregation von Monte Oliveto trat Francisca nach dem 1335 erfolgten Tod ihres Gatten, den sie bis zuletzt liebevoll und aufopfernd gepflegt hatte, selber am 21. März 1436 ein. Sie war dann ihren geistlichen Töchtern noch vier Jahre lang ein leuchtendes Vorbild bis zu ihrem Tod am 9. März 1440. Ihre letzten Worte waren: „Die Himmel stehen offen, die Engel steigen hernieder, der Erzengel hat sein Werk vollbracht, er steht vor mir und winkt mir freundlich, ihm zu folgen."
Papst Paul V. hat die vorbildliche Ehegattin, Familienmutter und Ordensstifterin am 29. Mai 1608 heiliggesprochen. Im Ordensbrevier der Olivetaner-Benediktiner heißt es über die Ehe der hl. Francisca in prägnanter Formulierung: „Sie hörte nicht auf, in ihrer Ehe auf das bedacht zu sein, was Gottes war, so daß sie Gott in ihrem Mann und ihrem Mann in Gott gefiel."

Die selige Elena Valentini und Antonio Cavalcante

* um 1396/97 in Udine, Italien
† 23. April 1458
Mutter von sechs Kindern

Man weiß nicht viel aus der Kindheit und Jugend dieser aus Udine im Venezianischen stammenden seligen Ehegattin, Familienmutter und Witwe, die um 1396/97 in Udine als Tochter des adeligen Carlo dei Valentini und der Elisabetta di Maniago geboren wurde [123]. Auch aus ihrem Eheleben mit dem adeligen Antonio Cavalcante, ebenfalls aus Udine gebürtig, den Elena 1414 mit 18 Jahren heiratete, weiß man fast nichts, nur daß diese Ehe sehr frucht-

bar war, denn Elena gebar ihrem Gemahl sechs Kinder, drei Söhne (Carlo, Speranzio und Antonio) und drei Töchter (Elisabetta, Caterina und Allegrina, welche Lirina gerufen wurde). Aus der Tatsache, daß Elena als Witwe in der bewußten Nachfolge Christi und im Gegensatz zu ihrem eher mondän weltlich geführten Eheleben ein sehr strenges Büßerleben führte, kann man vielleicht schließen, daß sich diese Frau im Witwenstand immer mehr bewußt geworden war, in der Ehe doch nicht immer so gelebt zu haben, wie es den Geboten Gottes und den Vorschriften der Kirche entsprochen hätte.
Als ihr Gemahl nach 27jähriger Ehe gestorben war, beschloß Elena jedenfalls – wohl unter dem starken Einfluß des Volksmissionars aus dem Augustiner-Eremitenorden, P. Angelo di San Severino – sich von der Welt und allem weltlichen Treiben möglichst ganz zurückzuziehen und Terziarin im Orden ihres Seelenführers zu werden. Sie blieb zuerst wie bisher in dem Haus wohnen, das sie von ihrem Gemahl ererbt hatte, nämlich im Borgo Mercatovecchio in Udine. 1446 aber übersiedelte sie in das Haus ihrer Schwester Perfetta, die ebenfalls als Terziarin dem Orden der Augustiner-Eremiten beigetreten war. Hier blieb sie bis zu ihrem Lebensende am 23. April 1458 und führte ein Leben der Buße, der Frömmigkeit und der Nächstenliebe. Vom Jahre 1455 an war sie durch die Folgen eines Unfalls körperlich sehr behindert und dauernd ans Bett gefesselt, aber Gott zeichnete sie durch verschiedene Charismen (Wundergabe, Seelenschau) und durch ergreifende Visionen und Ekstasen aus. Papst Pius IX. hat 1848 die Verehrung der seligen Elena Valentini gutgeheißen und bestätigt. Die Reliquien dieser seligen Ehegattin, Familienmutter und Witwe wurden zuerst in der Kirche S. Lucia in Udine, wo sie nach ihrem Tod beigesetzt worden war, aufbewahrt. Seit 1845 haben die Reliquien der seligen Elena Valentini im Dom von Udine einen würdigen Platz gefunden.

Die selige Antonia von Florenz

* 1401 in Florenz, Italien
† 28. Februar 1472 in L'Aquila, Mittelitalien
Mutter eines Kindes
Kult approbiert am 17. September 1847

Ehegattin eines florentinischen Edelmannes und Mutter eines Sohnes war die 1401 in eine vornehme Familie der Stadt Florenz hineingeborene Antonia, deren Familienname unbekannt ist und die darum nach ihrem Geburtsort Antonia von Florenz benannt wird [124)].

Die Ehe Antonias – ob glücklich oder weniger glücklich ist ebenfalls unbekannt – dauerte nur ganz kurz.
Nach dem frühen Tod des Gatten trat Antonia in das von der seligen Angelina von Corbara in Florenz 1429 gegründete Kloster der Franziskaner-Terziarinnen ein. Sie wurde dann bald in das Kloster der gleichen Gemeinschaft nach Foligno versetzt, wo sie von 1430 bis 1433 segensreich wirkte. Dann betete und opferte sie 13 Jahre lang als Oberin eines Klosters in L'Aquila in den Abruzzen (Mittelitalien). 1447 gründete sie dort aus dem Verlangen nach größerer Strenge, und beraten vom hl. Johannes von Capistrano, das Klarissenkloster „Corpus Domini", das sie sieben Jahre lang leitete und dem sie durch ihr Wort und ihr Vorbild zahlreichen Nachwuchs verschaffte.
Gott zeichnete diese demütige Ordensfrau und einstige Ehefrau, die in heroischer Geduld die Beschwerden des Ehestandes, die Fehler der Mitschwestern, die täglichen Widerwärtigkeiten und die Schmerzen jahrelanger Krankheit trug, durch viele Gnadenerweise aus. Mit 71 Jahren ging sie am 29. Februar 1472 zum ewigen Lohn in die ewige Heimat. Papst Pius IX. hat ihre Verehrung als Selige am 17. September 1847 approbiert.

Der selige Galeotto Roberto Malatesta und Margherita d'Este

* 3. Februar 1411
† 10. Oktober 1432 in Sant'Arcangelo

Der selige Galeotto Roberto Malatesta wurde am 3. Februar 1411 als natürlicher Sohn des Pandolfo, des Herrn von Brescia, und der Caterina Castellano geboren und fromm erzogen von Elisabetta Gonzaga, der Gemahlin seines Onkels Carlo, von dem er später adoptiert wurde. Dieser vermählte den 16jährigen Jüngling gegen seinen Willen mit Margherita d'Este, der Tochter des Markgrafen Nicolò III. von Ferrara am 26. November 1427. Galeotto hatte zwei Brüder, nämlich Sigismondo Pandolfo und Domenico. Als der Onkel Carlo 1429 starb, folgte er diesem als der Erstgeborene der drei Brüder in der Herrschaft nach. Galeotto aber vermachte die ererbten Güter der Kirche, verließ die ihm aufgezwungene Gattin und wurde Terziar des hl. Franziskus und führte bis zu seinem am 10. Oktober 1432 im jugendlichen Alter von 21 Lebensjahren eingetretenen Tod in Sant'Arcangelo ein Leben der Buße und Abtötung [125) 126)].

Der hl. Nikolaus von Flüe und Dorothea von Wyss

* 1417 in Flüeli bei Sachseln, Kanton Obwalden, Schweiz
† 21. März 1487 in der Ranftschlucht
Hochzeit 1447
Vater von zehn Kindern
Heiligsprechung 15. Mai 1947

Ein heiliger Bauer, dessen tief ergreifendes Gebet, das uns überliefert ist, „Mein Herr und mein Gott...“, auf radikale Verzichtleistung hinweist, um dafür um so mehr mit dem geliebten Gott verbunden zu sein, hätte eigentlich, wenn er damals schon dieses Gebet ganz ernst genommen hätte, gar nicht heiraten sollen: „Mein Herr und mein Gott, nimm alles von mir, was mich trennt von Dir! Gib alles mir, was mich fördert zu Dir! Nimm mich mir und gib mich ganz zu eigen Dir!“ Oder trennt eine in Gott geschlossene sakramentale Ehe gar nicht von Gott? Bei seinem für viele Menschen rätselhaften Schritt der Trennung von Gattin und Kindern muß Klaus von Flüe doch auf jeden Fall die vollzogene und immer wieder zu vollziehende Ehe als Hindernis für die innigste Verbundenheit mit Gott empfunden haben. Zu Recht oder zu Unrecht?

Auf jeden Fall, der 1417 in Flüeli bei Sachseln (Kanton Obwalden, Schweiz) geborene Nikolaus von Flüe [127)], der Sohn des Bauern Heinrich von Flüe und der Emma Ruebert von Wolfenschießen (Kanton Nidwalden), hat mit 30 Jahren 1447 Dorothea von Wyss, die älteste Tochter in „Neuhof“, hoch oben auf der Schwändi, auf der Sonnenseite des Sarnertals, wo seit unvordenklichen Zeiten das wohlgeachtete Geschlecht der Wyss lebte, geheiratet. Tat er es aus Zwang? Tat er es frei und aus Liebe? Das Heiraten gehörte wohl zu den Plänen eines gesunden Bauernburschen damals ganz selbstverständlich dazu, außer er wußte sich von Gott für den Priester- oder Ordensstand berufen. Von solcher Berufung aber scheint damals bei Nikolaus von Flüe noch keine Rede

gewesen zu sein, obgleich er schon in der Kindheit und Jugend sehr fromm gewesen sein muß und durch den Eremiten Matthias von Bolsheim, damals Prior des Benediktinerklosters Engelberg, manches Anziehende über die „Gottesfreunde“, eine religiöse Bewegung im Elsaß, gehört haben wird.
Der Bauer Nikolaus von Flüe führte nach seiner Trauung mit seiner Gattin Dorothea wohl eine ganz normale gewissenhafte christliche Ehe mit Arbeit und Gebet und zweifellos auch einer natürlichen Einstellung zur Geschlechtlichkeit, wie die Fruchtbarkeit dieser Ehe zeigt, die mit zehn Kindern, fünf Buben und fünf Mädchen, gesegnet wurde. Die Kinder sind in dieser Ehe sicher dankbar und gern von Gott entgegengenommen und dann zu tüchtigen Menschen und ganzen Christen erzogen worden. Zwei der fünf Söhne wurden hintereinander in das höchste kantonale Amt, nämlich in das des Landammanns – sicher wegen ihrer Klugheit und Tüchtigkeit – gewählt. Der jüngste Sohn, Nikolaus, studierte in Basel und Paris, promovierte in Theologie und wurde Priester und war dann bis zu seinem verhältnismäßig frühen Tod 28 Jahre lang in der heimatlichen Pfarrei Sachseln geachteter Seelsorger. Die älteste Tochter Verena heiratete Hensli Scheuber von Wolfenschießen und wurde Mutter von Konrad Scheuber, der als Landammann von Nidwalden hohes Ansehen genoß, dann aber wie sein heiliger Großvater mütterlicherseits Eremit wurde und als solcher im Ruf der Heiligkeit starb. Das Geschlecht der Nachkommen von Bruder Klaus ist bis heute nicht ausgestorben und hat der Kirche nach dem jüngsten Sohn des Heiligen noch mehr als 30 Priester geschenkt.
In der „Bruder-Klausen-Litanei“ wird der hl. Nikolaus von Flüe u. a. „liebevoller Gatte“ und „treusorgender Vater“ genannt. Er war sicher beides in vorbildlicher Weise, bis er der „von Gott berufene Einsiedler“ wurde.
Es war am 16. Oktober 1467. Da verließ der Bauer Nikolaus von Flüe nach 20jähriger Ehe seine Gattin Dorothea und seine Kinder und wurde Einsiedler. Er ließ sich – nach anfänglichen anderweitigen Versuchen, zuerst als wandernder Pilger, dann als Eremit auf der Klisterli-Alp und schließlich im Ranft im Melchtal in der Nähe seines Anwesens nieder.
Dort war er der große Beter und Büßer, der zuletzt mehr als 19 Jahre lang ohne irdische Nahrung, nur von der Hl. Eucharistie lebte, bis er am 21. März 1497 nach einem Leben fast dauernden Gebetes und harter Buße im 70. Lebensjahr starb als hochverdienter Ratgeber und Friedensstifter.
Wie paßt nun das Verlassen von Gattin und Kindern zu diesem Ehegatten und Familienvater, wenn er durch die am 15. Mai 1947 erfolgte Heiligsprechung Vorbild für die christlich gelebte und unauflösliche Ehe in unserer Zeit sein soll?

Nikolaus von Flüe auf der Tagsatzung zu Stans, wo er die entzweiten Eidgenossen einigte (1481). Kupferstich von C. Bosshard.

Viele, auch gläubig fromme, christliche Eheleute finden in dieser Tatsache, daß Bruder Klaus seine Gattin und seine Kinder verlassen hat, einen ganz schwer wegräumbaren „Stein des Anstoßes".

Man darf dabei aber wichtige Umstände nicht außer acht lassen:

1. Der hl. Nikolaus von Flüe verließ seine Gattin und seine Kinder nicht leichtfertig und unüberlegt, sondern nach schweren inneren Kämpfen.
2. Er tat es erst nach ernster gewissenhafter Beratung mit seinem Seelenführer und Beichtvater, dem Pfarrer Heimo Amgrund von Kerns.
3. Nur nach viel Gebet und dem dabei schließlich klar erkannten Ruf Gottes, dem es zu gehorchen galt,
4. tat er den Schritt in die Einsamkeit mit Gott nicht aus Selbstsucht, Eigennutz und Bequemlichkeit, sondern nur aus Liebe zu Gott, der – wie er wußte – von ganzem Herzen, mit ganzer Kraft geliebt sein will.
5. Schließlich kam es zu dem schmerzvollen Schritt nur nach tagelanger Beratung mit seiner Gattin und nur nachdem diese zur „Trennung von Tisch und Bett" zugestimmt hatte. Beiden ist auch dann noch die Trennung nicht leicht gefallen.

Der Benediktiner-Mönch P. Michael Jungo hat in seinem Buch „Verborgene Krone: Lebensgeschichte der Dorothea von Flüe" [128] die Trennung der beiden Eheleute mit psychologisch gutem Einfühlungsvermögen so geschildert: „Dorothea hatte eben den erst ein paar Wochen alten Sohn Nikolaus gestillt und ihren Jüngsten zu Bett gebracht. Still und noch etwas bleich setzte sie sich dann ans Spinnrad. Da trat Klaus, ihr Mann, ein. Er ging ein paarmal in der Stube auf und ab, dann setzte er sich am äußersten Ende der Wandbank ihr gegenüber. Lange beobachtete er wortlos das flinke Spiel der Spindel. Dann erhob er sich rasch, ging zum Fenster und sah dem langsamen Verglimmen des Abends zu. Ohne sich zu wenden, brach er dann unvermittelt die lastende Stille: ‚Frau' sagte er fast hart, ‚ich muß gehen, Gott will mich!' Sie wurde leichenblaß, erhob sich langsam, immerfort ihn anstarrend, machte einen Schritt zurück und stütze sich an die Wand. Er hatte sich umgewendet, kam langsam auf sie zu, die Augen hilfesuchend auf ihre Lippen geheftet... Da klang ihre Stimme spröde: ‚Es kann doch nicht sein, Klaus! Es kann nicht sein!'

Die nachfolgenden Tage waren für Klaus und Dorothea pechschwarze Nacht... ‚Was soll denn aus unseren Kindern werden, wenn du gehst?' So begann Dorothea, als ob sie ein inneres Zwiegespräch mit Klaus weiterführe. ‚Gott, der ihnen den Vater nimmt, wird ihnen selbst Vater sein, antwortete er. ‚Und dieser kleine Wurm da?' sagte sie, da das jüngste Kind gerade zu wimmern begann. ‚Ihn hat Gott zu seinem Dienst erkoren.' So kam es prophetisch aus dem Mund von Klaus. Sie aber darauf: ‚Sind wir beide denn nicht durch Christi Blut für alle Ewigkeit verbunden?' Und er darauf: ‚Ja, das sind wir; und nur dein freies Jawort kann mich entlassen – zum Leben mit Gott allein...' Dorothea schwieg, ganz in sich gekehrt. Dann brach es hervor: ‚Weh! Ich kann es nicht!... Du hast mich geholt aus meinem Vaterhaus... Bruder, Vater, Mann, alles bist du mir geworden... Überall seh' ich nur dich... Meine Trauer wird Freude, wenn du sie teilst, und meine Freude Seligkeit, wenn sie mir aus deinen Augen entgegenstrahlt...' Er verbarg sein Gesicht in beide Hände, dann sagte er, jedes Wort betonend: ‚Gott wird auch dir ein und alles werden, Kind!' ‚Ach, Gott ist weit und du so nah.. Es geht über meine Kraft!' Am selben Abend fand Dorothea ihren Mann kniend vor der Wiege. Er hielt die Hände vor dem Mund gefaltet und rührte sich nicht. Wie gebannt blieb sie unter der Tür stehen. Doch nicht lange konnte sie an sich halten, ihre Tränen flossen über, und schluchzend rief sie: ‚Klaus!' Er fuhr zusammen, blickte sich scheu um, blieb aber knien. ‚Klaus! Wenn es zu deinem Glück und Frieden notwendig ist – ich will nicht vor deinem Glück stehen... Wenn du selbst nur glücklich wirst dabei; an mir liegt nichts!' ‚Ach, Weib', sagte Klaus, ‚nicht um mein Glück geht es – nur um seinen, um Gottes Willen! Er hat mich gebunden; ich bin sein Gefangener; und er führt mich, wohin ich nicht will.' ‚Wie soll ich das fassen, daß er, der uns für immer verbunden hat, dich von mir weg an sich binden will?'– ,Auch ich fasse es nicht. Ich weiß nur, daß Er der Herr ist und daß mich seine Liebe unwiderstehlich in die Einsamkeit ruft... Wohin und wozu, weiß Er allein... O wenn ich es doch wüßte!' ,Was soll ich noch weiter sagen?', meinte sie nach einer beklemmenden Pause. ,Geh doch, geh! Und Gott steh' mir bei!' Dann, als ob sie sich besänne: ,Tu ich's für Gott, tu ich's für dich? Ich kenne mich nicht mehr. Ich weiß nur, daß ich dich mehr liebe denn je und daß ich nur aus Liebe zu dir mein Ja sage...' Ihr Gesicht hatte sich leicht gerötet, ihre Augen glühten wie damals, als sie das andere, erste, süße Ja sprach.

Klaus hatte sich langsam aufgerichtet und, die Augen unablässig auf sie gerichtet, erhob er die schwielige Hand, als wolle er ihren Scheitel liebkosen – doch hielt er mitten in der Bewegung inne und ließ die Hand verzichtend fallen... Sie hatte die Bewegung wahrgenommen und bot den sommersprossigen Nacken dar. Doch die ersehnte warme Berührung blieb aus. Der Abschied hatte begonnen. Sie warf sich vor dem Bett auf die Knie, barg den Kopf in die Linnen und schluchzte...

Die drei folgenden Tage lasteten wie ein Alpdruck auf dem Hause der von Flüe.

Der Vater weihte seine Ältesten in sein Vorhaben ein. Die Mutter schnitt und nähte an einem merkwürdigen langen Gewand. Am Vortag von St. Gallus – es war ein milder klarer Herbsttag – machte Klaus mit seinem Sohn Walter noch einen letzten Rundgang durch seine Besitzungen. Dorothea stand unter der Tür und schaute ihnen nach. Sie sah, wie er den Kühen an der Tränke die Stirne kraulte, wie er festen Schrittes die Wiesen durchmaß. Schließlich entzog der Wald ihn ihren Blicken.

Die letzte Nacht beteten Klaus und Dorothea miteinander durch. Als der Morgenstern langsam in der Lücke zwischen Pilatus und Stanserjoch heraufzog, nahmen Mann und Frau für immer voneinander Abschied."

Es war ein erschütternder Augenblick, als Vater Klaus am 16. Oktober 1467, am Fest des hl. Gallus, mit einer armen Einsiedlerkutte bekleidet, barhaupt und barfuß, mit Rosenkranz und Pilgerstab vor seiner Familie stand, um Abschied zu nehmen. Nochmals segnete er jedes seiner Kinder und nahm das jüngste, das seinen Namen Nikolaus trug und erst 16 Wochen alt war, aus der Wiege und legte es seiner Frau in die Arme, ihr nochmals für alles dankend. Das Opfer, das Vater Klaus brachte, erinnerte an jenes, das Gott einst vom Patriarchen Abraham verlangt hatte, der seinen geliebten Sohn Isaak als Opferlamm auf den Altar am Berg Moria legen sollte. Um das Opfer voll zu machen, wollte Klaus auch die Schweizer Heimat verlassen und zu den „Gottesfreunden" ins Elsaß gehen. Bevor er jedoch die Grenze der Eidgenossenschaft überschritt, tat ihm der Hl. Geist durch den Rat eines Bauern und auch innerlich durch eine Vision und eine besondere Erleuchtung kund, er solle nicht in die Fremde gehen, wo man ihn als Spion betrachten könnte, sondern in der Schweizer Heimat bleiben. Durch eine weitere Offenbarung wurde er schließlich in die waldige Ranftschlucht gewiesen. Klein war dort die Klause, in der Bruder Klaus noch 20 Jahre lebte: zweieinhalb Schritte lang, anderthalb Schritte breit, und so niedrig, daß sein Scheitel die Decke berührte.

Viele Menschen klopften an die Zelle des Einsiedlers und fragten um Rat und baten um Gebet, um Hilfe und Trost. Es waren nicht bloß die Landsleute des Heiligen, die zu ihm kamen, Bürger und Bauern aus allen Kantonen, es erschienen auch Besucher vom Ausland, Gelehrte und Professoren, geistliche Würdenträger und Laien mit berühmten Namen. Der Gatte und Familienvater, der Gott das Teuerste zum Opfer gebracht hatte, wurde zum Landesvater und zum Friedensstifter, weil Gott in besonderer Weise mit ihm war.

Bruder Klaus starb in seiner bescheidenen Zelle am 21. März 1487. Sein Kult wurde schon 1669 approbiert; seine Heiligsprechung aber erfolgte erst am 15. Mai 1947. Der in seiner gottgewollten Trennung von Frau und Kindern heute vielfach noch mißverstandene, dabei aber wahrhaft große, vorbildlich liebende, mystisch begnadete Gatte und Vater, der zum besorgten Vater und Beschützer der ganzen Schweizer Eidgenossenschaft geworden ist, hat in

Nikolaus von Flüe nimmt Abschied von seiner Familie. Nach einem alten Kupferstich von G. Nolmar.

einem seiner Enkel, im gottseligen Konrad Scheuber, einen Nachahmer im gewagten Schritt der Trennung von Frau und Kindern gefunden [129]. Es sei hier auf diesen Mann noch hingewiesen:
Konrad Scheuber [130] wurde 1481, also noch zu Lebzeiten des hl. Nikolaus von Flüe, in Altfellen, Pfarrei Wolfenschießen, Kanton Nidwalden, als Sohn frommer, rechtschaffener Bauersleute geboren. Seine Mutter Verena war die älteste Tochter des heiligen Bruder Klaus.
Konrad wurde als Soldat eingezogen und nahm an den Religionskriegen der Reformationszeit teil. Unter anderem kämpfte er in der zweiten Schlacht bei Kappel, in der am 11. Oktober 1531 der Schweizer Reformator Huldrych Zwingli als Feldprediger ums Leben kam. Konrad Scheuber wurde dann in seinem Heimatort zum Gemeinderat und 1543 zum Landamman des Kantons Nidwalden gewählt. Er sehnte sich aber nach der Einsamkeit. Sobald es ihm gestattet war, entsagte er seinen öffentlichen Ämtern, nahm mit Einwilligung seiner Gattin von ihr und seinen beiden Töchtern Abschied und begab sich in den Ranft in Flüeli bei Sachseln, um in der Hütte seines Großvaters drei Jahre in Gebet und Buße zuzubringen. Durch die ständigen Besucher gestört, ließ er sich dann auf seinem eigenen Grund und Boden in Bettelruiti ob Wolfenschießen nieder und baute sich hier eine Hütte samt Kapelle. Auch hier kamen viele Ratsuchende zu ihm; sogar die Seelen Verstorbener besuchten ihn und baten um sein Gebet.
Konrad Scheuber starb am 5. März 1559. Wegen der vielen Gebetserhörungen an seinem Grab wurden seine Gebeine am 12. Juli 1602 erhoben und in der Kirche beigesetzt.

Der selige Marcus von Montegallo und Chiara von Tibaldeschi

* 1425 in Fonditore bei Montegallo, Italien
† 19. März 1496 in Vicenza, Italien
Hochzeit 1451
Franziskaner-Ordenspriester, Volksmissionar
Kult approbiert 1839

Der 1425 in Fonditore bei Montegallo geborene Marcus [131] war der Sohn des vermögenden Chiaro de Marchio. Er studierte an den Universitäten von Perugia und Bologna Medizin und übte dann in Ascoli den Arztberuf aus. Um den Wünschen seines Vaters zu entsprechen, heiratete er 1451 die aus adeliger Familie stammende Chiara von Tibaldeschi. Beide lebten enthaltsam, ohne die gültig geschlossene Ehe zu vollziehen. Als dann Marcus' Vater ein Jahr darauf starb, beschlossen die beiden Eheleute, in gegenseitigem Einvernehmen sich zu trennen und einander freizugeben, um den Ordensberuf ergreifen zu können. Die Ehegattin trat bei den Klarissen im Kloster St. Maria „delle donne“ in Ascoli ein, der Ehegatte wurde Mitglied des Ordens der Franzsikaner-Observanten.

Hier haben also zwei Menschen, die mehr oder weniger zur Verehelichung genötigt worden waren, ihre Ehe, die sie nie vollzogen hatten, sicher im Einverständnis mit ihren kirchlichen Vorgesetzten aufgelöst und den Ordensstand ergriffen in der Überzeugung, dazu von Gott berufen zu sein, was sich auf jeden Fall im Leben des Gatten als richtig erwies; denn er wurde nun ein überaus seeleneifriger Ordenspriester und Volksmissionar, der viele zum Streben nach Vollkommenheit anleitete und selber dieses Ideal erreichte.

Nach dem Noviziat in Fabriano und der nötigen theologischen Ausbildung wurde P. Marcus Superior in San Severino. Dann begann er sein Apostolat als Volksmissionar unter der Führung eines erfahrenen Mitbruders, des heiligen Giacomo della Marca († 1476). Mit diesem zusammen und später auch allein suchte P. Marcus nun erfolgreich die beiden Wunden, die damals in den südlichen Regionen Italiens die Menschen einander schlugen und sich so das Leben schwer machten, zu heilen: äußerst feindselige politische Streitigkeiten einerseits und der Wucher andererseits. P. Marcus, der selige Arzt, betätigte sich nun als erfolgreicher Seelenarzt, der den Frieden und die Versöhnung predigte und vielfach herbeiführte. Gegen den Wucher aber errichtete er an vielen Orten einen sogenannten „Monte di Pietà“, eine Leihanstalt, wo Bedürftige fast zinslos Geld zu leihen bekamen.

Bei seiner aufreibenden Predigttätigkeit fand P. Marcus noch Zeit, einige erbauliche Bücher zu verfassen und im Druck herauszubringen, so „La tabula della Salute“ („Tisch des Heils“); das Buch erschien 1494 in Florenz.

In Vicenza, wo P. Marcus mehrmals mit viel Erfolg gepredigt hatte, wurde er sterbenskrank und starb am 19. März 1496. Dem in der Kirche San Biagio vecchio zu Vicenza begrabenen Volksmissionar wurde bald vom gläubigen Volk große Verehrung gezollt. 1839 wurde dieser Kult von Papst Gregor XVI. approbiert.

Die selige Serafina und Alessandro Sforza

* 1434 in Urbino
† 8. September 1478 in Pesaro
Hochzeit 1448
Kult approbiert 1754
Fest am 8. September

Die Grafentochter Sveva di Montefeltro [132)], verheiratete Fürstin Sforza, aus der eine heiligmäßige Klarissin und Äbtissin mit dem Ordensnamen Serafina wurde, ist ein hochinteressanter Fall unter den verheirateten Seligen und Heiligen, denn ihre höchst unglückliche, dabei aber doch ihr selbst und ihrem lasterhaften Gemahl zum Segen gereichende Ehe, die durch päpstliche Dispens und durch die Ordensprofeß der Ehegattin getrennt wurde, spielt stark in die Geschichte des kirchlichen Eherechts hinein, wie mehrere vorliegende Abhandlungen zeigen.

Sveva wurde in der ersten Hälfte des Jahres 1434 als letztes Kind des Grafen Guidantonio di Montefeltro und der Caterina Colona, einer Nichte des Papstes Martin V. (Colona) in Urbino geboren.

Im Jahre 1438 verlor Sveva mit nur vier Jahren ihre Mutter, fünf Jahre später auch ihren Vater. Sie kam unter die Vormundschaft ihres ältesten Bruders Oddantonio und dann unter die ihres Stiefbruders Federico. Im März 1446 verließ sie ihre Geburtsstadt Urbino und kam zu ihrem Onkel, Kardinal Prospero Colona, der die Vierzehnjährige mit dem 40jährigen Alessandro Sforza, dem Herrn von Pesaro, zu vermählen suchte. Es kam tatsächlich „per procura“ zu dieser Vermählung am 9. Januar 1448. Am 1. September 1448 zog Sveva zu ihrem Gemahl nach Pesaro. Dieser aber reiste sehr bald schon ab, um sechs Jahre lang für seinen Bruder Francesco Kriegsdienst zu leisten bei der Eroberung Mailands.

Die junge Fürstin Sveva vertrat nun ihren Gemahl, den Herrn von Pesaro, staunenswert vorbildlich in den Regierungsgeschäften, wobei sie gut beraten wurde von ihrer Tante Vittoria Colona und ihrer Cousine Elisabetta Malatesta Varano. Den beiden Kindern ihres Gemahls aus erster Ehe, den Stiefsöhnen Battista und Costanzo, war die junge Fürstin eine tadellose, liebenswürdige Stiefmutter.

Die lange Abwesenheit ihres Gemahls, des Fürsten Alessandro Sforza, von Pesaro und dessen völlige Unbesorgtheit um seine jugendliche Gemahlin brachten für sie schwere Probleme und stellten ihre eheliche Treue auf die Probe. Gab sie etwa in diesen sechs Jahren den Schmeicheleien eines Höflings nach, so daß sie nicht ganz zu Unrecht von Alessandro Colona des Ehebruchs angeklagt wurde? Er warf ihr sogar vor, versucht zu haben, ihn vergiften zu lassen. Wahr ist jedoch, daß Alessandro Sforza sich von seiner jungen Gattin trennen wollte, um ruhig sein Lasterleben weiterführen zu können, vor allem mit einer Mätresse, die er in das Schloß zu Pesaro mitbrachte. Der Fürst mißhandelte die junge Gattin, versuchte sie mehrmals zu vergiften, einmal zu erdrosseln. Der Fürstin Sveva half dabei die ihr von seiten ihrer Verwandtschaft zuteil werdende Verteidigung nichts gegen alle ungerechten Vorwürfe. Sveva wurde schließlich von ihrem Gemahl Alessandro und ihrem Schwager Francesco Sforza, dem Herzog von Mailand, gezwungenermaßen in den Klarissen-Konvent Corpus Christi in Pesaro gesteckt. Diese Demütigung gereichte der Eingesperrten aber zur Läuterung und Reifung. Sie fand sich schließlich mit dem Leben im Kloster ganz und gar ab. Ende August 1457 legte Fürstin Sveva auf Grund der von Papst Callistus III. erteilten Dispens die Profeß ab und gelobte für immer Armut, Keuschheit und Gehorsam. Dazu nahm sie den Ordensnamen Serafina an.

Die gereifte und geläuterte Klarissin wurde eine große Büßerin und Beterin; vor allem betete sie viel um die Bekehrung ihres immer noch zügellosen Gemahls. Schließlich erlebte sie nach langer Zeit wirklich die große Freude, daß Fürst Alessandro Sforza sich bekehrte und ein anderer Mensch wurde. Er kam zum Klarissen-Kloster Corpus Christi und bat seine Gemahlin reumütig und kniefällig um Verzeihung. Er kam noch mehrmals wieder und wurde getröstet und gestärkt durch geistliche Gespräche, die er mit seiner Gemahlin, die zu einer vorbildlichen Ordensfrau geworden war, führen konnte. Der Bekehrte lebte nach seiner Bekehrung noch neun Jahre lang und führte wie seine Gemahlin ein Büßerleben in großer Opfer- und Sühnebereitschaft.

Serafina aber verbrachte noch 18 Jahre als würdige Tochter der hl. Clara im Corpus-Christi-Kloster zu Pesaro. 1475 wurde sie wegen ihrer Beispielhaftigkeit sogar einstimmig zur Äbtissin des Klosters gewählt. Sie überlebte ihren Gemahl um fünf Jahre. Am 8. September 1478 wurde sie zum Lohn in die Ewigkeit abberufen, wo es wohl sicher zum Wiedersehen mit ihrem einstigen Gemahl kam.

Papst Benedikt XIV. bestätigte am 17. Juli 1754 die bald nach ihrem Tod vom gläubigen Volk Pesaros begonnene Verehrung der seligen Serafina, der einstigen Fürstin Sforza, die mit heroischer Geduld die Launen und Laster ihres Gemahls ertragen hat und eine vorbildliche Stiefmutter und Landesmutter war und dann als Ordensfrau um die Bekehrung ihres lasterhaften Gemahls viel gebetet und gesühnt hat. Der unverweste Leichnam dieser seraphischen Seligen ruht in der Kathedrale von Pesaro.

Die hl. Catharina von Genua und Giuliano Adorno

* 15. April 1447
† 14. September 1510
Hochzeit 13. Januar 1463

Das „Fegfeuer" einer höchst schwierigen unglücklichen Ehe mußte die hl. Catharina von Genua durchleiden, um persönlich zur Heiligkeit zu gelangen und die Bekehrung ihres leichtfertigen Gatten zu erreichen.

Catharina [133)] entstammte dem Geschlecht der Fieschi, einer der berühmtesten Adelsfamilien von Genua. Dort wurde sie am 15. April 1447 nach den Brüdern Giacomo, Giovanni und Lorenzo und der Schwester Limbania als jüngste Tochter des reichen Handelsherrn Giacomo Fieschi und der Francesca di Negro geboren. Ihr Vater war bei ihrer Geburt schon ein halbes Jahr tot. Sie ist wohl bald nach der Geburt in dem ihrem Geburtshaus fast benachbarten Dom San Lorenzo in Genua auf den Namen Catharina getauft worden. Die Erziehung des Mädchens, das von Kindheit an wertvolle Anlagen zeigte, erfolgte nicht bloß durch die fromme Mutter, sondern wurde auch durch ihre ältere Schwester Limbania, die sich Gott im Ordensstand geweiht hatte und bei den Augustiner-Chorfrauen von Santa Maria delle Grazie in Genua eingetreten war, sehr positiv beeinflußt. Das jüngste der fünf Kinder der dem Genueser Hochadel angehörenden Familie Fieschi ist sicher nicht bloß in religiös-sittlicher Hinsicht, sondern auch hinsichtlich der Geistes- und Herzensbildung bestens erzogen worden.

Als Catharina 13 Jahre alt geworden war, erwachte in ihr der Wunsch, es ihrer älteren Schwester Limbania nachzumachen und auch den Ordensstand im Kloster Santa Maria delle Grazie zu erwählen. Man darf diesen Wunsch nicht als jugendliche Schwärmerei abtun, denn Catharina erwies sich damals mit ihren 13 Jahren nicht bloß körperlich, sondern auch geistig und seelisch als außerordentlich reif; sie zeigte seit langem in hohem Maß großen Gebets- und Bußeifer. Catharinas Ansuchen um Aufnahme in das Kloster wurde aber von dessen Priorin abgelehnt mit den Worten: „Wir wollen in unserem Kloster keine Kinder haben; auch wäre es nicht gut, wenn allzuviele aus dem mächtigen und gefürchteten Geschlecht der Fieschi in unserem Hause weilen würden."

Catharina war über die Ablehnung ihres Ansuchens sehr traurig, suchte nun aber die ihr versagt gebliebene Gnade des Ordenslebens durch um so größeren Eifer in Werken der Frömmigkeit, der Buße und der Nächstenliebe im Laienstand zu ersetzen.

Als sie 16 Jahre alt geworden war, wurde sie das Opfer der Familienpolitik ihres ältesten Bruders Giacomo, der nach dem Tod des Vaters das Oberhaupt der Familie geworden war.

Im Jahre 1453 war Konstantinopel in die Hände der Türken gefallen, was sich als niederschmetterndes Ereignis für die gesamte Christenheit, vor allem auch für die Stadt Genua, auswirkte. Genua verlor damals seine auswärtigen Besitzungen. Den Adelsfamilien in der Stadt Genua versiegten dadurch die bisherigen Quellen des Reichtums und des Wohlstandes. Statt nun den Türken die verlorenen Besitzungen wieder zu entreißen, zerfleischte sich Genua in dieser Zeit durch innenpolitische Auseinandersetzungen und bürgerkriegsähnliche Kämpfe zwischen seinen Adelsfamilien, vor allem zwischen den alten mächtigen Familien Fieschi und Adorno einerseits und der herrschenden Familie Fregoso andererseits.

Gegen die Familie Fregoso und die von ihr herbeigerufene und nun in Genua regierende Mailänder Herzogsfamilie Sforza schlossen sich die sonst immer untereinander im Streit liegenden Familien Fieschi und Adorno eng zusammen. Den Höhepunkt und die Besiegelung des freundschaftlichen Zusammenschlusses der welfisch gesinnten Familie Fieschi und der ghibellinisch gesinnten Familie Adorno sollte eine eheliche Verbindung bringen, nämlich die Vermählung der erst 16jährigen Catharina Fieschi mit Giuliano Adorno.

Dieser Repräsentant der Familie Adorno hatte sich bei der Eroberung der Insel Ascio hervorgetan und war Gouverneur dieser Insel, dann aber vom Dogen Fregoso eingekerkert worden. Als Giuliano Adorno schließlich wieder die Freiheit erlangt hatte, kehrte er 1460 nach Genua zurück. Am 13. Januar 1463 wurde ihm im Palast der Familie Fieschi in Genua die 16jährige Catharina Fieschi angetraut.

Giuliano Adorno war ein gewalttätiger, brutaler, sittlich leichtfertiger, unbeherrschter Mann, der bereits drei, vielleicht – wie man munkelte – sogar fünf uneheliche Kinder zu versorgen hatte. Überdies war er ein prunksüchtiger, verschwenderischer Lebemann. Er brachte es in den ersten zehn Ehejahren fertig, nicht bloß sein eigenes beträchtliches Vermögen, sondern auch das seiner jungen Gattin Catharina fast völlig zu vergeuden. Auch sonst gestaltete sich diese Ehe höchst unglücklich, denn Giuliano Adorno vernachlässigte seine junge Frau total, sowohl im Elternhaus Catharinas, wo das Ehepaar in den ersten zwei Ehejahren wohnte, als auch dann, als es 1466 in den Palast der Adorno übersiedelt war.

Es waren bittere, traurige Jahre, welche die junge adelige Frau fast wie eine Eingekerkerte zwischen den kalten Mauern des Palastes der Familie Adorno verbringen mußte: einsam, vernachlässigt und vergessen, allzuoft gekränkt und zurückgesetzt und auch in ehebrecherischer Weise von ihrem Gatten verraten.

Die verworrenen politischen Verhältnisse in der Stadt Genua von damals verstärkten noch das Unglück der jungen Frau. Denn der an der Macht befindliche Doge Paolo Fregoso wurde immer mehr zum Tyrannen. Dadurch war die Situation der in Opposition zu ihm befindlichen Familien Adorno und Fieschi aussichtslos und triste geworden. Das trug mit dazu bei, daß Giuliano Adorno, der Gemahl Catharinas, seine Wut über die politischen Verhältnisse an seiner Umgebung ausließ und, in seinem Ehrgeiz völlig frustriert, zum Würfel- und Kartenspiel sowie zu schlechten Weibern flüchtete. Dabei verspielte er große Summen oder vergeudete sie. Wenn er dann wieder einmal nach Hause kam, hatte er für seine junge Frau nur finstere, scheele Blicke und Verachtung übrig.

So verbrachte Catharina die ersten fünf Jahre ihrer Ehe, in die sie ja nur wegen des an Nötigung grenzenden Drängens ihres ältesten Bruders und wohl auch ihrer Mutter um des Friedens willen notgedrungen eingewilligt hatte, in Traurigkeit und wachsender Schwermut und in fast völliger Zurückgezogenheit.

Im Sommer wohnte Catharina einsam im Landhaus der Familie Adorno zu Prà in der Umgebung von Genua. Hier war es für sie insofern ein klein wenig besser, als sie sich dann und wann auf Wallfahrt zum Heiligtum beim Kloster San Nicolò del Boschetto, das von Benediktinern betreut wurde, begeben konnte. Hier konnte sie sich bei einem erfahrenen Ordenspriester aussprechen und im Gebet vor dem Allerheiligsten ausweinen und ihr Herz ausschütten in ihren seelischen Qualen.

Die Ehe selbst bot ihr keinerlei Freuden. Der sexuelle Vollzug der Ehe, der Vorzug Ehefrau eines angesehenen Mannes zu sein, die Ehre, als Hausfrau vielen Untergebenen befehlen zu können, die Schmeicheleien, mit denen man sie aufzuheitern suchte – das alles hatte für Catharina, deren Liebe doch seit ihrer Kindheit in besonderer Weise Christus gehörte, keinen Reiz und keine wirkliche Bedeutung. Dabei wußte sie sich aber durch das unauflösliche Eheband an einen Mann gekettet, dem nichts mehr am Herzen lag als zu prahlen und großzutun, das Leben in Ausgelassenheit zu genießen und dabei einen Aufwand zu treiben, als hätte das gemeinsame Vermögen überhaupt keine Grenzen.

Catharina wird ihrem Gatten anfangs sicher taktvoll und gütig Vorstellungen gemacht haben. Als aber diese nichts fruchteten, wird sie vielleicht einen strengeren Ton angeschlagen haben. Doch sie merkte wohl bald, daß bei diesem Mann nichts half – im Gegenteil, er trieb es dann nur noch ärger.

Da aber an Scheidung nicht gedacht werden konnte, wird sich ihr auf Grund ihrer Religiosität der Gedanke nahegelegt haben, ihre Ehe, die im Interesse der Versöhnung der verfeindeten Familien Fieschi und Adorno geschlossen worden war, als ein ihr von Gott selbst zugedachtes Sühneopfer aufzufassen und zu bejahen, um für ihren Gemahl, für die beiden Adelshäuser, für die ganze Stadt Genua, aber auch für die Kirche und gesamte Menschheit, die damals in vieler Hinsicht friedlos waren, zu sühnen.

So begann Catharina bei allem Leid, das ihr zugefügt wurde, im Geist der Buße und Sühne zu schweigen, zu dulden und alles aufzuopfern. Die Kraft dazu aber holte sich die verkannte junge Ehegattin im Gebet und im hl. Meßopfer, zu dessen Mitfeier in einer Kirche Genuas die ‚Einsiedlerin' das einzige Mal am Tag ihr Haus verließ.

Mit Sicherheit ist anzunehmen, daß in dieser Zeit die Mutter, die Brüder, die Verwandten und Bekannten oft in Catharina drangen, ihre ganz zurückgezogene Lebensweise aufzugeben. Sie taten es sicher mit dem Argument, schließlich verlange doch die Rücksicht auf den Stand ihres Gatten und ihrer Familie, daß sie sich in der Gesellschaft zeige; sie würde dann vielleicht auch auf ihren Gemahl wieder mehr Einfluß gewinnen. Wenn sie so wie bisher weitermache, werde sie noch ganz depressiv der Schwermut verfallen, krank werden und ihr Leben abkürzen; wenn sie aber bei all ihrer immer noch vorhandenen Schönheit in entsprechender Kleidung und Haltung bei Festveranstaltungen und Unterhaltungen wieder zu erscheinen begänne, würde sie in der Öffentlichkeit sicher bald bewundert werden und könne dadurch dann auch in ihrem Gemahl eifersüchtige Liebe wachrufen und ihn so an sich fesseln. Es sei darum auch aus religiösen Motiven völlig falsch, sich so zurückzuziehen, wie sie es bisher in den ersten fünf Ehejahren getan habe.

Da man der jungen Ehefrau immer wieder auf solche Weise zusetzte, begann sie tatsächlich allmählich an der Richtigkeit ihrer bisherigen Lebensführung zu zweifeln. Sie überlegte, ob es nicht doch besser wäre, sich fortan nicht mehr so gänzlich abseits zu stellen und sich von der üblichen Lebensführung der Genueser Damen von Rang und Stand so radikal auszuschließen.

So fing Catharina wirklich zu Beginn ihres sechsten Ehejahres an, ihre Zurückgezogenheit mehr und mehr aufzugeben, wieder Besuche zu empfangen und Gegenbesuche zu machen, wieder in der Gesellschaft zu erscheinen, in der Öffentlichkeit Veranstaltungen mitzumachen und sich dabei in der Kleidung, im Schmuck, im ganzen Gehabe den anderen Damen der Gesellschaft anzupassen und diese darin schließlich sogar zu übertreffen. In den nun folgenden fünf Jahren der Hinwendung zur Welt wurde Catharina aber keineswegs glücklich. Im Gegenteil, im achten Jahr fühlte sie sich auf einmal über die Maßen unglücklich; Traurigkeit befiel sie, die sich immer mehr steigerte. Es schien ihr plötzlich unmöglich, die eingeschlagene Weltzugewandtheit weiter zu pflegen. Es stellte sich ein bedrückendes Gefühl der Abhängigkeit von der Welt und den sinnlichen Freuden ein, die doch das Herz leer lassen. Überdies entsetzte sie die Verschwendungssucht ihres Gatten, die den größten Teil des gemeinsamen Vermögens bereits aufgezehrt hatte. In äußerster Niedergeschlagenheit begab sie sich am 22. März 1473, nach menschlichem Trost dürstend, zu ihrer Schwester Limbania im Kloster Santa Maria delle Grazie.

Im Sprechzimmer des Klosters suchte die Ordensfrau Limbania ihre zutiefst niedergeschlagene Schwester Catharina zu trösten; sie gab ihr den Rat, sich mit dem Beichtvater einmal gründlich auszusprechen. Catharina befolgte diesen Rat. Da wurde ihr Herz urplötzlich vom Pfeil der unermeßlichen Liebe Gottes getroffen. Sie konnte dabei einen Blick erschütternder Art auf die Erbärmlichkeit ihres von Sünden und Fehlern entstellten Herzens tun. Sie erkannte plötzlich auf das klarste alle Gnaden, mit denen der Herr aus reiner Liebe sie von der Welt weg – und an sich ziehen wollte. Eine grenzenlose Liebe zu Gott erfüllte im gleichen Augenblick zusammen mit tiefster Reue ihre Seele. Eine tiefgehende, sie völlig umwandelnde Bekehrung setzte ein, die dann in einer vier Jahre dauernden Phase der Buße und Läuterung 1477 ausklang.

Catharina von Genua ist nach ihrer Bekehrung nicht der Einseitigkeit in Werken der Frömmigkeit verfallen. Sie widmete sich mit gleicher Einsatzbereitschaft nun auch den Werken der Nächstenliebe in der Betreuung der Armen und Kranken. Sie nahm sich dieser Menschen mit unsagbar großer Güte und Liebe an, reinigte die armselige Kleidung und Leibwäsche der Armen und Kranken und brachte sie, soweit das noch möglich war, in Ordnung oder ersetzte sie durch neue. An jenen Orten, wo Krankheit und Schwachheit im physischen und moralischen Sinn, wo Ängste und Schmerzen, Tränen und Klagen daheim waren und wohin andere nur einen scheuen Blick warfen, um davor möglichst schnell zu fliehen, da war nun Catharinas Betätigungsfeld. Auch dort, wo ihr nur verzweifelte Klagelieder und klassenkämpferische

Haßgesänge entgegenklangen, fand sich Catharina ein, um Trost zu spenden und Heilung an Leib und Seele zu vermitteln. Dabei vergaß sie auch nicht jenes verlorene Schaf, das ihr doch auf Grund des Sakramentes der Ehe besonders nahestand.

Bald nach Catharinas Bekehrung war bei ihrem Gatten Giuliano Adorno der finanzielle Zusammenbruch eingetreten: Er hatte es in seiner Verschwendungssucht soweit gebracht, daß 1473 sein Landhaus in Prà verkauft und der Adorno-Palast in Genua vermietet werden mußte. Aus dem einst schwerreichen, vermögenden Adeligen war ein armer „Schlucker“ geworden. Aber das Unglück, das ihn getroffen hatte, und die heroische Geduld und ausgeglichene Ruhe seiner Gemahlin Catharina, womit sie ihm allzeit begegnete, machten den stolzen, harten Mann allmählich klein und weich und führten auf Grund der vielen Gebete und Opfer Catharinas schließlich zur Bekehrung dieses leichtsinnigen Mannes. Er ging in sich, bereute sein bisheriges lasterhaftes Leben gar sehr und entschloß sich, mit Catharina fortan in keuscher, enthaltsamer Ehe wie Bruder und Schwester zusammenzuleben.

Um mit der verführerischen Welt zu brechen und nie mehr auf ihre Lockungen hereinzufallen, nahm Giuliano Adorno demütig und bußfertig das Kleid eines Mitglieds des III. Ordens des hl. Franziskus und wurde – von 1479 an – zum treuen Helfer seiner heiligen Gemahlin im Dienst an den Notleidenden und Kranken. Sein harter, zum Zorn neigender Charakter wandelte sich dabei mehr und mehr, so daß schließlich sein heiliges Sterben nach dem 10. Januar 1497 seiner geliebten Gattin Catharina wie die Erhörung jenes Gebets vorkam, das sie an Gott, ihre große Liebe, immer wieder gerichtet hatte. „Liebe, ich erbitte mir von Dir diese Seele! Gib sie mir, ich bitte Dich! Du kannst sie mir geben.“

Von Catharina ist noch zu berichten, daß sie wegen ihres selbstlosen Einsatzes für die Kranken vom Magistrat der Stadt Genua zur Vorsteherin des Spitals Pammatone ernannt wurde. Als solche opferte sie sich ganz für die Kranken auf, besonders während der fünfmaligen Pestepidemie, von der die Stadt Genua heimgesucht wurde. Catharina starb in der Nacht vom 14. auf den 15. September 1510 im 63. Lebensjahr, nachdem sie in 34 Ehejahren ein überaus schmerzliches Fegefeuer durchlitten und nach ihrer gnadenhaften Bekehrung und der ihres Gatten 22 Jahre lang zusammen mit diesem und dann noch als Witwe 13 Jahre lang den Kranken und Ärmsten der Armen in selbstloser Liebe gedient hatte.

Die selige Ludovica von Savoyen und Hugo von Châlon-Arlay

* 28. Dezember 1462 in Genf
† 24. Juli 1503
Hochzeit 1479
1492 Klarissin in Orbe (Vaud, Schweiz)
Kult approbiert 1839

Ludovica (Louise), die am 28. Dezember 1462 in Genf geborene Tochter des Herzogs Amedeo IX. und der Jolanda von Frankreich, der Schwester des französischen Königs Ludwig XII., vermählte sich 1479 17jährig mit Hugo von Châlon-Arlay, dem Fürsten von Chateau-Guyon [134].
Ob diese 11 Jahre dauernde Ehe glücklich war, wird nirgendwo behauptet, es scheint darum eher das Gegenteil der Fall gewesen zu sein. Das Leben Ludovicas war von Jugend an, im Brautstand und als Ehegattin immer durch ganz große Strenge und durch tiefe Frömmigkeit charakterisiert. Nach dem Tod ihres Gatten im Jahre 1490 vergingen nur zwei Jahre, und die Fürstin, die bisher schon ein Leben des Gebetes und der Liebestätigkeit geführt hatte, trat in das von der hl. Coletta Boillet reformierte Klarissenkloster in Orbe, Kanton Waadt, Schweiz, ein, wo sie sich durch ein heiligmäßiges Leben auszeichnete. Ihr ganzes Vermögen vermachte sie der Kirche von Orbe. Franziskanisch arm wollte sie leben und sterben. Am 24. Juli 1503 starb die ehemalige Fürstin und Ehegattin bedürfnislos und arm, aber reich an Verdiensten für die Ewigkeit. Papst Gregor XVI. hat 1839 die Anrufung und Verehrung Ludovicas von Savoyen als Selige gutgeheißen.

Bild zu Seite 212
Hl. Bruder Klaus

Kupferstich 1712

Die selige Margareta von Lothringen

* 1463 auf Schloß Vaudémont in Lothringen
† 2. November 1521 in Argentan
Hochzeit 1488
Mutter von drei Kindern, 20 Jahre lang Regentin
1513 Franziskaner-Terziarin in Mortagne
Kult approbiert am 20. März 1921

Die selige Margareta von Lothringen wurde in Vaudémont in Lothringen 1463 als Tochter des Herzogs Friedrich von Lothringen und der Jolanda von Anjou geboren. Sie zog schon früh wegen ihrer Liebenswürdigkeit und Tugendhaftigkeit die Aufmerksamkeit weiter Kreise auf sich. Sie kam mit zwölf Jahren an den Hof „des guten Königs“ René von Anjou. Hier wurde sie ganz stark durch die Lektüre der „Legenda aurea“ für die Nachahmung der Heiligen begeistert; sie wollte unbedingt Einsiedlerin werden. 1480 kam sie wieder nach Lothringen zurück und erblühte nun in jugendlicher Schönheit und Reinheit sowie in tiefer Frömmigkeit. Am 14. Mai 1488 vermählte sich Margareta mit Herzog René von Alençon, den sie aber schon nach vier Jahren durch den Tod verlor. In diesen vier Ehejahren gebar sie ihrem Gemahl drei Kinder, nämlich Karl, Franziska und Anna, und war auch, unterstützt vom Herzog, sehr aufgeschlossen darauf bedacht, die Lebensqualität der Untertanen im Herzogtum zu verbessern. Am 1. November 1492 starb Herzog René. Nun mußte Margareta nicht bloß für die Pflege und Erziehung ihrer drei Kindern sorgen, sondern führte auch 20 Jahre lang mit Klugheit und Gerechtigkeit die Regentschaft anstelle ihres verstorbenen Gatten. Die drei Kinder wurden gut verheiratet: Der Sohn Karl heiratete Margareta von Angoulême und wurde dadurch Schwager König Franz I. Die Tochter Franziska wurde Herzogin von Bourbon, und Anna, die zweite Tochter, Herzogin von Montfort.

Angeleitet durch den hl. Franz von Paula († 2. April 1507), führte Margareta von Lothringen in dieser Zeit ein streng geordnetes religiöses und asketisches Leben. Eine besondere Freude bereitete der verwitweten Herzogin die Sorge für die Armen und Kranken. Mit großem Eifer überwachte sie das Schulwesen und die Heranbildung gottesfürchtiger Lehrer. Gegen hartherzige Grundherren und selbstsüchtige Beamte ging sie mit großer Strenge vor. Dabei blieb sie selber immer bescheiden. In echter Frömmigkeit widmete sie einen Großteil des Tages der Betrachtung des Leidens Jesu Christi und der Mitfeier des in der hl. Eucharistie gegenwärtig gesetzten Kreuzesopfers des Erlö-

sers. Nachdem sie die Regierung des Herzogtums ihrem Sohn Karl übertragen hatte, widmete sie sich nur mehr der Selbstheiligung. Sie wurde 1513 Terziarin im Dritten Orden des hl. Franziskus und gründete aus ihrem privaten Vermögen das Klarissen-Kloster in Argentan. Schließlich trat sie in dieses Kloster ein, legte dort 1520 die Ordensprofeß ab und führte bis zu ihrem Tod am 2. November 1521 ein vorbildliches regeltreues Ordensleben.
Die kultische Verehrung der frommen Herzogin, die ihrem Gemahl vier Jahre lang eine vorbildliche Gattin, ihren drei Kindern eine liebevoll sorgende Mutter, den Untertanen im Herzogtum eine umsichtige Landesmutter und den Klarissen im Kloster zu Argentan eine demütige, gütige Mitschwester war, wurde am 20. März 1921 durch Papst Benedikt XV. approbiert [135)].

Die hl. Jeanne von Valois und Ludwig von Orléans

S. Johanna Valesia.

* 23. April 1464 in Nogent-le-Roy, Frankreich
† 4. Februar 1505
Hochzeit 8. September 1476
Heiligsprechung 28. Mai 1950

Eine Heilige, die 22 Jahre nach ihrer kirchlichen Eheschließung kirchlicherseits die Beendigung ihrer Ehe zur Kenntnis nehmen mußte, ist die hl. Jeanne (Johanna) von Valois [136)], Tochter, Schwester und Gemahlin dreier Könige von Frankreich. Ihr Großvater war König Karl VII., der – dank des von Gott gefügten Eingreifens der hl. Jeanne d'Arc, der Jungfrau von Orléans – 1429 in Reims zum König gekrönt wurde; sein Sohn, König Ludwig XI. von Frankreich († 1483), vermählt mit Charlotte von Savoyen, war der Vater der hl. Jeanne von Valois, die am 23. April 1464 in Nogent-le-Roy geboren wurde. König Ludwig XI. war bei ihrer Geburt schwer enttäuscht, nicht bloß weil er anstelle dieser Tochter einen Thronfolger erwartet hatte, sondern vor allem auch, weil das Kind krumm und häßlich war.

König Ludwig XI. verlobte seine ungeliebte Tochter im Alter von 26 Tagen mit ihrem zwei Jahre alten Cousin Ludwig von Orléans. Diese Verlobung wurde ernst genommen, denn es folgte die kirchliche Trauung am 8. September 1476 in Montrichard, als die Braut, Jeanne von Valois, zwölf und der Bräutigam, Ludwig von Orléans, 14 Jahre alt waren. Der Ehevertrag war am 11. August 1476 vom Brautvater, König Ludwig XI., und am 28. August 1476 von der Mutter des Bräutigams, Maria von Clèves, unterzeichnet worden.

Ludwig von Orléans hatte für seine Gemahlin Jeanne nur Abneigung übrig; diese aber ertrug alles in Geduld und Güte und erwiderte die Zurücksetzung mit Wohltaten der Liebe.

Im Jahre 1483 starb König Ludwig XI., der Vater Jeannes von Valois. Sein Sohn und Nachfolger auf Frankreichs Königsthron, König Karl VIII., der Bruder Jeannes von Valois, war damals noch minderjährig; er brauchte deshalb einen Vormund. Als solchen aber hatte der verstorbene König Ludwig XI. nicht den nächsten männlichen Verwandten, nämlich Ludwig von Orléans, den Gemahl Jeannes von Valois, bestimmt, sondern die ältere Schwester des minderjährigen Königs, die mit Pierre von Bourbon verheiratet war. Darüber war Ludwig von Orléans empört. Er erhob sich, wurde aber besiegt und gefangengenommen; er schien sein Leben verwirkt zu haben. Seine edelgesinnte Gemahlin Jeanne von Valois aber verstand es, so inständig für ihren Gemahl Ludwig von Orléans Fürbitte einzulegen, daß ihm schließlich verziehen wurde. Während der zwei Jahre aber, in denen Ludwig von Orléans gefangengehalten wurde, vergalt ihm seine Gemahlin Jeanne von Valois alles Böse, das er ihr in der Ehe bisher angetan hatte, mit Gutem, indem sie ihn so oft wie nur möglich besuchte und tröstete.

Nach dem frühen Tod von König Karl VIII., dem Bruder der hl. Jeanne von Valois, im Jahre 1498 wurde Ludwig von Orléans König und bestieg als Ludwig XII. den französischen Königsthron.

Als solcher hatte er nichts Eiligeres zu tun, als sich an den damaligen Papst Alexander VI. mit dem Verlangen zu wenden, seine Ehe mit Jeanne von Valois für ungültig zu erklären. Er gab dafür folgende Gründe an: 1. habe er vor 22 Jahren die Ehe nur widerwillig und unter Druck und Zwang durch König Ludwig XI. geschlossen; 2. habe er noch am Tag der Eheschließung vor Notaren eine geheime Erklärung darüber abgegeben; 3. sei seine Gemahlin zur Mutterschaft unfähig gewesen.

Papst Alexander VI. beauftragte eine Kommission mit der Untersuchung des Falles. Am 10. August 1498 wurde die Königin vor das Ehegericht, das in der Kirche von Saint-Gatien zu Tours tagte, zitiert. Sie protestierte feierlich gegen die Nichtigkeitserklärung ihrer Ehe. Es kam zu gegensätzlichen Aussagen beider Ehegatten über den Vollzug ihrer Ehe. Die Königin verlangte daraufhin von König Ludwig XII. das „Juramentum veritatis", das dieser bedenkenlos über den von ihm behaupteten Nichtvollzug seiner Ehe leistete. Nun beugte sich die Königin und nahm die von der Kommission ausgesprochene Nichtigkeitserklärung ihrer Ehe zur Kenntnis. Die Frage ist nur, ob es bei dieser kirchlichen Beendigung der Ehe um eine Nichtigkeitserklärung oder um Auflösung einer nichtvollzogenen Ehe ging. Die Königin erklärte nur: „Man tut mir zwar ein großes Unrecht an, doch Gott sei für alles gepriesen. Ich weiß, daß Er das alles zuläßt, damit ich Ihm besser als bisher dienen und meinen (schon in der Kindheit ausgesprochenen) Wunsch nach Gründung eines Ordens zu Ehren der seligsten Jungfrau Maria ausführen kann." Bemerkt sei, daß damals nicht wenige Theologen die Nichtigkeit des von der Kommission gefällten Urteils bezweifelten.
König Ludwig XII. war froh, verhältnismäßig leicht erreicht zu haben, was er wollte, und heiratete nun die Witwe des verstorbenen Königs Karl VIII., die Schwägerin der verstoßenen Königin Jeanne von Valois. Dieser aber wies König Ludwig XII. das Herzogtum Berry mit dem Sitz in der Stadt Bourges zu.
Am 15. März 1499 hielt Jeanne von Valois dort ihren Einzug. Sie regierte ihr Herzogtum mit großer Weisheit und Güte und brachte überall die Gerechtigkeit wieder zu Ehren. In den Jahren 1499-1500, in denen im Herzogtum Berry die Pest wütete, kannte die Hilfsbereitschaft der Herzogin Jeanne von Valois keine Grenzen. Bei aller mütterlichen Sorge um ihr Herzogtum vergaß sie aber nicht die ihr schon in der Kindheit zugewiesene Aufgabe; sie hatte nämlich im Alter von sieben Jahren eine Offenbarung der seligsten Jungfrau erlebt, die zu ihr sagte: „Vor deinem Tod wirst du zu meiner Ehre einen Orden gründen, der zu meiner und meines Sohnes größter Freude gereichen wird."
Die krank gewordene und von Todesahnungen befallene Herzogin machte sich – beraten durch ihren Beichtvater, den seligen Franziskaner P. Gabriel Maria Nicolas – an die Gründung des heue noch existierenden „Ordens der Annuntiata" („L'Annonciade"). Dieser rein beschauliche Orden verbreitete sich rasch.
Nur wenige Monate überlebte die Gründerin des Ordens den Tag der Gründung, den 12. Februar 1502. Mit diesem Datum hatte Papst Alexander VI. durch die Bulle „Ea quae" die Ordensregel der „Annuntiatinnen" approbiert. Am 22. Januar 1505 wurde die vorbildlich fromme und demütige Herzogin

Jeanne von einer schweren Krankheit befallen, die schon am 4. Februar 1505 zum Tod führte. Papst Benedikt XIV. hat am 21. April 1742 Jeanne (Johanna) von Valois selig-, Papst Pius XII. hat sie am 28. Mai 1950 heiliggesprochen.

Die selige Helena Duglioli und Benedetto Dall'Olio

* 1472 in Bologna, Italien
† 23. September 1520 in Bologna
Hochzeit 1489
Kult approbiert 1828

Diese selige Ehegattin und Witwe fand nach ihrem Heimgang zu Gott im 48. Lebensjahr leider wenig ernstzunehmende, nicht ganz objektive Biographen, denn beim Versuch, sie möglichst groß aus dem Durchschnitt der Menschen herauszuheben, erfanden sie phantastische Einzelheiten in ihrem Leben, die unmöglich stimmen können. So machten sie sie zu einer Tochter des türkischen Herrschers Mohammeds II. Mit fünf Jahren sei sie aus dem nahen Osten nach Italien gekommen. In Bologna habe sie dann ein heiliges, jungfräuliches Leben geführt und sei dafür von Gott mit besonderen Charismen (Visionen, Gabe der Prophetie u. a.) belohnt worden. Tatsächlich aber ist die selige Helena (Elena) [137)] im Jahre 1472 als Tochter des angesehenen Notars Silverio Duglioli und seiner Gemahlin Penesilea Boccaferri in Bologna geboren. Sie wurde von ihren Eltern vorbildlich christlich erzogen. Schon als Mädchen zeigte sie das Verlangen, sich Gott in immerwährender Jungfräulichkeit zu weihen. Auf Wunsch der Eltern aber heiratete sie mit 17 Jahren 1489 den 40jährigen Benedetto Dall'Olio, mit dem sie 30 Jahre lang in exemplarischer Eintracht ihr Eheleben führte, angeblich in absoluter Enthaltsamkeit. Es gibt aber dafür keinerlei Beweise; vermutlich war die Ehe aus irgendwelchen biologischen Gründen kinderlos geblieben, so daß sich das Ehepaar dann zum Verzicht auf die sexuelle, eheliche Liebeshingabe entschloß. Tatsache ist, daß diese Ehe ungemein harmonisch, friedvoll und glücklich verlief. Nach dem Tod ihres Gatten lebte die Witwe mit noch größerem Eifer den Werken der Frömmigkeit und Selbstverleugnung. Als sie am 23. September 1520 von Gott im 48. Lebensjahr abberufen und ihr Leichnam in der Kirche S. Giovanni in Monte zu Bologna beigesetzt wurde, brachte man der verstorbenen Ehegattin und Witwe wegen ihres vorbildlichen christlichen Lebens bald große Verehrung entgegen. Man rief sie in verschiedenen Nöten um

Hilfe an, wie die zahlreichen Ex-voto-Täfelchen an ihrem Grab bezeugen, auf denen Helena Duglioli, verwitwete Dall´Olio auch schon als Selige oder sogar Heilige bezeichnet wurde. Papst Leo XII. hat im Jahre 1828 den Kult dieser edlen Frau als berechtigt bestätigt und anerkannt.

Die selige Helena Duglioli-Dall'Olio und Andrea Giustiniani. Pinakothek, Bologna

Die selige Ludovica von Albertoni und Giacomo della Cetera

* 1474 in Rom
† 31. Januar 1533 in Rom
Hochzeit 1494
Mutter von drei Kindern
Kult approbiert am 28. Januar 1671

Diese Selige [138)] wurde 1474 in Rom in das Adelsgeschlecht der Albertoni hineingeboren. Da Ludovica im frühesten Kindesalter ihren Vater verlor und die Mutter Lucretia wieder heiratete, wurde die kleine Ludovica der Großmutter mütterlicherseits zur Erziehung anvertraut, dann einem Onkel väterlicherseits.

Das Mädchen reifte zu besonderer körperlicher und seelischer Schönheit heran. 20jährig wurde Ludovica ganz gegen ihren Wunsch mit dem adeligen Giacomo della Cetera vermählt, der sie innig liebte. Sie schenkte ihm drei Kinder.

Nach nur 12jähriger Ehe wurde Ludovica durch den 1506 erfolgten Tod ihres Gatten zur Witwe. Sie wollte nun ihr Witwendasein gemäß der Schilderung im 5. Kapitel des 1. Timotheusbriefes gestalten; sie wurde Mitglied des Dritten Ordens des hl. Franziskus und weihte fortan ihr Leben ganz dem Gebet, der Buße und Werken der Nächstenliebe. Mit großer Umsicht sorgte sie sich darum, den Armen beizustehen in ihrer Not; sie suchte Notleidende in ihren Elendshütten auf, tröstete und ermutigte sie in Wort und Tat, vor allem auch durch großzügige Almosen.

Ebenso kümmerte sich Ludovica um bedürftige Mädchen, die sie im wahren Glauben und in der rechten christlichen Sittlichkeit unterwies und vor der Verführung zu bewahren suchte. Sie verschaffte ihnen Arbeit und die nötige Mitgift zum Eingehen einer guten christlichen Ehe.

Da Ludovica von ihrem ererbten großen Vermögen immer wieder – großzügig helfend hergab, war sie schließlich selber arm geworden. Ihre Angehörigen waren darüber entsetzt. Gott aber belohnte ihre Freigebigkeit und ihre ganz bewußt erwählte franziskanische Armut mit außerordentlichen Gnaden; unter anderem erhielt sie das Charisma der Weissagung und des Wunderwirkens.

Die Verehrung dieser edlen Frau, die am 31. Januar 1533 in ihrer Geburtsstadt Rom starb, setzte schon sehr bald ein. Papst Clemens X., der mit der Familie Albertoni verschwägert war, hieß die Verehrung Ludovicas gut und approbierte ihren Kult am 28. Januar 1671. Über dem Grab dieser seligen römischen Ehegattin, Familienmutter und Witwe in der Kirche San Francesco a Ripa zu Rom erhebt sich die ergreifend schöne Statue dieser Seligen, wie sie der berühmte Gianlorenzo Bernini gemeißelt hat.

Ludovica degli Albertoni. Marmor-Liegefigur von Giovanni Lorenzo Bernini. Kirche S. Francesco a Ripa, Rom.

Der hl. Thomas Morus und Jane Colt

* 7. Februar 1477 in London
† 6. Juli 1535 hingerichtet
Hochzeiten 1505 und 1511
Vater von vier Kindern
1504 Parlamentsabgeordneter
1510 Untersheriff von London
1521 Unterschatzmeister
1529 Lordkanzler
Heiligsprechung 19. Mai 1935

Ein Heiliger, der aus der Schar der verheirateten Heiligen besonders hervorragt, ist der englische Lordkanzler Thomas Morus. Er war zweimal verheiratet und war ein vorbildlicher Ehegatte und Familienvater. Er war vor allem auch, als es um die widerrechtliche Scheidung und Wiederverheiratung des englischen Königs Heinrich VIII. ging, ein mutiger Verteidiger der Unauflöslichkeit der gültig geschlossenen und vollzogenen Ehe und erlitt u. a. auch dafür das Martyrium.
Geboren wurde Thomas Morus am 7. Februar 1477 in London als zweites von sechs Kindern des Richters John More († 1530, 79jährig) und dessen Gattin Agnes, die 1490 starb, als Thomas erst 13 Jahre alt war.
Er besuchte die alte renommierte St. Antonius-Schule in London und wurde als Zwölfjähriger Page des damaligen Lordkanzlers und späteren Kardinals John Morton. 14jährig bezog Thomas Morus die Universität Oxford von 1492 bis 1494 und studierte dann in London Jurisprudenz und Theologie.
Zwischen 1499 und 1503 wohnte Thomas Morus im Gästehaus der Kartäuser von London. Er prüfte sich in dieser Zeit, ob er etwa zum Ordensstand berufen sei. Der junge Mann, der zwar voll Sehnsucht war, Gott zu lieben und sich ihm ganz hinzugeben, merkte aber, daß er den damit verbundenen Verzicht auf ein Eheleben und auf eine Familie nicht zustandebringen werde. Darum entschied er sich schließlich für die Ehe. Der 27jährige Thomas Morus heiratete im Januar 1505, nachdem er 1501 als Advokat zugelassen worden war und 1504 in das neu eröffnete Parlament als Abgeordneter gewählt worden

war, die um zehn Jahre jüngere, 17jährige Jane Colt. Sie gebar ihm vier Kinder.

Diese überaus glückliche, aber leider nur kurz dauernde Ehe kam etwas eigenartig zustande. Der adelige John Colt hatte den jungen Thomas Morus auf seinen Landsitz Netherhall in der Grafschaft Essex eingeladen. Thomas folgte dieser Einladung. Dabei fand er im Hause des John Colt unter 17 Geschwistern aus zwei Ehen drei heiratsfähige Töchter vor, die aufgrund der

Thomas Morus als junger Edelmann. Gemälde seines Freundes Hans Holbein aus dem Jahre 1527. Uffizien, Florenz. Foto: Alinari, Florenz.

erhaltenen „tugendhaften Erziehung" ein ehrbares Benehmen an den Tag legten. Thomas verliebte sich in die zweite dieser drei Töchter. Aber er machte es sich dann klar, daß es für die Älteste der drei Töchter einen großen Schmerz und auch einige Schande bedeuten würde, wenn dieser die jüngere Schwester zur Heirat vorgezogen würde.

Deshalb wandte er aus einem gewissen Erbarmen der Älteren seine Zuneigung zu und heiratete sie bald darauf [139]. Die 17jährige Jane Colt hatte bisher ausschließlich auf dem Land bei ihren Eltern und Geschwistern gelebt und war eher ungebildet und unerfahren. Wie sehr Thomas Morus diese seine junge Gattin im Lauf der sechseinhalb Ehejahre liebte, kann daraus geschlossen werden, daß er mehr als 20 Jahre später Jane Colt noch seine „cara uxorcula", sein „liebes Weibchen" nannte und sich dabei mit Wehmut an das allzu kurze Eheglück erinnerte.

Im Sommer 1511 starb die geliebte Gattin Jane mit nur 23 Jahren und hinterließ dem jungen Witwer Thomas Morus bei ihrem Tod vier Kinder, die erst im Alter von zwei bis sechs Jahren standen. Was blieb ihm da anderes übrig, als möglichst schnell, nach ein paar Wochen, wieder zu heiraten, „mehr um seine Familie zu versorgen als zur Lust", wie der Freund Thomas Morus, Erasmus von Rotterdam, in einem Brief an Hutten geschrieben hat, wo es über Morus zweite Frau, die Seidenhändlerin Alice Middleton, wörtlich heißt, sie sei „nicht übermäßig schön und auch kein Mägdlein mehr gewesen" („nec bella nec puella", wie Thomas selbst zu scherzen pflegte). „Aber sie war eine energische und tatkräftige Hausmutter. Mit ihr lebte er dennoch gleich liebevoll und angenehm, als wäre sie ein Mädchen von noch so reizvoller Schönheit. Kaum ein Ehemann erlangt von seiner Gattin durch Befehl und Strenge so viel Willfährigkeit wie er durch Komplimente und Scherze. Was soll er denn auch nicht erreichen, nachdem er es sogar fertiggebracht hat, daß seine Frau, die nicht mehr die jüngste und keineswegs von weicher Gemütsart war, wohl aber sehr auf Besitz bedacht, noch Zither, Laute, Monochord und Flöte spielen lernte und ihrem Mann in diesen Dingen das täglich geforderte Übungspensum leistete?" [140)]

Alice, die zweite, kinderlos gebliebene Gattin Thomas Morus, wurde bisweilen mit der klassischen Xanthippe verglichen, vor allem weil sie sich mit seiner kämpferischen Haltung gegenüber dem ehebrecherischen König Heinrich VIII. schwer abfinden konnte; statt im Gefängnis hätte sie ihren Gatten lieber frei an ihrer Seite und in gut bürgerlichem Wohlstand lebend gesehen. Nachdem Thomas Morus schon längere Zeit inhaftiert war, erhielt Alice Morus endlich die Erlaubnis, ihn zu besuchen. Dabei begrüßte sie ihn, wie es in der sogenannten „Ro Ba"-Biographie des Thomas Morus aus dem Jahre 1599 [141)] heißt, ohne Umschweife mit folgenden Worten: „Meister Morus... mich wundert, daß Ihr, der Ihr doch bisher immer für so weise gegolten habt, so ein Narr seid und in diesem engen, schmutzigen Gefängnis liegt; daß Ihr es zufrieden seid, mit Mäusen und Ratten zusammengesperrt zu sein, während Ihr doch in Freiheit sein könntet und im Genusse der Gunst und des Wohlwollens des Königs sowie seiner Räte. Wenn Ihr nur das tun wolltet, was alle Bischöfe und die gelehrtesten Männer des Landes getan haben! Da Ihr doch in Chelsea ein schönes Haus habt, Euer Studierzimmer, Eure Bücher, Eure Galerie, Euren Garten und den Obstgarten und alle anderen Annehmlichkei-

FAMILIA THOMÆ MORI ANGL: CANCELL:

Thomas Morus A°. 50. Alicia Thomæ Mori uxor A°. 57. Iohannes Morus pater A°. 76. Iohannes Morus Thomæ filius A°. 19. Anna Grisacria Iohannis Mori Sponsa A°. 15. Margareta Ropera Thomæ Mori filia A°. 22. Elisabeta Damea Thomæ Mori filia A°. 21. Cæcilia Heroina Thomæ Mori filia A°. 20. Margareta Giga Clementis uxor Mori filiabus Condiscipula et cognata A°. 22. Henricus Patensonus Thomæ Mori morio A°. 40.

ten, wo Ihr in Gesellschaft von Gattin, Kindern und Gesinde fröhlich sein könntet, so staune ich, warum in Gottes Namen Ihr noch so töricht hier verweilt."

Und dennoch hat Thomas Morus auch diese seine zweite Gattin von Herzen geliebt und ihr im Nachtrag zu seiner 1532 autobiographisch abgefaßten Grabinschrift ein rührendes Denkmal gesetzt, denn es heißt da: „Meine geliebte (erste) Frau Jane liegt hier. Ich, Thomas Morus, wünsche, daß dieses Grab auch Alice (meine zweite Gattin) und mich aufnimmt. Die eine der beiden Frauen, meine Gattin in den Tagen meiner Jugend, hat mich zum Vater eines Sohnes und dreier Töchter gemacht; die andere hat ihre Stiefkinder – was bei einer Stiefmutter selten ist – so geliebt, wie wenige Mütter ihre eigenen Kinder lieben. Die eine beendete ihr Leben an meiner Seite, die andere teilt es noch immer mit mir und auf eine Weise, daß ich nicht beurteilen kann, ob ich die eine mehr geliebt habe oder die andere mehr liebe. Ach, wie glücklich hätten wir alle drei zusammengelebt, wenn Schicksal und Moral es gestattet hätten. Ich bete darum, daß das Grab, gleich dem Himmel, uns vereint. So wird der Tod uns schenken, was das Leben uns nicht geben konnte." [142)]

Warum also schätzte und liebte Thomas Morus auch seine zweite Gattin trotz mancher Ähnlichkeit mit Xanthippe? Sicher weil sie vorbildlich ihren Aufgaben und Pflichten als Mutter in der Versorgung, Betreuung und Erziehung der Kinder aus erster Ehe sowie der Haushaltsführung nachkam. Thomas Morus war oft von Haus und Familie fern, weil er dienstlich stark eingespannt war; da spürte er dankbar, wie auf Lady Alice bestens Verlaß war. Mit Recht ist betont worden: „Es hat in dieser Ehe – bei allen Schönheitsfehlern, die vorhanden sein mochten – zu keiner Zeit an gegenseitiger Achtung und an klarem Kompetenzverständnis gefehlt... Der merkwürdige Satz des marmornen Postskriptums in der Old Church von Chelsea, in welchem sich Thomas Morus das Glück eines irdischen ‚Dreibundes' ausmalte, den nur Schicksal und Moral verhinderten, den aber, über das gemeinsame Grab hinaus, der Himmel schenken möge – dieser Satz beweist, daß Thomas Morus seine beiden Frauen geliebt, wirklich und aufrichtig geliebt hat, jede in der ihr gemäßen und angemessenen Weise; entsprechend dem jeweiligen Lebensalter, den Lebensumständen und den Charakteren aller drei Beteiligten. Ein Geheimnis, das in der Seele des Thomas Morus liegt, bleibt auch dann noch, wenn man bedenkt, daß aus dem Wort eines jungen Mannes: ‚Weil ich dich

---

◄ *Familienbild des Thomas Morus 1526 von Hans Holbein dem Jüngeren, Feder, Pinsel, über Kreidevorzeichnung.Öffentliche Kunstsammlung, Basel, Kupferstichkabinett, Inv. 1662.31)*

liebe, bist du meine Frau', das des reifen Mannes werden soll: ,Weil du meine Frau bist, liebe ich dich.' Nur so gelingt die Ehe. Von Jane Colt zu Alice Middleton ist, so will es scheinen, Thomas Morus eben diesen Weg gegangen, hat er die Entwicklung durchgemacht, die sich sonst in einer Ehe vollziehen muß." [143)]

Thomas Morus war nicht nur ein von echter ehelicher Liebe und Treue beseelter Ehemann, sondern auch ein liebevoll besorgter Familienvater. Es fällt aber auf, daß ihm unter seinen vier Kindern, die alle aus erster Ehe stammten, die erstgeborene Margaret am nächsten stand, obwohl er alle vier und darüber hinaus auch Margarets Milchschwester (das gleichaltrige Kind der Amme) Margaret Giggs oder Gyge und Alice, die Tochter seiner zweiten Frau aus deren erster Ehe ebenfalls innig liebte. Hier kurz die wichtigsten Daten aus dem Leben der vier Kinder von Thomas Morus:

1. Margaret: Diese begabte und gebildete Lieblingstochter Thomas Morus wurde im Oktober 1505 geboren und heiratete 16jährig am 2. Juli 1521 den 23jährigen William Roper, welcher der Sohn einer vorzüglichen Juristenfamilie war. Er lebte mehrere Jahre lang im Haushalt seines Schwiegervaters, für den die junge Ehe seiner Lieblingstochter deshalb unter einer düsteren Wolke stand, weil der Schwiegersohn der Lehre Martin Luthers anhing, überdies von heftigem Temperament sowie eigensinnig bis zur Starrköpfigkeit war, so daß alles Diskutieren mit ihm, vor allem wenn es um theologische Fragen ging, aussichtslos war; nur das Gebet half hier noch. Tatsächlich kehrte William Roper noch vor 1535 zur katholischen Kirche zurück, trat dann leidenschaftlich für den Glauben ein und machte – in Fortsetzung der caritativen Werke Morus – auch großzügige Stiftungen, besonders für das von Thomas Morus geschaffene Armenasyl in Chelsea. Mit Klugheit, Festigkeit und Mut half er bedrängten Katholiken und nahm sich der verarmten oder inhaftierten Glaubensbrüder an. 1542 wurde er eine Zeitlang im Tower gefangengesetzt und kam wegen Unterstützung katholischer Flüchtlinge vor Gericht. 1578 starb er fast 80jährig, 34 Jahre nach seiner Gemahlin Margaret, die 1544 gestorben war [144)].

Erwähnt gehört von Margaret noch, daß sie – besonders während der Gefangenschaft von Thomas Morus – im Herzen ihres Vaters den ersten Platz einnahm. „Beider Briefwechsel zwischen Gefangennahme und Tod von Thomas Morus stellt nicht nur die ergreifendste, sondern auch die für den Blick in Morus Seele aufschlußreichste Quelle dar." [145)]

2. Elizabeth: Sie wurde 1506 geboren und heiratete mit 19 Jahren am 29. September 1525 den Hofbeamten William Dauncey.

3. Cicely: Sie wurde 1507 geboren und heiratete 18jährig am 29. September 1525 Giles Heron, den Sohn des Schatzmeisters des königlichen Haushalts

Sir John Heron. Giles Heron war zu Lebzeiten seines Schwiegervaters Thomas Morus ein ziemlich schwieriger junger Mann, folgte aber diesem fünf Jahre später tapfer in den Tod, als er – ähnlich wie sein Schwiegervater – 1540 als Opfer falscher Zeugenaussagen hingerichtet wurde.

4. John: Thomas Morus einziger Sohn wurde 1509 geboren; er heiratete Anne Cresacre, die ihm acht Kinder gebar. John starb 1547. Die heute noch in großer Zahl von Thomas Morus abstammenden Menschen gehen alle auf Thomas Morus Sohn John und dessen Gemahlin Anne zurück.

Thomas Morus, der durch seine beruflichen Aufgaben gezwungen war, oft von seiner Frau und seinen Kindern getrennt zu sein, sorgte sich um die rechte Erziehung der Kinder und dachte, wie sich in seinen Briefen an sie und an den Hauslehrer William Gonell zeigt, mit Sorge und Zärtlichkeit an sie und machte sich – im Bewußtsein seiner Verantwortung für ihr zeitliches Wohlergehen und ihr ewiges Heil – seine Gedanken über die rechte Rangordnung der Werte, die den Kindern vermittelt werden müssen. Größten Wert legte er in der Erziehung seiner Kinder auf echte Frömmigkeit und eine von Gottes- und Nächstenliebe geprägte Nachfolge Christi: „Wesentlich muß für die Kinder ein tugendhaftes Leben sein; das Studium darf erst an zweiter Stelle stehen. Daher sollen vor allem jene Fächer gepflegt werden, die sie zur Treue gegen Gott, zur Liebe zum Nächsten, zur Bescheidenheit und christlichen Demut anleiten. Dann wird ihnen die Gnade eines unbescholtenen Lebens zuteil; dann kann sie auch der Gedanke an den Tod nicht mehr schrecken; denn echte Freude erfüllt ja ihr Herz." So heißt es im Brief, den Thomas Morus an den Hauslehrer William Gonell richtete [146)]. So entsprach es auch seiner persönlichen Lebensführung, denn er war in jeder Hinsicht ein praktizierender Katholik, der viel betete, oft die heiligen Sakramente empfing und überaus wohltätig zu den Armen und Notleidenden war.

Was nun das Eintreten von Sir Thomas Morus für die Unauflöslichkeit der Ehe betrifft, so ist folgendes zu sagen [147)]:

Im Jahre 1509 hatte König Heinrich VIII. den englischen Thron bestiegen. Er schien ein guter Herrscher und treuer Sohn der katholischen Kirche zu sein. Seine Schrift gegen Martin Luther verdiente ihm vom Papst den Ehrentitel „Defensor fidei", Verteidiger des Glaubens. Im Jahre 1522 verliebte sich der König, der mit Katharina von Aragón, der Witwe seines verstorbenen Bruders, vermählt war, in die Hofdame Anna Boleyn. Heinrich VIII. versuchte, in Rom seine bisherige Ehe für ungültig erklären zu lassen. Er tat es mit der Begründung, es habe doch bisher als Ehehindernis gegolten, daß ein Mann die Witwe seines verstorbenen Bruders heirate. Aber im konkreten Fall hatte der Papst von diesem Ehehindernis dispensiert. Der eigentliche Grund, seine Ehe für ungültig erklären zu lassen, war für König Heinrich VIII. ein ganz anderer: Seine Gemahlin Katharina von Aragón hatte zwar einen Sohn nach dem anderen geboren, doch waren diese entweder tot geboren worden oder bald nach der Geburt gestorben. König Heinrich VIII. sehnte sich nach einem Thronerben. Katharina aber konnte ihm offensichtlich keinen mehr geben. 1527 bat der König den von ihm hochgeschätzten Juristen Thomas Morus um Rat in seiner Eheangelegenheit. Dieser aber antwortete dem König: Die Frage, ob die bisherige Ehe des Königs gültig sei oder nicht, sei eine theologische und kirchenrechtliche Frage, die zu entscheiden er nicht zuständig sei. Doch der König bestand darauf, Morus Ansicht zu hören. Da bat Thomas Morus um Zeit, er beriet sich mit verschiedenen Bischöfen, studierte dann den konkreten Fall gründlich und kam schließlich zu dem Ergebnis, das er dem König mitteilte: Der Papst habe rechtmäßig dispensiert; die Ehe sei darum gültig.

1529 aber scheiterte der Versuch von Kardinal Wolsey, als päpstlicher Legat die Eheangelgenheit Heinrichs VIII. in dessen Sinn zu regeln. Die Weigerung des Papstes und das Versagen des Kardinals Wolsey brachten den König in Wut. Er setzte Kardinal Wolsey als Lordkanzler aber und ernannte an dessen Stelle Thomas Morus zum Lordkanzler. Ausgerechnet Morus – so meinte der König – würde ihn schließlich doch unterstützen, wenn er sich nun anschickte, sich gegen Rom zu wenden und seine Eheangelegenheiten auf eigene Faust zu regeln.

Wie konnte der kirchlich gesinnte Thomas Morus das Kanzleramt annehmen, wo er doch des Königs Hauptanliegen, die Scheidung der Ehe des Königs mit Katharina von Aragón abgelehnt hatte? Rastel, Morus Neffe, erklärte später, Morus habe das Amt zunächst zurückgewiesen; der König sei darauf sehr wütend gewesen und habe Thomas Morus schließlich gezwungen, das Amt anzunehmen. Einmal in des Königs Dienst als Lordkanzler, war Thomas Morus kein freier Mann mehr. Zwar erklärte er Heinrich VIII. mehrmals, er stehe in der Ehefrage nicht auf seiner Seite und könne ihm dabei nicht dienen. Der König versprach ihm daraufhin feierlich, er wolle ihn zu nichts zwingen, was seinem Gewissen widerspräche. 1530 versuchte König Heinrich VIII. nochmals, vom Papst die Nichtigkeitserklärung für seine Ehe zu erreichen, und zwar mit dem Hinweis, daß doch der Papst ihm gegenüber aus politischen Gründen zur Dankbarkeit verpflichtet sei. Doch der Papst blieb fest.

1531 richteten die führenden Lords des Königs ein gemeinsames Schreiben an den Papst, in welchem sie erklärten, viele europäische Universitäten hielten des Königs Ehe für ungültig; der Papst möge sich doch dem Urteil von Fachleuten anschließen. Bei den Unterschriften der führenden Lords unter dieses Schreiben an den Papst fehlte die des Thomas Morus.

Das durch verschiedene Intrigen und Druckmittel gefügig gewordene englische Parlament beschloß 1532, daß die Annaten, d.h. die von jedem neugewählten Bischof nach Rom abzuliefernden Einkünfte des ersten Amtsjahres, fortan der Krone verfallen. Am 15. Mai 1532 verzichteten die Bischöfe auf das Recht, ohne königliche Zustimmung kanonische Gesetze zu erlassen. Das bedeutete den Bruch mit Rom. Am nächsten Tag trat Thomas Morus vom Kanzleramt zurück. Mit diesem Rücktritt verlor er alle seine Einkünfte. Als bei ihm eine polizeiliche Hausdurchsuchung veranstaltet wurde, waren die Beamten höchst erstaunt, bei Thomas Morus keine gehorteten Schätze vorzufinden.

Der Versuch, dem ehemaligen Lordkanzler Amtsverfehlungen nachzuweisen, brachte seine Rechtschaffenheit ans hellste Licht. Seinen Kindern machte Thomas Morus jetzt mit größter Gelassenheit deutlich, daß sein Aufstieg zu Wohlstand nun beendet sei und die Entwicklung umgekehrt verlaufen werde. „Doch am Ende können wir immer noch mit Sack und Pack zusammen betteln gehen und hoffen, daß gute Leute aus Barmherzigkeit uns ihr Almosen geben; wir können an jeder Tür ‚Salve Regina' singen und so immer noch zusammenbleiben und miteinander fröhlich sein." Morus bereitete seine Familie – wissend um den Groll des Königs – auf das Kommende vor und begann, wie Thomas Morus Schwiegersohn W. Roper, der Gatte der Lieblingstochter Margaret, in der Biographie seines Schwiegervaters [148] geschrieben hat, „mit Frau und Kindern zu sprechen von den Freuden des Himmels und den Qualen der Hölle, von dem Leben heiliger Märtyrer, von ihrem schmerzvollen Martyrium, von ihrer wunderbaren Geduld und von ihrem Leiden und Sterben, das sie lieber ertrugen, als daß sie Gott beleidigten, und wie glückselig es sei, aus Liebe zu Gott Beschlagnahme der Güter, Einkerkerung und Verlust von Land und Leben zu erdulden; ferner, daß dann wenn er sähe, daß seine Frau und seine Kinder ihn ermutigten, für eine gute Sache zu sterben, dies ihn wahrhaft so trösten würde, daß er aus lauter Freude darüber fröhlich dem Tod entgegeneilen würde."

Im Jahre 1533 erklärte Erzbischof Cranmer, das gefügige Werkzeug des Königs, dessen Ehe mit Katharina von Aragón für nichtig. Wenige Tage darauf wurde Anna Boleyn in der Westminster Abtei als Gemahlin Heinrichs VIII. zur Königin gekrönt. Thomas Morus war dazu eingeladen worden, blieb aber zuhause. Als Freunde ihn deshalb zur Rede stellten, erklärte er ihnen: „Ich kann es nicht verhindern, wenn man mich aufzehrt und verschlingt; doch solange Gott mir gnädig bleibt, will ich dafür sorgen, daß man mich nie entehrt und bezwingt."

Zu Weihnachten 1533 veröffentlichte der Königliche Rat ein Buch, das die Ehe Heinrichs VIII. mit Anna Boleyn rechtfertigte. Thomas Morus aber wurde angeklagt, ein Pamphlet dagegen geschrieben und dessen Veröffentlichung betrieben zu haben. Thomas Morus wehrte sich energisch gegen diese Anklage. Er habe immer offen seine Meinung gesagt, wenn der König ihn danach gefragt habe, doch nie habe er öffentlich gegen ihn polemisiert. Man ließ daraufhin die Sache fallen, fand dafür aber eine viel schwerere Anklage gegen ihn, nämlich sein Einverständnis mit dem Hochverrat der Nonne von Kent. Diese angeblich mit göttlichen Offenbarungen Begnadete prophezeite, wenn Heinrich VIII. eine andere Frau heirate, bliebe er keinen Monat länger König. Gegner des Königs verbreiteten das. Der Monat ging vorüber, aber Heinrich VIII. war immer noch auf dem Thron. Die falsche Prophetin und ihre Jünger wurden verhaftet, des Hochverrats angeklagt und durch Parlamentsgesetz zum Tode verurteilt. Thomas Morus Name und der des einzigen papsttreuen Bischofs, nämlich John Fishers, wurden ausdrücklich in das Gesetz eingefügt. Sie hätten vom Hochverrat der Nonne von Kent und ihrer Jünger gewußt, ihn aber nicht angezeigt; darauf stand Enteignung und Kerker. Thomas Morus aber konnte sich glänzend rechtfertigen.

Im März 1534 wurde ein Gesetz erlassen, das die Thronfolge auf die Nachkommen Heinrichs VIII. und Anna Boleyns beschränkte. Jeder englische Untertan konnte nun gezwungen werden, einen Eid auf dieses Gesetz zu leisten; jeder Eidverweigerer konnte mit Kerker und Enteignung bestraft werden. Thomas Morus hatte an sich keine rechtlichen Bedenken gegen die so vom Gesetz geregelte Thronfolge an sich, wohl aber gegen die Präambel dieses Gesetzes, in welcher Heinrichs erste Ehe für ungültig erklärt wurde, und gegen die Eidesformel, die eine Verwerfung der päpstlichen Autorität enthielt. Für den 13. April 1534 wurde Thomas Morus vor den neuen Lordkanzler und den Erzbischof von Canterbury geladen, um den geforderten Eid zu schwören. Bevor er der Aufforderung Folge leistete, ging er noch zur Beichte und empfing noch in der heiligen Messe die heilige Kommunion. Dann verabschiedete er sich von seiner Familie.

Vor den Lords verweigerte Thomas Morus den ihm abverlangten Eid. Er könne ihn nicht schwören, ohne seine Seele der ewigen Verdammnis auszusetzen. Darauf landete er als Strafgefangener im Tower.

Als Jurist wußte Thomas Morus genau, daß seine Einkerkerung ungesetzlich war. Das Parlament aber beeilte sich, die von Thomas Morus festgestellte Gesetzeslücke zu schließen, um jedes Verfahren gegen ihn zu legalisieren.

1535 wurde das Suprematiegesetz erlassen, das den König zum obersten Haupt der Kirche von England erklärte. Ebenso wurde das Hochverratsgesetz beschlossen, das jede böswillige Äußerung gegen die Suprematie des Königs unter Strafe des Bauchaufschlitzens und Ausweidens stellte.

Man versuchte auf alle mögliche Weise, dem eingekerkerten Thomas Morus eine Äußerung gegen die Suprematie des Königs zu entlocken, um ihm so Hochverrat nachzuweisen und ihn zum Tod verurteilen zu können. Aber es gelang nicht. So mußten die Richter zuletzt ihre Zuflucht zu einer falschen Zeugenaussage nehmen. Ein gewisser Rich erklärte unter Eid, Thomas Morus habe ihm gegenüber ausdrücklich geleugnet, der König sei Haupt der Kirche von England. Morus bestritt das. Zwei Personen, die bei dem fraglichen Gespräch mit Rich zugegen waren, konnten sich an nichts erinnern. Trotzdem genügte den Richtern jene meineidige Aussage Richs, um Thomas Morus schuldig zu sprechen. Die Richter verurteilten Thomas Morus trotz seiner glänzenden Verteidigungsrede zu der gesetzlich vorgesehenen Strafe: Er sollte gehängt, bei noch lebendigem Leib vom Strang abgeschnitten, seiner Eingeweide beraubt und gevierteilt werden. Heinrich VIII. wandelte diese Strafe „großmütig" in Enthauptung um. Thomas Morus aber blieb standhaft bis zuletzt.

Am 6. Juli 1535 wurde der tapfere Verteidiger der Unauflöslichkeit der gültig geschlossenen und vollzogenen Ehe und des päpstlichen Primats enthauptet. 1835 wurde der vorbildliche Ehemann und Familienvater selig- und am 19. Mai 1935 heiliggesprochen.

Bild zu Seite 326: Kaiser Karl von Österreich und Kaiserin Zita mit ihren 7 Kindern im Schweizer Exil in Herthenstein am Vierwaldstättersee.

Der hl. Franz de Borja und Eleonora de Castro

* 28. Oktober 1510 in Gandía, Spanien
† 30. September 1572 in Rom
Hochzeit 1529
Vater von acht Kindern
ab 23. August 1539 Vizekönig von Katalonien
2. Juli 1565 Erwählung zum Ordensgeneral
Heiligsprechung 12. April 1671
Fest am 10. Oktober

Gemälde von Leo Samberger

Glücklich verheirateter Ehegatte, achtfacher Familienvater, Vizekönig und Herzog, Jesuit, Priester und Ordensgeneral der Gesellschaft Jesu – das alles war der hl. Franz de Borja, der als „Franz, der Sünder" zu unterschreiben pflegte, nicht so sehr wegen seiner eigenen Sünden – diese waren in seinem ganzen Leben kaum schwer und zahlreich –, sondern aus Demut wegen seiner Herkunft aus dem sündigen Geschlecht der Borgia. Er sühnte und suchte gutzumachen, was dieses spanische Geschlecht verbrochen hat, nicht zuletzt in der Person des Papstes Alexander VI., der sein Urgroßvater war [149)].
Franz de Borja wurde am 28. Oktober 1510 im herzoglichen Schloß zu Gandía in Spanien als erstes Kind des dritten Herzogs von Gandía, Juan de Borja, und der Juana de Aragón geboren und war väterlicherseits Urenkel von Papst Alexander VI., mütterlicherseits Urenkel des katholischen Königs von Spanien, Ferdinand II.
Noch zwei Brüder und vier Schwestern folgten dem erstgeborenen Franz nach, dem als dem voraussichtlich vierten Herzog von Gandía eine besonders sorgfältige Erziehung zuteil wurde.
Am siebten Geburtstag kam Franz in die ernste Zucht eines Hofmeisters, wobei Grammatik, Rechnen und Musik die Hauptfächer, der Unterricht im Waffendienst und im Reiten die Nebenfächer waren.
Im Jahre 1520 verlor der erst 10jährige Franz seine Mutter, die mit 28 Jahren starb. Der Vater vermählte sich wieder, diesmal mit Francisca de Castro.

Durch neuen Zuwachs kam die herzogliche Familie auf 17 Kinder. Sie wurde aber bald wegen Unruhen im Herzogtum auseinandergerissen: Der Bruder der verstorbenen Mutter, Juan de Aragón, Erzbischof von Saragossa, nahm zwei Kinder der herzoglichen Familie, den elfjährigen Franz und die kleine Luise, auf. Der Erzbischof hatte in Saragossa eine glänzende Hofhaltung und umgab den jungen Erben des Herzogtums Gandía mit fürstlichem Prunk. Franz ging täglich zur heiligen Messe und an höheren Festtagen zu den Sakramenten, sonst aber wirkte der Aufenthalt im erzbischöflichen Palais nicht besonders erzieherisch auf ihn ein.

Im Laufe des Jahres 1522 beriet der herzogliche Familienrat über einen Schritt, der für Franz, den künftigen Erben des Herzogtums Gandía, die erste Stufe auf der ihm zugedachten Laufbahn bilden sollte. Seit Jahren beherbergte der Palast von Tordesillas in der Nähe von Valladolid zwei königliche Hoheiten: die unglückliche Mutter von Kaiser Karl V., Johanna die Wahnsinnige, die Witwe Philipps des Schönen, deren Geisteszustand eine solche Verwahrung nötig machte, und ihre Tochter Katharina, die spätere Königin von Portugal, die zum Trost der geistesgestörten Mutter bei ihr wohnen mußte. Ein passendes Gefolge sollte die Schwester des Kaisers möglichst vor Verdüsterung bewahren. Die Ehre, diesem Gefolge als Page anzugehören, traf u. a. auch Franz de Borja, der nun in dieser Umgebung zwei seiner Entwicklungsjahre verbrachte. Dann kehrte er wieder zu seinem erzbischöflichen Onkel nach Saragossa zurück, wieder für zwei Jahre. Hier schloß er seine wissenschaftliche Allgemeinbildung ab.

Auf Betreiben seines Vaters kam Franz dann an den Kaiserhof und wurde hier in den Jahren von 1528 bis 1539 einer der Vertrauten des Kaisers Karl V., dessen Stern über Europa gerade aufzugehen begann. Beide, Franz de Borja und der Kaiser, huldigten den gleichen Neigungen als Liebhaber von Jagd und Pferden. Sie veranstalteten gerne prächtige Gala-Aufzüge, ergaben sich leidenschaftlich dem Turnier, der Falkenjagd und elegantem Sport wie Fechten und Reiten. Beide waren dabei aber religiös veranlagt, jedoch keine Schwärmer. Sie wohnten täglich der heiligen Messe bei und gingen öfters im Jahr zu den Sakramenten. Willenskraft und hohe Sittlichkeit zeichneten beide aus. Karl V. war bereits verheiratet, Franz aber noch unverheiratet. Er zeigte eine gewisse Zurückhaltung den Damen gegenüber und neigte hier eher zur Strenge. Das hinderte ihn aber nicht, einer Hofdame der Kaiserin Isabella, nämlich Eleonora de Castro, seine Aufmerksamkeit zu erweisen. Als Kaiserin Isabella darüber ins Vertrauen gezogen wurde, offenbar durch Eleonora, die Isabellas Jugendfreundin von der gemeinsamen portugiesischen Heimat her war, verwendete sie sich bei Kaiser Karl V. als Ehevermittlerin. Dieser sandte alsbald einen Boten mit eigenhändig geschriebenem Brief nach

Gandía zu Franzens Vater, um ihn zur Einwilligung in die Ehe seines Sohnes Franz mit Eleonora de Castro zu bringen; es war nämlich zu vermuten, daß sich der Herzog von Gandía schon seine eigenen Pläne zurechtgelegt habe, um für seinen erstgeborenen Sohn unter den adeligen Töchtern eine passende Partie zu finden. Der Herzog von Gandía aber lehnte zunächst die kaiserliche Bitte dankend ab; er wolle für seinen Sohn Franz schon selber sorgen, wenn es an der Zeit sei. Auf Franzens Rat hin lud jetzt der Kaiser den Herzog von Gandía an den Hof ein. Nun gab der Vater nach und willigte in die Verlobung seines Sohnes mit Eleonora de Castro ein. Am 27. Juli 1529 wurde der Heiratsvertrag unterzeichnet. Der herzogliche Vater überließ aus diesem Anlaß seinem Sohn Franz die halbe Baronie Lombay; der Kaiser seinerseits knüpfte daran den Titel eines Marquis, die Kaiserin aber ernannte den neuen Marquis zu ihrem Oberstallmeister, während die junge Gattin Eleonora Oberhofmeisterin der Kaiserin wurde.

Das Verhältnis von Franz de Borja zum Hof wurde durch seine Verheiratung wenn möglich noch enger; das Wohlwollen der Kaiserin Isabella für ihre erste „Palastdame“ übertrug sich auch auf deren Gemahl. Für den Marquis von Lombay, Franz de Borja, schien im Palast der Kaiserin die strenge spanische Etikette aufgehoben zu sein. Er hatte immer Zutritt, was für einen erst Zwanzigjährigen eine große Ausnahme war. Aber der oft abwesende Kaiser verließ sich ganz und gar auf seinen gewissenhaften Freund.

Franz de Borja und Eleonora de Castro führten ein vorbildliches Ehe- und Familienleben voll zärtlicher Liebe und absoluter Treue. An Herkunft und Erziehung ganz ähnlich, glichen sich die beiden Ehepartner auch in ihren Neigungen, besonders in ihrer Gläubigkeit sehr; auch ihre gemeinsame Verehrung des Kaisers und der Kaiserin konnten das Band der gegenseitigen Liebe nur festigen.

Groß war die Freude der Ehegatten, als ihnen Gott das erste Kind schenkte. Der kleine Stammhalter wurde auf Wunsch des Kaisers Karl V. Carlos getauft; er wurde vielfach zusammen mit dem kaiserlichen Prinzen Philipp, dem späteren König Philipp II., erzogen. Bald folgte auf Carlos eine Tochter, die den Namen der Kaiserin Isabella in der Taufe erhielt. Nach den beiden Kindern Carlos und Isabella kamen dann noch die Söhne Juan, Alvaro, Fernando und Alonso, sowie die zwei Töchter Juana und Dorothea. Die Söhne erwählten später alle den Ehestand und pflanzten sowohl in Spanien als auch in Lateinamerika das Geschlecht der Borja fort. Von den drei Töchtern heirateten zwei, nämlich Isabella und Juana; die jüngste Tochter, Dorothea, aber starb bereits 1552 im Alter von 14 Jahren im Klarissenkloster zu Gandía, wo bereits eine Großmutter, eine Tante, drei Schwestern und zwei Halbschwe-

stern des Franz de Borja eingetreten waren und später auch noch drei Enkelinnen eintreten sollten.
Als Kaiser Karl V. im Frühjahr 1539 auf dem Gipfel seines Glücks und Ruhmes stand, erkrankte plötzlich seine Gemahlin Isabella und starb nach kurzer Krankheit am 1. Mai 1539 in der jugendlichen Blüte ihrer Schönheit. Kaiserin Isabella hatte testamentarisch die Einbalsamierung ihres Leichnams verboten; nur Marquise Eleonora, Franzens Gemahlin, durfte sich als oberste Kammerfrau der Kaiserin um den Leichnam zu schaffen machen, der in Granada beigesetzt werden sollte. Den Leichenzug dorthin zu leiten, oblag dem Marquis Franz de Borja. Als er unmittelbar vor der Beisetzung den Leichnam zu rekognostizieren hatte und dabei das bereits völlig entstellte Antlitz der Kaiserin zu sehen bekam, wurde Franz de Borja tief erschüttert über die Vergänglichkeit des menschlichen Lebens. Hier begann die berühmte „Bekehrung“ Franz de Borjas, insofern der Tod der Kaiserin Isabella und der Anblick ihrer Leiche dem jungen Marquis mit bisher ungewohnter Schärfe die Vergänglichkeit und relative Nichtigkeit des Irdischen enthüllte und in ihm den Entschluß zur Reife brachte, sein Leben fortan ganz „sub specie aeternitatis“, im Lichte der Ewigkeit zu ordnen und seinem Innenleben eine neue Richtung zu geben, nicht vom Schlechten zum Guten – denn schlecht war Franz de Borja nie –, sondern von der Oberfläche zur Tiefe.
Franz war damals bereits Oberhaupt einer großen Familie mit acht noch unerwachsenen Kindern. Er bedurfte eines einträglichen Amtes, um für eine standesgemäße Zukunft der Kinder zu sorgen. Bei allem Streben nach Vollkommenheit wollte Franz ja weiterhin ein guter Familienvater sein. So schätzte er die ihm vom Kaiser angebotene Würde eines Vizekönigs von Katalonien hoch ein. Er übte dieses Amt von 1539 bis 1543 gewissenhaft und gerecht sowie mit großer Umsicht aus. Als Vizekönig lernte Franz de Borja auch die ersten großen Jesuiten, den seligen P. Petrus Faber und P. Antonio Araoz, kennen und schätzen.
Am 7. Januar 1543 starb im Alter von erst 48 Jahren Franzens Vater, der dritte Herzog von Gandía, Juan II. Durch diesen Tod wurde Franz de Borja, der bisherige Marquis von Lombay, automatisch der vierte Herzog von Gandía und Haupt der Familie Borja.
Zu den Sorgen in der Regierung des Herzogtums kam allzu früh noch die Sorge um die Gesundheit seiner Gemahlin, der Herzogin Eleonora. Seit April 1544 war sie kränklich, ein schweres Brustleiden mit bösem Fieber und Schwächeanfällen zehrte an ihrer Kraft. Nach kurzer Besserung und einem neuen Rückfall folgte am 27. März 1546 der Tod der Herzogin. Das bittere Leid über den allzu frühen Heimgang seiner Gemahlin nach 17jähriger, überaus glücklicher Ehe überwand Herzog Franz de Borja kraft seines tiefen

Glaubens, der ihm vor allem durch die heiligen Sakramente Trost und Kraft spendete.
Die mütterliche Rolle in der Erziehung der Kinder übernahm nun die Schwester der verstorbenen Herzogin, die seit langem von der Familie unzertrennliche Juana des Meneses.
Franz de Borja stand mit seinen 36 Jahren nun im besten Mannesalter; er hatte noch Zeit zu einem ganz neuen Leben. Wie sollte dieses verlaufen? Im stillen Landstädtchen Gandía in ruhiger Gemütlichkeit wie einst sein verstorbener Vater zu sitzen, brachte Franz nicht fertig. Noch zu Lebzeiten der Herzogin waren enge Beziehungen des Herzogs Franz de Borja zur Gesellschaft Jesu mit ihrem Stifter entstanden. Es hieß sogar vom Herzog: „Er ist mit Leib und Seele den Interessen der Gesellschaft Jesu ergeben, und man sagt hier (in Gandía) von ihm, er würde, wenn er frei wäre, (in die Gesellschaft Jesu) eintreten." So war es dann auch tatsächlich: Was die ehelichen Bindungen betrifft, war er ja durch den Tod seiner Gattin für den Eintritt in den Orden frei geworden, was aber seine Verpflichtung als Familienvater betrifft, so näherten sich seine Kinder bereits jenem Alter, in welchem sie sich schon selbst weiterhelfen konnten.
Franz machte beim Gründer des Jesuitenordens, Ignatius von Loyola, Exerzitien. Er wurde von diesem am 9. Oktober 1546 in die Gesellschaft Jesu aufgenommen. Doch sollte seine Aufnahme zunächst solange geheim bleiben, bis alle seine acht Kinder versorgt und die Regierungsangelegenheiten im Herzogtum Gandía geregelt wären. So lebte Franz de Borja von 1546 bis 1550 äußerlich als Herzog von Gandía, während er insgeheim allen weltlichen Würden bereits entsagt hatte und schon Ordensmann war. An dem von ihm gegründeten Jesuitenkolleg in Gandía, das schon am 4. November 1547 zur Kategorie einer Universität erhoben worden war, studierte der Herzog Theologie und erwarb am 20. August 1550 die Würde eines Dr. theol.
Am 26. August 1550 machte Franz de Borja sein Testament und übergab seinem erstgeborenen Sohn Carlos die Regierung des Herzogtums. Fünf Tage später reiste er nach Rom, um nun öffentlich der Gesellschaft Jesu beizutreten. Am 26. Mai 1551 wurde er in Ognate zum Priester geweiht, am 1. August 1551 feierte er im Schloß von Loyola die Primiz und wirkte dann segensreich in verschiedenen Ämtern.
In der 2. Generalkongregation der Jesuiten wurde P. Franz de Borja am 2. Juli 1565 zum Ordensgeneral der Gesellschaft Jesu gewählt. Er wirkte noch überaus segensreich auch in dieser wichtigen Funktion. Vom heiligen Papst Pius V. wurden ihm noch bedeutende Aufgaben anvertraut. In der Nacht vom 30. September zum 1. Oktober 1572 starb Franz de Borja im Ruf der Heiligkeit in Rom. Dieser Ruf der Heiligkeit wurde von Papst Urban VIII. am

24. November 1624 durch die Seligsprechung und von Papst Clemens X. am 12. April 1671 durch die Heiligsprechung feierlich bestätigt.

Der selige Thomas Percy und Anne Somerset

* 1528
† 22. August 1572
Vater von vier Kindern
Seligsprechung 13. Mai 1895

Neben dem vorbildlichen Ehegatten und Familienvater Thomas Morus gehört noch ein anderer englischer Glaubensheld und Märtyrer namens Thomas unter den verheirateten Seligen und Heiligen erwähnt: Thomas Percy der Jüngere, der 1528 als Sohn des Grafen von Northumberland Thomas Percy des Älteren geboren wurde. Mit neun Jahren verlor er seinen Vater, der wegen seiner Teilnahme an der „Pilgrimage of Grace", einem religiös-sozialen Aufstand gegen König Heinrich VIII., am 2. Juni 1537 hingerichtet wurde. Dieses tragische Ereignis mag in der Seele des jungen Grafensohnes Thomas Percy des Jüngeren ganz stark nachgewirkt haben. Als er ins heiratsfähige Alter gelangt war, heiratete er die gleichgesinnte adelige Anne Somerset aus dem Geschlecht der Grafen von Worcester. Aus dieser Ehe gingen vier Kinder hervor.

Als Königin Elisabeth I. ebenfalls gegen den katholischen Glauben zu wüten begann, machte es Graf Thomas Percy der Jüngere unerschrocken dem Beispiel seines heldenhaften Vaters nach. Er leitete zusammen mit dem Grafen von Westmoreland 1569 den Aufstand zur Wiederherstellung des Katholizismus in England. Der Aufstand mißglückte: Graf Thomas Percy der Jüngere floh nach Schottland, wurde aber an die englische Regierung verkauft und zunächst zweieinhalb Jahre in harter, schmerzvoller Einkerkerung gefangengehalten. Besonders schmerzte ihn in dieser Zeit die Trennung von seiner geliebten Gattin Anne und von den drei noch unmündigen Kindern. Die jüngste Tochter namens Mary wurde erst nach dem Tod des Vaters geboren, der am 22. August 1572 hingerichtet wurde, weil er – zum Abfall vom katholischen Glauben aufgefordert – unerschütterlich dem Petrusnachfolger und der katholischen Kirche treu blieb. 24 Jahre nach dem Martyrium ihres Gatten Thomas Percy des Jüngeren starb Anne Somerset in Frankreich in der Verbannung. Die nachgeborene Tochter Mary gründete in Brüssel ein Benediktinerinnenkloster, das später nach Haslemere (Diözese Southwaek, England) verlegt wurde. Papst Leo XIII. hat den tapferen Ehegatten und Familienvater Thomas Percy den Jüngeren am 13. Mai 1895 seliggesprochen.

Der hl. Alonso Rodriguez

* 25. Juli 1531 in Segovia, nordwestlich von Madrid
† 31. Oktober 1617 in Palma de Mallorca
Hochzeit um 1560
Vater von zwei Kindern
1571 Eintritt in den Jesuitenorden
Laienbruder, Pförtner, Mystiker

Ein Heiliger, in dessen Leben das Heiraten nur eine Verlegenheitshandlung war und der Tod der Gattin und der Kinder als Glück empfunden wurde, um den wahren gottgeweihten Beruf anstreben und erreichen zu können, ist der hl. Alonso (Alfons) Rodriguez [150)]. Er wurde als Sohn eines Manufakturwarenhändlers am 25. Juli 1531 in Segovia (Spanien) geboren. Der zehnjährige Bub wurde durch den seligen Jesuiten-Ordenspriester Petrus Faber auf die Erstkommunion vorbereitet und mit 14 Jahren zum Studium in das Jesuiten-Kolleg nach Alcalá geschickt. Leider starb 1545 der Vater, der Alonsos verwitwete Mutter mit elf Kindern zurückließ. Daraufhin mußte Alonso das kaum begonnene Studium abbrechen, um als Erstgeborener das väterliche Geschäft zu übernehmen und die verwitwete Mutter sowie die zehn Geschwister zu unterstützen.

Da ihm genauso wie seiner Mutter jede kaufmännische Begabung fehlte, ging das Geschäft sehr schnell dem Bankrott entgegen. Um diese drohende Katastrophe zuletzt doch noch zu verhindern, bat die Mutter ihren Sohn Alonso, sich mit einem wohlhabenden Mädchen zu vermählen. Die Trauung fand um 1560 statt, die Ehe aber stand von Anfang an unter keinem guten

Stern. Denn die Sorgen um das Geschäft wurden nicht geringer. Zudem gebar Alonsos Gemahlin bald schon ein erstes und dann noch ein zweites Kind. Beide erwiesen sich als kränklich. Schließlich erkrankte auch die Mutter der beiden Kinder, ebenso die Schwiegermutter, schwer. Innerhalb kurzer Zeit verlor Alonso durch den Tod hintereinander seine Gattin, seine zwei Kinder und dann auch noch seine Mutter.

Diese harten Schicksalsschläge bezeichnete Alonso später, rückblickend auf sein Leben, als sein größtes Glück. Warum wohl? Sicher weil er nun frei geworden war, sich ganz Gott zu schenken. Zuerst zog sich Alonso von der Welt zurück und lebte in strengster Einsamkeit nur dem Gebet und der Buße. Die ersten drei Jahre seiner nach sechsjähriger Ehe eingetretenen Witwenschaft bezeichnete Alonso als seinen Reinigungsweg, die nächsten drei Jahre als seinen Erleuchtungsweg. Gott begann seine Seele durch tiefe Erkenntnisse und viele Erleuchtungen mehr und mehr bereit zu machen für den dritten Lebensabschnitt, der zum Einigungsweg wurde. Am 31. Januar 1571 wurde Alonso als Laienbruder in die Gesellschaft Jesu aufgenommen. Nach sechs Monaten Noviziat in Valencia kam er im Juli 1571 in das neu errichtete Kolleg „Monte Sion" zu Palma auf der Insel Mallorca, wo er bis zu seinem Tod am 31. Oktober 1617 ohne Unterbrechung blieb. Seit 1580 war er als Klosterpförtner eingesetzt. Sein äußeres Leben verlief still und ohne jedes Aufsehen. Sein Seelenleben aber entfaltete sich unter der Gnade Gottes überaus reich und tief, wie seine hinterlassenen Schriften autobiographischen, aszetischen und mystischen Inhalts zeigen. An der Pforte aber übte er ein von vielen hochgeschätztes Apostolat all jenen gegenüber aus, die mit ihm ins Gespräch kamen oder ihn um Rat fragten. So weckte er z. B. im späteren Negerapostel Petrus Claver, der damals am Jesuiten-Kolleg in Palma Philosophie studierte, die Begeisterung für die Mission in Lateinamerika und regte ihn zum erfolgreichen Streben nach Heiligkeit an.

Papst Leo XIII. hat den am 12. Juni 1825 seliggesprochenen einstigen Gatten und Familienvater, der nach dem Tod seiner Gattin und seiner zwei Kinder Jesuiten-Laienbruder, Pförtner und Mystiker geworden war, am 15. Januar 1888 zusammen mit dem Jesuiten-Kleriker Johannes Berchmans feierlich in St. Peter in Rom heiliggesprochen und sein Fest auf den 30. Oktober festgelegt.

Die gottselige Renata von Bayern

* 20. April 1544 in Nancy in Lothringen, Frankreich
† 22. Mai 1602 in Altötting
Hochzeit 1568
Mutter von zehn Kindern

Zeitgenössischer Stich

Eine vorbildliche Ehegattin, beseelt von tiefer Frömmigkeit und allzeit bereit zur Wohltätigkeit, war Renata, die sowohl von ihrem fürstlichen Gemahl, dem Herzog Wilhelm V. mit dem Beinamen „der Fromme", als Gattin und Mutter seiner Kinder, wie auch vom ganzen bayerischen Volk als Landesmutter geliebt und verehrt und schließlich immer mehr als Heilige angesehen wurde.

Renata wurde am 20. April 1544 in Nancy in Lothringen als Tochter des Herzogs Franz I. von Lothringen geboren. Als Kind war sie immer kränklich. Als sie später schwer erkrankte und die sie betreuenden Ärzte bereits alle Hoffnung auf Wiedergenesung aufgegeben hatten, nahm die Kranke ihre Zuflucht zur jungfräulichen Gottesmutter und gelobte eine Wallfahrt nach Loreto in Mittelitalien. Darauf verfiel sie in einen todesähnlichen Schlaf, aus dem sie, völlig gesund, mit den Worten erwachte: „Gloria tibi, Domine – Ehre sie dir, o Herr". Die Krankheit war plötzlich geschwunden. Renata war wieder gesund und blieb es von nun an im weiteren Leben. Sie beschloß nun, das ihr von Gott so wunderbar geschenkte Leben ganz zu seiner Ehre zu verwenden. Nie ließ sie dieses Ziel aus den Augen, stets ließ sie sich vom Geiste Gottes leiten.

Das tat sie ganz besonders, als sie sich im Jahre 1568 in der Münchener Liebfrauenkirche mit dem bayerischen Erbprinzen Wilhelm V., dem Frommen, vermählte und vom angesehenen Augsburger Bischof Kardinal Otto von Truchses in festlicher Weise getraut wurde. Fünf Jahre danach übernahm

Wilhelm V. als Herzog die Regierung in Bayern. Beide Ehegatten führten ein vorbildlich christliches Eheleben. Aus ihrer Ehe gingen zehn Kinder hervor, die streng und zuchtvoll zur rechten Gottesfurcht erzogen wurden.
Neben ihrer kinderreichen Familie sorgte sich Renata aber auch zusammen mit Herzog Wilhelm V. für die Kranken und Armen im Land. So wie der Herzog persönlich zwölf arme Männer bei Tisch bediente, so tat Renata das Gleiche zwölf armen Frauen gegenüber; und wie der Herzog jährlich 72 bedürftige Männer mit Kleidung und Obdach versorgte, so tat die Herzogin das Gleiche 72 armen Frauen gegenüber. Sie ging überdies auch in die elendesten Hütten, um dort gehbehinderten Armen und Kranken Hilfe zu bringen.
Als nach 18jähriger gütiger Regierung des Bayernlandes Herzog Wilhelm V. 1597 freiwillig seine Regentschaft niederlegte, zog er sich mit seiner Gemahlin Renata in die Maxburg zurück, wo beide in den letzten Lebensjahren nur noch auf ernstes Streben nach Vollkommenheit und Heiligkeit bedacht waren. Sie verzichteten auf alle sexuellen Freuden und lebten streng enthaltsam und zurückgezogen wie Kartäuser. Ihren leiblichen Bedürfnissen gönnten sie nur noch das Allernotwendigste; ihre Wohltätigkeit den Armen und Kranken gegenüber aber kannte keine Grenzen mehr. Renata hatte, als ihr Gemahl Wilhelm noch regierender Herzog war, zu Ehren der hl. Elisabeth von Thüringen in München das Elisabethspital gestiftet und hatte ihren Gemahl bei der Gründung des Herzogspitals und des Fremdenhauses am Rochusberg unterstützt. Zurückgezogen in der Maxburg kannte die Herzogin Renata nur noch selbstlos hilfsbereite Liebe allen Notleidenden gegenüber.
Wie das Leben dieser frommen Frau war auch ihr Sterben. Obwohl die Ärzte zu Beginn des Jahres 1602 den Gesundheitszustand der nun 58jährigen Herzogin Renata für gut erachteten, sprach sie selbst dennoch oft von ihrem nahe bevorstehenden Tod. Um sich darauf vorzubereiten, trat sie mit Herzog Wilhelm V. eine Wallfahrt nach Ebersberg zu Ehren des hl. Sebastian und dann nach Altötting zur vielgeliebten Gottesmutter Maria an, um dort von der seligsten Jungfrau einen guten Heimgang zu erbitten. In der Gnadenkapelle wurde Renata mitten in inständigem Gebet von Fieber befallen. Bald darauf, am 22. Mai 1602, stellte sich an Renatas Krankenbett der Tod ein. Wilhelm V. ließ seine innig geliebte Gattin in der von ihm erbauten Michaelskirche in München beisetzen. Mit ihm betrauerte das gesamte Bayernvolk den Tod der gütigen, heiligmäßigen Landesmutter. Das Herz der edlen Verstorbenen behielt der fromme Herzog als kostbare Reliquie bei sich. „War es doch – so wurde mit Recht geschrieben – wie die eine Hälfte seines eigenen Herzens, da beide, Herzog Wilhelm V., der Fromme, und Renata, seine vorbildliche Gemahlin, in den 34 Jahren ihres Ehelebens, bis der Tod sie schied, nur ein Herz und eine Seele gewesen.“

Bezüglich der zehn Kinder dieses fürstlichen Ehepaares sei noch betont, daß davon zwei ganz dem Beispiel ihrer heiligmäßigen Eltern gefolgt sind: Vom erstgeborenen Sohn, dem späteren Kurfürsten Maximilian I., wurde mit Recht betont, daß er in der Nachfolge seines Vaters eine die gewöhnlichen Grade weit überragende Frömmigkeit besaß. Magdalena aber, die das zuletzt geborene Kind des edlen Herzogspaares war, und die durch Vermählung Herzogin von Pfalz-Neuburg wurde, hat durch ihr unablässiges Gebet die Rückkehr ihres protestantischen Gemahls, des Herzogs Wolfgang Wilhelm von Pfalz-Neuburg, und durch ihr eigenes musterhaftes religiöses Leben, zu dem sie von ihren frommen Eltern erzogen worden war, schließlich die Konversion des Herzogs bewirkt. Als der Herr die Herzogin Magdalena am 25. September 1628 in die Ewigkeit abberief, hatte sie den Trost, neben ihrem Gemahl auch viele ihrer Untertanen zum katholischen Glauben zurückgekehrt zu sehen, besonders in Düsseldorf und der Umgebung dieser Stadt im Rheinland, die damals zu Pfalz-Bayern gehörte. Ein protestantischer Adeliger tat über Herzogin Magdalena, die Tochter der gottseligen Renata von Bayern, den Ausspruch: „Diese Fürstin könnte die Anrufung der Heiligen, wie sie bei den Katholiken gebräuchlich ist, gar wohl rechtfertigen; denn zu ihr, die von Barmherzigkeit so voll ist, könnte ich meine Zuflucht nehmen und wäre dabei gewiß, daß sie mir keine Bitte versagen würde.“

Die hl. Jeanne de Lestonnac und Gaston de Montferrand

* 1556 in Bordeaux
† 2. Februar 1640 in Bordeaux
Hochzeit 1573
Mutter von sieben Kindern
Ordensgründerin
Heiligsprechung am 15. Mai 1949

Eine Heilige, die 24 Jahre in glücklicher Ehe lebte und ihrem Gemahl sieben Kinder gebar, steht in der französischen Baronin Jeanne (Johanna) de Lestonnac vor uns. Sie wurde 1556 in Bordeaux als erstes Kind des katholischen Barons Richard de Lestonnac und der calvinisch gesinnten Jeanne Eyquem de Montaigne, der Schwester des berühmten Philosophen Michel de Montaigne (1533-1592), geboren. Über die jugendliche Jeanne behauptete ihr berühmter Onkel: „Es ist schwer zu sagen, ob bei meiner Nichte die Schönheit des Leibes oder der Seele größer ist. Man kann aber in Wahrheit behaupten, daß in ihr die Natur ein Meisterwerk geschaffen hat, indem sie eine schöne Seele mit einem edlen Leib vereinte."

Bei der jugendlichen Jeanne, die gegenüber ihrer calvinisch gesinnten Mutter und gegenüber calvinisch gesinnten Lehrerinnen schwer um die Bewahrung ihres katholischen Glaubens zu kämpfen hatte, wurde der Wunsch wach, sich Gott im Ordensstand ganz zu schenken. Aber auf Wunsch ihres Vater heiratete sie mit 17 Jahren 1573 den Baron Gaston de Montferrand, den Herrn von Landiras und La Mothe. In dieser Ehe schenkte sie sieben Kindern das Leben, von denen zwei Töchter Ordensfrauen wurden.

Im Jahre 1596 verlor die Baronin Montferrand durch den Tod ihren Gemahl und fast gleichzeitig ihren 20jährigen Sohn. Die Witwe führte von da an wieder ihren Mädchennamen Jeanne de Lestonnac, nicht etwa um die Erinnerung an 24 glückliche Ehejahre auszulöschen, sondern um zu betonen, daß sie wieder frei sei für neue Lebensaufgaben. Sie widmete sich nun in den Stunden, die ihr die Sorge um die rechte Erziehung ihrer Kinder übrig ließ, intensiv dem Gebet und guten Werken.

Nach sechs Jahren der Witwenschaft glaubte Jeanne de Lestonnac den Zeitpunkt gekommen, ihren einstigen Jugendplan zu verwirklichen und sich Gott im Ordensstand zu weihen. Zuerst wollte sie dem Orden der „Annuntiaten" der hl. Johanna von Valois, der unglücklichen Tochter Ludwigs XI. und verstoßenen Gattin König Ludwigs XII., beitreten, dem bereits zwei ihrer Töchter angehörten. Ihr dünkte aber dieser Orden nicht streng genug. So trat sie 1603 in den Orden der reformierten Zisterzienserinnen („Feuillantines") in Toulouse ein. Die harten Bußübungen, die in diesem Orden den Schwestern abverlangt wurden, bedrohten sehr rasch die geschwächte Gesundheit der damals schon 47jährigen Witwe. So war sie nach sechs Monaten des Noviziats gezwungen, das Kloster wieder zu verlassen. In einer besonderen übernatürlichen Einsprechung erhielt Madame de Lestonnac schließlich vom Herrn den Auftrag, selber eine Ordensgemeinschaft unter dem Schutz der jungfräulichen Gottesmutter zur Rettung der im Glauben damals durch die Umtriebe von Calvinisten arg gefährdeten weiblichen Jugend zu gründen. Das tat sie dann im Jahre 1605. Es fehlte bei dieser Ordensgründung nicht an Schwierigkeiten aller Art und an Anfeindungen gegen die Gründerin. Es gelang ihr aber in den Jahren von 1608 bis 1622, über 30 Klöster der neuen Ordensfamilie unter dem Schutz und Segen der himmlischen Mutter zu errichten.

Im Jahre 1620 traten mit päpstlicher Dispens die beiden Töchter der hl. Jeanne de Lestonnac aus dem Annuntiatenorden in jenen ihrer Mutter über. Schon bald sah man in ihnen die voraussichtlichen Nachfolgerinnen der Gründerin und ersten Generaloberin; doch beide starben noch vor ihrer Mutter, der man in den folgenden Jahren viel Leid zufügte durch Verkennung ihrer besten Absichten, durch Verleumdungen und gehässige Behandlung. Mutter Jeanne de Lestonnac aber bewährte sich in ergreifender Demut. Sie sagte: „Ich halte mich mit der Gottesmutter zu Füßen des Kreuzes auf. Dann bleibt es mir immer Freude und Ehre, für Gott zu leiden." Am 2. Februar 1640 beschloß Jeanne de Lestonnac, diese vorbildliche Ehegattin und Familienmutter, hilfsbereite Witwe und demütige Ordensgründerin und heilige Ordensfrau und Mutter zahlreicher geistlicher Töchter, im Alter von 84 Jahren in Bordeaux ihr heiliges Leben. 1890 wurde sie selig-, am 15. Mai 1949 heiliggesprochen [152)].

Die selige Barbara Avrillot und Pierre Acarie

Ordensname: Maria von der Menschwerdung

* 1. Februar 1566 in Paris
† 18. April 1618 im Karmel von Pontoise
Hochzeit 1582
Mutter von sechs Kindern
Seligsprechung 5. Juni 1791

Statue von Germain Jacquet. Paris, Karmelkloster di Créteil.

Die Gattin eines Grafen und Mutter von sechs Kindern, die Ordensfrau im strengen Orden der Unbeschuhten Karmelitinnen wurde, ist sicher etwas Besonderes. Sie war es auch aus anderen Gründen:

Barbara Avrillot wurde am 1. Februar 1566 in Paris als Tochter von Nicole Avrillot, des Herrn von Champlátreux, und der Marie L'Huilier geboren. Mit 14 Jahren wollte das frühreife, aufgeweckte und schöne Mädchen ins Kloster gehen. Die Eltern erlaubten es nicht. Die 16jährige wurde 1582 von ihren Eltern gezwungen, Pierre Acarie, den Visconte de Villemor und Herrn von

Montbrost und Roncenay, zu heiraten. Die schöne reiche gern gesehene junge Frau hatte aber immer noch nichts anderes vor, als Gott von ganzem Herzen zu lieben und sein göttliches Wohlgefallen zu erringen, nun freilich auch durch möglichst vollkommene Erfüllung ihrer ehelichen Pflichten. Dem Gatten wollte sie eine gewissenhaft treu liebende Gemahlin, den sechs Kindern und den Untergebenen ihres Mannes eine liebevoll sorgende Mutter sein. Die drei Töchter wurden auf Grund der vorbildlichen Erziehung durch die Eltern Ordensfrauen; einer der drei Söhne, Pierre, wurde Priester. Barbara Acarie bemühte sich in den 30 Jahren ihres Erdenlebens sehr bewußt, zu zeigen, wie christliche Eheleute nicht etwa nur trotz der Ehe, sondern gerade auch durch die Ehe die Heiligkeit und Vollkommenheit erreichen können.

Neben der Tugend der Gottes- und Nächstenliebe glänzte auch der Glaube von Madame Acarie. Sie bewies eine unerschütterliche Anhänglichkeit an die Kirche in einer Zeit, da der Abfall von ihr sich auch in Frankreich ausbreitete. Madame Acarie glänzte auch durch Werke der Barmherzigkeit, besonders anläßlich der Belagerung von Paris 1590; auch zeigte sie großen Eifer in der Sorge um das ewige Heil verirrter und verführter Menschen. Gott schenkte ihr für ihr vorbildliches Leben aus dem Glauben in der Liebe viele, auch außerordentliche Gnaden, er erprobte sie aber auch durch verschiedene äußere und innere Prüfungen.

Auf eine Periode der Harmonie und des Friedens in ihrer Ehe und Familie folgte eine Periode der Heimsuchung und des Unglücks, als der Gemahl von Marie Acarie bei König Heinrich IV. in Ungnade fiel und aus Paris verbannt wurde; das geschah nach einer Niederlage der Liga, zu der Pierre Acarie gehörte.

In dieser leidvollen Zeit sorgte sich Madame Acarie bei Tag und bei Nacht um ihren Gatten und ihre Kinder. Schließlich erreichte sie die vollständige Rehabilitierung ihres Gemahls. Nach vier Jahren harter Prüfung fand die Familie wieder zusammen und kam wieder in den Besitz ihres Pariser Hauses und ihrer ganzen Habe. Der Madame Acarie wurde wieder allgemeine Hochschätzung zuteil, auch von seiten der königlichen Familie. In ihrem Salon in Paris trafen sich wieder die angesehensten Persönlichkeiten, vor allem auch führende Köpfe der französischen Spiritualität, wie Kardinal Pierre de Bérulle und der hl. Franz von Sales.

Im Herbst 1601 kamen ihr die Schriften der hl. Teresa von Avila in die Hände. Sie las sie, wurde davon tief beeindruckt und angetrieben, den reformierten Karmel in Frankreich einzuführen. Unter Überwindung größter Schwierigkeiten gelang ihr das. So half sie mit bei der Gründung des Karmels in Paris 1604, in Pontoise 1605, in Dijon 1605, in Amiens 1606. Madame

Acarie erlebte dabei voll Freude den Karmel-Eintritt ihrer drei Töchter; ihre 15jährige Tochter Marguerite machte dabei den Anfang.
Im Jahre 1613 erkrankte der Gemahl der edlen Frau, Pierre Acarie, schwer. Sie verließ nun weder bei Tag noch bei Nacht sein Krankenlager, bis sie ihn – getröstet und gestärkt durch die Sterbesakramente – nach neun Tagen den Tod des Gerechten sterben sah. Die Tränen und Gebete der Witwe erwirkten ihr himmlischen Trost, da ihr – frei von jedem Zweifel – versichert wurde, daß ihr frommer Gemahl in der ewigen Glückseligkeit sei.
Als nun Madame Acarie von allen ehelichen und familiären Verpflichtungen frei geworden war, brach sie jede Bindung an die vergängliche Welt ab und entschloß sich, ebenso wie ihre drei Töchter Karmelitin zu werden. Sie suchte sich dazu den von Paris am weitesten entfernten und ärmsten Karmel aus, nämlich den in Amiens. Hier bat sie um die Aufnahme als Laienschwester. Am 7. April 1614 wurde sie eingckleidet und erhielt den Namen Maria von der Menschwerdung (Marie de l'Incarnation). Als Ordensfrau erbaute sie ihre Mitschwestern durch ergreifende Demut, in der sie im Kloster die niedrigsten Dienste verrichtete. Sie zeichnete sich durch große Liebe zur Armut aus und zeigte eine besonders zarte Hingabe an die kranken und leidenden Mitschwestern.
Am 8. April 1615 durfte Schwester Marie von der Menschwerdung die ewige Profeß ablegen. Am 7. Dezember 1616 wurde sie von der neuen, ihr nicht besonders wohlgesinnten Priorin – angeblich aus gesundheitlichen Gründen – von Amiens weg in den Karmel von Pontoise geschickt, wo sie nach langer Krankheit am 18. April 1618 – gestärkt durch mehrmaligen Empfang der heiligen Wegzehrung und nach dem tröstlichen Erleben mehrerer Ekstasen und Visionen – dem dreifaltigen Gott ihre edle Seele zurückgab.
Am 5. Juni 1791 wurde diese starkmütige, mehr durch Herzensadel als durch den Adel des Blutes ausgezeichnete Frau, die eine vorbildliche christliche Ehegattin und Familienmutter, Gründerin des Karmel in Frankreich und selber zuletzt mystisch begnadete Karmelitin war, von Papst Pius VI. seliggesprochen [153)].

Die hl. Johanna Franziska von Chantal, geborene Fremyot

* 31. Januar 1572 in Dijon
† 13. Dezember 1641 im Kloster der Heimsuchung zu Moulins
Hochzeit 29. Dezember 1592
Mutter von sechs Kindern

Authentisches Porträt, dessen Original (gemalt 1636) sich im Kloster der Visitation in Turin befindet.

Des hl. Franz von Sales Anleitung zum geistlichen Leben für Laien, genannt „Philothea", ist erstmalig 1609 im Druck erschienen, als Johanna Franziska Fremyot de Chantal [154] nach nur neunjähriger Ehe schon acht Jahre Witwe war. So hat das, was der heilige Bischof von Genf im 3. Teil dieses seines Buches über die eheliche Liebe geschrieben hat, nicht mehr seiner heiligen Freundin und Mitgründerin des Ordens von der Heimsuchung Mariens gegolten. Aber rückblickend auf ihr kurzes Eheglück konnte sich die Gräfin von Chantal ehrlich sagen, sie habe das, was ihr nunmehriger Seelenführer und großer bischöflicher Freund über die eheliche Liebe und das Zusammenleben von Gatte und Gattin, Eltern und Kindern geschrieben hat, in den neun Jahren ihrer Ehe allzeit beherzigt.
Dieses Kapitel über „die eheliche Liebe" lautet in der „Philothea" so:
„Die Ehe ist ein hohes Geheimnis in Christus und seiner Kirche. Sie ist in jeder Hinsicht etwas Schönes und die Pflanzstätte des Christentums. Die kostbaren Werte der Ehe zu pflegen ist darum überaus wichtig, auch für die Gemeinschaft.
Ich ermahne die Ehegatten vor allem zur gegenseitigen Liebe, die ihnen der Heilige Geist in der Heiligen Schrift empfiehlt. Christliche Gatten, sagt mir, hätte es einen Sinn zu mahnen: ‚Liebet einander mit natürlicher Liebe!'? Tun das nicht auch die Turteltauben? Oder hätte es einen Sinn zu sagen: ‚Liebet einander mit menschlicher Liebe!'? Tun das nicht auch die Heiden? Darum sage ich euch mit dem Apostel: ‚Ihr Männer, liebt eure Frauen, wie Christus

seine Kirche liebt, und ihr Frauen, liebt eure Männer, wie die Kirche ihren Herrn und Erlöser liebt!' Gott hat mit unsichtbarer Hand den Knoten geschlungen im heiligen Bund eurer Ehe; er hat euch zueinander geführt. Müßt ihr darum nicht einander lieben mit einer innigen, heiligen, ja göttlichen Liebe?

Die erste Wirkung dieses heiligen Bundes ist die unauflösliche Einheit: Eher muß der Leib sich von der Seele trennen, als daß die Gatten sich voneinander trennen. Und diese Einheit ist nicht in erster Linie eine leibliche, sondern eine seelische: Einheit des Herzens und der Liebe.

Die zweite Wirkung muß die unverletzliche gegenseitige Treue sein. Diese ist versinnbildlicht durch den Ring, den euch die Kirche gesegnet hat. Nie soll eure Liebe einem anderen Mann, einer anderen Frau gehören!

Die dritte Frucht der Ehe ist der Kindersegen. Ihr Eltern, Gott läßt euch teilnehmen an seinem Schöpferwerk. Welch hohe Berufung habt ihr doch! Darum bewahrt, ihr Männer, eine innige dauernde herzliche Liebe gegen eure Frauen! Ihre leiblichen oder geistigen Schwächen sollen euch nicht hochfahrend machen, sondern mit zarter liebreicher Teilnahme erfüllen. Es liegt in Gottes Plan, daß die Frauen auf euch angewiesen sind und ihr sie so zu Gefährten habt, daß ihr sie zugleich auch führt. Und ihr Frauen, liebt innig und herzlich, aber auch ehrerbietig eure Gatten, die Gott euch gegeben hat. Er hat sie stärker geschaffen und hat euch vom Mann abhängig machen wollen, um euch zu zeigen, daß ihr euch von ihm führen lassen sollt. Die Heilige Schrift ermahnt euch dringend zu dieser Ehrerbietigkeit und macht sie euch zugleich leicht, da sie auch den Männern befiehlt, liebe, zarte, schonende Rücksicht gegen euch zu üben. ‚Ihr Männer' – so sagt der hl. Paulus – ‚sollt die Gemeinschaft mit euren Frauen als dem schwächeren Teil in erleuchteter Einsicht pflegen und ihnen Ehre erweisen!'

Darum soll die Liebe in euch immer mehr zunehmen. Aber hütet euch, daß sie nicht irgendwie in Eifersucht ausarte. Wie sich oft in den köstlichsten Äpfeln häßliche Würmer bilden, so entwickelt sich oft in der glühendsten, innigsten Gattenliebe die Eifersucht und verdirbt und zerstört sie von Grund auf. Aus kleinen, nichtssagenden Anlässen entstehen oft Ärgerlichkeiten, Mißhelligkeiten und schließlich ernste Entzweiungen und Trennungen.

Aber dort, wo die gegenseitige Freundschaft auf wahrer Tugend gründet, hat Eifersucht keinen Zutritt. Diese ist immer ein Zeichen vom Vorherrschen einer niedrigen, sinnlichen Leidenschaft, eines Mißtrauens, einer inneren Leere. Wohl kann sie die Macht und Heftigkeit einer Liebe bekunden, aber nicht ihre sittliche Schönheit, Reinheit und Reife. Vollkommene Freundschaft beruht auf der Sicherheit über den inneren Wert des Geliebten, Eifersucht umgekehrt auf der Unsicherheit.

Ihr Männer, wenn ihr wollt, daß die Frauen euch treu sind, dann gebt ihnen ein gutes Beispiel! Und ihr Frauen, duldet in eurer Umgebung nie Schmeicheleien oder Anzüglichkeiten. Wer euch lobt, soll euch verdächtig sein; wer aber zum Lob noch eine geringschätzige Äußerung über euren Ehemann hinzufügt, der beleidigt euch.

Liebe und Treue schließen immer Vertraulichkeit und Zärtlichkeit ein. Von heiligen Frauen und Männern wissen wir, daß sie zu ihren Ehepartnern überaus zärtlich waren. Ich will nicht hinweisen auf das alttestamentliche Beispiel Isaaks und Rebekkas. Der hl. Ludwig, der ebenso streng gegen sich selbst wie zärtlich gegen seine Gattin war, zog sich deshalb beinahe Tadel zu. Aber ist es in Wahrheit nicht allen Lobes wert, daß der tapfere Krieger (Ludwig) in seinem rauhen Waffenhandwerk nicht den Sinn verlor für jene kleinen Aufmerksamkeiten, die der Pflege der ehelichen Liebe dienen? Denn wenn auch die Liebe nicht in den Zärtlichkeiten besteht, so dienen diese doch zur Vertiefung und Steigerung der Liebe und verleihen dem gegenseitigen Umgang einen ganz eigentümlichen Glanz.

Christliche Ehepaare dürfen auch nicht Mühe und Aufwand sparen, um ihre ihnen von Gott geschenkten Kinder in Gottesfurcht und Tugend zu erziehen; denn die Kinder sind die Krone der Eheleute.

Die Frau soll nach einem Wort des hl. Paulus dem inneren Hauswesen vorstehen. Darum ist ihr gutes Beispiel im religiösen Leben für die Familie wohl noch bedeutungsvoller als das des Mannes, der durch seinen Beruf mehr nach außen gezogen wird und sich der Erziehung der Kinder weniger widmen kann. Das ist auch die Meinung der Heiligen Schrift, wird doch im Buch der Sprichwörter die ‚starke Frau' als jene gelobt, von deren eifriger Sorge das Glück des ganzen Hauses abhängt. Aber Gattin und Gatte sollen in der Pflege des religiösen Lebens zusammenhalten. Jene Frau kann sich glücklich schätzen, die einen religiösen Mann hat, denn ein Mann ohne rechten Glaubensgeist ist wie ein grimmiges Tier. Und jener Mann soll sich glücklich schätzen, der eine fromme Frau hat, denn eine Frau ohne rechten Glaubensgeist ist großen sittlichen Gefahren ausgesetzt. Wohl sagt der hl. Paulus, daß ‚der ungläubige Mann geheiligt ist durch die gläubige Frau und die ungläubige Frau durch den gläubigen Mann', denn in einer so innigen Gemeinschaft, wie es die Ehe ist, kann der eine den anderen leicht zum Guten beeinflussen – aber welch ein Segen ist es erst, wenn ein gläubiger Mann und eine gläubige Frau einander heiligen in der Furcht des Herrn!

Die gegenseitige Liebe der Eheleute und die gegenseitige Nachsicht müssen in der Ehe so groß sein, daß es nie zu Auftritten kommt, die dann in Ehestreit ausarten. Denn der Geist Gottes flieht aus einem Haus, in welchem Streit und Unfriede herrschen."

Sehen wir uns nun die Ehe der hl. Franziska Fremyot de Chantal näher an und übersehen wir dabei nicht, daß auf dem Wesen der am 31. Januar 1572 in Dijon geborenen Johanna Franziska, der Tochter des burgundischen Parlamentspräsidenten Benigne Fremyot und der adeligen Margarete Berbisey, eine verhaltene Traurigkeit lag, die verständlich wird, wenn man die Erlebnisse ihrer Kindheit und Jugend bedenkt. Denn wenige Monate nach ihrer Geburt erzitterte Paris vor den furchtbaren Greueln der Bartholomäusnacht, und die blutigen Wirren der Hugenottenkriege überschatteten ihre Jugend. Ihr Vater wurde damals als Parlamentspräsident, ihr Gatte als hoher Offizier, ihr Bruder als Geisel in die politischen und religiösen Kämpfe hineingezogen. Das Bewußtsein, daß der Glaube bedroht war, beherrschte schon früh ihr Gemüt. Seit ihrem zweiten Lebensjahr, nachdem sie die Mutter verloren hatte, sah sich das junge Mädchen den Quälereien einer Gouvernante ausgesetzt, die man einen ‚weiblichen Satan' genannt hatte [155)].

Am 29. Dezember 1592 vermählte sich die 21jährige Johanna Franziska mit Christoph II. Baron von Chantal, dem Herrn von Bourbilly. Dort ließ sich das junge Paar nieder. Ein Zeuge im späteren Kanonisationsprozeß sagte über das Ehepaar Chantal folgendes aus: „Diese zwei Eheleute ergaben zusammen das Modell einer wahrhaft heiligen Ehe. Sie hatten nur ein Herz und eine Seele. Johanna Franziska umgab ihren jungen Gemahl mit Verehrung und Gehorsam und liebte ihn mit einer ergreifenden Zartheit, mit Liebesglut und Ehrfurcht. Dabei wurde sie umgekehrt ebenso geliebt und geachtet und vom zartesten Vertrauen ihres Gatten umgeben. Das alles war offenkundig."

Leider mußte Johanna Franziska ihren Gemahl gar manchmal wegen seines Dienstes am königlichen Hof monatelang entbehren. Sie war dann mit der Verwaltung des Gutshofes betraut und erwies sich dabei den Angestellten gegenüber als eine sehr umsichtige Schloßherrin und Hausfrau, die vor allem auch auf eine saubere religiöse Atmosphäre im Schloß und Hof bedacht war. Sie stand früh am Morgen auf und verrichtete gemeinsam mit dem Personal das Morgengebet und war dann selber mit Fleiß bei der Arbeit.

Die glücklich und harmonisch verlaufende Ehe wurde mit sechs Kindern gesegnet, von denen aber nur vier die allerersten Kindheitsjahre überlebten. Diese vier Kinder sind folgende:

1. Celsus Benignus: Er wurde Offizier, lebte am französischen Hof und fiel 1607 in einer Schlacht.
2. Maria Anna: Sie vermählte sich 12jährig mit dem damals erst 16jährigen Baron von Thorens, einem Bruder des hl. Franz von Sales; sie wurde aber nach kurzer Ehe bereits Witwe.
3. Franziska: Sie vermählte sich und wurde eine glückliche Mutter.

4. Charlotte: Sie starb unerwartet mit 10 Jahren, als die verwitwete Mutter begann, den Orden von der Heimsuchung zu gründen.
Das Eheglück Johanna Franziskas mit dem Baron Christoph de Chantal dauerte auf Schloß Boubilly leider nur neun Jahre. Es zerbrach durch einen tragischen Jagdunfall des Barons unmittelbar nach der letzten Niederkunft seiner gütigen Gemahlin; Baron Chantal wurde auf der Jagd versehentlich erschossen. Jäh wurde der liebenden Gattin der Gemahl, den Kindern der treu besorgte Vater entrissen.
Die erst 28jährige Witwe zog sich mit den Kindern zuerst zu ihrem Vater nach Dijon zurück. Da aber ihr jähzorniger Schwiegervater drohte, ihre Kinder zu enterben, falls sie nicht mit den Kindern zu ihm übersiedle, mußte die Witwe mit ihren Kindern auf das Schloß Monthelon ziehen. Hier erlebte sie nun sieben Jahre lang in bitterster Weise die ganze Hilflosigkeit der Witwenschaft. Sie mußte ärgste Verdemütigungen von seiten ihres Schwiegervaters ertragen. Der alte Baron Chantal war nämlich einer seiner Mägde hörig geworden. „Dieses Scheusal aber tyrannisierte das ganze Haus, hetzte den Baron gegen seine Schwiegertochter auf und suchte mit tausend Quälereien die Witwe vom Herrensitz zu vertreiben. Die leicht verletzliche Johanna Franziska litt unsäglich unter diesen Schikanen.
Doch statt dagegen aufzubegehren, hielt sie mit erstaunlicher Geduld still. Sie nahm sich sogar der vier unehelichen Kinder an, welche die gehässige Magd von dem alten Chantal hatte, erzog diese gemeinsam mit ihren eigenen Kindern und erteilte ihnen Unterricht. Sie verzieh nun auch jenem unglücklichen Schützen, der ihren Gatten tödlich getroffen hatte, und hob zum Zeichen der Versöhnung dessen Kind aus der Taufe. Die Kraft zu dieser Selbstüberwindung schöpfte sie aus ihrem tiefen Glauben.“ [156)]
Dann kam es 1604 in Dijon zu Begegnung mit dem gefeierten Kanzelredner und Bischof Franz von Sales, der dort die Fastenpredigten hielt. Je mehr die Witwe den Bischof kennenlernte, desto stärker fühlte sie sich in ganz edler, reiner Gesinnung von ihm angezogen. Es entwickelte sich eine überaus schöne, segensreiche, heilige Freundschaft. Franz von Sales wurde für die leidgeprüfte Witwe ein geistlicher Führer zur Vollkommenheit und Heiligkeit; er nahm sich aber auch ihrer Kinder an; er zeigte ihr vor allem auch den Weg zu einer neuen Lebensaufgabe in der Gründung des Ordens von der Heimsuchung. Johanna Franziska von Chantal sah, wie ihr Witwendasein durch die Ordensgründung einen neuen Lebensinhalt bekommen würde. Darum ging sie begeistert auf die Pläne des Bischofs ein.
Nachdem ihre älteste Tochter Maria Anna sich mit dem Baron von Thorens, einem Bruder des Bischofs Franz von Sales, vermählt und ihr Bruder, der Erzbischof von Bourges, die Sorge für ihren 14jährigen Sohn übernommen

hatte, wollte sie mit den beiden anderen Töchtern die Idee ihres Freundes verwirklichen und das erste Kloster des neuen Ordens gründen. Die Pläne der beiden Heiligen schienen jedoch mit einem Mal durchkreuzt zu werden, als Präsident Fremyot, der Vater der hl. Johanna Franziska, sie wiedervermählen wollte. Ihre ganze Familie stemmte sich dagegen, daß sie ins Kloster gehe. Ihr Sohn fiel ihr beim Abschied um den Hals und flehte sie an, zu bleiben. Als alle seine Bitten bei der Mutter ohne Wirkung blieben, machte er noch einen letzten verzweifelten Versuch. Er warf sich der Länge nach über die Türschwelle und rief weinend: „Mutter, wenn ich dich nicht zurückhalten kann, so sollst du nur über den Leib deines Sohnes hinausgehen können." Johanna Franziska von Chantal zögerte einen Augenblick lang, dann aber dachte sie wohl an Christi Wort: „Wer Sohn oder Tochter mehr liebt als mich, ist meiner nicht wert."

Es war das Jahr 1610, als Franz von Sales in Annecy das erste Kloster der Heimsuchung gründete. Ihren Ordensfrauen ging Johanna Franziska von Chantal mit leuchtendem Vorbild voran, immer gut beraten von ihrem heiligen Freund, dem Bischof von Genf, der seinen Besitz in Annecy hatte. Ihn überlebte sie dann um fast 20 Jahre. Der Orden wurde bald einer der blühendsten in Frankreich, leuchtete bald durch das erbauliche Leben seiner Schwestern. 26 Klöster waren aus den bescheidenen Anfängen im Verlauf von 30 Jahren emporgewachsen, als Johanna Franziska, die einstige vorbildliche Ehegattin und Familienmutter, die zur Mutter zahlreicher Töchter in der Familiengemeinschaft des von ihr und ihrem heiligen Freund Franz von Sales gegründeten Ordens geworden war, am 13. Dezember 1641 auf einer Visitationsreise im Kloster der Heimsuchung zu Moulins zum ewigen Lohn von Gott heimgeholt wurde.

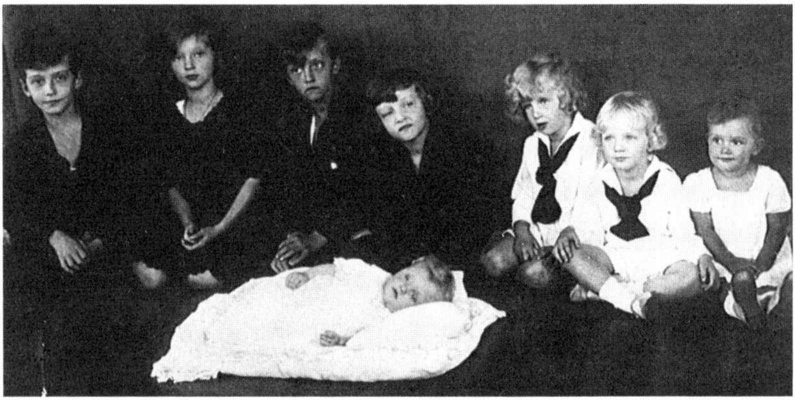

Bild zu Seite 326: Kinder von Kaiser Karl und Kaiserin Zita.

Die selige Virginia Centurione und Gaspare Bracelli

* 2. April 1587
† 15. Dezember 1651
Seligsprechung 22. September 1985

Aus der adeligen Tochter eines Genueser Dogen, die im ausgehenden 16. Jahrhundert und in der ersten Hälfte des 17. Jahrhunderts in der bedeutenden italienischen Hafenstadt lebte und wirkte, wurde eine vorbildliche Frohbotin der Caritas, der die Ehre der Altäre gebührt, wie Papst Johannes Paul II. bei der Seligsprechung von Virginia Centurione [157)] feierlich bestätigt hat.
Diese Selige der Stadt Genua wurde am 2. April 1587 dort geboren als Tochter des Dogen Giorgio Centurione und der Leila, geb. Spinola, die ebenfalls altem Genueser Adel angehörte.
Dem Willen des Vaters gehorchend, heiratete Virginia mit 15 Jahren den jungen Sohn einer berühmten Familie namens Gaspare Bracelli. Dieser gab sich aber allzusehr dem Spiel und dem Vergnügen hin und verkürzte durch sein lasterhaftes Leben seine irdische Existenz. Dem untreuen Mann, der der edlen Virginia zwar zwei Töchter gezeugt hatte, seine Familie aber verließ, ging Virginia Centurione Bracelli mit sorgsamer Liebe in Geduld und Demut so lange nach, bis sie ihn wenigstens vor dem Tod wieder auf den rechten Weg gebracht und mit Gott versöhnt hatte.
Der Vater wollte seine 1607 nach kurzer unglücklicher Ehe zur Witwe gewordene Tochter ein zweites Mal verheiraten. Virginia aber lehnte energisch ab und zog sich zuerst ganz zu Gebet und Buße zurück. Dann aber begann sie, sich voll dem Apostolat zu widmen. Zuerst sorgte und kümmerte sie sich um verlassene und verödete Landkirchen und ließ sie renovieren; dann ging sie dazu über, sich um verlassene Jugendliche zu sorgen, für die sie vier Schulen

gründete. Nachdem sie ihre beiden eigenen Kinder durch die Hilfe ihrer Schwiegermutter Maddalena Lomellini und des Kapuziners P. Mattia Bovoni gut versorgt wußte, begann sie nun ganztägig und gewissermaßen hauptberuflich ihr Apostolat an den Armen und Kranken auszuüben, vor allem dann, als um 1630 durch Pest, Hunger und Krieg in Genua und ganz Norditalien die Not ungeheuer groß geworden war. 1626 verzichtete Virginia zugunsten der Armen auf das ihr noch verbliebene Vermögen. Sie tat ihr mütterliches Herz weit auf bei der Führung der Gesellschaft der „100 Damen der Barmherzigkeit" („Cento Signore della Misericordia"), die sich dem „Patronat für die Armen Jesu Christi" geweiht hatten. Virginia half zusammen mit diesen Frauen, wo sie nur konnte, und tröstete mit ihren feurigen, durch großmütige Gottesliebe entflammten Worten.

Das begonnene Apostolat mündete schließlich in das „Werk der Zuflucht" („Opera del Rifugio"), das als Hilfs- und Auffangstelle für verlassene und gefährdete Jugendliche gedacht war. Virginia nahm solche Jugendliche in ihr Haus auf, und als dies zu klein geworden war, pachtete sie ein aufgelassenes Kloster im Genueser Stadtteil „Monte Calvario". Hier brachte sie 40 Jugendliche unter, die sie unter den Schutz „Unserer Lieben Frau von der Zuflucht" stellte. Es war der 13. April 1631. Dieses Datum galt fortan als Gründungstag der auf Virginia Centurione Bracelli zurückgehenden beiden weiblichen Ordensgemeinschaften der „Schwestern Unserer Lieben Frau von der Zuflucht am Kalvarienberg" („Suore di Nostra Signora del Refugio in Monte Calvario") und der „Töchter Unserer Lieben Frau vom Kalvarienberg" („Figlie di Nostra Signora al Monte Calvario"). Virginia verstand es, für ihr Werk auch die Verantwortlichen der kirchlichen und zivilen Autorität zu interessieren. Überdies erreichte sie, daß die jungfräuliche Gottesmutter als „Königin von Genua" proklamiert wurde. Beim Kardinal-Erzbischof von Genua setzte sie sich dafür ein, daß in der Stadt Genua das 40stündige Gebet eingeführt und Volksmissionen abgehalten und zu diesem Zweck die Ordensgemeinschaft der „Missionäre vom hl. Carl" gegründet wurde. Überdies machte sie sich als Friedensvermittlerin zwischen den verfeindeten Parteien der Stadt verdient und war darauf bedacht, daß ein schweres Zerwürfnis zwischen dem Dogen und dem Kardinal-Erzbischof von Genua beigelegt wurde. Am 15. Dezember 1651 starb die hochverdiente Frau, tief betrauert von den Bewohnern der Stadt Genua. Leider vergaß man allmählich diese Frau gänzlich, so daß nicht einmal ihre geistlichen Töchter darum wußten, daß Virginia Centurione Bracelli die Gründerin ihrer Gemeinschaft war; sie nannten sich nicht nach ihr Bracelli-Schwestern, sondern „Brignoline" nach dem Namen eines ihrer einstigen Protektoren Emanuele Brignole. Als man aber am 20. September 1801 anläßlich des 150. Todestages ihr Grab öffnete und ihren

Leichnam völlig unverwest vorfand, erinnerte man sich wieder an diese große Frau hilfsbereiter Caritas im 17. Jahrhundert, da in Genua härteste Zeiten der Not herrschten. 1931 begann man den Seligsprechungsprozeß, der am 6. Juli 1985 glücklich zu Ende geführt wurde durch die amtliche Bestätigung eines Wunders, das auf die Fürsprache Virginias geschehen war. Am 22. September 1985 hat sie Papst Johannes Paul II. in Genua seliggesprochen.

Maria Martin, geborene Guyart, und Claude Martin

Ordensname: Marie de l'Incarnation

* 28. Oktober 1599 in Tours, Frankreich
† 30. April 1672 in Quebec, Kanada
Hochzeit 1617
Mutter eines Sohnes
ab 1639 Missionarin in Kanada
Seligsprechung 22. Juni 1980

Kupferstich von L. Edelinck

Ehegattin, Mutter, Witwe, Ordensfrau, Missionarin und Mystikerin – das alles war die begnadete Französin Maria Guyart-Martin. Sie wurde am 28. Oktober 1599 in Tours in Westfrankreich als viertes von acht Kindern des Bäcker-Ehepaares Florentius Guyart und seiner Gemahlin Jeanne Michelet geboren. Mit 14 Jahren verspürte sie ganz stark die Berufung zum Ordensstand und nicht zum Ehestand. In ihrer Selbstbiographie spricht sie vom „Kreuz des Ehestandes“ und von der Tatsache, daß der Herr sie durch den Tod ihres ihr 1617 angetrauten Gatten, des Seidenfabrikanten Claude Martin, von dem sie einen Sohn gleichen Namens empfangen hatte, „von den Fesseln der Ehe befreit habe“.
Wörtlich schreibt die selige Maria von der Menschwerdung in ihrer Selbstbiographie: „Mit 14 oder 15 Jahren verspürte ich großes Verlangen nach dem Klosterleben. In Tours befand sich damals nur das Kloster Beaumont nach

der Regel des hl. Benedikt. Ich kannte es, weil ich zuweilen dort betete. Als ich meinen Wunsch meiner Mutter vortrug, verwarf sie mein Vorhaben nicht; sie ermutigte mich vielmehr liebevoll und meinte, wenn Madame de Beaumont, eine unserer Cousinen, darum wüßte, wäre es durchaus möglich, daß sie mich aufnähme. Es blieb aber dabei. Da ich sehr schüchtern war, bestand ich nicht auf diesem einmal geäußerten Wunsch. Ich nahm an, meine Mutter hielt mich wegen meines heiteren und freundlichen Wesens, das ihr mit dem Ordensberuf wohl unvereinbar schien, nicht für den Ordensstand geeignet. Mir aber ist klar, daß Gottes Güte mich nicht in diesem oder einem anderen Kloster haben wollte; jedenfalls nicht zu jenem Zeitpunkt. Das muß ich annehmen, wenn ich die Fügungen der Göttlichen Vorsehung in der daraufolgenden Zeit bedenke: Ich sollte das Kreuz des Ehestandes tragen. Hätte ich eine Leitung oder einen Seelenführer gehabt, es wäre niemals zu einer Einwilligung meinerseits gekommen. Aber ich wußte überhaupt nichts von Seelenführern, noch weniger ahnte ich, welchen Gebrauch man von der Seelenführung machen soll. So folgte ich blindlings der Leitung meiner Eltern. Gottes Vorsehung verhütete, daß sie ihre Wahl unter den jungen Leuten trafen, die mich besonders umwarben. Vielleicht wären mir dann alle Gnadenerweise der göttlichen Güte versagt geblieben, die ich nach dem Tod meines Gatten empfing. Der Herr ließ zu, daß meine Eltern einen Stand und Verhältnisse für mich wählten, die mir scheinbar kleine Freiheiten und einen Zeitvertreib erlaubten, die mir im Elternhaus versagt geblieben wären. Der Herr nahm mir aber gleichzeitig jede Neigung dafür und verbitterte mir allen Geschmack daran. Er beanspruchte mich innerlich ganz und gar durch die Zuneigung zu einem Gut, das ich noch gar nicht kannte, und zog mich weg von allem, was Frauen meines Alters entzückt. In diesem Geist der Zurückgezogenheit blieb ich allein zu Hause, um religiöse Bücher zu lesen, während ich früher von Büchern eitlen Inhalts gefesselt worden war und Zerstreuung und Erholung in ihnen gefunden hatte. Unsere ganze Nachbarschaft wunderte sich darüber; man verstand weder meine Zurückgezogenheit noch mein Verlangen, täglich in die Kirche zu gehen, auch nicht meine Neigung zur Tugend, meine Liebe zur Übung der Geduld. Niemand konnte ja bemerken, was sich innerlich in mir vollzog, wie Jesus in mir wirkte. Ich begriff selber nicht, wie das vor sich ging. Ich wußte nur, daß ich im inneren Gebet der Anregung des Herrn folgte und ihm gehorchte, um die Tugenden zu üben, zu denen er mir Gelegenheit bot. Seine göttliche Güte ließ nämlich zu, daß ich während meiner ungefähr zwei Jahre dauernden Ehe großes Leid zu erdulden hatte, wodurch der Herr meine Seele prüfen wollte. Er ließ sie aber nie im Stich, denn die innere Stütze, von der ich sprach, verlieh mir Kraft, große Geduld und Sanftmut. In allen sehr empfindlichen Vorfällen war das innere

Gebet meine Zuflucht. Es scheint, daß Gott durch diese Kreuze meine Seele gefügig machen und durch Trübsal reinigen wollte... Der göttlichen Majestät genügte es nicht, mir Abscheu vor den Eitelkeiten der Welt einzuflößen und meine innere Kraft im Ertragen der mir auferlegten Kreuze zu stärken. Gott flößte mir außerdem ein großes Verlangen ein, die heiligen Sakramente zu empfangen. Ich war damals etwa 18 Jahre alt. Mut und Milde waren die Früchte des häufigen Sakramentenempfangs, und ein sehr lebendiger Glaube weckte ein tiefes Vertrauen in die Kraft der göttlichen Geheimnisse. .. Ich war 19 Jahre alt, als der Herr mich durch den Heimgang meines Gatten von den Fesseln der Ehe befreite. Sobald ich frei geworden war, empfand ich großen Widerwillen vor der Ehe. Die mir von Gott gegebene Anlage und auch die Leitung des Heiligen Geistes waren unvereinbar mit einer anderen Liebe... Obgleich ich meinen Gatten geliebt hatte und seinen Verlust zunächst tief empfand, löste sich meine Seele sogleich und floß über von Dank, als sie von ihm getrennt wurde. Hatte ich doch jetzt nur mehr Gott, in dem das Herz und seine Zärtlichkeit Erfüllung finden konnten. Verschiedene mit dieser Trennung zusammenhängende Geschäfte verursachten mir dann neue Leiden. Natürlicherweise überstiegen sie bei weitem die Kräfte und Fähigkeiten einer jungen Frau meines Alters. Aber ein Übermaß göttlicher Güte schenkte meinem Geist und meinem Herzen solche Kraft und solchen Mut, daß ich alles ertragen konnte. Gestützt auf die heiligen Worte: ‚Ich bin bei denen, die Trübsal leiden', fühlte ich mich wunderbar getragen. Ich glaubte unerschütterlich, daß der Herr bei mir war, weil er es gesagt hat. So konnten weder der Verlust zeitlicher Güter, Prozesse und Armut, noch mein erst sechs Monate altes Söhnchen mich beunruhigen, obwohl ich sowohl ihn als auch mich von allem entblößt wußte. Es fehlte mir jede Erfahrung in den weltlichen, zeitlichen Belangen. Aber der Geist, der mich innerlich stützte, ließ alles gelingen, was ich unternahm. Meine Schwiegermutter starb einen Monat nach dem Tod ihres Sohnes, aus lauter Angst, ich würde sie verlassen. Ich hätte das aber nicht getan, denn ich war entschlossen, bei ihr zu bleiben, um ihr beizustehen, soweit es dem Willen Gottes entsprach. Dabei gedachte ich, mein Kind aufzuziehen. Aber Gottes Güte fügte es zu meinem und meines Kindes Besten anders. Dieser Entschluß hätte mich nämlich in Geschäftsinteressen verwickelt und in Gefahr gebracht, den Weg zu verlassen, den der Herr ihn und mich führen wollte..." [158)]

Maria Guyart, verwitwete Martin, trennte sich schwer von ihrem am 2. April 1619, wenige Monate vor dem Tod ihres Gatten geborenen Sohn Claude. Noch schwerer trennte dieser sich von seiner Mutter, als diese nach mehr als zehnjähriger Tätigkeit im Transportunternehmen ihres Schwagers Paul Buisson endlich der göttlichen Berufung zu entsprechen begann und am 21. Januar 1631 bei den Ursulinen in Tours eintrat. Sie schreibt: „Ich hing mit sehr großer Liebe an meinem Sohn; ihn zu verlassen, war mir ein Opfer. Da aber Gott es wollte, wollte ich nichts tun aus freien Stücken, sondern übergab alles der Göttlichen Vorsehung... Man hielt mir vor, es belaste mein Gewissen, meinen Sohn im jugendlichen Alter von 12 Jahren zu verlassen... Gott werde mich strafen... Jeder glaubte, ein gutes Recht zu solchen Vorwürfen zu haben, weil ich ein so junges Kind verlassen wollte, das – genau wie mein alter, schmerzlich getroffener Vater – ohne jede sichere Stütze dastand. Das verursachte mir viel Leid. Aber ich hatte meinem Herzen die Worte des Herrn tief eingeprägt: ‚Wer Vater oder Mutter mehr liebt als mich, ist meiner nicht wert; und wer Sohn oder Tochter mehr liebt als mich, ist meiner nicht wert!‘ Das stärkte meine Seele und bewahrte sie davor, durch die Angriffe von Menschen zu sehr betrübt zu werden. Weil ich Gottes Willen liebte, wollte ich ihm allein gehorchen... Mein Schwager und meine Schwester versprachen, meinen Sohn zu sich zu nehmen und für ihn zu sorgen..." [159)]

Der junge Claude Martin hat schließlich eine gute Erziehung genossen und ist mit Gottes Gnadenhilfe und sicher auf das Gebet seiner Mutter hin Benediktiner-Mönch und Priester in der Mauriner Kongregation geworden. Er hat nicht nur die an ihn gerichteten Briefe seiner Mutter, sondern auch ihre zwei Selbstbiographien von 1633 und 1654, wie auch ihre sonstigen geistlichen Schriften, zu einer Gesamtbiographie verarbeitet.

Am 22. Februar 1639 brach Schwester Maria von der Menschwerdung – so hieß die Witwe Maria Guyart-Martin als Ursuline – nach Kanada auf und wurde dort die große seeleneifrige Missionarin und zugleich immer mehr – leiderprobt in langen, harten mystischen Prüfungen in der Zeit von 1639 bis 1647 – eine große, vom dreifaltigen Gott ergriffene Mystikerin. Am 30. April 1672 starb Schwester Maria von der Menschwerdung Guyart-Martin. Papst Johannes Paul II. hat sie am 22. Juni 1980 seliggesprochen.

Die hl. Marguerite d'Youville, geborene Dufrost de la Lajemmerais, und François d'Youville

* 15. Oktober 1701 in Varennes, nordöstlich von Montreal, Kanada
† 23. Dezember 1771 in Montreal
Hochzeit 1719
Mutter von sechs Kindern
Heiligsprechung 9. Dezember 1990

Eine kanadische Ehegattin und Mutter von sechs Kindern, von denen zwei Priester wurden, ist die heilige Marie-Marguerite Dufrost de Lajemmerais. Sie ist durch die Gründung ihrer Ordenskongregation, die heute noch sehr lebendig ist, und über ihre leiblichen Kinder hinaus hilfreiche Mutter für zahlreiche Ordensschwestern geworden [160)].

Marie-Marguerite wurde am 15. Oktober 1701 in Varennes, nordöstlich von Montreal in Kanada, als Tochter des vermögenden Christoph Dufrost, Hauptmann der französischen Kolonialtruppe in Kanada, und der Renate Gaultier geboren. Der Vater starb, als das Mädchen erst sieben Jahre alt war. Die Mutter heiratete noch einmal, was für das Kind gar manches Leid verursachte, denn der Stiefvater war sehr starrsinnig und hatte seine Eigenheiten, die der jungen Marie-Marguerite nicht gefielen.

Sie kam 12jährig für zwei Jahre zu den Ursulinen in Quebec. Heimgekehrt, half sie der Mutter bei der Arbeit und führte ein relativ zurückgezogenes Leben. Sie war aber froh, als ein junger Mann um ihre Hand anhielt und sie aus der bedrückenden Enge des Elternhauses befreite. Mit 18 Jahren heiratete sie François d'Youville, einen Mann von bescheidener Herkunft, der aber verhältnismäßig vermögend war. Diesem Mann schenkte Marie-Marguerite d'Youville, wie sie nun hieß, sechs Kinder. Der Gatte verstand das Sparen nicht, er verschleuderte vielmehr in kurzer Zeit sein mitgebrachtes Vermögen und ließ es manchmal sehr an der schuldigen ehelichen Liebe fehlen; er scheute sogar vor Mißhandlung seiner Gattin nicht zurück. So wurde ihr die

Ehe nicht zur Quelle der Freude und Geborgenheit, wie sie es erwartet hatte, sondern zu einem leidvollen Kreuzweg, durch den sie aber entsprechend dem Plan der Göttlichen Vorsehung reif gemacht wurde für ihre spätere Tätigkeit im Dienste der Kranken, Armen und Notleidenden sowie für ihre Ordensgründung.

Als François d´Youville starb, stand Marie-Marguerite mit fünf Kindern, zu denen ein sechstes, noch ungeborenes kam, völlig mittellos da. Vier Kinder starben der jungen Witwe im Kindesalter, nur zwei Söhne wurden erwachsen, durften mit Hilfe von Wohltätern studieren, wurden Priester und brachten der sorgenvollen Mutter viel Trost und Freude.

Da die Witwe nach der Priesterweihe der beiden Söhne von allen familiären Sorgen befreit war, verwendete sie fortan ihre ganze Zeit und Kraft für den Dienst an Kranken und Armen. Sie richtete in einem gemieteten Haus 1738 eine Krankenstation ein. Daraus entwickelte sich allmählich ein richtiges Krankenhaus. Für die Pflege der Kranken gewann Marie-Marguerite Helferinnen, die sich schließlich in der Kongregation der „Grauen Schwestern der Liebe“ zu einer Ordensgemeinschaft zusammenschlossen. „Die Grauen“ („les grises“) wurden die Schwestern nach der Farbe ihrer Kleidung genannt. Noch im gleichen Jahr wurde diese Ordensgemeinschaft vom zuständigen Bischof von Montreal anerkannt. Die Gemeinschaft wuchs und bekam Niederlassungen in mehreren Städten Kanadas und in den Vereinigten Staaten. Marie-Marguerite aber leitete als erste Generaloberin in Klugheit und inniger Gottverbundenheit die Ordensgemeinschaft. Immer – auch in Schicksalsschlägen und harten Prüfungen – vertraute sie unerschütterlich auf die Göttliche Vorsehung, die immer alles zum Besten jener Menschen lenkt, die Gott von Herzen lieben.

Marie-Marguerite, die tapfere, leiderprobte Ehegattin, Familienmutter, Witwe und Ordensstifterin, starb gottergeben im 70. Lebensjahr am 23. Dezember 1771. Papst Johannes XXIII. hat sie am 3. Mai 1959 selig-, Papst Johannes Paul II. am 9. Dezember 1990 heiliggesprochen. Ihre von Pius IX. approbierte Ordensgemeinschaft aber wirkt heute noch segensreich in Kanada und in den USA.

Die selige Anna Maria Gianetti und Domenico Taigi

* 29. Mai 1769 in Siena
† 9. Juni 1837 in Rom
Hochzeit 7. Januar 1790
Mutter von sieben Kindern
Begnadete Trinitarier-Terziarin
Seligsprechung 30. Mai 1920

Eine heiligmäßige Ehegattin und siebenfache Familienmutter, bei deren Seligsprechungsprozeß der Gatte und die beiden Kinder Maria und Sofia als Zeugen über das vorbildliche Ehe- und Familienleben der Gattin, bzw. Mutter ausgesagt haben, ist die selige Anna Maria Taigi, geborene Gianetti [161].
Sie wurde am 29. Mai 1769 als Tochter des Luigi Gianetti und der Santa Masi in Siena geboren. Dieses Ehepaar wanderte schon bald nach der Geburt Anna Marias wegen wirtschaftlicher Schwierigkeiten nach Rom aus in der Hoffnung, daß es der Familie dort besser gehen werde. Aber nur die Gelegenheitsarbeiten der Mutter brachten in der Ewigen Stadt das zum Leben Notwendigste nach Hause.
Anna Maria ging bei den frommen Schulschwestern („Maestre Pie") von St. Agata dei Goti in die Schule, konnte aber wegen einer schweren Erkrankung durch Pocken die Grundschule nicht abschließen. Schulmäßig darum kaum gebildet, brachte sie aber bereits vom Elternhaus her eine solide religiöse Bildung mit, die durch die Schulschwestern noch vertieft wurde.
Am 7. Januar 1790 heiratete die 21jährige Jungfrau in der römischen Kirche „St. Marcello al Corso" den im fürstlichen Haus Chigi als Diener angestellten 28jährigen Domenico Taigi. Als junge Ehefrau geriet Anna Maria anfangs in Gefahr, sich allzusehr weltlicher Eitelkeit hinzugeben. Große Sprünge konnte sie dabei freilich nicht machen, denn der Ehemann verdiente mit sechs „Scudi" im Monat nicht allzuviel, und was Anna Maria als Dienstmädchen bei der Familie Marini verdient hatte und jetzt noch gelegentlich durch Nähen, Stricken und Sticken zum Lohn des Gatten dazuverdiente, war kaum der Rede wert. Aber wegen der kleinen Eitelkeiten, die sich die junge Ehefrau anfangs erlaubt hatte, wurde sie von einem Serviten-Beichtvater in der Peters-Basilika eines Tages hart zurechtgewiesen. In einer reumütigen Beichte versprach sie Lebensänderung und radikale Hinwendung zu Gott. Sie ließ sich dazu in den Dritten Orden der Trinitarier einschreiben und begann wirklich ein vertieftes religiöses Leben.

Anna Marias Ehe wurde mit sieben Kindern gesegnet: Anna wurde 1790, Camillo 1793, Alessandro 1795, Luigi 1797, Sofia 1802, Luisa 1806 und Maria 1810 geboren. Drei Kinder (Maria Serafina, Luigi und Luisa) starben im frühen Kindesalter. Die übrigen vier wurden von der Mutter bestens erzogen und frühzeitig zu den heiligen Sakramenten geführt. Morgens nach dem Aufstehen wurde gemeinsam gebetet, ebenso vor und nach Tisch. Abends nach dem Abendessen, zu dem alle Familienangehörigen zu Hause sein mußten, wurde gemeinsam der Rosenkranz gebetet, dann noch eine Lesung aus der Heiligenlegende und eventuell ein passendes religiöses Lied angefügt. Hierauf wurden die Kinder, nachdem sie den Segen der Eltern empfangen hatten, zu Bett geschickt. An den Sonn- und Feiertagen – nach Möglichkeit auch werktags – wurde in einer römischen Kirche die hl. Messe mitgefeiert. Oft ließ sich Mutter Taigi von ihren Töchtern in ein römisches Spital begleiten; die Töchter sollten auf diese Weise frühzeitig eingeübt werden in ein wichtiges Werk der leiblichen Barmherzigkeit, nämlich die Kranken zu besuchen.

Alle erwachsenen Kinder der Familie Taigi wurden zu guten, gläubigen, praktizierenden Katholiken erzogen, beruflich aber blieben sie alle dem Arbeiterstand treu, weil die Mutter trotz verführerischer Angebote hochgestellter Fürsprecher nie ihre Einwilligung gab, daß eines ihrer Kinder in eine höhere Gesellschaftsklasse hineinwüchse. Die Berufe, die die herangewachsenen Kinder der seligen Anna Maria Taigi erlernt und ausgeübt haben, sind der Beruf eines Friseurs, eines Hutmachers und Strumpferzeugers. Worauf Mutter Taigi neben der rechten Gläubigkeit und Frömmigkeit besonderen Wert in der Erziehung legte, das war die solide Vorbereitung auf die Ehe; alle ihre erwachsenen Kinder sollten nach dem Vorbild der Mutter eine wahrhaft christliche Ehe schließen und dementsprechend leben.

Als Sofia, die Tochter der Seligen, nach einer mit sechs Kindern gesegneten Ehe früh Witwe geworden und in arge Not geraten war, nahm Mutter Taigi diese Tochter mit ihren sechs Kindern liebevoll in ihren Haushalt auf und sorgte sich um sie wie auch um die noch nicht verheirateten eigenen Kinder. Es gab freilich in diesem Haushalt trotz eines bescheidenen Wohlstandes viele Sorgen. Manche davon wurden durch die Wankelmütigkeit und ungeschliffene Roheit des Familienoberhauptes verursacht. Dennoch war Anna Maria ihrem Gemahl alle 48 Ehejahre hindurch bis zur ihrem Tod allzeit treu ergeben und bereitete ihm nie Verdruß, so daß Domenico Taigi im Seligsprechungsprozeß erklären konnte: „Mein Haus war mir zu Lebzeiten meiner Gattin Anna Maria immer wie ein Paradies vorgekommen."

Es gab zwischen den beiden Eheleuten nie einen lauten Wortwechsel, was staunenswert ist bei zwei so verschiedenen Charakteren, wie es die gütige, ruhige und ausgeglichene Anna Maria und der impulsive Domenico Taigi waren. Von seinem Dienst im fürstlichen Haus Chigi kam Domenico gar manchmal müde und verdrossen, gedemütigt und verärgert nach Hause. Anna Maria aber fühlte sich verständnisvoll in die Situation ihres Mannes hinein; statt empfindlich und ungeduldig auf das ungute Benehmen ihres Mannes zu reagieren, zeigte sie nur mitfühlende Geduld und rücksichtsvolles Verhalten. Wörtlich gestand Domenico im Seligsprechungsprozeß: „Oft kam ich müde von der mir abverlangten Arbeit nach Hause und war unruhig und gereizt; denn wer einem Höhergestellten zu dienen hat, weiß gar wohl, wie viel man oft hinunterschlucken und einstecken muß. Meine Frau aber hatte eine so gute, liebe Art, daß ich mich nicht nur schnell bereit fand, auf ihre Art einzugehen, ich schob vielmehr auch alle Mißstimmung schnell beiseite und freute mich, wieder daheim zu sein. Darum floh ich dann, wenn ich mich beengt und bedrückt fühlte, nach Hause und wurde rasch wieder froh... Wo findet man heute Frauen von solcher Art?“ Und Domenico antwortete auf die Frage nach der wirtschaftlichen Situation seiner Familie: „Bei uns daheim hat es nie am Notwendigen gefehlt. Warum? Weil meine Frau immer gebetet und gearbeitet hat.“

Noch 16 Jahre nach dem Tod seiner Gattin Anna Maria war Domenico Taigi immer noch tief beeindruckt, ja fasziniert von den heroisch geübten Tugenden seiner verstorbenen Gemahlin. In froher dankbarer Erinnerung an sie ging er ihr im ehrwürdigen Alter von 92 Jahren in die ewige Glückseligkeit entgegen.

Von den Tugenden der Ehegattin und Familienmutter Anna Maria Taigis gehören neben der Frömmigkeit, der gläubigen Ergebenheit in den Willen Gottes, ihrer Arbeitsamkeit und sühnenden Opferbereitschaft auch noch ihre ergreifende Hilfsbereitschaft und Gastfreundschaft herausgestellt. Sie nahm nicht bloß alle sieben Kinder froh und dankbar aus der Hand Gottes entgegen; sie hatte in der nicht sehr großen und bescheiden ausgestatteten Wohnung auch Platz für ihre gebrechliche Mutter und für die sechs Kinder ihrer früh verwitweten Tochter Sofia. Sie nahm auch einen Priester, Don Raffaele Natali, der später ihr erster Biograph wurde, gastfreundlich in ihren Haushalt auf und verpflegte ihn. Als Anna Maria Taigi im Lauf ihres Ehelebens immer mehr mit mystischen Gnaden und Charismen von Gott beschenkt wurde, zum Beispiel mit der Gabe der Krankenheilung, der Prophetie und der Herzensschau, kamen viele Menschen in Zweifeln und Schwierigkeiten zu ihr, um ihren Rat zu erhalten. Immer mehr Besucher stellten sich in der Wohnung der Seligen ein, darunter Priester und Ordensleute, ja sogar ein hoher Kirchenfürst, Kardinal Carlo Pedicini, und die ehemalige Königin von Etrurien, Marie-Louise von Bourbon. Überdies pflegte die Selige Kontakt, ja sogar freundschaftlichen Umgang mit dem hl. Vinzenz Pallotti, mit dem hl. Gaspare del Bufalo, mit dem seligen Vinzenzo Strambi, mit dem seligen Bernardo Clausi, mit der ehrwürdigen Mit-Terziarin und Familienmutter Elisabetta Canori-Mora. All diese Bekanntschaften gingen aber nie auf Kosten der Harmonie und des Friedens in ihrer Ehe und Familie, im Gegenteil, sie waren dafür in Eintracht und Liebe kostbare Hilfen.

Was Anna Maria Taigi zur Heiligkeit geführt hat, waren nicht ihre Visionen, Ekstasen, Prophezeiungen und Wunderheilungen, es war vielmehr die Sorgfalt, mit der sie treu und beharrlich ihre religiösen und beruflichen Pflichten als Gattin und Familienmutter zur größeren Ehre des dreifaltigen Gottes erfüllte. Beim Betrachten des Lebens dieser vorbildlichen, schlichten Ehegattin und Familienmutter müßten eigentlich alle christlichen Eheleute begreifen, daß die Heiligkeit fraglos nicht das Erbteil einer bestimmten Menschengruppe oder einer besonderen, gehobenen Klasse von Personen ist, sondern daß alle danach streben können und müssen, selbst wenn sie dem einfachen kleinen Volk angehören und verheiratet sind. Gerade aus kleinen Menschen, die sich im Wagnis der christlich gelebten Ehe mit der alltäglichen Arbeit im Haushalt und Beruf, in der Heranbildung, Pflege und Erziehung der Kinder und im täglichen Füreinander und Miteinander der Ehe abmühen, hat der dreifaltige Gott die selige Anna Maria Taigi zur Heiligkeit und zur besonderen Verherrlichung seines dreieinigen göttlichen Wesens und Lebens berufen.

Von der am 9. Juni 1837 in Rom im 68. Lebensjahr als Gattin, Mutter und Großmutter verstorbenen Anna Maria Taigi konnte ihr Gatte, der sie um 17 Jahre überlebte, u.a. sagen: „Ich bin jetzt alt, aber wenn ich jung wäre und die ganze Welt durchwandern würde, es wäre mir unmöglich, eine ähnliche Frau zu finden. Ich habe in ihr einen großen Schatz verloren.“ Papst Benedikt XV. hat diese Frau am 30. Mai 1920 seliggesprochen.

Die selige Elisabeth Anna Seton-Bayley

* 28. August 1774 in New York
† 4. Januar 1821 in Emittsburg bei Baltimore
Hochzeit 1794
Mutter von fünf Kindern
14. März 1805 Konversion von der presbyterianischen zur römisch-katholischen Kirche
1809 Gründung der St. Joseph´s Sisters of Charity
Seligsprechung 17. März 1963
Gedenktag am 23. Dezember

Elisabeth Anna Seton, geborene Bayley [162)], eine Ehegattin und Familienmutter in den Vereinigten Statten, die nach dem frühen Tod ihres Gemahls als Witwe und sorgenvolle Mutter von fünf Kindern zur Ordensgründerin wurde und dabei zur Heiligkeit heranreifte, wurde am 28. August 1774 in New York als Tochter des presbyterianischen Arztes Richard Bayley geboren. Sie erhielt von ihren dem presbyterianischen Zweig der anglikanischen Kirche angehörenden Eltern eine strenge, christliche Erziehung.
Mit 20 Jahren heiratete sie William Magee Seton, dem sie in der nicht ganz zehn Jahre dauernden glücklichen Ehe fünf Kinder gebar, die sie mit viel Liebe und Sorgfalt erzog. Im Jahre 1803 begleitete sie ihren erkrankten Gatten nach Italien. Das junge Paar nahm zuerst mehrere Monate lang in Livorno Aufenthalt, dann in Pisa, wo William Magee Seton 1804 wenige Tage nach der Ankunft in dieser Stadt starb.
In Livorno hatte sich Elisabeth Anna Seton mit der italienischen Familie Filichi befreundet. Gemeinsam mit dieser besuchte sie den sonntäglichen katholischen Gottesdienst und pilgerte auch in das marianische Heiligtum Madonna di Montenero. Von jenem Tag an pflegte Elisabeth Anna Seton, die damals noch gar nicht katholisch war, eine besonders innige Verehrung Christi im Heiligen Altarssakrament und eine zarte Verehrung der seligsten Jungfrau Maria. Zurückgekehrt in die Vereinigten Staaten, brach die 30jährige Witwe schon bald alle Verbindungen zum Protestantismus ab und ließ sich am 14. März 1805 in New York in die katholische Kirche aufnehmen.
Um der rechten katholischen Erziehung ihrer Kinder willen übersiedelte die Konvertitin nach Emittsburg bei Baltimore. Hier widmete sie sich mit viel

opferbereiter Liebe der Erziehung und schulischen Bildung der eigenen Kinder und einer wachsenden Zahl armer verlassener Kinder. Für dieses Apostolat in der Erziehung und Unterweisung von Kindern suchte sie Helferinnen. Diese stellten sich ein. Mit ihnen gründete sie 1809 eine religiöse Gemeinschaft im Geist der Töchter der Liebe, wie sie der hl. Vinzenz von Paul um sich geschart hatte. Die Mitglieder der neu entstandenen Ordensgemeinschaft nannten sich St. Joseph´s Sisters of Charity. Sie wurden „für das Werk der katholischen Schwestern-Schulen und damit für die Ausbreitung und Erhaltung des katholischen Glaubens in den Vereinigten Staaten von allergrößter Bedeutung“ 163).

Elisabeth Anna Seton, die von glühender Nächstenliebe gegenüber den Kindern und Mitschwestern erfüllt war, wurde selbst vorzüglich geleitet und geführt von den Bischöfen Carroll, Cheverus und Du Bourg, die ihr und ihrer Gründung mit Rat und Tat zur Seite standen.

Schon mit 47 Jahren wurde Elisabeth Anna Seton, die von 1812 bis 1820 ihrer rasch und stark herangewachsenen Ordensgemeischaft als Generaloberin vorstand, am 4. Januar 1821 zum Lohn für ihr selbstlos mütterliches Schaffen und Sorgen in die Ewigkeit abberufen. Papst Johannes XXIII. hat am 17. März 1963 diese gläubig fromme Konvertitin, Ehegattin und Mutter von fünf leiblichen und zahllosen angenommenen Kindern seliggesprochen. Ihr Grab fand diese große nordamerikanische Frau in Emittsburg neben ihrem Neffen James Roosevelt Bayley († 3. Oktober 1877), der 1842 in Rom ebenfalls von der presbyterianischen Kirche zur römisch-katholischen konvertierte und 1853 erster Bischof von Newark, 1872 achter Erzbischof von Baltimore geworden ist.

Die selige Elisabetta Canori-Mora und Cristofero Mora

* 21. November 1774 in Rom
† 5. Februar 1825 in Rom
Hochzeit 10. Januar 1796
Mutter von zwei Kindern
Heiligsprechung 24. April 1994

Am 24. April 1994, dem Gut-Hirt-Sonntag im „Jahr der Familie“, an dem in vielen Kirchen der Welt im Sinne des „Weltgebetstages um geistliche Berufe“, um „heilige Familien, Priester- und Ordensberufe“ gebetet wurde, hat Papst Johannes Paul II. eine geborene Römerin seliggesprochen, die eine vorbildliche, mit heroischen Tugenden ausgestattete Ehegattin, liebevoll für ihre Kinder sorgende Mutter und eine große Beterin, Mystikerin und sühnende Büßerin war, die den Ordensberuf einer ihrer beiden Töchter sowie die Bekehrung ihres treulosen Ehegatten und dessen Ordensberuf erbetet hat, denn er wurde nach dem Tod seiner Gattin noch ein heiligmäßiger Ordenspriester. Gemeint ist die selige Elisabetta Canori, verehelichte Mora.

Geboren wurde sie als Tochter des adeligen Gutsbesitzers Tomaso Canori und der Teresa, geborene Primoli, am 21. November 1774 in der Ewigen Stadt. Elisabetta wurde fromm erzogen. Schon als Kind zeigte sie sich besonders aufgeschlossen für alles Religiöse. Um eine weitere Formung und Bildung auf religiösem Fundament zu bekommen, wurde Elisabetta zusammen mit ihrer Schwester Benedetta zu den Augustinerinnen in Cascia (Umbrien) geschickt, wo einst die heilige Witwe und Büßerin Rita gelebt hatte. Hier erlebte die junge Römerin in den Jahren 1785-1788 in klösterlicher Geborgenheit schöne Kindheitsjahre, hier wurde sie auch reich begnadet. Es gefiel ihr, sich „bei den Dingen Gottes" aufzuhalten, wie sie selbst später erklärte. Über ihre Erstkommunion bekannte sie: „Wie zufrieden, ruhig und voll Freude war mein Herz, o mein Jesus, mein Bräutigam."

Mit 12 Jahren fing Elisabetta an, ein ganz inniges Verhältnis zu Christus zu bekommen: „Dem Gekreuzigten zu Füßen machte ich meiner Seele Luft, ich öffnete mein Herz und erbat mir Licht und Kraft. Meine Seele kannte keinen anderen Führer als nur Jesus, den Gekreuzigten." Alle bewunderten ihr beispielhaftes Leben und vermuteten in ihr die Berufung zum Ordensleben. Sie selbst bekannte später: „Ich widmete mich ganz dem Herrn im Gebet und in der Askese; ich gab mir Mühe, die Tugenden zu üben, und suchte besonders die innere Sammlung."

Da erkrankte sie. Man diagnostizierte „Tuberkulose im Anfangsstadium". Deswegen entschlossen sich die Eltern, Elisabetta sofort nach Hause zu nehmen. Im Schoß der Familie lebte sie nun von 1788 bis 1795. Hier schwand aber sehr schnell die vermutete Berufung zum Ordensstand. Auf Wunsch der Eltern nahm Elisabetta oft an Treffen der „vornehmen Gesellschaft" teil. Sie fühlte sich bald von den Dingen der Welt angezogen. Sie gestand später: „Kaum daß ich mich im Elternhaus befand, hatte ich Gott schon vergessen. Ich habe seine Liebe verworfen und habe mich von Nichtigkeiten der Welt gefangennehmen lassen." Die junge, elegante, attraktive Dame machte nun Heiratspläne, zumal sich bald Heiratsanträge einstellten.

Mit 19 Jahren lernte Elisabetta den jungen Sohn eines Arztes und Juristen Christofero Mora kennen und verliebte sich in ihn. Nach entsprechender Beratung durch einen Priester erkannte sie, nicht für das Ordensleben, sondern für das Eheleben berufen zu sein. Am 10. Januar 1796 heiratete Elisabetta Canori den Juristen Cristofero Mora und versprach im Sakrament der Ehe Liebe und Treue bis in den Tod. Gestützt auf die Gnade Jesu Christi, von dem sie sich begleitet, geführt und motiviert fühlte, war sie entschlossen, ihr bisheriges Leben in einen Weg der Liebe und Treue für ihren Gatten einmünden zu lassen.

Die ersten Ehemonate glichen immerwährenden Flitterwochen mit ständig gegebenen Zeichen der Zuneigung und Hochachtung voreinander und gegenseitiger treuer Liebe füreinander. Cristofero war stolz auf seine Gattin und nahm sie zu wichtigen Begegnungen in der Gesellschaft mit in der Absicht, daß alle die Schönheit und Vortrefflichkeit seiner Gattin, dieser „kostbaren Perle", die er im übrigen eifersüchtig bewachen wollte, bewunderten. Die eifersüchtige Liebe trieb aber den jungen Rechtsanwalt schließlich sogar dazu, seiner jungen Gattin zu befehlen, den Verkehr mit den eigenen Eltern und mit Freundinnen und Freunden einzuschränken und nach Möglichkeit ganz aufzugeben. In seiner Eifersucht wollte er seine Gattin ausschließlich „besitzen". Elisabetta litt darunter, weil sie in Ausgeglichenheit und Harmonie das Glück ihrer Ehe bewahren wollte. Sie wappnete sich mit Demut und Geduld im Umgang mit ihrem maßlos eifersüchtigen Mann. Bei diesem aber schlug nach den ersten Ehejahren die Liebe ganz plötzlich in Kälte gegenüber seiner Gattin um. Er war einer anderen Frau verfallen. Die Untreue wuchs sich bald aus zu völliger Interesselosigkeit an der Gattin und den Kindern, die ihnen geschenkt worden waren.

Elisabettas Leben und das bis dahin trefflich gepflegte Heim der Canori-Mora war nun in den weiteren Jahren dieser Ehe gekennzeichnet vom beklagenswerten ehebrecherischen Verhalten des untreuen Ehemannes, der sich seelisch immer mehr von seiner Gattin und seinen Kindern entfernte, sich dem Vergnügen, der Spielsucht, obskuren Geschäften und Verbindungen hingab. Die schmerzlichen Folgen waren für Elisabetta und ihre zwei Töchter Marianna und Lucina, daß bald nicht einmal das nötige Geld für ihren Lebensunterhalt zur Verfügung stand. Elisabetta aber verhielt sich in der dramatisch zugespitzten Familiensituation vorbildlich. Ihr Vertrauen in die Göttliche Vorsehung war und blieb unerschüttert, ebenso aber auch ihre Treue zum untreuen Gatten. Sie opferte ihr Leben für das Seelenheil und die Bekehrung ihres Gatten auf. Ihm gegenüber blieb sie verständnisvoll und vergebensbereit. Als ihr Mann schwer erkrankte, verkaufte sie sogar alles, was sie noch besaß, um ihn gesund pflegen zu können und vor dem drohenden Gefängnis wegen seiner großen Schulden zu bewahren. Elisabetta Canori-Mora blieb allzeit ihrem Versprechen treu, das sie bei ihrer kirchlichen Trauung gegeben hatte, und gab weder dem Drängen der Familie noch ihres Beichtvaters nach, sich von Cristofero Mora zu trennen. Als Elisabettas Schwägerinnen sie voll Sorge fragten, „hast du denn keine Angst, mit einem Mann zusammenzuleben, der zornig und von der Leidenschaft überwältigt wird, um jeden Preis mit einer anderen Frau zusammenleben zu wollen“, da gab die vorbildliche Ehegattin in unverbrüchlicher ehelicher Liebe und Treue zur Antwort: „Die Frau, die Cristofero geheiratet hat, wird ihm für immer gehören; ebenso seine Familie und sein Haus. Und die Türen des Hauses stehen für ihn immer offen, so daß er eines Tages doch wieder ganz und für immer bei mir und den Kindern bleiben wird.“

Elisabetta Canori-Mora war nicht bloß groß in ihrer heroischen ehelichen Liebe und Treue, sondern auch vorbildlich in der liebevollen Art, wie sie ihre beiden Töchter trotz aller Schwierigkeiten erzog. Sie begleitete die beiden in ihrem Wachstum, in der Entfaltung ihres religiösen Lebens, in der Formung ihrer verstandesmäßigen Bildung und in der rechten Erfassung ihres Berufes: Marianna wählte den Ehestand, starb aber sehr früh und hinterließ ein Kind; Lucina wurde Ordensschwester bei den Oblatinnen des hl. Philipp Neri und starb heiligmäßig.

Die nötige Kraft zu ihrem Leben, das überreich an Opfern und Kreuzen war, holte sich Elisabetta aus der täglichen Mitfeier der heiligen Messe und aus der täglich eine Stunde und noch länger geübten Anbetung des Herrn im Altarssakrament. Elisabettas Frömmigkeit war im letzten Lebensabschnitt von 1807 bis zu ihrem seligen Heimgang vor allem geprägt vom Geheimnis der Heiligen Dreifaltigkeit. Der Trinitarier P. Fernando de S. Luis war 1807 ihr Seelenführer geworden, er machte sie zum Mitglied im Dritten Orden der Trinitarier an der römischen Kirche San Carlino (San Carlo alle quattro fontane). Nun ließ sie sich immer mehr vom dreifaltigen Gott ergreifen. Sie spürte und erlebte in mystischer Weise, vom dreifaltigen Gott erleuchtet, begleitet und gestärkt zu werden. So konnte sie 1804 schreiben: „Nicht ich lebe, sondern Gott lebt in mir und gibt mir das Leben. Er gibt meinem Verstand eine besondere Erkenntnis der höchsten Dinge in bezug auf die Heilige Dreifaltigkeit.“

Angespornt durch ihr Leben in Gemeinschaft mit dem dreifaltigen Gott und angeregt durch die Zielsetzung des Trinitarier-Ordens, der sich immer der Befreiung der Gefangenen gewidmet hat, nahm sich Elisabetta fortan nicht nur intensiv um ihre beiden Töchter an, die sie immer wieder einlud, die Liebe zu ihrem Vater zu pflegen und ihm seine negative Haltung der Familie gegenüber zu verzeihen; sie widmete sich auch sehr eifrig den Armen und Kranken, sogar den Prostituierten und sonstigen Sündern, weil „der dreifaltige Gott“, wie sie sagte, „Liebesfluten für die Sünder vergießt“. Sie munterte auch die Trinitarier-Ordensleute von San Carlino in Rom auf, ihrer Berufung

treu zu bleiben, großzügig ihre Sendung zu erfüllen, um die Befreiung jener zu erwirken, die aufgrund ihres Glaubens und ihrer Treue zum Evangelium in Sklaverei geraten oder gefangen sind. Viele Personen der verschiedensten Gesellschaftsschichten, auch Bischöfe und Priester, kamen zur Seligen, um sich von ihr beraten zu lassen. Ihre Wohnung wurde immer mehr zu einer wahren Hauskirche, erst recht, als sie krank geworden war und mit persönlicher Genehmigung des Papstes in ihrer Hauskapelle das Messopfer gefeiert werden durfte. Da vereinte sie all ihre persönlichen und familiären Opfer mit dem unendlich wertvollen Sühnopfer von Golgotha, um die Bekehrung der Sünder, voran diejenige ihres Gemahls Cristofero, zu erreichen.
Als Elisabetta Canori-Mora klar ihren Tod nahen fühlte, rief sie ihre beiden Töchter Marianna und Lucina zu sich, denen sie nochmals das Gebet um die Bekehrung ihres Vaters anempfahl. Dieser bereute nach dem Tod seiner heiligmäßigen Gattin alle seine Verfehlungen ganz tief; er wurde sogar noch Ordenspriester in der Gemeinschaft der Franziskaner-Konventualen unter dem Namen P. Antonio Mora; er lebte und starb wie ein Heiliger.
Die selige Gattin und Mutter Elisabetta Canori-Mora starb am 5. Februar 1825 in Rom. Begraben liegt diese durch mystische Gnaden (Ekstase, Prophetie, Stigmatisation und andere Charismen) ausgezeichnete Frau in der römischen Kirche San Carlino. Papst Johannes Paul II. sagte von ihr bei der Seligsprechung folgendes:
„Elisabetta Canori-Mora hat inmitten nicht geringer ehelicher Schwierigkeiten ganz große Treue zu der mit dem Sakrament der Ehe übernommenen Verpflichtung und der sich daraus ergebenden Verantwortung bewiesen. Sie war beständig im Gebet und in der heroischen Hingabe an die Familie, sie verstand es, ihre Töchter christlich zu erziehen und erreichte die Bekehrung ihres Mannes... Eine Frau, die entschieden ihren Grundsätzen treu sein will, fühlt sich oft tief vereinsamt. Sie steht allein mit ihrer Liebe, die sie nicht verraten darf, der sie vielmehr treu bleiben muß.“ [164]

Das grösste Ereignis der Weltgeschichte, die Menschwerdung Gottes, fand im Schoss einer Familie statt.

Die hl. Joachina de Vedruna und Theodor de Mas

* 16. April 1783 in Barcelona, Spanien
† 28. August 1854
Hochzeit 24. März 1799
Mutter von neun Kindern
Heiligsprechung 12. April 1959

Eine heilige Frau, deren Ehe vorbildlich war, ist die hl. Joachina de Vedruna [165)], die am 16. April 1783 in Barcelona als Tochter des adeligen Lorenzo de Vedruna und der Teresa Vidal geboren wurde.
Von früher Kindheit an hatte sie den Wunsch, sich ganz Gott zu schenken. Mit 12 Jahren wollte sie unbedingt bei den Karmelitinnen eintreten, wurde aber, da sie das vorgeschriebene Alter noch nicht erreicht hatte, abgewiesen. Mit 16 Jahren vermählte sie sich am 24. März 1799 mit dem 25jährigen Adeligen Theodor De Mas. Das Ergebnis dieser Trauung war eine 16 Jahre lang währende überaus glückliche Ehe. Das Heim der beiden jungen Eheleute war erfüllt von Frieden und Harmonie. Als dritter in dieser Ehe wurde Christus täglich ganz bewußt in diesen Bund eingeladen; denn das Tagewerk wurde regelmäßig durch die Mitfeier der heiligen Messe begonnen und mit dem gemeinsam gebeteten Rosenkranz am Abend beschlossen.
Es stellten sich in dieser Ehe der Reihe nach neun Kinder ein, die dankbar angenommen, herzlich geliebt und vorbildlich erzogen wurden. Drei Kinder starben noch im zarten Kindesalter, vier Kinder erwählten den Ordensberuf, zwei Kinder heirateten und wurden – wie die Eltern – vorbildliche Eheleute. Wenn die Familie während den Sommermonaten auf dem Familiengut De Mas in der Nähe der Stadt Vich unweit der Pyrenäen im sogenannten „Manso Escorial“ weilte, dann merkte man deutlich, wie froh, zufrieden und glücklich in dieser Familie alt und jung zusammenlebte und Gott durch Treue gegen seine Gebote, durch Frömmigkeit, Liebe und Zufriedenheit verherr-

lichte. Es wirkte sich in dieser Ehe positiv aus, daß sowohl der Bräutigam als auch die Braut dem Wunsch der Eltern entsprochen hatten und an den Traualtar getreten waren und nicht an den Profeßaltar für ein Leben im Ordensstand, den ursprünglich beide im Sinn gehabt hatten.
Bald zeigte sich auch hier, daß der Ehestand auch ein Wehestand sein kann. Das Leid und die Sorgen blieben den glücklichen Eheleuten Theodor und Joachina De Vedruna y De Mas nicht erspart. Napoleon war mit seinen Soldaten in den Frieden der Iberischen Halbinsel eingebrochen. 1808 hatte Napoleon Portugal erobert. Hierauf nützte er die Uneinigkeit aus, die zwischen König Karl IV. von Spanien und dessen Sohn Ferdinand herrschte, als sich beide um Vermittlung an ihn gewandt hatten. Napoleon lockte die beiden nach Bayonne und zwang sie, zu Gunsten seines Bruders Joseph auf den spanischen Königsthron zu verzichten. Da erhoben sich viele Spanier und führten sechs Jahre lang einen blutigen Kampf gegen den französischen Eindringling. Auch Theodor De Mas schloß sich den Freiheitskämpfern an, wie es die Tradition seiner adeligen Familie erforderte. Für seine Gemahlin Joachina und ihre Kinder bedeutete dies aber, daß sie flüchten mußten, als sich die französischen Truppen nach Überquerung der Pyrenäen der Stadt Vich näherten. In dieser unruhigen, friedlosen Zeit verlor Frau Joachina ihr fünftes Kind, das sie auf der Flucht geboren hatte.
Nach der Niederlage Napoleons (1813) und dem Rückzug der französischen Truppen konnte Theodor De Mas wieder zu seiner Familie zurückkehren. Er freute sich erneut über seine große und glückliche Familie und übte in Barcelona wieder seinen Beruf als Notar aus. Das Glück dauerte aber nur noch drei Jahre. Theodor De Mas wurde schwer krank und starb, erst 42jährig, am 6. März 1816. Vor dem Sterben hatte er noch in einem ergreifenden Brief seine wegen ansteckender Gesichtsrose isolierte Gemahlin Joachina seiner großen treuen Gattenliebe versichert. Seine damals erst 33 Jahre alte Gattin Joachina hörte vom Kreuz über ihrem Bett herab den gekreuzigten Herrn die Worte sprechen: „Joachina, dein Gemahl auf Erden ist gestorben: Komm, nun habe ich dich zu meiner Braut erwählt."
Die junge Witwe, die nach dem Tod von Theodor de Mas durch verschiedene Forderungen der Verwandten ihres Mannes hart bedrängt wurde, zog sich zunächst auf den „Manso Escorial" bei Vich zurück und führte hier – neben der Sorge für den Haushalt und für die Kinder – ein Leben des Gebets und strenger Buße. Durch eine auffallende Fügung der Göttlichen Vorsehung lernte Joachina den Kapuziner P. Stefano von Olot kennen, der ihr im Auftrag Gottes kundtat, sie solle im „Manso Escorial" eine Schwesternkongregation zur Krankenpflege und zur Erziehung der weiblichen Jugend gründen. Bischof Corcuera von Vich billigte den Plan, aber unter der Bedingung, daß

sich diese neue Ordenskongregation ganz unter den Schutz Unserer Lieben Frau vom Berge Karmel stelle. Dies entsprach auch dem Wunsch Joachinas, die bekanntlich mit 12 Jahren bereits Karmelitin hatte werden wollen.
Der Ordensgründerin fiel es damals sehr schwer, sich von ihren Kindern zu trennen. Der schmerzliche Abschied gestaltete sich dann aber doch recht friedvoll. Der Sohn Joseph und die Tochter Agnes heirateten, zwei andere Töchter fühlten sich zum Ordensstand berufen. Am liebsten hätten sie sich der von ihrer Mutter gegründeten Ordensfamilie der „Karmelitinnen der Liebe" angeschlossen, doch ihre Mutter erklärte ihnen: „Welches Opfer erbringt ihr dann eurem Bräutigam Jesus Christus, wenn ihr bei eurer Mutter bleibt?" Ihre beiden jüngsten Töchter konnte Mutter Joachina ihrer Schwiegertochter Rosita anvertrauen, bis auch diese beiden sich Gott im Ordensstand weihten.
Mutter Joachina De Vedruna, verwitwete De Mas, legte 1826 mit ihren ersten Gefährtinnen die Ordensprofeß ab. Ihre Ordenskongregation der „Karmelitinnen der Liebe" wuchs unter größten Opfern und Entbehrungen. Der heiligen Gründerin selbst aber wurden von Gott noch die allergrößten Opfer abverlangt: Gefangenschaft, Verbannung nach Frankreich, Absetzung als Generaloberin; schließlich schwere Krankheit, die zum Tod führte, der sich am 28. August 1854 bei der 71jährigen Heiligen einstellte. Am 19. Mai 1940 wurde sie von Papst Pius XII. selig- und am 12. April 1959 heiliggesprochen.
Joachina de Vedruna De Mas war 16 Jahre lang eine vorbildliche, christliche Ehegattin und eine liebevoll sorgende Familienmutter für neun eigene Kinder und dann noch 38 Jahre lang als Ordensgründerin eine sich selbstlos aufopfernde Mutter ihrer geistlichen Töchter und der von ihrer Schwesternkongregation betreuten Kinder.

Bild zu Seite 326:
Kaiserin Zita in Witwentracht.
Auf dem Schoß hält sie ihre jüngste Tochter Elisabeth. Als Elisabeth zur Welt kam, war ihr Vater schon zwei Monate tot.

Die selige Benedetta Cambiago und Giovanni B. Frassinello

* 2. Oktober 1791 in Langasco, Italien
† 21. März 1858
Seligsprechung 10. März 1987

Eine selige Ehegattin und Witwe, die zur Ordensstifterin geworden ist und sich mit viel Liebe armen verlassenen und gefährdeten Mädchen angenommen hat, ist am 10. Mai 1987 zur Ehre der Altäre erhoben worden: Benedetta Cambiago, verheiratete und dann verwitwete Frassinello [166)]. Sie wurde am 2. Oktober 1791 in Langasco (Italien) in eine allem Anschein nach gut situierte christliche Familie hineingeboren. Auf den Rat ihrer Eltern hin heiratete das fromme Mädchen einen rechtschaffenen jungen Mann namens Giovanni Battista Frassinello. Nach zwei Ehejahren, in denen dem jungen Paar der Kindersegen versagt geblieben war, beschlossen beide übereinstimmend, eine sogenannte Josephs-Ehe zu führen. Sie legten das Gelübde immerwährender Keuschheit ab und wollten fortan ein ganz Gott und der Nächstenliebe geweihtes Leben führen. Weil sie selbst keine Kinder bekommen hatten, nahmen sie sich armer verlassener Kinder, vor allem gefährdeter Mädchen, an. Im Einverständnis mit ihrem Gatten schuf Benedetta 1826 in Pavia ein Heim für verlassene und gefährdete junge Mädchen. Einige Jahre später gründete sie die Kongregation der „Benediktinerinnen von der Vorsehung" mit der Aufgabe, die Schwestern dieser Gemeinschaft sollten sich mit viel Liebe der christlichen Erziehung der Jugend, speziell armer verlassener und gefährdeter Mädchen annehmen und dafür Heime, Schulen und Werkstätten (Laboratorien) schaffen. Mit ihrem Werk hatte sie Erfolg. Beim Tod der inzwischen Witwe gewordenen Benedetta Cambiago-Frassinello zählte die von ihr gegründete Kongregation, deren Konstitutionen vom Heiligen Stuhl 1937 approbiert wurden, in 35 Häusern 200 Schwestern. Die selige Benedetta vertraute beim Gelingen ihres Liebeswerkes in allen Schwierigkeiten immer unerschütterlich auf die Göttliche Vorsehung. Sie lebte beispielhaft aus dem Glauben, der Hoffnung und der Liebe, bis sie am 21. März 1858 im Alter von 67 Jahren zum ewigen Lohn abberufen wurde.

John Francis Vaughan und Louisa Elisabeth Rolls

* 1810
† 1880

Ein englisches Ehepaar, das im 19. Jahrhundert ein treu katholisches, christliches Eheleben geführt, 14 Kindern das Leben geschenkt und fast alle Kinder Gott zurückgeschenkt hat im Priester- oder Ordensstand, darf hier unter den verheirateten Seligen und Heiligen noch angeführt werden. Auch wenn für dieses Ehepaar sicher nie der Seligsprechungsprozeß geführt werden wird, hat es doch durch seinen Mut zum Kinderreichtum und durch sein vieles Beten für seine Kinder um die Gnade der Berufung zum Priester- oder Ordensstand Vorbildcharakter für unsere Zeit, wo so viele Ehepaare – angesteckt vom Wohlstandsdenken – sich durch Kinderfeindlichkeit „auszeichnen“ und keine Aufgeschlossenheit mehr dafür haben, daß es etwas Großes, Erhebendes, Beglückendes und Trostvolles ist, ein Kind freizugeben für den Priester- oder Ordensstand.
John Francis Vaughan [167)] wurde 1810 in die seit Generationen wegen ihrer Treue zur römisch-katholischen Kirche durch Leid, Verfolgung und Verkennung erprobte adelige Familie von Courtfield hineingeboren. Zur Zeit der Katholikenverfolgung unter Königin Elizabeth I. hat dieses Adelsgeschlecht lieber Kerker und Enteignung auf sich genommen, als daß es dem katholischen Glauben untreu geworden wäre. Jahrzehnte hindurch war in jenen gefahrvollen, aber auch überaus ruhmvollen Tagen Courtfield, der Stammsitz der Familie Vaughan, Zufluchtsort und Versteck für gehetzte Priester gewesen, die unter allen möglichen Tarnungen trotz ständig drohendem Martyrium im Geheimen überall im Land seelsorglich wirkten. Courtfield wurde damals vor allem dadurch geheiligt, daß im Schloß immer wieder das eucharistische Opfer heimlich gefeiert wurde. Zwar lag diese glorreiche Zeit nun schon fast drei Jahrhunderte zurück, aber an der Glaubens- und Kirchentreue der Familie Vaughan hatte sich nichts geändert. Darum stellte die Familie

auch Priester- und Ordensberufe. So wurde der Onkel des jungen John Francis, William Vaughan, ein Bruder des Vaters, Priester und zuletzt Bischof von Plymouth; zwei seiner Brüder wurden Priester, drei seiner Schwestern Ordensfrauen. John Francis selbst entschloß sich für die militärische Laufbahn, heiratete und wurde das Oberhaupt einer überaus kinderreichen Familie.

John Francis´ Gattin ist Louisa Elisabeth Rolls, die dritte Tochter des vermögenden anglikanischen Großgrundbesitzers John Rolls of the Hendre. In Paris lernten sich die beiden kennen und trotz der Konfessionsverschiedenheit lieben. Louisa Elisabeth Rolls muß aber für den katholischen Glauben sehr aufgeschlossen gewesen ein, denn sie konvertierte aus innerster Überzeugung und wurde nicht nur äußerlich, sondern mit ganzem Herzen katholisch und fühlte sich besonders zu Christus in der heiligsten Eucharistie hingezogen. Die Familie der Vaughans hatte eine eigene Hauskapelle, in der ein Priester täglich die heilige Messe feierte. Außer zur Feier der heiligen Messe verbrachte die junge Ehegattin täglich noch eine Stunde in der Kapelle in betrachtendem Gebet. Dabei stieg sehr früh schon in ihrem Herzen der Wunsch auf, Gott möge alle ihre Kinder, die er ihr schenken werde, für sich wieder zurücknehmen im Priester- oder Ordensberuf. Dem gleichgesinnten Gatten machte sie diesen Vorschlag. Oberst Vaughan ging gern auf das Anliegen der Gattin ein: Gott aber gab dem heiligen Wunsch dieses Ehepaares überreiche Erfüllung, indem er fast allen Kindern aus dieser Ehe die Gnade des Priester- oder Ordensberufes verlieh.

Überaus klug wußte Louisa Elisabeth Vaughan die religiöse Erziehung ihrer 13 Kinder zu gestalten; das vierzehnte Kind dieser edlen Ehefrau starb noch als Kleinkind. Bei den häufigen caritativen Gängen zu den Armen und Kranken des Schlosses Courtfield ließ sich die Mutter gern von dem einen oder anderen der Kinder begleiten und leitete sie bei solcher Gelegenheit an, auch ihrerseits von ihren Ersparnissen oder von ihrem Spielzeug den Armen etwas zu schenken.

Bei Herbert Alfred, dem ältesten Sohn, geboren am 15. April 1832, begann die Berufung zum Priester, als er 16 Jahre alt geworden war. Als er der Mutter seinen Entschluß mitteilte, entgegnete sie ihm lächelnd: „Kind, das habe ich längst gewußt." Der Vater war allerdings über diese Nachricht weniger erfreut, denn gerade auf den ältesten Sohn hatte er die Hoffnung gesetzt, er werde später, wie er selbst, ein hoher Offizier in der englischen Armee werden. Trotzdem beugte sich auch der Vater dem Willen Gottes, der seinen ältesten Sohn als Priester haben wollte. Damals schrieb der hochgemute katholische Oberst an einen Freund: „Wenn Herbert geht, können auch die anderen alle gehen." Nicht alle, aber fast alle gingen; alle acht Söhne verspürten wohl

die Berufung zum Priesterstand: Herbert Alfred, Roger William Beda, Kenelm, Joseph, Bernhard und John erreichten ihr Ziel und wurden Priester, zwei von diesen sogar Bischöfe. Die beiden Söhne Francis und Reginald waren zwar bereits im Priesterseminar, spürten aber schließlich, zum Priestertum nicht berufen zu sein. Sie heirateten, führten das Geschlecht der Vaughan weiter und gaben das Beispiel eines echt christlichen Ehe- und Familienlebens. Von den fünf Töchtern wurden vier Ordensfrauen, die aber alle früh starben; nur Margaret, die jüngste Tochter, blieb ledig im Laienstand, verbrachte aber die letzten Lebensjahre ebenfalls im Kloster und starb 85jährig im Jahre 1936.
Die Mutter Louisa Elisabeth Vaughan starb 40jährig und hat von keinem ihrer sechs Söhne, die Priester wurden, den Gnadentag der Priesterweihe erlebt, aber sie hat ihren sechs Söhnen die Gnade des Berufes ganz sicher in vielem Gebet erfleht. Der Vater John Francis Vaughan starb 70jährig im Dezember 1880 und hatte in der Todeskrankheit den Trost und die Freude, daß zwei seiner sechs Priestersöhne, nämlich Herbert Alfred, damals schon Bischof von Salford, und Bernhard, damals Neupriester im Jesuitenorden, im Krankenzimmer täglich die heilige Messe feierten.
Was ist nun aus den zehn Kindern des Ehepaares Vaughan, die sich im Priester- oder Ordensberuf Gott weihten, genau geworden? Fangen wir mit den vier Töchtern an: Gwladis trat in den Orden von der Heimsuchung der hl. Johanna Franziska von Chantal ein, Therese wurde Barmherzige Schwester, Klara wurde Klarissin, Maria wurde Augustinerin.
Über die sechs Priestersöhne ist zu berichten:
1. Herbert Alfred: Er studierte in Bruglette in Belgien 1846-49, in Downside 1850 und in Rom und wurde mit 18monatiger päpstlicher Dispens mit 22 Jahren am 28. Oktober 1854 zum Priester geweiht. 1855 wurde er Vizeregens im St. Edmund´s College in Ware, 1857 trat er unter H. E. Manning bei den Oblaten von Bayswater ein, 1863-65 war er auf Missionsreisen in Kalifornien, Mittel- und Südamerika und gründete am 1. März 1866 die „St. Joseph's Missionary Society" zur Missionierung Südamerikas mit dem Sitz in Mill Hill bei London, am 26. Oktober 1872 wurde er Bischof von Salford, am 29. März 1892 Erzbischof von Westminster, am 19. Januar 1893 Kardinal. Er starb am 19. Juni 1903 in Mill Hill, hochverdient um die katholische Kirche in England.
2. Roger William Beda, geboren am 9. Januar 1834, wurde 1854 Benediktiner und 1859 zum Priester geweiht. Er wirkte als Professor und Prior am St. Michaels College in Herefordshire, England; von dort wurde er 1873 nach Australien gesandt, wo er schließlich Erzbischof von Sidney wurde. Er starb in Ince Blundell Hall, Lancashire, am 18. August 1883.

3. Kenelm machte eine ganz eigenartige Erfahrung. Er war knapp 16 Jahre alt, als er bei den Zisterziensern eintrat. Nach vier Jahren verschlechterte sich seine Gesundheit so sehr, daß er seinen Onkel William Vaughan, Bischof von Plymouth, bat, ihn zu weihen, damit er als Priester sterben könne. Der bischöfliche Onkel erfüllte die Bitte des Neffen. Kenelm hielt dann als neugeweihter Priester eine Novene zur Vorbereitung auf den nahen Tod. Am 9. Tag genas er plötzlich während der Feier der heiligen Messe. Er ging später nach Südamerika und wirkte dort noch 44 Jahre segensreich.
4. Joseph wurde Benediktiner; er stiftete das erste Benediktinerkloster in Schottland seit der Reformation.
5. Bernard, geboren am 20. September 1847, studierte im Stonyhurst-College ab 1859; 1866 trat er bei den Jesuiten ein und wurde 1880 zum Priester geweiht. Er wirkte an der „Church of the Holy Name“ in Manchester, dann an verschiedenen Orten. Er entfaltete sich immer mehr zu einem sehr angesehenen Prediger und Kontroverstheologen und kam als solcher 1910 nach Kanada; 1911-1913 nach den USA; 1913 in den Fernen Osten. 1922 nach Afrika. Er starb in Roehampton, England, am 31. Oktober 1922.
6. John, der jüngste Sohn von John Francis Vaughan und seiner Gattin Louisa Elisabeth, wurde von seinem erzbischöflichen Bruder Herbert Alfred zum Priester geweiht. Er wirkte als Rektor des St. Beda-Kollegs in Manchester; er verfaßte 25 theologische Werke.
Wieviel Segen ist doch von diesem vorbildlichen englischen Ehepaar Vaughan ausgegangen, vor allem durch die sechs Priestersöhne!

Es mutet wie eine Fügung an, daß ausgerechnet im Jahr der Familie das 700jährige Jubiläum von Loreto, dem größten Wallfahrtsort Italiens, gefeiert wird. Loreto mit dem Haus von Nazareth steht ganz im Zeichen der Heiligen Familie.

Die selige Paola Elisabetta Cerioli und Gaëtano Buzecchi Tassis

* 28. Januar 1816 in Soncino,
Provinz Bergamo, Italien
† 24. Dezember 1865
Hochzeit 30. April 1835
Mutter von drei Kindern
Seligsprechung 19. März 1950

Von ihrem anscheinend unerträglichen und doch aus gläubiger Haltung heraus heldenhaft gemeisterten Eheleben könnte die selige Paola Elisabetta Cerioli-Buzecchi Tassis [168)] viel erzählen. Sie wurde als Witwe nach 19jähriger Ehe zu einer doppelten Ordensgründerin und hat dabei ihr eigenes und das ihr vom verstorbenen Gatten hinterlassene Vermögen bestens investiert.
Paola Elisabetta erblickte am 28. Januar 1816 in Soncino, Provinz Bergamo, als 16. Kind des einem alten piemontesischen Adel entstammenden Francesco Cerioli und seiner Gattin Francesca, geborene Gräfin Corniani, das Licht der Welt. Bei den Schwestern der Heimsuchung in Alzano erhielt sie vom 10. bis zum 16. Lebensjahr eine vorbildliche, religiös fundierte Erziehung. Im Alter von 19 Jahren wurde sie am 30. April 1835 mit dem bereits 60jährigen, reichen, geistig-geistlich von der gläubig frommen Braut weit entfernten, kranken Grafen Gaëtano Buzecchi Conte de Tassis vermählt. Konnte eine solche Ehe mit einem um 41 Jahre älteren Gatten glücken?
Die Ehe wurde mit drei Kindern gesegnet, von denen freilich nur der Erstgeborene die Kindheit überlebte – er starb mit 16 Jahren –, während die beiden anderen Kinder entweder sofort nach der Geburt oder nach dem ersten Lebensjahr starben.
Was die eheliche Liebe und Treue betrifft, so war diese Ehe jedenfalls auf seiten der Gattin vorbildlich. Sie war ihrem schwierigen Gatten gegenüber geduldig, gelehrig und großmütig. Der Graf aber, der seine junge Gemahlin ebenfalls treu liebte, war dem Sohn gegenüber eifersüchtig; immer fürchtete

er, von seiner Gattin weniger geliebt zu werden als sein Sohn Carlino. Mutter und Sohn ertrugen geduldig die sonderbaren Launen des Grafen. Dieser gestattete dem Sohn kein Spiel, keine Zerstreuung, keine Gesellschaft, er beschlagnahmte ihn ganz für sich und verlangte, daß der Sohn beispielsweise stundenlang interessiert seinem Klavierspiel zuhörte.
Vom Jahre 1849 an war der 75jährige Graf Buzecchi infolge eines Schlaganfalls ständig ans Bett gefesselt; seine Krankheit steigerte noch die befremdlichen Seltsamkeiten seines schwierigen Charakters. Dennoch blieb seine Gattin Paola dem Grafen gegenüber eine allzeit liebenswürdige Pflegerin und sein „trostreicher Engel", wie er selbst sie in vernünftigen Stunden zu nennen pflegte. Nach vier Jahren heroischer Pflege des kranken Gatten wurde auch der Sohn Carlino an Lungenschwindsucht schwer krank. So mußte nun Gräfin Paola zwei Schwerkranke pflegen, und dies bei der krankhaften Eifersucht des Vaters, der immer fürchtete, daß seine Gattin dem Sohn mehr Aufmerksamkeit widme als ihm selbst. Die Kraft dazu, alle Schwierigkeiten in dieser Ehe zu meistern, fand Paola Cerioli in ihrer Gläubigkeit und Frömmigkeit.
Innerhalb des gleichen Jahres 1854 wurden der Gräfin die beiden ihr zu treuer, liebender Sorge anvertrauten Menschen durch den Tod entrissen: Am 16. Januar 1854 mußte sie dem 16jährig verstorbenen Sohn Carlino die Augen zudrücken, am Weihnachtstag 1854 sah sie ihren 80jährigen Gatten, den Grafen Gaëtano Buzecchi, in ihren Armen friedlich sterben.
Zum sterbenden heiligmäßigen Sohn Carlino hatte Gräfin Paola einmal geklagt: „Was werde ich allein ohne dich anfangen?" Der todkranke Sohn aber hatte der Mutter die prophetischen Worte gesagt: „Der Herr wird dir andere Kinder zur Sorge anvertrauen."
Durch den Tod ihres einzigen Kindes und dem ihres Gatten sah sich Gräfin Paola Cerioli im Besitz des großen Erbes der Grafengeschlechter Buzecchi und Tassis und ihrer eigenen Mitgift vor eine ganz schwere Verantwortung gestellt. Unschlüssig, was sie nun mit dem großen Besitz tun solle, sagte ihr eines Tages der Pfarrer von Comonte, wo das gräfliche Schloß und der ererbte Besitz lag: „Wenn ich in Ihrer Lage wäre, würde ich mir arme Kinder suchen, sie behüten und erziehen; diese Beschäftigung würde Ihren Mut aufrichten."
Als man der 38jährigen Witwe am gleichen Tag zwei Waisenkinder aus der benachbarten Landgemeinde Seriate vorstellte, behielt sie diese gleich bei sich. Sie dankte Gott, daß er ihr auf diese Weise seinen Willen kundgetan habe. Die Waisenkinder sollten anstelle ihres verstorbenen Sohnes die Erben ihrer großen Besitzungen werden. Die Leute des Ortes und die Dienerschaft entsetzten sich zwar darüber und erklärten es als Narretei, daß nun lumpige, verwahrloste Kinder im gräflichen Schloß hausen sollten; die Gräfin aber

erklärte: „Wollte Gott, daß ich wirklich eine Närrin sei, aber durch die Torheit der Kreuzesliebe!... So ist nun einmal der Weltgeist: Wenn man tatsächlich närrisch handelt, wird man als vernünftige Person angesehen, wenn man aber Gutes tut, gilt man als töricht. In Wirklichkeit aber sind die Menschen mit dem Geist der Welt die Narren, denn sie machen sich zu Sklaven der Welt. Leider war auch ich es einmal."
Zur Betreuung und Erziehung der Waisenkinder, deren Zahl immer größer wurde, mußte sich Gräfin Paola nach geeigneten Hilfskräften umsehen; sie stellten sich der Reihe nach ein. Unter dem besonderen Schutz des hl. Joseph und nach dem Vorbild der Heiligen Familie von Nazareth wollte sie die Waisenkinder, „die Söhne und Töchter des hl. Joseph", in Einfachheit und Reinheit, in Liebe zur Arbeit, zur Friedfertigkeit und Rechtschaffenheit in Wort und Werk erziehen. Aus den Helferinnen und den heranwachsenden Waisenkindern entstand allmählich die doppelte Ordenskongregation der „Söhne des hl. Joseph" und der „Töchter des hl. Joseph". Die Gräfin selbst betrachtete sich als Mitarbeiterin des hl. Joseph. Nachdem sie bereits an der Bahre ihres Gemahls das Gelübde der Armut und Keuschheit abgelegt hatte, fügte sie im Jahre 1857 die Gelübde der Armut und des Gehorsams hinzu, zusammen mit dem vierten Gelübde, immer alles zur größeren Ehre Gottes zu tun. Ihren Gefährtinnen sagte sie: „Von jetzt an werdet ihr mich nicht mehr Frau Paola, sondern Schwester Paola Elisabetta nennen." Die doppelte Ordenskongregation entfaltete sich weiter, auch als die Gründerin in ihrem 50. Lebensjahr in der Nacht vom 23. zum 24. Dezember 1865 selig im Herrn entschlief.
Am 19. März 1950 wurde sie seliggesprochen.

Joannes Paulus PP. II

Während der Drucklegung dieses Buches hat die katholische Welt um das Leben des Heiligen Vaters gezittert. Er wollte Serajewo besuchen, doch konnte die Nato keine Garantie für seine Sicherheit übernehmen.

Die Diener Gottes Louis und Zélie Martin

* 22. August 1823 in Bordeaux (Louis Martin)
† 29. Juli 1894 in La Musse
Hochzeit 13. Juli 1858
Vater von neun Kindern
Uhrmacher und Goldschmied

* 24. Dezember 1831 in Saint-Denis-sur Sarthon (Zélie Martin)
† 28. August 1877 in Alençon
Mutter von neun Kindern
Alençon-Spitzenerzeugerin

Ein heiligmäßiges Ehepaar, bei dem sowohl für den Gatten als auch für die Gattin der Seligsprechungsprozeß eingeleitet worden ist, verdient es, hier geschildert zu werden, zumal es dabei um die Eltern der viel verehrten hl. Therese vom Kinde Jesus geht: Louis Martin und Marie Azélie (Zélie) Martin, geborene Guérin, haben ihr Grab im Schatten der zu Ehren ihrer heiligen Tochter erbauten Basilika in Lisieux gefunden. Zwischen den beiden Gräbern erhebt sich eine Statue der Heiligen von Lisieux, darunter sind ihre Worte in großen Buchstaben festgehalten: „Le bon Dieu m'a donné un père et une mère plus dignes du ciel que de la terre – Der gute Gott hat mir einen Vater und eine Mutter geschenkt, würdig mehr des Himmels als der Erde."

1. Louis-Joseph-Aloys-Stanislaus Martin wurde am 22. August 1823 in Bordeaux als drittes Kind des Pierre François Martin geboren, eines Soldaten, der es bis zum Hauptmann brachte und sich am 7. April 1818 mit der zweiten Tochter des Hauptmanns Nicolas-Jean Boureau, namens Marie-Anne-Fanny, vermählt hatte. Die Wechselfälle des Soldatenlebens führten Pierre-François Martin und seine Familie von Bordeaux nach Avignon und dann nach Straßburg. Am 12. Dezember 1830 bat der Regimentsadjutant Martin um Versetzung in den Ruhestand, den er mit seiner Familie in seiner Heimat Athis in der Normandie verbringen wollte. Er zog dann aber wegen der besseren Möglichkeit für die Ausbildung seiner Kinder in die damals 14.000 Einwohner zählende Stadt Alençon und ließ sich dort in der „Rue du Pont-Neuf" nieder.

Hauptmann Martin bewahrte sich auf allen Stationen und in allen Wechselfällen seines Soldatenlebens einen soliden Glauben, den er entsprechend an seine Kinder, vor allem an seinen Sohn Louis, seinen Liebling, in einer sehr soliden christlichen Erziehung weitergab. Louis eignete sich, vom tiefgläubigen Vater dazu angehalten, echte Frömmigkeit und Herzensbildung und überdies tadellose Kenntnis der französischen Sprache und Literatur an. Darum konnte er später mit seinen Töchtern nicht bloß religiöse Gespräche führen, sondern auch über literarische Themen reden. Louis zeigte als Junge überdies künstlerisches Talent im Zeichnen und Malen.

Louis-Joseph Martin

Marie-Azélie Martin, geb. Guérin

In der Stadt Rennes lernte Louis 1842-43 bei Louis Bohard, einem Vetter seines Vaters, das Uhrmacherhandwerk. Er begab sich dann nach Straßburg, wo er bis zum siebten Lebensjahr aufgewachsen war, um sich hier bei Aimé Mathey, einem Freund seines Vaters, im erlernten Handwerk noch weiter auszubilden. Seine Lehrzeit in Straßburg, wo er auch die deutsche Sprache erlernte, behielt Herr Louis Martin in bester Erinnerung. Zurückgekehrt nach Alençon, übte er dort als selbständiger Uhrmacher sein Handwerk aus.
Am 13. Juli 1858 vermählte sich der fromme, damals schon 35jährige Uhrmacher mit der 26jährigen Spitzenerzeugerin Azélie (Zélie) Guérin. Ursprünglich wollte Louis Martin Ordensmann werden. Lange meinte er, in der Einsamkeit am Großen St. Bernhard in der Schweiz das ihm vorschwebende Ideal der ungeteilten Ganzhingabe an Gott verwirklichen zu können. So machte er sich im Herbst 1845 von Straßburg aus auf den Weg hinaus zum Kloster am Großen St. Bernhard. Der Prior nahm dort den jungen Mann, dem

die Unverdorbenheit und Reinheit aus den Augen strahlte, zwar wohlwollend auf; als er aber feststellen mußte, daß der Kandidat keine humanistische Bildung besaß, gab er ihm den Rat, daheim durch privates Studium alles nachzuholen. Louis kaufte sich die nötigen Bücher und besuchte auch mehrere Kurse. Aber eine Krankheit zwang ihn, das Studium aufzugeben und sich doch ganz dem erlernten Beruf zu widmen. Er nahm für einige Zeit Aufenthalt in Paris, um sich im Uhrmacherberuf noch weiterzubilden und zusätzlich auch noch das Goldschmiedehandwerk zu erlernen. Diesen Beruf übte er fortan in Alençon erfolgreich aus.

2. Marie Azélie Guérin, Louis´ junge Gattin, wurde als zweites Kind des Gendarmen Isidor Guérin und der Jeanne Macé am 24. Dezember 1831 in Saint-Denis-sur Sarthon geboren. Ihre ältere Schwester trat später in das Kloster der „Heimsuchung" in Le Mans ein; ihr jüngerer Bruder Isidor wurde Apotheker und spielte im Leben der Familie Martin in Lisieux eine bedeutende Rolle.

Die Mutter Jeanne Macé war gegen ihre Tochter Zélie übermäßig streng, während sie ihren Sohn Isidor verwöhnte. Zélie tröstete sich durch besonders innige Freundschaft mit ihrer älteren Schwester Marie. Beide Schwestern erhielten in Alençon eine sehr gute Schuldbildung bei den Ordensschwestern vom Heiligsten Herzen Jesu und Mariä (Picpus-Schwestern). Zélie war von zarter körperlicher Konstitution und zwischen ihrem 7. und 12. Lebensjahr fast ununterbrochen krank, sie litt unter dauernder Migräne. Trotz ihres starken Glaubens fehlte ihrer Mutter das nötige Einfühlungsvermögen, um ihre Tochter Zélie in der ihr eigenen, zur Melancholie neigenden Sensibilität liebend zu verstehen. Bei Zélie weckte dieser Umstand, bei der Mutter zu wenig verständnisvolle Geborgenheit zu finden, Sehnsucht nach der verständnisvollen Geborgenheit in einer klösterlichen Gemeinschaft, wie sie schon ihrer Schwester im Kloster der Heimsuchung in Le Mans zuteil geworden war. Zélie fühlte sich zu den Vinzentinerinnen hingezogen. So ging sie eines Tages in das Krankenhaus von Alençon, um sich dort den Vinzentinerinnen vorzustellen und ihr Anliegen vorzutragen. Die Vorsprache aber war ein Mißerfolg, denn auf die Bitte um Aufnahme in den Orden antwortete die befragte Oberin, der Eintritt Zélies in den Orden liege sicher nicht im Ratschluß Gottes. War der Grund für ein solches Urteil die vermutete schwächliche Gesundheit Zélies? Sie beugte sich jedenfalls der Erklärung der Oberin und richtete bald schon die in einem Brief überlieferte Bitte an Gott: „Da ich nicht würdig bin, Deine Braut zu werden wie meine Schwester, so werde ich in den Ehestand treten, um Deinen heiligen Willen, o Gott, zu erfüllen. Dann bitte ich Dich aber, schenke mir viele Kinder und gib, daß sie alle Dir geweiht werden!"

Nun mußte Zélie Guérin an ihre Zukunft denken. Sie konnte und wollte daheim den Eltern nicht weiter zur Last fallen: Die bescheidenen Einkünfte des Vaters, des pensionierten Gendarms, reichten ja kaum für die Familie, zumal der Sohn Isidor studieren wollte und darum für ihn, den Liebling der Eltern, Mehrkosten zu erwarten waren. So trachtete Zélie, ihre in der Schulzeit bei den Schwestern erworbenen Kenntnisse der Verfertigung der berühmten Alençon-Spitzen zu verbessern, um mit dieser Arbeit den Lebensunterhalt zu verdienen. Sie trat in eine Spitzen-Herstellungsschule ein und ließ sich zu einer perfekten und gesuchten Spitzen-Herstellerin ausbilden. Gegen Ende des Jahres 1853 gründete sie sogar ein eigenes Geschäft als „Herstellerin von Alençon-Spitzen". Ab 1856 beendete sie die in Eigenregie mit Hilfe von Heimarbeiterinnen durchgeführte Produktion und arbeitete von da an im Auftrag der Firma Pigache und Mallat.
Schon bald nach der schmerzlichen Trennung von ihrer Schwester Marie durch deren Ordenseintritt eröffnete sich für Zélie Guérin die Aussicht auf eine Heirat: Die Gattin des pensionierten Hauptmanns Pierre Martin wollte sich nicht damit abfinden, daß ihr Sohn Louis, der schon im 35. Lebensjahr stand, sich für immer unverheiratet in die von ihm geliebte Einsamkeit der Uhrmacherei in der Rue du Pont-Neuf in Alençon zurückziehe. Sie bedrängte ihn mit Ermahnungen, doch endlich ans Heiraten zu denken. Da lernte Frau Martin eines Tages die Qualitäten der jungen Zélie Guérin kennen und träumte nun davon, daß die junge Spitzen-Herstellerin die Gattin ihres Sohnes Louis werde.
Als Zélie Guérin eines Tages über die Brücke St. Leonhard in Alençon ging, kreuzte ihren Weg ein junger Mann, dessen edle Gesichtszüge, zurückhaltendes Benehmen und würdevolle Haltung sie beeindruckten. Im gleichen Augenblick vernahm sie eine innere Stimme, die zu ihr sprach: „Dies ist der Mann, den ich für dich vorgesehen habe." Sie wurde mit Louis Martin bekannt. Drei Monate nach ihrer ersten Begegnung, am 13. Juli 1858, gaben sich die beiden in der Kirche Unserer Lieben Frau in Alençon vor dem Dekan Hurel das gegenseitige Eheversprechen. Ob diese Ehe gut gehen wird, wo doch beide Partner ursprünglich vorgehabt hatten, sich im Ordensstand ganz Gott zu weihen? Louis Martin hegte beim Schließen der Ehe aufgrund des Edelmutes seiner frommen, tiefgläubigen Partnerin die Hoffnung, mit ihr eine rein geschwisterliche Bindung einzugehen und wie Bruder und Schwester in einer sogenannten Josefsehe zusammenzuleben. In Zélie aber, die zwar zu solchem Eheleben großmütig bereit war, lebte ein ganz starker mütterlicher Drang, zahlreichen Kindern das Leben zu schenken und diese ganz für Gott zu erziehen.

Nach zehn Monaten einer keusch und rein geführten Josefsehe brachte der Rat eines guten Beichtvaters die beiden Ehegatten zur Änderung ihrer Lebensweise mit der Überlegung, daß sie doch den Traum vom Ordensleben, für den sie sich in ihrer Jugend begeistert hatten, schließlich auch in ihrer Nachkommenschaft verwirklicht sehen könnten. Sie wollten und sollten fortan beweisen, daß auch der rechte, von Gott gewollte Gebrauch der Ehe in der geschlechtlichen Liebeshingabe, um einander liebend beizustehen und um Kindern das Leben zu schenken, ein berechtigter Weg zur Vollkommenheit und Heiligkeit sein kann, vor allem dann, wenn die empfangenen Kinder so herangebildet und erzogen werden, daß sie aus sich bereit sind, in allem die größere Ehre Gottes zu suchen. Das wurde in dieser rein und edel gelebten Ehe dann tatsächlich großartig verwirklicht:

Neun Kindern schenkten Louis Martin und seine Gattin Zélie mit Gottes Hilfe das Leben; es sind folgende:

1. Marie-Louise (22.2.1860 - 19.1.1940)
2. Marie-Pauline (7.9.1861 - 28.7.1951)
3. Marie-Léonie (3.6.1863 - 16.6.1941)
4. Marie-Hélène (13.10.1864 - 22.2.1870)
5. Marie-Joseph-Louis (20.9.1866 - 14.2.1867)
6. Marie-Joseph-Jean-Baptist (19.12.1867 - 24.8.1868)
7. Marie-Céline (28.4.1869 - 25.2.1959)
8. Marie-Melanie-Thérèse (16.8.1870 - 8.10.1870)
9. Marie-Françoise-Thérèse (2.1.1873 - 30.9.1897)

Fünf dieser Kinder weihten sich Gott im Ordensstand, vier davon im Karmel von Lisieux, nämlich Marie-Louise als Sr. Marie vom Heiligen Herzen, Marie-Pauline als Sr. Agnes von Jesus, Marie-Céline als Sr. Genoveva vom Heiligen Antlitz und Marie-Françoise-Thérèse als Sr. Therese vom Kinde Jesus. Eine Tochter, Marie-Léonie, wurde Ordensfrau in der Heimsuchung von Caen als Sr. Françoise-Thérèse. Vier Kinder starben im frühen Kindesalter, darunter zwei Knaben, von denen die Eltern so sehr gehofft hatten, daß sie Gott als Priester verherrlichen würden. Als Ersatz für diese erhofften Priestersöhne schenkte Gott diesen Eltern das neunte Kind, aus dem die hl. Therese vom Kinde Jesus, die große Beterin, Opfer- und Sühneseele für die Priester und Missionare wurde.

Was nun das Eheleben des Ehepaares Martin betrifft, so kann folgendes gesagt werden. Der Ruf, den die beiden in Alençon genossen, war untadelig. Sie gehörten auf Grund ihres Berufes und ihres Einkommens dem besseren Mittelsand an; sie lebten aber trotz des guten Einkommen bescheiden und nicht im Überfluß; sie waren vielmehr sehr sozial eingestellt und freigebig gegenüber den Armen und Notleidenden. Ihre Religiosität ruhte auf drei

Grundpfeilern: Gott über alles lieben – Vertrauen in die Vorsehung Gottes – Ergebung in Gottes Willen. In ihren Zielsetzungen waren sie immer auf die Ewigkeit gerichtet, weil „das wahre Glück nicht von dieser Welt" ist.
Louis Martin zog sich gern für mehrere Tage in das heilsame Klima des Trappistenklosters von Mortagne zurück, um dort in Abgeschiedenheit Exerzitien zu machen. Die tägliche heilige Messe gehörte bei Louis und Zélie zur Tagesordnung. Frau Zélie Martin besuchte häufig das Kloster der Klarissinnen in Alençon; dort wurde sie auch Mitglied des Dritten Ordens des hl. Franziskus. Vor einer Marienstatue in ihrem schönen, gepflegten Heim wurden die täglichen Gebete verrichtet. Diese Statue wurde im Marienmonat Mai besonders liebevoll geschmückt.
Das Leben der Heiligen bildete die bevorzugte Lektüre dieses Ehepaares, dessen ganze Existenz auf das Pfarrleben ausgerichtet war. Das Tagewerk begann, auch als die Kinder sich der Reihe nach einstellten, um 5.30 Uhr morgens in der Kirche St. Pierre de Montort, später in Notre-Dame. Je nach den Umständen gingen Herr und Frau Martin ein oder mehrere Male in der Woche zur heiligen Kommunion. Am Sonntag begab sich die ganze Familie in das Hochamt und zur Vesper. Die Teilnahme an religiösen Feierlichkeiten war dem Ehepaar Martin ein inneres Bedürfnis. Gelegentlich machte Vater Martin mit seinen Töchtern auch Wallfahrten, so nach Notre-Dame des Victoires in Paris, nach Séez, nach Chartres und Lourdes. Die Mutter gönnte es sich nicht, mitzufahren, sie verband sich aber immer geistigerweise mit den Pilgerfahrten ihrer Lieben.
Vater Martin war immer einer Meinung mit seiner Frau, die in ihrer Hilfsbereitschaft und Wohltätigkeit die Hütten der Armen und Notleidenden aufsuchte, um dort zu helfen und zu trösten. Ein besonderes Anliegen war ihr, den Sterbenden die heiligen Sakramente zu vermitteln. Vater Martin machte als Mitglied des Vinzenzvereins Armenbesuche. In seinem caritativen Apostolat war er beispielgebend und half, wo er nur konnte. Das Personal im Haus der Martins wurde immer familiär behandelt und ganz in die Familie einbezogen. Mutter Martin war stets besorgt, ihre Angestellten nicht zu überfordern; sie arbeitete selbst mehr als diese, stand vor ihnen auf und ging später als sie zu Bett.
Eintracht und Harmonie in dieser Ehe und Familie waren bemerkenswert, sei es zwischen den Ehegatten, sei es zwischen den Eltern und Kindern. Jesus Christus war König und Mittelpunkt im Heim dieses Ehe- und Elternpaares. Darum konnte die hl. Therese vom Kinde Jesus in ihrer „Geschichte einer Seele" niederschreiben: „O wie liebe ich die Erinnerungen an die gesegneten Tage meiner Kindheit! Um die Blüte meiner Unschuld zu behüten, umgab mich der Herr immer mit Liebe." Hier reifte fünffach der Ordensberuf bei

dem ersten, zweiten, dritten, siebten und neunten Kind, dieses aber gelangte überdies zu der von der Kirche feierlich bestätigten Heiligkeit.
In der Erziehung der Töchter duldete Frau Martin weder Eigensinn noch kindliche Launen, sie kannte ein gewisses Maß an Strenge. Vor allem aber benützte sie die verschiedenen, auch kleine und unbedeutende Anlässe, um ihre Töchter zu formen, gute Anlagen zu fördern und zur Selbstüberwindung und zur Freigebigkeit anzuleiten. Sie verstand es vor allem auch, die Töchter von Wunschträumen weg- und zur gewissenhaften Erfüllung der Standespflichten hinzulenken. Als die älteste Tochter mit fünfzehneinhalb Jahren das Pensionat verließ, wurde sie von der Mutter sogleich in die Führung des Haushalts eingeweiht. Sie tat dies wohl auch deshalb, weil sie schon ihr nahes Ende fühlte und die älteste Tochter einmal die verantwortungsvolle Nachfolge der Mutter den jüngeren Geschwistern gegenüber antreten sollte.
Die Erziehungsaufgabe brachte für Frau Martin auch Kummer und Sorge, weil eine Tochter, nämlich Léonie, einen etwas schwierigen und widerspenstigen Charakter besaß und unbeständig war; der Widerspruchsgeist schien ihr angeboren. Aber Frau Martin ließ sich keineswegs entmutigen. Die jüngste Tochter, die spätere Heilige, hätte die Anlage zu einem verwöhnten Kind gehabt und wäre das wohl geworden ohne die Wachsamkeit ihrer Eltern und ohne all ihre glücklichen Eigenschaften, die sie zum Guten förmlich prädestinierten. Die hl. Therese vom Kinde Jesus schrieb später: „Wäre ich bei einer Veranlagung wie der meinen von tugendlosen Eltern erzogen oder auch nur von Louise verwöhnt worden, so wäre ich sehr böse geworden und vielleicht sogar verlorengegangen."
Im April 1865 spürte Frau Martin die ersten Anzeichen des in ihr arbeitenden Brustkrebses. Elf Jahre schlummerte dieses Übel in ihr, aber häufige Kopfschmerzen, Fieberanfälle und seltsame Müdigkeitserscheinungen zeigten an, daß diese Mutter, die in den besten Jahren stand – es sollten von 1866 bis 1870 noch fünf Kinder von ihr geboren werden – schwächer und schwächer wurde. Sie flehte wohl Gott an, sie noch nicht von der Erde wegzunehmen, solange sie von ihren Kindern gebraucht würde. Dabei verfolgte sie aber gefaßt und gelassen die Fortschritte ihrer Krankheit. Fast bis zum Ende ihres Lebens schleppte sie sich täglich mühsam in die Kirche Notre-Dame in Alençon zur Frühmesse. Sie hörte auch nie auf, für ihre Kinder zu sorgen, vor allem für die schwierige Tochter Léonie und zuletzt für das kostbare Nesthäkchen, aus dem die große Heilige wurde. Viel Kummer und Leid bereiteten ihr der frühe Tod der beiden hoffnungsvoll geborenen Knaben in den Jahren 1867 und 1868 sowie des vorletzten Kindes 1870. Als die Schwester von Frau Martin, Marie, mit dem Ordensnamen Sr. Marie-Dosithée, in der „Heimsuchung" von Le Mans am 24. Februar 1877 heiligmäßig im

49. Lebensjahr starb, ging das Frau Zélie Martin sehr nahe, weil sie sich mit dieser Schwester besonders gut verstanden hatte und nun damit rechnen mußte, daß auch ihr Leben bald zu Ende gehen werde. Sie konnte zuvor noch eine Pilgerfahrt nach Lourdes machen, die ihr viel Trost, aber nicht die erwünschte Gesundung brachte. Nach der Rückkehr aus Lourdes verstand sie es meisterhaft, trotz ihres schweren Leidens weiterhin die Verantwortung für alles im Haushalt zu tragen, und blieb bis zum Lebensende die Seele des schönen Heims. Zuletzt blieben die Tröstungen des Glaubens ihre einzige Stärkung in der schmerzvollen Krankheit. Am 28. August 1877 entschlief Frau Zélie Martin nach einem kurzen Todeskampf kurz vor Vollendung ihres 46. Lebensjahres. Priester erklärten damals frei heraus, der Himmel sei nun um eine Heilige reicher geworden. Ähnlich sprachen viele andere, die Frau Martin wirklich gekannt hatten. Über alle Zeugenaussagen erhebt sich die Stimme des Gatten der Verstorbenen, des Herrn Louis Martin, der von seiner Gemahlin immer nur wie von einer Heiligen sprach. Dazu kommen die Aussagen der Töchter, die unter Eid als Zeugen im Seligsprechungsprozeß für ihre jüngste Schwester Thérèse auch über die Tugenden ihrer Mutter berichteten.

Herr Louis Martin übersiedelte am 15. November 1877 nach Lisieux in die schöne Villa „Les Buissonets“, um als Witwer in der Nähe seines geschätzten Schwagers, des Apothekers Isidor Guérin, zu sein. Er verzichtete auf die weitere Ausübung seines Uhrmacherhandwerks; finanziell konnte er es sich leisten, sich fortan ganz seinen Töchtern zu widmen. Er leitete den Haushalt und bestimmte die Lebensart, er schaute streng auf Ordnung und Sauberkeit. Die Rolle der Hausfrau aber spielte fortan die älteste Tochter Marie-Louise und nach deren Ordenseintritt Marie-Céline.

In Lisieux gehörten wie vorher in Alençon die Dienstboten ganz zur Familie. Herr Martin war zum Personal immer liebenswürdig und gut. Gegen seine Töchter war er streng, aber immer von außerordentlicher Zärtlichkeit und Liebe erfüllt. Nachdem die älteren Töchter in Le Mans im Schwestern-Internat ausgebildet worden waren, konnte sich Vater Martin nicht dazu entschließen, auch den beiden jüngsten Töchtern ein Internatsleben aufzuzwingen. Zur Schule schickte er sie zu den Benediktinerinnen in Lisieux, daheim aber wurden sie vor allem von den größeren Schwestern umsorgt.

Herr Martin blieb in den Lisieux-Jahren ein Mann des Gebetes und der hilfsbereiten Nächstenliebe, der sich nur zu Spaziergängen, bisweilen auch zu größeren Ausflügen aus dem Hause begab. Der Geist des Glaubens und der Liebe prägte sein ganzes Leben auch in Lisieux. Dazu gehörte auch hier die tägliche heilige Messe, die er meistens in der Kathedrale St. Pierre mitfeierte. Er kommunizierte fast täglich und machte tagsüber auch immer einen

Besuch beim Allerheiligsten. Louis Martin, der als Normanne Sinn für Sparsamkeit in der Verwaltung seines Vermögens hatte, zeigte dennoch im Schenken und Helfen gegenüber den Menschen in Not größte Freigebigkeit. Die Leute in seinem Wohnviertel waren bald auch in Lisieux von der tiefen Frömmigkeit und übernatürlichen Ausstrahlung dieses Mannes beeindruckt.
Der Reihe nach verließen die Töchter ihren Vater und ergriffen den Ordensstand im Karmel von Lisieux. Den Anfang machte Pauline am 2. Oktober 1882. Marie-Louise folgte am 15. Oktober 1886. Immer mehr regte sich auch in der jüngsten Tochter Thérèse, die fast noch ein Kind war, der Ordensberuf. Der einsame Vater gab heroisch die Einwilligung, auch seine „kleine Königin" bald zu verlieren. Er willigte auch in die Rompilgerfahrt mit Thérèse und Céline ein, um in Rom die Erlaubnis von Papst Leo XIII. zum Ordenseintritt Thérèses zu erbitten. Am 9. April 1888 erfolgte der Eintritt der 15jährigen Thérèse im Karmel von Lisieux. Die schwierige Tochter Léonie versuchte es zuerst bei den Clarissen in Alençon, dann mehrmals bei den Schwestern der Heimsuchung in Caen, bis sie am 28. Januar 1899 endlich dort als Schwester Franziska Therese behalten wurde.
Zuletzt war für dauernd nur noch die Tochter Céline beim Vater. Am 15. Juni 1888 verriet auch diese dem Vater, ihren Schwestern folgen und auch Karmelitin werden zu wollen. Damals sagte Vater Martin zu Céline: „Komm, wir gehen gemeinsam zum heiligen Sakrament, um dem Herrn für die Gnaden zu danken, die er unserer Familie erweist, und für die Ehre, die er mir gewährt, indem er sich aus meinem Haus alle Töchter zu Bräuten erwählt. Es ist eine sehr große Ehre für mich, daß der gute Herr alle meine Kinder von mir begehrt. Wenn ich noch Besseres hätte, ich würde mich beeilen, es ihm anzubieten." Es kam vor, daß er wegen der um ihn herum entstandenen Lücken bemitleidet wurde. Man hielt die ihm wiederholt abverlangten Opfer für unmenschlich. Er aber sah den Ordenseintritt aller seiner Töchter als größte Ehre an, und dies, obwohl damals seine schwere Erkrankung ihren Anfang nahm.
Bis zu seinem 64. Lebensjahr befand sich Louis Martin bei bester Gesundheit, er schien das Alter seines Vaters erreichen zu können, der mit 88 Jahren nach einem Schlaganfall verschied, oder wenigstens das Alter seiner Mutter, die 83jährig starb. Aber ein Schlaganfall vom 1. Mai 1887, dem bald zwei leichtere Anfälle folgten, widerlegte diese Erwartung. Der Gehirnschlag verursachte Durchblutungsstörungen des Gehirns. Es gab wohl eine vorübergehende Besserung, aber im Juni 1888 brach das Übel plötzlich wieder verstärkt aus: Häufige Erscheinungen des Gedächtnisschwundes setzten ein, dazu traten auch bestimmte Sinnestäuschungen auf, das Verlangen nach dem Einsiedlerleben verfolgte ihn; er sehnte sich danach, sich dem Lärm der Welt

zu entziehen und irgendeinen entfernten Zufluchtsort zu erreichen; Lähmungsanfälle traten ein, dazu Beeinträchtigungen des Sprechvermögens und Depressionen. Schließlich wurde die Unterbringung in der Heilanstalt „Bon-Sauveur“ in Caen nötig. Hier mußte Herr Martin drei Jahre lang bleiben. Da der unruhige Wandertrieb in ihm schließlich aufgehört hatte, brachte man den Kranken am 10. Mai 1892 nach Lisieux zurück, wo er von Céline liebevoll betreut wurde.
Auf dem Landsitz La Musse, wo Herr Martin mit seiner Tochter Céline zur Erholung weilte, ging dann das Leben des großen Dulders, der die schwere Krankheit ganz ergeben in Gottes heiligen Willen ertrug, am 29. Juli 1894, wohlvorbereitet und versehen mit den heiligen Sakramenten, zu Ende. Er stand im 71. Lebensjahr. Nun konnte auch Céline, die beim Vater ausgeharrt hatte, den endgültigen Schritt ins Kloster wagen. Céline begann am 14. September 1894 im Karmel von Lisieux das Postulat und wurde zur Sr. Geneviève vom Heiligen Antlitz und von der hl. Theresa [169].

Der selige Bartolo Longo und Marianna de Fusco-Farnararo

* 10. Februar 1841 in Latiano bei Brindisi, Süditalien
† 5. Oktober 1926
Hochzeit 1. April 1885
Seligsprechung 26. Oktober 1980

Eine erbauliche Josefsehe hat der berühmte Rosenkranzapostel und Gründer von Neupompei, der selige Bartolo Longo, geführt: Obwohl seine Ehe für gewöhnlich verschwiegen wird, gehört er doch in die Schar der verheirateten Seligen und Heiligen eingereiht.

Bartolo Longo wurde am 10. Februar 1841 in Latiano bei Brindisi in Süditalien als Sohn des Arztes Longo und der Antonia, geborene Luparelli, geboren und am 13. Februar 1841 getauft. Vor ihm wurde seine Schwester Rosa, nach ihm sein Bruder Alcestre, der wie der Vater Arzt wurde, geboren.
Das Kind Bartolo war von so schwacher Gesundheit, daß man – um sicher zu gehen – ihm mit drei Monaten das Sakrament der Firmung spendete. Im übrigen verlebte Bartolo bei seinen angesehenen, vermögenden Eltern eine frohe und fromme Kindheit; er war ein sehr lebhaftes, aber immer gutes und frommes Kind. Zur Ausbildung wurde er schon mit sechs Jahren den Piaristen übergeben, die ihn im Königlichen Kolleg Ferdinandeum in Francavilla Fontana von der Volksschule bis zur Universitätsreife gut erzogen und ihm vor allem auch große Marienliebe einimpften. Am 25. Juni 1858 erlangte Bartolo, der mit zehn Jahren seinen Vater verloren hatte, das Diplom der Universitätsreife. Die Mutter heiratete nach dem Tod ihres Gatten nochmals, und zwar den Advokaten Giovanni Campi, der den jungen Bartolo auf den Beruf des Advokaten hinlenkte. Er begann das Jus-Studium in Lecce und setzte es 1863 an der Universität in Neapel fort. Daneben beschäftigte sich der Student Bartolo mit Einsatz bei den damaligen politischen Erhebungen im Geiste Garibaldis, aber auch mit Musik; er war in vieler Hinsicht ein flotter Student. Die Universität Neapel war damals beherrscht vom Geist der Freimaurerei und von Professoren, die zum Teil abgefallene Geistliche waren und die katholische Kirche mit ihrem Klerus und ihren Dogmen scharf bekämpften. Bartolo Longo geriet vor allem unter den Einfluß des Apostaten Bertrando Spaventa. Sein religiöses Leben erlahmte immer mehr. Überdies beeindruckte ihn die Lektüre von Renans Leben Jesu sehr. Der am 12. Dezember 1864 zum Dr. juris Promovierte wandte sich nun vom christlichen Glauben ganz ab und begeisterte sich für den Spiritismus, der damals in Neapel beinahe die Gestalt einer institutionalisierten Religion mit Tempeln, Riten und Kultdienern angenommen hatte und mit dämonischen Kräften fast im Sinn eines Teufelskultes die Studenten anzog.
Zum Glück hatte aber der junge Jurist Bartolo Longo die freundschaftliche Verbundenheit mit dem aus seiner Heimat Latiano stammenden, tief gläubigen frommen Professor Vincenzo Pepe nicht abbrechen lassen. Dieser brachte den jungen Juristen dazu, sich mit seinen auftauchenden Zweifeln und Schwierigkeiten dem gebildeten, heiligmäßigen Dominikaner P. Alberto Radente, Prior an der Rosenkranzkirche von Portamedina, anzuvertrauen. Ihm gelang es mit Hilfe einer Beterschar, das verirrte Schaf wieder dem Guten Hirten und seiner jungfräulichen Mutter zuzuführen in einer tiefgehenden Konversionsbeichte, so daß er seinen Glauben wieder intensiv zu praktizieren begann und nun ein überaus eifriger Laienapostel wurde.

Seine berufliche Ausbildung zum Advokaten und Staatsanwalt schloß er mit brillanten Abschlußprüfungen ab und begann auch seinen Beruf auszuüben, aber die apostolischen Tätigkeiten im Sinn der Verteidigung und Verkündigung des katholischen Glaubens und des caritativen, sozialen Einsatzes für die Armen und Notleidenden bekamen immer mehr den Vorrang in seinem Tagewerk, wobei ihm ein relativ hohes Einkommen die Möglichkeit bot, großzügig zu helfen.

Zweimal dachte Bartolo Longo in dieser Zeit ans Heiraten. Zuerst schwärmte er für die frauliche Schönheit der verwandten Baronin Caterina Scazzeri, die caritativ sehr tätig war. Man riet ihm aber von der Heirat mit dieser nahen Verwandten ab. Dann war die edle jugendliche Annina Guarnieri, die Tochter eines Bankdirektors in Bari, die große „Flamme" von Bartolo Longo. Der Vater des schönen, vermögenden Mädchens wäre mit der Vermählung ganz einverstanden gewesen und hatte dem jungen Advokaten einen großen Geldbetrag gegeben, damit er für seine Braut ein würdiges Brautgeschenk kaufe. Bartolo Longo selbst hatte – wie er in einem Brief an eine Tante schrieb – keinen anderen Wunsch als nur diesen, „eine wahrhaft katholische Familie zu gründen und in der Ehe der Kirche neue Söhne und Töchter, Gott aber neue Anbeter zu verschaffen". Der angehende Bräutigam aber verzichtete schließlich auf die Vermählung, weil er sich vom heiligmäßigen Redemptoristen P. Emanuel Ribera hatte beraten lassen. Dieser gab ihm nach gründlicher Aussprache den Rat, auf die Ehe zu verzichten; er sprach die prophetischen Worte zu Bartolo Longo: „Der Herr will durch dich ganz große Dinge tun; du bist dazu berufen, eine ganz wichtige Mission zu erfüllen." Als die Braut vom heroischen Verzicht Longos auf die Ehe vernahm, sagte diese reine, jungfräuliche Seele zu ihrem Vater: „O, wie ist die menschliche Liebe unbeständig! Ich will jetzt nicht mehr reden von dieser geplanten Ehe oder von anderen Vermählungen; ich will jetzt nur noch einen lieben: Jesus, den treuesten Bräutigam." Bald darauf starb sie nach völlig unerwarteter, kurzer Krankheit im Glanze treu behüteter Jungfräulichkeit.

Bartolo Longo gab nun seinen Rechtsanwaltsberuf, den er in der Heimat kurz ausgeübt hatte, auf; er ging nach Neapel, um dort in den Slums dieser süditalienischen Großstadt nur noch apostolisch und caritativ tätig zu sein. Um für sein Apostolat in Wort und Schrift gewappnet zu sein, hörte er mit großem Eifer die besten Prediger Neapels und schrieb 1869 etwa hundert Predigten nieder. Er nahm sich vor allem auch der Kranken im „Spital der unheilbaren Kranken" an und leistete ihnen die niedrigsten Dienste, schrieb für sie Briefe an die Angehörigen und half, wo er nur helfen konnte. Er wurde zugleich aber auch erbaut durch zwei Patienten, die in ergreifender Ergebung in den Willen Gottes und stiller Ausgeglichenheit vorbildlich ihre schwere unheilbare Krankheit trugen und dadurch zur Heiligkeit heranreiften; es waren dies der Diener Gottes Francesco Maione († 1874) und der Diener Gottes Luigi Avellino († 1900). Auch von einem Ordenspriester, der in Neapel und darüber hinaus überaus eifrig apostolisch tätig war, lernte Bartolo Longo in dieser Zeit sehr viel, nämlich vom ehrwürdigen Diener Gottes P. Ludovico da Casoria († 1885). „Ich kann gar nicht sagen, wie sehr mich dieser Ordensmann in seiner Liebe zur Armut und zu den Armen für mein ganzes weiteres Leben beeinflußt hat: Er war mein Lehrmeister in der Caritas." So schrieb Bartolo Longo später.

Aber auch von einer heiligmäßigen Frau, die viel um seine Bekehrung gebetet hatte, wurde Bartolo Longo in seiner apostolischen und caritativen Haltung stark beeinflußt, nämlich von der ehrwürdigen Dienerin Gottes Caterina Volpicelli († 1898), der späteren Gründerin der „Dienerinnen des Heiligen Herzens" („Ancelle del Sacro Cuore"). Diese reiche Neapolitanerin sammelte in ihrem Elternhaus gleichgesinnte Frauen, die sich um die Verbreitung der Herz-Jesu-Verehrung und des von P. Henry Ramière SJ gegründeten Gebetsapostolates in der Stadt Neapel bemühten und ebenfalls für würdige Ausstattung armer Dorfkirchen sorgten. Unter diesen Frauen befand sich auch die junge verwitwete Gräfin Marianna De Fusco, geborene Farnararo.

Der Advokat Bartolo Longo, der am 7. Oktober 1871, am 300. Jahrestag der siegreichen Schlacht bei Lepanto, in den Dritten Orden des hl. Dominikus unter dem Namen „Fra Rosario" („Bruder Rosenkranz") aufgenommen worden war, fand sich jeden Tag zum gemeinsamen Rosenkranzgebet in der Hauskapelle der Caterina Volpicelli ein. Beim abschließenden Besprechen der anstehenden apostolischen und caritativen Aufgaben lernte Bartolo Longo seine spätere Gemahlin und treue Mitarbeiterin Marianna de Fusco kennen. Die junge 24jährige verwitwete Gräfin mit ihren fünf Kindern im Alter von 8 bis 16 Jahren spendete unglaublich viel für die Ausschmückung und Ausstattung armer Dorfkirchen und war dabei in wirtschaftliche Not geraten. Sie hatte zwar großen Grundbesitz in der Umgebung von Pompei, hatte aber keine Ahnung von der rechten Verwaltung dieser Güter, um davon auch einen entsprechenden Ertrag herauszuwirtschaften. Caterina Volpicelli hatte die Gräfin mit ihren Kindern in ihr geräumiges Haus aufgenommen. Dazu gesellte sich schließlich auch Bartolo Longo, der sich der rechten Verwaltung des Grundbesitzes der Gräfin annahm. Er wurde der Verwalter ihrer Güter, ihr Beistand und Helfer in der Erziehung ihrer Kinder und ihr Begleiter bei der Inspizierung ihrer verschiedenen Besitzungen. Dabei offenbarte sich ihm und der Gräfin die materielle und die noch viel größere religiös-sittliche Not der kleinen Pächter und Landarbeiter auf den Landgütern in der Umgebung von Alt-Pompei. Beide, die Gräfin und der Advokat, ergänzten sich gut und paßten altersmäßig und gesinnungsmäßig trefflich zusammen. Keines von beiden aber dachte an das Heiraten. Die Dienerin Gottes Caterina Volpicelli aber und der Diener Gottes P. Ludovico da Casoria haben den beiden zum Heiraten weder zugeredet noch sie davon abgehalten; wohl aber haben sie beide bestärkt in ihrem geistlichen Leben und in ihrem apostolisch-caritativen Wirken, vor allem im hilfreichen Dienst an der armen Landbevölkerung von Pompei. Beide erkannten, daß diesen Menschen geholfen werden müsse, und zwar nicht nur durch soziale Besserstellung, sondern auch und vor allem dadurch, daß man sie aus ihrer religiösen Unwissenheit und Abgestumpftheit herausführte. Das wollte nun Bartolo Longo bei diesen Menschen, die meistens nicht einmal lesen und schreiben konnten, gerade durch das Rosenkranzgebet erreichen. Der Laienapostel Bartolo Longo war nämlich seit seiner Bekehrung überzeugt: Der Rosenkranz bringt diesen unwissenden, ungebildeten Menschen das fundamentale Wissen und die wichtigsten Heilswahrheiten und Heilsereignisse im Leben Jesu und Mariens bei und macht sie, wenn sie den Rosenkranz betrachtend und beharrlich beten, sicher nicht bloß frömmer, sondern auch besser. In der bescheidenen, kleinen, dem Verfall nahen Dorfkirche im Tal von Pompei suchte Bartolo Longo die Bewohner der Gegend zu sammeln und für das Praktizieren des Glaubens zu aktivieren. Er hatte anfangs dabei fast nur Mißerfolg. Das besserte sich erst, als Bartolo Longo das Rosenkranzfest 1873 volkstümlich aufzog. Gleiches tat er noch verstärkt zum Rosenkranzfest 1874. Beim Rosenkranzfest 1875 hatte er schon voll das Vertrauen der Bevölkerung gewonnen, zumal auch die kleine Dorfkirche durch Säuberung und Ausschmückung nun einen ganz passablen Eindruck machte. Mit Bevollmächtigung durch den Bischof von Nola organisierte Longo eine Volksmission und versuchte die Gründung einer Rosenkranz-Bruderschaft mit Datum vom 13. Februar 1876. Gleichzeitig gelang ihm die Aufnahme von elf besonders eifrig gewordenen Personen im Dritten Orden des hl. Dominikus. Um bei den Mitgliedern der Rosenkranz-Bruderschaft den Eifer für das Beten des Rosenkranzes zu steigern, wollte Bartolo Longo in der kleinen Dorfkirche von Pompei einen Altar zu Ehren der Rosenkranz-Königin errichten. Dazu wollte er vom zuständigen Bischof von Nola die Erlaubnis erbitten. Dieser erteilte am 12. November 1875 das Sakrament der Firmung, meinte aber zum Wunsch und Plan des Advokaten Longo: Errichten wir nicht nur einen Altar in der baufälligen, viel zu kleinen Dorfkirche, sondern bauen wir mit vereinten Kräften ein neues großes Heiligtum zu Ehren der Rosenkranz-Königin. Dieser Plan gefiel Bartolo Longo. Er besprach sich mit Gräfin De Fusco, die ja Eigentümerin des Terrains war, auf dem die Kirche erbaut werden sollte. Sie aber machte große Schwierigkeiten, zumal sie wegen des tragischen Todes ihres Sohnes Errico, der in einen Brunnenschacht gefallen und im schmutzigen Grundwasser elendiglich ertrunken war, tief trauerte und dem unerwarteten Kirchenbauplan hilflos gegenüberstand. Der großzügige Bartolo aber sagte zur Gräfin: „Ich lasse mir für Sie und für mich die entsprechenden Gedanken durch den Kopf gehen. Geben Sie mir nur Ihre Unterschrift, um richtig disponieren zu können, und verschaffen Sie mir den nötigen Kontakt mit Ihren Angehörigen. Für alles weitere wird schon die Madonna sorgen." Darauf sagte die Gräfin: „Wenn die Madonna mir eine bestimmte Gnade vermittelt, werde ich tun, was ich kann!" Die erbetene Gnade ließ nicht lange auf sich warten. Nun wuchs die Begeisterung für den Kirchenbau bei der Gräfin schnell und stark. Bartolo Longo aber erzählte später, wie es nun weiterging: „Ich nützte den Namen und die Beziehungen der Gräfin aus und begann mit dem Schreiben verschiedener Bettelbriefe, um Spenden für den Kirchenbau hereinzubekommen. Eine der ersten, die Bartolo Longo nicht vergeblich anschrieb, war Caterina Volpicelli. Es entwickelte sich mehr und mehr eine große Sammelaktion, weil man sich nicht mehr mit dem Bau einer gewöhnlichen Dorfkirche zufriedengeben wollte. Man plante, der Rosenkranz-Königin eine großartige, kunstvoll gestaltete und herrlich ausgeschmückte Basilika zu erbauen. Die treibende Kraft war und blieb von der Grundsteinlegung am 8. Mai 1876 bis zur Kirchweihe am 8. Mai 1891 und bis zur Vollendung der ganzen Ausschmückung der Basilika Bartolo Longo. Er bettelte die nötigen Gelder zusammen und organisierte alles aus Liebe zu seiner himmlischen Mutter.

Der ehemalige Rechtsanwalt setzte unermüdlich alle seine Kräfte ein, nicht bloß für den Bau der Rosenkranz-Basilika in Neupompei und für das eifrige Beten des Rosenkranzes in der größer und größer werdenden Basilika, er sammelte mit staunenswerter Energie die notwendigen Gelder und verteidigte in Wort und Schrift, besonders in seiner von ihm gegründeten und redigierten Zeitschrift „Il Rosario e la Nuova Pompei" und in zahlreichen weiteren Publikationen die im Rosenkranz zur Betrachtung vorgelegten, damals wie heute oft angegriffenen, in Frage gestellten oder offen geleugneten und bekämpften Heilswahrheiten und Heilsereignisse.

Der in strenger Askese und ergreifender Frömmigkeit lebende Laienapostel Bartolo Longo begnügte sich aber nicht damit, die Frömmigkeit der Menschen zu fördern und ihren Glauben zu vertiefen, er wußte, daß der Glaube sich unbedingt, um echt zu sein, in Werken der Nächstenliebe manifestieren muß. So schuf er neben der Rosenkranz-Basilika auch ein Waisenhaus für Buben und Mädchen und ein großes Heim für Kinder straffällig gewordener, eingekerkerter Väter und Mütter. Nie versagte dabei sein Vertrauen in die Rosenkranz-Königin, wenn Mißerfolge und Schwierigkeiten, Mißverständnisse und Verkennungen auftauchten und seine apostolischen und caritativen Unternehmungen behinderten. Wenn sogar wohlwollende Menschen ihn in seinen selbstlosen Bestrebungen im Dienste der Rosenkranz-Königin verkannten, wenn böse Menschen ihn verspotteten wegen seines Zusammenlebens und Zusammenwirkens mit seiner erstrangigen Mitarbeiterin, der Gräfin De Fusco, oder wenn gewisse Kreise ihn sogar als Defraudanten und Dieb hinstellten, der Sammelgelder oder eingelegte Meßstipendien unterschlagen oder zum eigenen Vorteil mißbraucht habe, immer hielt Bartolo Longo tapfer durch, auch dann noch, als sich Krankheit und körperliche Gebrechlichkeit mit zunehmendem Alter einstellten.

Besonders schmerzten den tapferen, selbstlosen Laienapostel, der seit seiner Bekehrung aufgrund eines damals abgelegten Keuschheitsgelübdes vorbildlich streng und asketisch lebte, die Verleumdungen, die ihm wegen seiner Zusammenarbeit mit Gräfin de Fusco entgegenschlugen. Diese Verleumdungen wurden für Bartolo Longo allmählich unerträglich; er stand schließlich vor dem Dilemma, sich von dem mit der Gräfin zusammen aufgebauten Werk zu trennen oder aber die Gräfin zu bitten, vom ganzen Werk, bei dessen Aufbau sie unsagbar viel mitgearbeitet hatte, zuletzt zehn Jahre als Leiterin des Waisenhauses für Mädchen, Abstand zu nehmen. Würde er sich vom Werk trennen, dann wäre dieses zum Untergang verurteilt, denn die Gräfin auf sich allein gestellt käme mit den hundert großen und kleinen Problemen, die es Tag für Tag zu lösen galt, unmöglich zurecht. Die Gräfin aber vom Werk ganz zu entfernen wäre größte Undankbarkeit gegenüber jener, die so viel dafür geopfert und gearbeitet hatte.

Mit wem sollte sich Bartolo Longo in diesem Dilemma beraten, wo doch seine besten geistlichen Ratgeber, P. Radente und P. Ludovico da Casoria, nicht mehr am Leben waren? Nur der Laie, Professor Pepe, lebte noch. Dieser sagte zu seinem einstigen Schützling: „Du hast doch die Madonna als deine beste und treueste Ratgeberin!" Diese riet ihm nach viel Gebet, alles in die Hände des Petrusnachfolgers in Rom zu legen. So erbat sich Bartolo Longo eine Audienz bei Papst Leo XIII. Diesem legte er die ganze Problematik dar. Der Papst aber stellte darauf nur zwei Fragen: „Sind Sie, Herr Advokat, noch frei? Und die Gräfin, ist sie noch ungebundene Witwe?" Auf die positive Antwort sagte Leo XIII.: „Die ganze Angelegenheit läßt sich sehr schnell und einfach in Ordnung bringen: Sie beide heiraten, und niemand hat dann weiter einen Grund, schlecht über Ihr Verhältnis zueinander zu reden."

Die Gräfin gab nach der Papstaudienz den kurzen Kommentar: „Wir sind befreundet nach Rom gegangen und kehren nun (nach Pompei) als Verlobte zurück." Die Trauung erfolgte in der Erzbischöflichen Hauskapelle zu Neapel am 1. April 1885, was nicht etwa ein schlechter Aprilscherz war.

Beide, Bartolo Longo und Marianna de Fusco, die damals je 44 Jahre alt waren, führten fortan eine Josefsehe im schönsten Sinn dieses Wortes, wie im Seligsprechungsprozeß zuständige, wissende Zeugen klar bezeugen konnten: Beide schliefen immer getrennt, zumal Bartolo Longo allzeit größten Wert auf das bei seiner Bekehrung abgelegte Gelübde immerwährender Keuschheit gelegt hatte und dieses nach seiner Vermählung weiter streng beachtete. Gräfin de Fusco aber, die mit 24 Jahren Witwe geworden war, hatte in den folgenden 20 Jahren ihrer Witwenschaft ein vorbildlich reines Leben geführt und tat dies nun auch weiter nach ihrer Trauung.

Beide Eheleute ergänzten sich – wie in den zwanzig Jahren zuvor – auch weiterhin sehr gut in der Treue und Hingabe an das zu Ehren der Rosenkranz-Königin geschaffene Werk, obwohl die Gräfin in ihrem Charakter und Temperament etwas schwierig war. Sie war sich nämlich immer ihrer Würde und Autorität als Gräfin bewußt geblieben, konnte bisweilen auch unbeherrscht und jähzornig reagieren, suchte ihren Gatten in seinem überschäumenden Enthusiasmus zu dämpfen und in seiner Freiheit zu begrenzen. Aber sie war dabei doch wieder demütig in ihrer Grundhaltung und vor allem selbstlos und freigebig; denn sie opferte für das Werk den Erbteil, der ihr nach dem plötzlichen Tod ihres Sohnes Blasius zustand; sie spendete ihren gesamten Schmuck für den Aufbau der Basilika und zuletzt auch noch die Brillantenbrosche, die sie von der Königin Margherita von Savoyen geschenkt bekommen hatte. Bartolo Longo fügte sich geduldig und demütig der nervösen, befehlerischen Art der Gräfin; er schwieg, wenn die Gräfin bisweilen in unguter, harter Weise auch verletzende Worte aussprach. Wenn das Gewitter vorüber war, mahnte Bartolo Longo seine Gattin liebevoll gütig mit den Worten: „Gräfin, alles vergeht, denken wir doch immer an den Himmel.“

Am 9. Februar 1924 starb die um Neupompei hochverdiente, adelige Frau Marianna Longo, verwitwete Gräfin de Fusco, im Alter von 83 Jahren; am 5. Oktober 1926 folgte der 87jährige Bartolo Longo seiner treuen Mitarbeiterin und Gattin im Tod. Beide ruhen zusammen im Grab in der Krypta der Rosenkranz-Basilika in Neupompei. Über dem gemeinsamen Grab erhebt sich der Altar zu Ehren des am 26. Oktober 1980 von Papst Johannes Paul II. seliggesprochenen Bartolo Longo.

Als am 30. Mai 1925 dem seligen Bartolo Longo durch Kardinal Augusto Sili in Anerkennung seiner großen Verdienste eine der höchsten Auszeichnungen überreicht wurde, sagte der greise Laienapostel. „Heute will ich mein Testament machen, da bald meine letzte Stunde schlagen wird. Ich habe millionenfach Geldsummen gesammelt und wieder ausgegeben, um die Rosenkranz-Basilika und die angeschlossenen großen caritativen Anstalten zu errichten in dieser neuen Stadt Mariens. Nichts besitze ich mehr, denn ich habe das ganze Werk bereits dem Apostolischen Stuhl übergeben. Nur die Auszeichnungen, die ich erhalten habe, sind mir noch geblieben. Ich vermache sie meinen Waisenkindern, um sie daran zu erinnern, daß man in der Übung der Tugend ritterlich tapfer und im Glauben unerschütterlich stark sein muß. Ihnen aber, Herr Kardinal, der Sie der Päpstliche Delegat und Verwalter der Basilika und der von mir gegründeten Werke sind, vermache ich meinen gebrechlichen Leib mit der Bitte, daß er im Heiligtum der Basilika zu Füßen des Thrones meiner holden Königin beigesetzt werde, der ich mehr als 50 Jahre lang treu zu dienen versucht habe."

Papst Johannes Paul II. hat bei der Seligsprechungsfeier den seligen Bartolo Longo so charakterisiert: „Man kann ohne Übertreibung sagen, daß sein ganzes Leben ein inniger und ständiger Dienst an der Kirche war, und zwar im Namen Marias und aus Liebe zu ihr. Bartolo Longo, der Terziar des Dominikanerordens und Gründer der Schwesternkongregation der Töchter des Heiligen Rosenkranzes von Pompei, darf wirklich ein ‚marianischer Mann' genannt werden, denn aus Liebe zu Maria wurde er Schriftsteller und Apostel des Evangeliums, Verkünder des Rosenkranzgebetes und Begründer des berühmten Marienheiligtums inmitten ungeheurer Schwierigkeiten und Feindseligkeiten. Aus Liebe zu Maria schuf er Einrichtungen der Nächstenliebe und wurde für die Kinder der Armen zum Bettler, der Pompei in eine lebendige Hochburg menschlicher und christlicher Güte verwandelte. Aus Liebe zu Maria ertrug er schweigend Quälereien und Verleumdungen und machte ein langes Getsemani durch, wobei er immer voll Vertrauen in die Göttliche Vorsehung sowie dem Papst und der Kirche gehorsam war."

Am Schluß dieser treffenden Charakterisierung des seligen Bartolo sei nun die Frage erlaubt: Warum wird verschwiegen, daß dieser treffliche Mann 39 Jahre lang verheiratet und zehn Jahre zuvor schon von der späteren Gattin in seinem Werk vielfach unterstützt worden war?

Die selige Rafaela Ibarra de Vilallonga

* 16. Januar 1843 in Bilbao, Spanien
† 23. Februar 1900 in Bilbao
Hochzeit 1861
Mutter von mehreren Kindern
Seligsprechung 30. September 1984

Dem vermögenden, dabei gläubig frommen baskischen Ehepaar Gabriel Maria Ibarra y Gutiérrez de Cabiedas und Rosaria de Arambarri y Mancebo wurde am 16. Januar 1843 in Bilbao (Spanien) eine Tochter geboren, die tags darauf in der heiligen Taufe die Namen Rafaela Maria Stefania erhielt und von da an zu einem Stern am Heiligenhimmel des baskischen Volkes heranreifte, wie Papst Johannes Paul II. bei der Seligsprechung am 30. September 1984 bestätigte. Von frühester Kindheit an waren an Rafaela außerordentliche Zeichen der Frömmigkeit bemerkbar. Mit elf Jahren empfing sie die Erstkommunion, die einen ganz tiefen Eindruck auf sie machte, denn sie weinte damals – wie sie in Tagebuchnotizen bemerkte – vor Freude über die tief erlebte Christusbegegnung.

Wenn man nun meinen würde, die junge Rafaela wäre zu einer Ordensfrau herangereift, so ist das falsch; sie wollte in einer wahrhaft christlich gelebten Ehe zeigen, daß man auch so Gott auf innige Weise lieben kann, wenn man Christus ganz bewußt als Dritten in den Ehebund mit hineinnimmt. Mit 18 Jahren heiratete Rafaela den Sohn einer vermögenden christlichen Familie, José Vilallonga, und führte mit diesem eine christliche Ehe im schönsten Sinn des Wortes. Sie liebte ihren Gatten in Gott und für Gott; ebenso ihre Kinder und die adoptierten Nichten und Neffen. Liebevoll nahm sie sich auch der alten Eltern und anderer Verwandter an und vergaß dabei nicht, apostolisch auch in die weitere Umgebung hineinzuwirken. In echtem Apostolatsgeist benützte sie ihr großes Vermögen, um in Bilbao das „Asyl der Heiligen

Familie“ für Frauen in schwierigen Verhältnissen und für gefährdete Mädchen zu errichten. Zur Betreuung solcher Mädchen schuf sie auch ihr Hauptwerk, die Ordensgemeinschaft der „Schwestern von den heiligen Schutzengeln“ („Congregación de los Santos Angeles Custodios“).
Unter der klugen geistlichen Leitung durch den Jesuiten P. Francisco de Sales Muruzabel und im Einverständnis ihres Gatten legte Frau Rafaela Ibarra de Vilallonga die Gelübde der Armut, der Keuschheit und des Gehorsams ab, denen sie 1890 auch noch das Gelübde, immer das Vollkommenere zu tun und – sobald die familiären Verhältnisse es gestatteten – sich im Ordensstand ganz Gott zu weihen. Die heiligmäßige Frau Rafaela Ibarra Vilallonga starb am 23. Februar 1900 in ihrem Haus zu Bilbao im Ruf der Heiligkeit, den der Papst bei der Seligsprechung am 30. September 1984 als zutreffend bestätigte [170)].

Die selige Victoria Rasoamanarivo

* 1848
† 21. August 1894
Hochzeit 13. Mai 1864
Seligsprechung 30. April 1989

Eine Frau, die es als Neubekehrte aus dem Heidentum ganz ernst nahm mit der Unauflöslichkeit der sakramental geschlossenen Ehe, ist die erste Selige der großen afrikanischen Insel Madagaskar, die selige Victoria Rasoamanarivo [171)]. Sie wurde 1848 in Tananarive auf Madagaskar in eine sehr mächtige Familie des Stammes der Hovas hineingeboren. Ihre Mutter Rambohinoro war die Tochter des 15 Jahre lang regierenden Ministerpräsidenten Rainilaiarivony. Von ihrem Vater ist nichts bekannt, der ältere Bruder des Vaters, der Militärkommandant Rainimmharavo, adoptierte Victoria. Sie bekam in sittlicher Hinsicht eine vorbildliche Erziehung, in religiöser Hinsicht aber gehörte sie bis zum 13. Lebensjahr einer einheimischen Naturreligion an. Als sich aber Schwestern der Kongregation des hl. Joseph von Cluny in Tananarive auf Madagaskar niederließen, war Victoria bald eines der ersten Mädchen, die in die Missionsschule der Schwestern aufgenommen wurden. Der gute Religionsunterricht und das Vorbild der Schwestern beeindruckten das junge Mädchen tief. Sie erbat die Taufe, die ihr am Allerheiligentag 1863 gespendet wurde.

Die junge Christin hatte fortan schwere Kämpfe zu bestehen wegen ihres katholischen Glaubens. Der Adoptivvater Victorias forderte sie auf, den katholischen Glauben wieder aufzugeben. Sie aber blieb trotz Schmeicheleien und Drohungen, mit denen man sie gleichermaßen zum Glaubensabfall bewegen wollte, dem katholischen Glauben treu. Sie wäre sogar gerne noch einen Schritt weitergegangen und hätte sich freudig Gott geweiht im Ordensstand, die Missionare rieten aber davon ab in der Meinung, ein solcher Schritt sei in der Situation, in der sich damals die katholische Mission auf Madagaskar befand, höchst unklug und provozierend. Victoria sollte lieber in der Welt bei ihren Angehörigen am Königshof für den katholischen Glauben diskret werben. Das tat sie dann mit ganzem Einsatz.

Es wurde Victoria nun aber die Vermählung mit Radriaka, dem Sohn des Ministerpräsidenten Rainilaiarivony zugedacht. Sie konnte diese Verehelichung nicht verhindern, verlangte aber, daß sie in Gegenwart eines katholischen Priesters vorgenommen werde.

Victorias Trauung fand am 13. Mai 1864 statt. Leider wurde diese Ehe für Victoria sehr bald schon zum Martyrium; denn ihr Mann war ein völlig unbeherrschter, haltloser Mensch, der nicht bloß dem Alkohol, sondern auch verschiedenen heidnischen Leidenschaften frönte. Seine Lebensführung war allmählich so skandalös, daß sogar sein eigener Vater und die Königin wiederholt Victoria den Rat gaben, sich von diesem Mann zu trennen. Sie aber wußte um die Unauflöslichkeit der sakramental vor Gott geschlossenen Ehe und blieb dem lasterhaften Mann treu, vor allem auch wegen der mit Recht befürchteten Folgen, die das schlechte Beispiel, das sie als Prinzessin ihren neubekehrten Mitchristen durch die Ehescheidung geben würde, nach sich ziehen könnte. So blieb Victoria ihrem Gatten bis zu dessen Tod 1887 treu und erreichte durch ihr vieles Gebet und ihre opferbereite Geduld sogar, daß ihr Gemahl vor dem Sterben getauft wurde.

Victoria ertrug nun alle Demütigungen, die man ihr zufügte, in heroischer Weise. Sie führte ein wahrhaft christliches Leben als Witwe und erwarb sich höchstes Ansehen, und zwar nicht bloß am Hof, sondern auch beim einfachen

Volk. Die allgemeine Bewunderung, die man ihr wegen ihres tugendhaften Lebens entgegenbrachte, und die sittliche Autorität, die sie sich erworben hatte, machten Victoria schließlich zu einem felsenfesten Stützpunkt für die durch Verfolgung immer wieder bedrohte katholische Kirche auf Madagaskar. Ihre Hilfsbereitschaft den verfolgten Glaubensbrüdern und -schwestern gegenüber war vorbildlich. Sie war aber auch eine große Beterin, die oft stundenlang in der Kirche kniete und betete. Sie war dabei nicht bloß fromm, sondern auch sozial-caritativ äußerst aktiv tätig und nahm sich der armen und verlassenen Menschen, der Gefangenen und Aussätzigen in rührender Weise an. Sie litt an verschiedenen Krankheiten, ertrug aber alles mit größter Geduld. Am 21. August 1894 starb sie im Alter von 46 Jahren. Papst Johannes Paul II. hat diese edle Frau während seines Weilens auf Madagaskar am 30. April 1989 seliggesprochen und hat sie dabei als herrliches Vorbild für den heroisch gelebten Glauben hingestellt. Unter anderem rühmte der Papst auch ihre Hochschätzung des Sakramentes der Ehe und sagte: „Wir wissen, welch tapfere Treue Victoria Rasoamanarivo dem Sakrament der Ehe gegenüber hatte. Ihr Eheversprechen war vor Gott sakramental besiegelt worden; deshalb ließ sie es nicht mehr in Frage stellen. Unterstützt durch die Gnade, achtete sie ihren Gatten trotz allem und bewahrte ihm ihre Liebe in dem brennenden Verlangen, er möge sich dem Herrn zuwenden und sich bekehren. Zum Trost durfte sie am Ende erleben, daß ihr Mann die Taufe empfing."

Der Diener Gottes Ladislaus Batthyány-Strattmann und Maria Theresia Coreth

* 28. Oktober 1870 in Dunakiliti, Wieselburg, Ungarn
† 1931
Hochzeit 1898
Vater von zwölf Kindern

Auch wenn er noch nicht seliggesprochen ist, darf der österreichisch-ungarische Fürst Dr. Ladislaus Batthyány-Strattmann doch mit vollem Recht unter die Seligen und Heiligen eingereiht werden, die den Eheleuten unserer Zeit Vorbilder sein können im Eheleben. Er war, als er am 21. Januar 1931 in Wien starb, nicht bloß ein hochangesehener Arzt und selbstloser Helfer kranker Menschen, sondern auch ein exemplarischer christlicher Ehegatte und Familienvater, dem – wie viele hoffen und erwarten – bald die Ehre der

Altäre zuteil werden wird zur Freude der Katholiken Ungarns und Österreichs.

Ladislaus Batthyány-Strattmann entstammte dem ungarischen Hochadel, der im südlichen Teil des österreichischen Bundeslandes Burgenland große Ländereien und Schlösser besaß. Er wurde am 28. Oktober 1870 in Dunakiliti im ungarischen Komitat Moson/Wieselburg als sechstes von zehn Kindern des Fürsten N. Batthyány-Strattmann geboren. Wegen einer großen Donau-Überschwemmung in Dunakiliti mußte seine Familie 1876 nach Kittsee im heutigen Burgenland übersiedeln. Die Kindheit des Knaben wurde bald schon durch die Scheidung der Eltern überschattet. Mit neun Jahren kam Ladislaus nach Kalksburg, um dort im Internat der Jesuiten erzogen zu werden. Nach den sechs dort von 1879 bis 1885 verbrachten Jahren ging er von 1885 bis 1888 drei Jahre auf das Gymnasium in Kalocsa. In Ungvár setzte er die Gymnasialstudien fort und maturierte dort 1890.

Von einem künftigen Heiligen war bei Ladislaus weder in der Gymnasial- noch in der dann folgenden Universitätszeit in Wien von 1890 bis 1900 etwas zu spüren. Er war eher – trotz der nachwirkenden Erziehung bei den Jesuiten – liberal eingestellt und der Kirche sowie dem Glauben gegenüber eher gleichgültig. Das zeigte sich in den ersten Jahren des Universitätsstudiums in Wien, die er mehr oder weniger verbummelte, zumal er nicht recht wußte, was er studieren sollte. Nach dem Willen des Vaters sollte er Bodenkultur studieren, um ein tüchtiger Gutsherr für die fürstlichen Besitzungen zu werden. Seine persönlichen Neigungen gingen mehr in Richtung der Naturwissenschaften; schließlich landete er bei der Medizin und wurde ein überaus tüchtiger Arzt, im besonderen ein Facharzt für Augenheilkunde mit ganz hohem Berufsethos; er nahm rund 20.000 Operationen, davon die Hälfte Augenoperationen, erfolgreich vor. Die zehn Wiener Studienjahre bezeichnete der 1900 zum Dr. med. promovierte 30jährige Fürst als „unglücklich", wahrscheinlich weil ihm Gott, den er später so innig liebte, wenig bedeutete, zumal er sich auch in sittlicher Hinsicht über Gottes Gebote hinweggesetzt und ein außereheliches Kind gezeugt hatte.

Die große Wende im Leben von Dr. L. Batthyány-Strattmann brachte die 1898 vorgenommene Verehelichung mit der aus Südtirol stammenden Gräfin Maria Theresia Coreth. Hier begann ein vorbildliches, ganz nach christlichen Grundsätzen geführtes Eheleben, dem elf Kinder entsprossen. Ganz auffallend wurde Dr. L. Batthyány-Strattmann durch die glückliche, harmonische Ehe zu einem zufriedenen, überaus gewissenhaften Menschen, der seinen Beruf als „Arzt der Armen" nicht bloß äußerst gewissenhaft, sondern vor allem auch mit beispielhaft großer Güte und Liebe ausübte, fast ganz im Beruf „aufging" und doch immer ein liebender treuer Gatte und ein sorgsam erziehender Vater seiner Kinder blieb. Mit seiner Gattin pflegte er alles partnerschaftlich zu besprechen; sie war ihm nicht bloß Assistentin im Arztberuf, sondern auch in der Familie gegenüber den Kindern und Angestellten. Beide kannten keinen Standesdünkel, beide gingen höflich und menschlich-christlich mit allen Menschen um, auch mit Zigeunern, Bettlern und anderen Randfiguren der damaligen Gesellschaft. Beide spornten sich gegenseitig zu großzügiger Freigebigkeit und oft zu heroischer Hilfsbereitschaft an. Die Liebe des Fürsten galt aber vor allem seinen Kindern und den Kranken. Bezeichnend ist sein Ausspruch: „Meine Kinder und meine Kranken sind mein ganzer Schatz."

Zum Ehe- und Familienleben des Fürsten Ladislaus Batthyány-Strattmann gehörte auch große Frömmigkeit. Einer der Söhne des Fürsten erklärte: „Die tägliche Messe und der Rosenkranz gehörten ebenso zur Tagesordnung wie die Mahlzeiten." Die Vaterunser-Bitte „Dein Reich komme!" war in persönlicher, familiärer, sozialer und weltweiter Beziehung der Grundakkord seiner Gebete. „Gott war sozusagen sein Atem", wie eine Krankenschwester, die dem Fürsten bei seinen Operationen half, erklärte. Auf die Frage, die an seinen Sohn Dr. Josef Batthyány gerichtet wurde, wie er denn seinen Vater bezüglich dessen Christsein einschätze, kam die Antwort: „Er war ein Vorbild par excellence."

Im Gesuch des Bischöflichen Ordinariates Eisenstadt um die Seligsprechung des Fürsten, wird betont, daß er ein eifriges geistliches Leben führte, das Allerheiligste in der Hauskapelle sehr oft besuchte, und daß er neben inniger Verehrung des göttlichen Herzens Jesu auch die jungfräuliche Mutter Jesu Christi kindlich liebte und ihr zu Ehren nicht bloß täglich den Rosenkranz, sondern auch das „Offizium Marianum", das kleine Laienbrevier, betete.

Dr. Batthyány-Strattmann bildete sich religiös ständig weiter, vor allem durch Zeitschriften und Bücher. Mit den vielen Priestern, die in seinem gastfreundlichen Haus verkehrten, führte er intensive religiöse Gespräche. Großen Einfluß übten auf ihn die Franziskaner aus, die auch seine Beichtväter und die seiner Familienangehörigen waren. Von den Benediktinern, mit denen er sich geistig verwandt fühlte, weil eine Schwester seiner Gattin Benediktinerin in Bertholdstein in der Steiermark war, wurde er liturgisch geprägt.

Während seines 14 Monate dauernden Todesleidens in einem Wiener Sanatorium strahlte Fürst Batthyány, der jetzt erst recht ein immerwährender Beter war, wunderbare Seelenruhe auf alle Besucher aus; er lebte immer in Gottes Gegenwart. Kurz vor seinem Tod in Wien nahm ihm noch ein Jesuit die letzte Beichte ab. Dieser erklärte: „Ich habe die Beichte eines Heiligen gehört.“ Bischof Mikes von Szombathely/Steinamanger, der mit der Familie Batthyány sehr befreundet war, sagte nach des Fürsten Sterben: „Wir müssen eher zu ihm als für ihn beten.“ 172)

Hedwig und Ernst Kronsteiner

* 2. März 1872 in Losenstein, Oberösterreich (Hedwig)
† 19. April 1940

* 9. Februar 1871 in Losenstein, Oberösterreich (Ernst)
† 5. Februar 1951

Ein schlichtes, aber vorbildliches christliches Ehepaar aus unserem Jahrhundert, dessen Leben von einem Priestersohn in einem Buch (bereits 5. Auflage) ergreifend geschildert worden ist unter dem Titel „Eine Mutter und elf Kinder“ 173), darf aus einem besonderen Grund in diesem Buch über „verheiratete Selige und Heilige“ noch Aufnahme finden, zumal in der Heimatdiözese dieses Paares viele Katholiken daran dachten, wenigstens die Mutter dieser an Kindern und geistlichen Berufen überaus reichen Familie für die Seligsprechung vorzuschlagen.
Der Gatte und Vater Ernst Kronsteiner wurde am 9. Februar 1871 in Losenstein im oberösterreichischen Ennstal in eine liberal und antikirchlich eingestellte Handwerkerfamilie hineingeboren. Er erlernte den Uhrmacherberuf und ernährte durch diesen mit Mühe und Not seine große Familie.
Die Gattin und Mutter Hedwig, geborene Anthofer, erblickte ebenfalls in Losenstein, und zwar am 2. März 1872, das Licht der Welt.
Auch im Elternhaus von Hedwig Anthofer herrschte ein liberaler, antikirchlicher Geist. Sie wurde aber in ihren Mädchenjahren durch einen klugen, seeleneifrigen Kaplan so gut seelsorglich betreut, daß sie dann in der Ehe, in die sie mit dem Kranz der Jungfräulichkeit eintrat, als tief gläubige, fromme Frau nicht bloß ihren Gemahl zum Praktizieren des katholischen Glaubens brachte, sondern auch fast Jahr für Jahr der Reihe nach elf Kindern das Leben schenkte und diese zu lebenstüchtigen gläubigen Katholiken so klug und gut erzog, daß davon acht Kinder einen geistlichen Beruf im Priester- oder Ordensstand erwählten. Beim Gatten Ernst Kronsteiner, der am 6. Mai 1901 nach einer rein verlebten, sieben Jahre dauernden Verlobungszeit mit Hedwig Anthofer die Ehe schloß, half auch eine im Jahre 1900 mitgemachte Heilig-Land-Pilgerfahrt nachhaltig mit, daß er sich vom liberalen, antikirchlichen Geist seines Elternhauses befreien konnte und allmählich – wie seine Gattin

– den katholischen Glauben und in ihm sein Herzstück, die heilige Messe, so zu schätzen lernte, daß er sie im letzten Lebensabschnitt nicht bloß sonntags, sondern auch werktags mitfeierte.

Ernst Kronsteiners Religiosität war tief und echt, aber mehr als die der Mutter verborgen hinter seiner ernst-milden, schweigsamen Art. Er gab seinen Kindern kaum einmal direkt religiöse Ermahnungen, aber sein ernstes Beten, seine Ehrfurcht vor allem Religiösen, sein Benehmen in der Kirche, seine tiefe Hochachtung vor den Priestern überzeugte. Bei aller Toleranz duldete er nie, daß glaubensgefährdende oder moralisch „gewagte" Zeitungen oder Zeitschriften in sein Haus kamen. Er war für seine Kinder das anerkannte „Haupt" der Familie, auch wenn in erzieherischen Angelegenheiten und im Haushalt die Mutter die führende Rolle innehatte. Dem Vater haben die Kinder auch ihre musikalische Bildung zu verdanken; er verstand es, ihre diesbezügliche Begabung zu wecken; er unterrichtete sie in den verschiedensten Musikinstrumenten und in der Harmonielehre.

Die Mutter war in den gemeinsamen Ehejahren die im Religiösen führende, die den Gatten und die Kinder sehr zielbewußt in ihre religiöse Welt des Glaubens und Betens mithineinnahm. Sie war eine Beterin von außerordentlicher Tiefe. Ihr Gebetsleben hatte eine feste Ordnung von fast monastischer Art, in der sie nicht bloß die täglichen Pflichtgebete verrichtete, sondern auch trotz der vielen Arbeit ihren Rosenkranz, eine Stunde Betrachtung und die Mitfeier der heiligen Messe Tag für Tag kannte. Mutter Kronsteiner verstand es überdies sehr gut, den ganzen Tag mit all seiner Mühe und Plage, seiner Arbeit und seinen Sorgen für die kinderreiche Familie zum Gebet zu machen durch die „gute Meinung", deren Bedeutung sie so formulierte: „Man muß alles Gott zuliebe tun, alles andere ist nichts!"

Die Kinder erzog diese Mutter in staunenswerter Klugheit und großzügiger Freiheit, aber nach dem doppelten Grundsatz: „Die Kinder gehören nicht mir, sie gehören dem lieben Gott!" und „Alles eher – nur keine schwere Sünde!" Dabei reifte in acht der elf Kinder der geistliche Beruf im Priester- oder Ordensstand.

Hier die Namen und Berufe der elf Kinder:

1. Die Tochter Anna (1902-1982) trat als Sr. Cäcilia bei den Elisabethinen in Linz ein und wirkte dort als Organistin und Chorleiterin; 2. die Tochter Agnes (* 1904) war zuerst Uhrmacherin, dann trat sie als Sr. Theresita in das Karmelitinnen-Kloster in Linz ein und wirkte dort als Kantorin und Organistin; 3. die Tochter Hedwig (1905-1988) wirkte zuerst im Haushalt, dann als Sr. Lucillia im Missionsorden der Heilig-Geist-Schwestern in Ratibor, Stockerau und Wien; 4. der Sohn Ernst (1906-1981) wurde Uhrmachermeister und wirkte in der Pfarrei Bad Zell bei Zellhof als Kirchenchorleiter; 5. der Sohn

Die Familie Kronsteiner mit ihren 11 Kindern

Franz (1907-1981) wurde Laienbruder in der Kongregation der Steyler Missionare und wirkte 53 Jahre lang als Lehrer und Erzieher in Argentinien und Chile; 6. der Sohn Berthold (* 1908) verehelichte sich und wirkte zuerst als Uhrmacher, dann als Polizist in Wien und Linz; 7. der Sohn Joseph (1910-1988) wurde Priester der Diözese Linz und wirkte jahrzehntelang als Domkapellmeister und geschätzter Komponist in Linz; 8. der Sohn Otto (1911-1982) verehelichte sich und wirkte als Uhrmachermeister, daneben 15 Jahre als Bürgermeister in Losenstein; 9. die Tochter Aloisia (1912-1988) wurde Uhrmacherin und trat dann bei den Heilig-Geist-Schwestern in Stockerau als Sr. Elfriede ein und wirkte als Organistin in Wien und Bad Hall; 10. der Sohn Hermann (* 1914) wurde Priester der Diözese Linz und wirkte als Professor an der Musikhochschule in Wien, dann als Komponist in Linz; 11. der Sohn Rudolf (* 1915, seit 1943 vermißt in Stalingrad) wurde Uhrmacher und trat dann in die Benediktiner-Abtei Seckau (Steiermark) ein, um hier Ordenspriester zu werden; der Krieg verhinderte dieses Ziel.

Nun ist zuletzt noch über das christliche Sterben der beiden Ehegatten Kronsteiner zu berichten: Mutter Hedwig Kronsteiner stand am 19. April 1940, wie seit langem gewohnt, um 4 Uhr früh auf, hielt ihr „Gespräch mit Gott" in ihrer üblichen einstündigen Morgenbetrachtung. Um 7 Uhr früh besuchte sie, wie gewohnt, mit dem „Schott"-Meßbuch die heilige Messe in der Pfarrkirche von Losenstein und empfing dabei die heilige Kommunion, ohne es zu ahnen, als Wegzehrung. Den Tag verbrachte sie als „Großmutter" in Gesellschaft ihres Sohnes Otto und dessen Gattin Justina und in der Betrachtung des kleinen Enkels Otto. Um 20 Uhr ging sie mit ihrem Gemahl – wie alle Tage – in ihr Schlafzimmer zum Familienfoto, um ihre Kinder zu segnen und für ein jedes zu beten. Dann gaben sich die Gattin und der Gatte, wie gewohnt, gegenseitig das Segenskreuz auf die Stirne und beteten das Weihegebet an das göttliche Herz Jesu. Frau Kronsteiner begab sich hierauf noch in die Küche, um dort letzte Verrichtungen vorzunehmen. Dabei wurde sie von Bewußtlosigkeit befallen. So fand sie der Gatte nach einiger Zeit. Man brachte sie zu Bett, holte den Arzt und den Seelsorger; dieser spendete ihr noch die Krankensalbung. Um Mitternacht starb die tapfere Frau im Frieden Christi, nachdem sie noch, gleichsam als Testament, den Satz niedergeschrieben hatte: „Mach mit mir (o Gott), was du willst, nur gib, daß ich Dich vollkommen liebe!"

Vater Kronsteiner überlebte seine Gattin um 11 Jahre; er starb am 5. Februar 1951, nachdem er in den letzten Jahren immer stiller, ergebener und sanftmütiger geworden und jeden Morgen zum Tisch des Herrn gegangen war und bis zuletzt seinem Sohn Otto in der Uhrmacherwerkstätte bei der Arbeit geholfen hatte.

Beim Uhrmacher-Ehepaar Kronsteiner legt sich in mancher Hinsicht die Parallele zum französischen Uhrmacher-Ehepaar Louis und Zélie Martin, den Eltern der hl. Theresia vom Kinde Jesus, nahe. Sicher gäbe es noch gar manche ähnliche Ehepaare in der weiten katholischen Welt zu erwähnen, die auch vorbildlich ihre Ehe gelebt und ihre Kinder sehr gut, auch für den Priester- und Ordensberuf erzogen haben.

Der Diener Gottes Kaiser Karl von Österreich und Kaiserin Zita

* 17. August 1887 (Kaiser Karl)
† 1. April 1922
Hochzeit 21. Oktober 1911
Vater von acht Kindern
* 9. Mai 1892 (Kaiserin Zita)
† 14. März 1989

Karl von Österreich (1887-1922) anläßlich seiner Verlobung in Pianore mit Prinzessin Zita von Bourbon-Parma im Jahre 1911.

Wenn noch ein vorbildliches, ja heiligmäßiges christliches Ehepaar aus unserem 20. Jahrhundert in diesem Buch geschildert werden soll, so darf auf den letzten Kaiser von Österreich, Karl I. [174] aus dem Hause Habsburg-Lothringen, und auf seine Gemahlin Kaiserin Zita aus dem königlichen Haus Bourbon-Parma hingewiesen werden, denn bei allen längst widerlegten, niederträchtigen Verleumdungen, die gegen den Kaiser und seine Gemahlin ausgestreut und verbreitet worden waren, blieb bei diesem Ehepaar der gute Ruf fast unangetastet. Es hat zehn Jahre lang vom Anfang bis zum Ende eine vorbildliche treue Ehe geführt, die sich in acht Kindern fruchtbar erwies. Beide hochadeligen Ehegatten waren gläubig fromme, kirchlich gesinnte, ehrfurchtsvoll mit der Hierarchie der Kirche, vor allem auch mit dem Papst verbundene, nach bester Habsburger-Tradition eucharistisch und marianisch geprägte Katholiken.

1. Karl Franz Joseph wurde am 17. August 1887 in Persenbeug an der Donau (Niederösterreich) als erster Sohn des Erzherzogs Otto und der Erzherzogin Maria Josepha, Tochter des Königs Friedrich August III. von Sachsen aus dem Hause Wettin, geboren. Beide führten keine besonders glückliche Ehe; die Schuld lag wohl größtenteils auf seiten des Erzherzogs Otto, der zwar als schönster Mann der Monarchie galt, aber charakterlich nicht vorbildlich war, jedoch auch auf seiten seiner Gemahlin; Erzherzogin Maria Josepha war sehr angesehen auf Grund ihrer Korrektheit und ihrer untadeligen Lebensführung, sie war wegen ihrer Güte und Frömmigkeit sehr geachtet, verstand es aber wohl zu wenig, sich ihrem Gemahl anzupassen. In ihrer Erziehung tat sie auf Grund ihrer Frömmigkeit vielleicht zu viel des Guten, denn sie nahm beispielsweise ihren Sohn Karl als Kind täglich zur heiligen Messe mit. Im übrigen taten die erzherzoglichen Eltern Otto und Maria Josepha in der Erziehung ihres Erstgeborenen, dem nach acht Jahren noch ein zweiter Sohn, nämlich Erzherzog Maximilian (1895-1952) gefolgt war, alles, was ihnen für den eventuellen Thronfolger notwendig schien. Karl erhielt in Graf Wallis einen vortrefflichen Lehrer und Erzieher (in den Jahren 1894-1898) sowie mit P. Norbert Geggerle OP einen frommen, guten Katecheten, der in seinen Erinnerungen den späteren Kaiser Karl als „ein ganz bescheidenes, wahrheitsliebendes, gewissenszartes und denkbar frommes Kind" geschildert hat, „das nie zornig, eigensinnig, rechthaberisch oder streitsüchtig und unversöhnlich" war [175].

Die gymnasiale Ausbildung erhielt der junge Erzherzog Karl bei den Benediktinern am Schottengymnasium in Wien; hier wurde ihm damals sicher vertieft solides religiöses und humanistisches Wissen zuteil. Der Erzherzog bekam danach auch eine gute militärische Ausbildung zum Bataillonskommandanten. Am 1. September 1905 wurde er nach einjährigem Unterricht im Militärwesen Leutnant im Dragonerregiment Nr. 7. Mit Ausnahme von vier Semestern Jurastudium in Prag mußte er dann in kleineren Garnisonen in Böhmen und Galizien Dienst tun. Immer wurde er dabei bezüglich seiner Leistungen von den Vorgesetzten gut beurteilt. Im November 1912 wurde Erzherzog Karl als Major zur Infanterie versetzt und in Wien dem ungarischen Infanterieregiment Nr. 39 zugeteilt. Im Mai 1914 avancierte er zum Oberstleutnant und am 21. Juli 1914 wurde er zum Oberst im Husarenregiment Nr. 1 befördert.

Durch den Mord am Erzherzog-Thronfolger Franz Ferdinand d' Este und seiner Gemahlin, der Herzogin Sophie von Hohenberg am 28. Juni 1914 in Sarajewo, wurde Erzherzog Karl zum Thronfolger. Nach Ausbruch des Ersten Weltkriegs tat der neue Erzherzog-Thronfolger sehr aktiv seinen Militärdienst. Er besuchte im Auftrag des Kaisers Franz Josef Truppen an den Fronten, er lernte dabei das Leben im Armee-Oberkommando, das zuerst in Teschen seinen Sitz hatte, später nach Baden verlegt wurde, kennen. Er zeichnete sich schließlich durch ebenso kühne und sorgfältig vorbereitete wie zum Teil siegreiche Kriegsführung als Korpskommandant in Italien und Rumänien aus. Karl erwies sich dabei als echter, kameradschaftlich gesinnter Frontsoldat, der die Schrecken des Krieges aus unmittelbarer Anschauung kennenlernte.

Am 21. November 1916 starb Kaiser Franz Joseph mitten im Toben des Ersten Weltkriegs nach 69jähriger Regierung der Doppelmonarchie Österreich-Ungarn. Der Erzherzog-Thronfolger Karl wurde nun Kaiser von Österreich und apostolischer König von Ungarn sowie oberster Kriegsherr der gesamten bewaffneten Macht, ganz im Widerspruch zu seiner friedliebenden Einstellung. Seine Gemahlin, Kaiserin Zita, hat deshalb mit Recht erklärt: „Kaiser Karl konnte wahrhaftig, mit Fug und Recht, von sich sagen, daß er mit diesem Krieg, so tapfer er sich auch als Thronfolger an der Front geschlagen hatte, nicht das geringste zu tun hatte, auch schon deswegen, weil er als Freund und Schüler des Erzherzog-Thronfolgers Franz Ferdinand, wie dieser selbst, gegen den Krieg war." In seiner Proklamation an seine Völker vom 21.11.1916, an die er sich gewissenhaft hielt, erklärte Kaiser Karl: „Ich will alles tun, um die Schrecknisse und Opfer des Krieges in ehester Zeit zu bannen, die schwer vermißten Segnungen des Friedens meinen Völkern zurückzugewinnen... Meinen Völkern will ich ein gerechter und liebevoller Fürst sein. Ich will ihre verfassungsmäßigen Freiheiten und sonstigen Gerechtsame hochhalten und die Rechtsgleicheit für alle sorgsam hüten. Mein unablässiges Bemühen wird es sein, das sittliche und geistige Wohl meiner Völker zu fördern, Freiheit und Ordnung in meinen Staaten zu beschirmen..."

Nur zwei Jahre lang regierte Kaiser Karl. Dann kam trotz großer Anstrengungen, den Frieden herbeizuführen – im Einklang mit der Friedensnote des Papstes Benedikt XV. vom 1. August 1917 –, das friedlose Ende des Krieges und der Zerfall der Doppelmonarchie, mit dem von der Regierung erzwungenen Verzicht des Kaisers auf die Ausübung der Regierungsgewalt. Es folgte die Verbannung Kaiser Karls mit seiner Familie in die Schweiz, die ganz kurz unterbrochen wurde durch die zwei vergeblichen Versuche, in Ungarn wieder die angestammten Rechte des apostolischen Königs auszuüben.

An den Aufenthalt in der Schweiz schloß sich dann die Verbannung auf der portugiesischen Insel Madeira an. Dort schloß das Erdenleben des Kaisers in ergreifender Gottergebenheit am 1.4.1922 durch den Tod, der durch Grippe und Lungenentzündung im Berg-Landhaus „Quinta do Monte" in Funchal auf Madeira erfolgte.

Kaiser Karl hinterließ nach seinem heiligmäßigen, von vielem Gebet begleiteten Sterben seine ihm in allem, besonders auch in der Gottergebenheit ebenbürtige, mit dem letztem Kind schwangere Gemahlin Zita und seine sieben Kinder in größter Not. Der erstgeborene Sohn, der erst 10jährige Erzherzog Otto, hat den Todeskampf des Vaters auf dessen ausdrücklichen Wunsch miterlebt, weil der sterbende Kaiser wollte, Erzherzog Otto solle sehen, „wie ein Christ stirbt".

Kirchliche Trauung von Karl und Zita in Schwarzau durch den päpstlichen Majordomus Monsignore Bisletti in Gegenwart des Kaisers Franz Josef.

2. Zita von Bourbon-Parma erblickte am 9. Mai 1892 in Villa delle Pianore das Licht der Welt als 17. Kind des Herzogs Robert von Parma und als fünftes Kind der zweiten Gemahlin des Herzogs Robert von Parma, der Herzogin Maria Antonia aus dem portugiesischen Königshaus Braganza.
Zita wuchs in Schwarzau auf dem Steinfeld (Niederösterreich) unter vielen Geschwistern auf; es waren insgesamt 24 herzogliche Kinder: Zwölf aus der ersten Ehe des Herzogs Robert von Parma mit Prinzessin Maria Pia von Neapel Sizilien, und zwölf Kinder aus der zweiten Ehe mit Herzogin Maria Antonia von Braganza. Von den Vollgeschwistern der späteren Kaiserin Zita sind Sixtus (1.8.1886 - 14.3.1934), Franz Xaver (25.5.1889 - 4.5.1977), Felix (28.9.1893 - 7.4.1970, vermählt mit Großherzogin Charlotte von Luxemburg) und Renatus (* 17.10.1893, vermählt mit Margarethe von Dänemark) in der Politik bekannt geworden; von den Schwestern der Kaiserin Zita gehören Adelheid (* 5.8.1895), Franziska (* 22.4.1890) und Maria Antonia (* 7.11.1895) genannt, weil sie Nonnen im Benediktinerinnen-Kloster zu

Solesmes in Frankreich wurden. Ihre schulische Ausbildung erhielt Prinzessin Zita bei den Ordensfrauen in Zangberg bei Ampfing (Oberbayern).
Seit Jahren lebte in Sainte Cécile auf der Insel Wight die Großmutter von Prinzessin Zita, Königin Adelheid von Portugal, als Nonne, seit einiger Zeit auch Zitas älteste Schwester, die bildhübsche Adelheid; von ihr sagte man, sie wäre ganz sicher „die Richtige für Erzherzog Karl...“; ganz plötzlich war dann diese temperamentvolle Prinzessin Adelheid nach Sainte Cécile gegangen und dort Nonne geworden.

Die Familie von Kaiser Karl von Österreich auf Schloß Herthenstein am Vierwaldstätter See in der Schweiz im Jahre 1921.

Der Prinzessin Zita wurde nach der Ausbildung in Zangberg ein einjähriger Aufenthalt auf der Insel Wight bei den Benediktinerinnen von Sainte Cécile zuteil. Hier sollte sie unter der Priorin, der einstigen Königin Adelheid von Portugal, den „letzten Schliff“ in ihrer Ausbildung erhalten. Das Kloster von Sainte Cécile war an sich kein Schulinstitut für „gehobene Töchter“, sondern ein strenges Kloster, in welchem eine geistige Elite von Benediktinerinnen wirkte; aber in Ausnahmefällen übernahmen es die gelehrten Nonnen, jungen Menschen eine abschließende Ausbildung zu vermitteln, und zwar „in einem Stil und einer Arbeitsweise, die durchaus der Pädagogik und Methodik vergleichbar waren, wie wir sie aus Hermann Hesses ‚Glasperlenspiel‘ kennen. Zusätzliche Intensität, auch geistige Intimität, gewann dieser Abschnitt im Leben der künftigen Kaiserin und Königin Zita durch das besondere Naheverhältnis zu ihrer ‚magistra ludi', zu Königin Adelheid, die selbst als vielfache Mutter, aber auch als gewaltsam von Portugal ferngehaltene Landesmutter alle Höhen und Tiefen menschlichen Lebens kannte." [176] Bald nachdem Prinzessin Zita die Insel Wight wieder verlassen hatte und nach Österreich, zunächst nach Franzensbad, zurückgekehrt war, starb Königin Adelheid. Als Tote durfte sie nach Portugal heimkehren; sie wurde in der Gruft der portugiesischen Könige in Sao Vicente de Fora neben dem König Joao VI. und der Königin Carlota beigesetzt.

In Franzensbad in Böhmen, wohin Prinzessin Zita die Erzherzogin Maria Annunziata, die Tante von Erzherzog Karl, als deren Gesellschafterin begleitete, traf sie mehrmals mit Erzherzog Karl zusammen, der ganz nahe in Garnison war und seine Tante besuchte. Hier wurden Zita und Karl miteinander bekannt und begannen einander zu lieben; eine echte Liebesheirat bahnte sich an, die sich in Freud und Leid bestens bewähren sollte, zuerst im erzherzoglichen Rang, und nach dem Tod von Kaiser Franz Joseph in einem kaiserlich-königlichen Paar, das einander in frohen und in schwierigen Stunden unverbrüchlich die Treue hielt.

Zita von Bourbon-Parma bewährte sich bestens als zärtlich liebende Gattin, als treu besorgte, christliche Mutter ihrer acht Kinder, ebenso als mütterlich um das Wohl ihrer Völker sorgende Kaiserin in den leidvollen Ereignissen des Ersten Weltkriegs, dann als Witwe, der in Verlassenheit und Not die wahrlich nicht leichte Sorge um die rechte Erziehung und Ausbildung ihrer acht Kinder in den Jahren der Verbannung in Spanien und Belgien und dann im Zweiten Weltkrieg in Kanada und den USA aufgebürdet war. Sie trug tapfer und gottergeben das schwere Kreuz der Verkennung und Verleumdung sowie das bis 1971 andauernde Los der Verbannung aus dem von ihr immer noch geliebten Land Österreich.

Selten sind wohl Menschen so lieblos verleumdet und verkannt worden wie Kaiserin Zita und Kaiser Karl. Die Kaiserin wurde als eine Österreich-Ungarn verratende „italienischen Bestie am österreichischen Kaiserhof" abgestempelt, den Kaiser aber verleumdete man als „Alkoholiker", als von seiner „bigotten" Mutter und dann von seiner ebenso „bigotten" Gattin beherrschten, des Regierens völlig unfähigen Schwächling, wobei man das österreichisch-ungarische „K. und K." in „Kittel und Kutte" umdeutete in dem Sinn, daß Karl sich Frauen und Klerikern ausgeliefert habe. Beide, die Kaiserin und der Kaiser, waren all das nicht, was man ihnen nachsagte, sie waren vielmehr über die ihnen verleumderisch nachgesagten Schwächen erhaben, sie waren beide überdurchschnittlich fromm, aber nicht „bigotte Betschwestern", sie waren sittlich hochstehende, selbstbeherrschte Persönlichkeiten, keineswegs beherrscht von Alkohol und anderen Süchten, sie waren beide keineswegs Land und Volk verratende Politiker, sondern den wahren Frieden für ihre Völker und Länder herbeisehnende und suchende Herrschergestalten; beide waren vor allem auch ganz treu einander liebende und für ihre Kinder bestens sorgende Ehegatten, die ein vorbildliches Ehe- und Familienleben führten.

Was E. Feigl in dem schön gestalteten Bildband „Kaiser Karl I. Ein Leben für den Frieden seiner Völker" im Schlußkapitel mit der Überschrift „Kaiser Karl – ein Seliger, ein Heiliger?" [177] einleitend geschrieben hat, kann man voll unterstreichen: „Den unbefangenen, außenstehenden Beobachtern der Szene drängt sich ein Vergleich auf, wenn sie von einer vielleicht bevorstehenden Seligsprechung des ‚Dieners Gottes Karl aus dem Haus Österreich' hören. Es gab in der zweitausendjährigen Geschichte der Kirche ja wiederholt Fälle, daß ein ursprünglich keineswegs als ‚heiligmäßig' eingestuftes Menschenkind zunächst dem Scheiterhaufen nicht nur der Geschichte, sondern auch dem brennenden Berg trockener Hölzer überantwortet wurde und später, oft erst Jahrhunderte danach, zur Ehre der Altäre emporstieg. Was die Heiligen der Vergangenheit – und sicher auch der Gegenwart und der Zukunft – auszuzeichnen scheint, dürfte ihre Unbeirrbarkeit sein. Kaiser Karl, der in den zwei Jahren seiner Regierungszeit und den drei Jahren des darauffolgenden Exils mit Sicherheit mehr ausgestanden und durchgestanden hat als alle seine erlauchten Vorgänger zusammengenommen, ließ nicht einen Augenblick vom angestammten Glauben seines Hauses ab, gewiß unterstützt und gestärkt durch seine unvergleichliche Gemahlin. Gemeinsam brachten sie – darüber besteht auch bei den Gegnern Karls kein Zweifel – das Idealbild eines christlichen Ehe-, Eltern- und Herrscherpaares zustande, dem auch Menschen Respekt zollen, die nicht dem katholischen Lager angehören."

Wenn für Kaiser Karl der Seligsprechungsprozeß eingeleitet und bisher positiv in Wien und Rom vorangetrieben werden konnte, so möchte man Gleiches für die am 14. März 1989 in Zizers (Schweiz) 97jährig verstorbene Kaiserin Zita wünschen und erwarten. Das ergäbe dann für kommende Zeiten ein heiliges Kaiserpaar und zugleich ein höchst aktuelles Gegenstück zum heiligen Kaiserpaar Heinrich und Kunigunde.

Die Kinder des Kaiserpaares Karl und Zita sind:

1. Otto * 26.11.1912 in Wartholz
2. Adelheid * 3.1.1914 in Wartholz, † 2.10.1971
3. Robert *10.2.1915 in Wien-Schönbrunn
4. Felix * 31.5.1916 in Wien-Schönbrunn
5. Karl Ludwig * 10.3.1918 in Wien-Schönbrunn
6. Rudolf * 5.9.1919 in Prangins (Schweiz)
7. Charlotte * 1.3.1921 in Prangins, † 23.7.1989

8. Elisabeth * 31.5.1922 in El Prado bei Madrid (Spanien), † 6.1.1992.
An diese seine Kinder dachte der in seiner Todeskrankheit ergreifend bis zuletzt betende und duldende Kaiser noch mit dem vielsagenden Wort: „Lieber Heiland, beschütze unsere Kinder: Otto, Mädi (Adelheid), Robert, Felix, Karl Ludwig... Wie geht es weiter?“ Kaiserin Zita half ihm weiter: „Rudolf“, und der Kaiser setzte fort: „Rudolf, Lotti (Charlotte), und das ganz, ganz Kleine (die noch ungeborene Elisabeth). Bewahre sie an Leib und Seele, laß sie lieber sterben, als eine Todsünde begehen. Amen! Dein Wille geschehe. Amen!“ Und das letzte Wort, das Kaiser Karl seiner Gemahlin zuflüsterte, lautete: „Ich liebe dich unendlich!“ Wahrlich, dieser Kaiser war ein Ehegatte, der noch bis zum letzten Augenblick seines tragischen Erdenlebens in ganz treuer Liebe an seine Gemahlin und in ergreifend sorgender Vaterliebe an seine Kinder dachte, vor allem aber auch an seinen Herrn und Erlöser, dem er sich empfahl mit den Worten: „Jesus, Jesus, komm!“

Franz Jägerstätter

* 20. Mai 1907 in St. Radegund, Oberösterreich
† 9. August 1943 in Brandenburg
Hochzeit 9. April 1936
Vater von drei Kindern

Zum ersten Mal klang für die weite Welt sein Name [178)] auf dem Zweiten Vatikanischen Konzil auf; man bewunderte diesen Mann, weil er in schwierigster Situation unerschrocken der Stimme seines Gewissens gefolgt war: Franz Jägerstätter! Erzbischof T. D. Roberts sagte den Konzilsvätern über ihn: „Franz Jägerstätter weigerte sich, in einem Krieg zu dienen, der später in Nürnberg als Verbrechen gegen die Menschheit bezeichnet wurde. Er gehörte zu den Männern, die durch den Heiligen Geist auserwählt wurden, um

Wahrheiten aufzuzeigen, welche die Mächtigen und Weisen nicht erkennen können. Dieser junge Ehemann und Familienvater wurde berufen klarzumachen, daß ein Christ in einem Krieg, welchen er als ungerecht empfindet, nicht Dienst leisten darf, soll es auch sein Leben kosten. Es handelt sich um das Zeugnis eines Alleinstehenden. Er war überzeugt, daß er eine Sünde beginge, wenn er in diesem ungerechten Krieg Dienst leisten würde."

Franz Jägerstätter war ein tief gläubiger, frommer hellsichtiger Kämpfer gegen die gottlose, kirchenfeindliche Weltanschauung des Nationalsozialismus; er wurde zum mutigen Eid- und Militärdienstverweigerer im hitlerischen Angriffskrieg, zum opferstarken Märtyrer für seine christliche Gewissensüberzeugung und Vaterlandsliebe, obgleich er dadurch seiner Gattin und seinen drei Kindern viel Leid zufügen mußte. Und doch war er – neben seinem gewissenhaft ausgeübten Beruf als Bauer und Mesner – ein liebevoll besorgter treuer Ehegatte und Familienvater. Er soll – weil er vielleicht in absehbarer Zeit mit Recht seliggesprochen wird, am Schluß dieses Buches über verheiratete Selige und Heilige noch einen Ehrenplatz finden; denn er, der selber als armes uneheliches Kind in seiner Kindheit das Glück der Geborgenheit eines auf dem Fundament des Ehesakramentes aufgebauten Familienlebens entbehren mußte und darunter zu leiden hatte, erfuhr in seiner sakramental geschlossenen Ehe in ergreifender Weise, wenn auch nur allzu kurz, den überragenden Wert und die fundamentale Bedeutung der christlich gelebten, unauflöslichen Ehe und der auf ihr aufgebauten christlichen Familie.

Franz Jägerstätter wurde als uneheliches Kind der Bauernmagd Rosalia Huber und des Bauernknechtes Franz Bachmeier am 20. Mai 1907 auf dem „Adam-Sachl" in St. Radegund bei Ostermieting im oberösterreichischen Innviertel geboren. Er wurde – weil Vater und Mutter sogar zum Heiraten zu arm waren – in den ersten Lebensjahren von der gläubig frommen Großmutter aufgezogen und religiös erzogen. Im Jahre 1917 konnte seine Mutter Rosalia Huber den Leherbauernhofbesitzer Heinrich Jägerstätter heiraten, der den zehnjährigen Franz adoptierte, so daß er von da an den Namen Jägerstätter trug.

Franz besuchte die einklassige Volksschule in seinem Heimatdorf und war dabei kein Musterschüler; nicht aus Mangel an Begabung und Fleiß, sondern weil er wegen seiner armen Herkunft geringgeschätzt und zurückgesetzt wurde. Das von daheim mitgebrachte grundlegende religiöse Wissen wurde im Jungen vermehrt und vertieft durch einen soliden Religionsunterricht, den der damalige Pfarrer der fünfhundert Seelen zählenden Pfarrgemeinde in der Schule und in der sonntäglichen Christenlehre erteilte. Franz wurde sehr früh schon zur Mitarbeit in der Landwirtschaft der Eltern angehalten.

Im Dorf galt Franz Jägerstätter als aufgeschlossener fröhlicher Bursche, der bisweilen auch von jugendlichem Leichtsinn und Übermut angesteckt wurde, obwohl er sich nie zu leichtfertigen Bekanntschaften mit Mädchen verführen ließ.

Als 20jähriger Jungmann wollte Franz Jägerstätter zum kärglichen Einkommen des Hofes der Eltern etwas dazuverdienen. Darum verließ er 1927 die Heimat und verdingte sich zuerst auf einem Bauernhof im Ort Teising zwischen Altötting und Mühldorf in Bayern. Noch im gleichen Jahr aber verließ er diese Dienststelle und fand auf dem steirischen Erzberg einen besser bezahlten Arbeitsplatz. Dort wurde aber im sozialistisch geprägten Arbeitermilieu für kurze Zeit seine religiöse Haltung erschüttert; er gab das Praktizieren des katholischen Glaubens auf. Bald aber fand er wieder zur Kirche und zum Glauben zurück. Als er 1930 wieder in sein heimatliches Dorf St. Radegund zurückkehren mußte, weil der Adoptivvater und der Großvater mit ihren geschwächten Kräften nicht mehr der ordentlichen Führung des Bauernhofes gewachsen waren, nahm Franz Jägerstätter in dem von Kindheit an gewohnten, durch konventionelles Christentum geprägten Milieu das Praktizieren wieder auf, war aber dabei sehr bemüht, seinen Glauben vor allem durch die Lektüre religiöser Zeitschriften und Bücher zu vertiefen.

Dabei spürte der junge Bauer immer mehr, daß es – will man das Christsein wirklich ernst nehmen – nicht mit bescheidenem Durchschnittschristentum getan sein kann, man muß sogar nach Vollkommenheit und Heiligkeit streben. Das aber kann man am leichtesten im Ordensstand. So stand der angehende Besitzer des Leherbauernhofes vor der Entscheidung zwischen Ehe- und Klosterleben. In einem aus dem Jahre 1935 stammenden vielsagenden Brief an seinen Patensohn Franz Huber schrieb er, nachdem er dort Überlegungen über den Ehestand und die Wichtigkeit der Religion für das Ehe- und Familienleben angestellt hatte: „Nicht jeder Mensch ist von Gott berufen, in den Ehestand zu treten. Gott hat die Ehe auch nicht eingesetzt, wie viele glauben, um sich ungehindert ausleben zu können, sondern zur Fortpflanzung des Menschengeschlechtes, denn wer sich in den Jugendjahren nicht beherrschen kann, dem wird es im Ehestand nicht besser gehen, denn auch im Ehestand ist nicht alles erlaubt."

Franz Jägerstätter beriet sich bezüglich des weiteren Lebensweges, den er in Zukunft einschlagen solle, ob Ordensstand oder Ehestand, mit dem Dorfpfarrer Joseph Karobath. Dieser aber erklärte ihm kurz und bündig: „Du bist da, um für das Leherbauernanwesen zu sorgen, such Dir darum eine tüchtige Frau, die auch gut christlich ist."

Diesen Rat befolgte der 26jährige Bauer. Schon meinte er, die richtige Lebensgefährtin gefunden zu haben: Es kam zu einem Verhältnis mit der jungen Frau Theresia Auer aus Lamprechtshausen-Bürmoos. Dabei ließ er sich – ganz gegen seine Grundsätze – von der Leidenschaft überwältigen; er wurde Vater eines Kindes. Die Beziehung zur Mutter des Kindes hatte nur kurzen Bestand, der Grund dafür ist nicht bekannt. Die Frau erklärte nur: „Wir sind im Frieden auseinandergegangen; er hat mich um Verzeihung gebeten." Franz Jägerstätter betrachtete es immer als Ehrensache, für den Unterhalt seines Kindes zu sorgen.

In der durch die katholische Pfarrjugend stark geprägten Bauerstochter Franziska Schwaninger aus der Gemeinde Hochburg fand Franz Jägerstätter schließlich die wirklich bestens zu ihm passende Lebensgefährtin. Er bereitete sich mit seiner Braut ein halbes Jahr lang auf die Eheschließung vor. Beide wurden sich klar über Rechte und Pflichten der christlich gelebten Ehe.

Was Jägerstätter später in den Wochen des bangen Wartens auf das ihn treffende Gerichtsurteil im Gefängnis zu Berlin-Degel u. a. auch über die Ehe niedergeschrieben hat, kann man wie ein Echo auf die in der Vorbereitung auf die Eheschließung angestellten Überlegungen werten. Das gilt von seiner schönen Betrachtung über die Familie [179)] ganz besonders, aber auch von anderen Aufzeichnungen [180)]. Dort heißt es: „Nirgendwo wird dem Menschenleib solche Würde zuerkannt wie in der Religion Jesu; aber sie treibt keinen Fleischeskult. Es gibt kein ‚Recht auf den Körper', um ihn zur Sünde zu mißbrauchen. Paulus gibt (in 1. Kor 7) Antwort auf eine diesbezügliche Frage. Er will weder den einzigen und höchsten Zweck der Ehe nennen, wenn er sie als das von Gott gegebene Mittel zur Stillung des starken Naturtriebes empfiehlt. Beide Gatten stehen sich mit gleichem Recht und gleicher Pflicht in diesem Punkt gegenüber. Kein Eheteil darf ohne Grund dem anderen sein Recht verkürzen, aber ebensowenig etwas fordern, was gegen Gottesgesetz und die Heiligkeit des Ehelebens verstößt. Nicht nur die Berufung zur gottgeweihten Jungfräulichkeit, sondern auch die zur Ehe ist eine Gnade. Die Unauflöslichkeit der Ehe aber ist ein Gebot des Herrn und gilt für alle. Die Kirche kann daran nichts ändern, noch weniger der Staat." – „In der Ehe ist der Mann das Abbild Christi, des Erlösers seines Leibes, der Kirche. Die Frau ist Abbild der bis zur Selbsthingabe von Christus geliebten Kirche, der Braut Christi. Nicht Selbstsucht führt sie zusammen, sondern der Wille, sich gegenseitig zu heiligen. Eines wird dem anderen zum zweiten Ich. Und diese Einheit in der Zweiheit ist eingegliedert in die übernatürliche Lebensgemeinschaft mit Christus. Die Ehe ist also unendlich mehr als ein ‚weltlich Ding'!"

Nach solchen Überlegungen über die Ehe empfingen dann Braut und Bräutigam – gereinigt von aller Sündenschuld im Sakrament der Buße und gestärkt durch die würdig empfangene heilige Kommunion – am 9. April 1936 in der Pfarrkirche von St. Radegund das Sakrament der Ehe. Der Bräutigam war damals 29, die Braut 23 Jahre alt, beide fest fundiert im Glauben und in der Treue zur Kirche. Darum wurde die Hochzeitsreise nach Rom gemacht, und am Grab des hl. Petrus dankten die beiden für die große Gnade des Glaubens und der Zugehörigkeit zur wahren Kirche Christi.

Die Ehe von Franz und Franziska Jägerstätter erwies sich von Anfang an als überaus glücklich, sie wurde gesegnet durch drei gesunde Kinder und war – wie die vielen Briefe des Gatten an die Gattin aus der Kerkerhaft in Linz und Berlin in ergreifender Weise zeigen, erfüllt von großer gegenseitiger Liebe zueinander. Ein paar bezeichnende Sätze aus diesen Briefen vom 1. März bis 9. August 1943 seien zitiert. Sie beginnen fast immer mit der Überschrift: „Herzallerliebste Gattin!"

Im Brief vom 1. März 1943 schreibt Franz Jägerstätter: „Liebste Gattin, ich bedanke mich herzlich für Deine Liebe und Treue und für die Opfer, die Du für mich und die ganze Familie gebracht hast." Im Brief vom 9. April 1943 aus dem Gefängnis in Linz schreibt er: „Liebste Gattin, heute waren es sieben Jahre, da wir uns vor Gott und dem Priester Liebe und Treue versprochen haben. Ich glaube, wir haben dieses Versprechen bis heute treu gehalten und ich glaube, daß uns Gott auch weiterhin die Gnade verleihen wird, wenn wir auch jetzt getrennt leben, dieses Versprechen bis zum Ende unseres Lebens treu zu halten. Wenn ich so Rückschau halte und all dies Glück und die vielen Gnaden, die uns während dieser sieben Jahre zuteil geworden sind, die manchmal sogar an Wunder grenzten, betrachte, und es würde mir jemand sagen, es gibt keinen Gott, oder Gott hat uns nicht lieb, und würde dies glauben, wüßte ich schon nicht mehr, wie weit es mit mir gekommen wäre. Liebste Gattin, weshalb sollte uns für die Zukunft so bange sein, denn der uns bis jetzt erhalten und beglückt hat, wird uns auch weiterhin nicht verlassen, wenn wir nur auf das Danken nicht vergessen und im Streben nach dem Himmel nicht erlahmen. Dann wird unser Glück fortdauern bis in alle Ewigkeit. Wenn ich auch jetzt hinter Kerkermauern sitze, so glaube ich dennoch auch weiterhin auf Deine Liebe und Treu bauen zu dürfen, und wenn ich auch vor Dir aus diesem Leben scheiden sollte, auch noch übers Grab hinaus..."

Auch für seine drei Töchter Rosalia (* 1.9.1937), Maria (* 4.9.1938) und Aloisia (* 5.5.1940) fand Franz Jägerstätter in seinen Briefen ergreifende Worte der Liebe und des väterlichen Verantwortungsbewußtseins. Die Familie bedeutete ihm unsagbar viel; der Verzicht auf die Gemeinschaft mit Gattin und Kindern fiel ihm dementsprechend sehr schwer: „Liebe Kinder, wir müssen dem Himmelsvater recht danken, daß er mir eine so brave Gattin und Euch eine so liebe Mutter geschenkt hat. Ihr müßt halt die Mutter immer recht lieb haben; das könnt Ihr nur dann, wenn Ihr der Mutter brav folgt..." (9.4.1943) „Eine Freude wäre es schon, wenn man die wenigen Lebenstage im Kreise einer glücklichen Familie verbringen könnte. Aber wenn der liebe Gott es anders für uns bestimmt, so ist es auch gut; es ist auch eine Freude, für Jesus und unseren Glauben leiden zu dürfen. Wir haben ja die frohe Hoffnung, daß uns die wenigen Lebenstage, die wir hier getrennt sein müssen, in der Ewigkeit ja aufs tausendfache erstetzt werden, wo wir dann in ungetrübter Freude ewig uns mit Gott und unserer himmlischen Mutter erfreuen dürfen..." (8.7.1943)

Franz Jägerstätter lebte auch in der Ferne, getrennt von Gattin und Kindern, in der Kerkerhaft in Linz und Berlin, mit seiner Familie allzeit geistig verbunden, vor allem durch das Gebet und im Wissen, daß er nicht als Verbrecher, sondern nur aus Treue zu seinem Glauben und seinem Gewissen alles Harte und Leidvolle und schließlich auch den Tod erleide, der an ihn herantrat, als er am 9. August 1943 in Brandenburg enthauptet wurde. Der eingangs zitierte Erzbischof T. D. Roberts hat schon recht, wenn er über Franz Jägerstätter sagte: „Er bot sein Leben dar als Wiedergutmachung für die Sünden der Welt und ging zum Sterben, Gott dankend für diese Gelegenheit, seinen Glauben bezeugen zu dürfen."

Seine tapfere Gattin Franziska bejahte nach schwerem Ringen die Trennung und das Lebensopfer ihres Gatten und erzog allein die drei Töchter zu tüchtigen christlichen Frauen und Müttern, so daß diese schwer geprüfte, tapfere gläubige Frau heute als vierzehnfache Großmutter friedlich leben kann und immer noch – stellvertretend für ihren Gatten – das Mesneramt in der Pfarrkirche von St. Radegund ausübt. Sie betet zuversichtlich darum, daß das Lebensopfer ihres Mannes immer mehr im richtigen Sinn verstanden und anerkannt wird.

Die selige Gianna Beretta und Pietro Molla

* 4. Oktober 1922 in Magenta bei Mailand, Italien
† 28. April 1962 in Ponte Nuovo di Magenta, Italien
Hochzeit 24. September 1955
Mutter von vier Kindern
Seligsprechung 24. April 1994

Ein christliches Ehepaar, dessen Leben und Wirken noch in die zweite Hälfte des 20. Jahrhunderts hineinreicht und Vorbildcharakter hat, vor allem durch die Ehegattin und Mutter, die für das vierte Kind ihr Leben hingeopfert hat, sind die Ärztin Gianna (Johanna) Francisca Beretta und Dipl. Ing. Pietro Molla. Für Frau Gianna Beretta-Molla, die in einer Zeitschrift für den italienischen Klerus mit der Artikel-Überschrift charakterisiert wurde: „Eine Mutter opfert ihr eigenes Leben, um ihrem Kind das Leben zu geben“ [181)], hat die päpstliche Kongregation für die Selig- und Heiligsprechungen am 15. März 1980 den Seligsprechungsprozeß eröffnet, am 24. April 1994 erfolgte in Rom die Seligsprechung.

Gianna Beretta wurde am 4. Oktober 1922 in Magenta, 25 km nördlich von Mailand, geboren als Tochter der frommen und gebildeten Eltern Alberto Beretta und der Maria De Micheli, die 13 Kindern das Leben geschenkt haben, von denen eine Tochter Ordensschwester, zwei Söhne Priester wurden und alle einen akademischen Beruf erlernten.

1925 übersiedelte die Familie nach Bergamo, wo Gianna mit fünf Jahren am 4. April 1928 die Erstkommunion empfing, nachdem sie von der frommem Mutter und der ältesten Schwester Amalia darauf bestens vorbereitet worden war. Am 9. Juni 1930 empfing Gianna mit sieben Jahren die heilige Firmung. Beide Sakramente wurden deshalb eigens erwähnt, weil sie sich grundlegend für das weitere vorbildliche Leben der jungen Frau ausgewirkt haben. Dazu kamen im März 1938 Exerzitien, von denen sie tief beeindruckt wurde, denn

von da an stand ihr doppelter Vorsatz fest, der auch gehalten wurde: „Lieber will ich sterben, als eine Todsünde begehen“ und: „Ich will alles für Jesus tun.“ Für eine solche Haltung mag auch der frühe Tod ihrer ältesten Schwester Amalia mit 26 Jahren 1937 Motive geliefert haben. Vor allem aber das Vorbild der Mutter, die ihre Kinder täglich zur heiligen Messe und – sobald sie das nötige Alter hatten – zur Kommunionbank mitnahm, wenn die Kinder das selber so wollten.
Die Familie übersiedelte 1937 nach Quinto al Mare in der Nähe von Genua. Dort ging Gianna ins Gymnasium, das sie 1942 mit der Matura abschloß. Dieses Jahr 1942 brachte mit zwei harten Schicksalsschlägen den Antrieb zu weiterer seelischer Reife: Die Mutter starb mit 55 Jahren; der Tod des Vaters folgte vier Monate darauf am 10. September 1942.
Die Kinder der Familie Beretta kehrten nach dem Tod der Eltern wieder nach Magenta zurück. Gianna begann im gleichen Jahr 1942 mit dem Medizinstudium, zuerst sechs Semester lang an der Universität Mailand und dann in Pavia, wo am 30. November 1949 ihre Promotion zum Dr. med. erfolgte.
Sogleich nach der Promotion eröffnete die junge Ärztin eine vielbesuchte Praxis in Magenta, in der sie bis zu ihrem Tod überaus segensreich wirkte, um vielen kranken Menschen zu helfen. Sie beschränkte ihre Tätigkeit aber nicht auf die kranken Leiber; sie half darüber hinaus in ihrem sozialen Engagement und ihrer Tätigkeit in der Katholischen Aktion, in der sie auch schon während der Schul- und Studienzeit eifrig in den Jugendverbänden mitgewirkt hatte, sogar als Präsidentin. Sie hatte die von ihrer Mutter ererbte Fähigkeit, junge Menschen für den katholischen Glauben zu begeistern. Oft hielt sie Vorträge, organisierte Einkehrtage und Exerzitien, bunte Abende, Ausflüge und Wandertage für die katholische Jungschar.
Die Arztpraxis genügte ihr aber bald nicht mehr. Sie wollte noch Missionsärztin in Brasilien werden. Dort war einer ihrer Brüder bereits als Missionar in einer Urwald-Missionsstation tätig. Er hatte auch Medizin studiert, war dann aber noch Priester geworden und bei den Kapuzinern als P. Alberto eingetreten und in die Mission bei den Indianern in Brasilien gegangen. Ein anderer Bruder, der Bauingenieur geworden war, war auch schon in Brasilien und half P. Alberto, im Urwald ein Krankenhaus zu bauen. Dort – so dachte und plante die junge Ärztin Dr. med. Gianna Beretta – würde sich auch für sie ein weiteres Feld der Betätigung als Ärztin und Missionarin auftun.
Da kam aber die Begegnung mit einem Mann dazwischen, der ganz gleich gesinnt war wie sie: Dipl. Ing. Pietro Molla. Schon in ihrer Studienzeit war Gianna einige Male diesem Mann begegnet, der eine leitende Stellung in einem großen Industrieunternehmen erreicht hatte und später sogar dessen Generaldirektor wurde. Als Ärztin hatte Gianna nun auch beruflich bisweilen

mit Dipl. Ing. Molla zu tun, weil er in Mesero-Magenta verschiedene soziale Tätigkeiten ausübte und dort auch in der Katholischen Aktion sehr aktiv war. Die junge Ärztin war zuerst von ihm gar nicht weiter beeindruckt, er aber umgekehrt von ihr gar sehr. Nach mehreren Begegnungen aber tauchte am Horizont für Gianna die denkbare Möglichkeit einer christlichen Ehe auf. Sie fragte sich immer wieder, was denn in ihrem Fall der Wille Gottes sei: Als Missionsärztin in Brasilien könnte sie vielen Menschen leiblich und seelisch helfen und sie zu Gott führen an der Seite ihres Priesterbruders; als christliche Gattin und Mutter aber könnte sie noch Kindern das Leben schenken und sie so erziehen, daß diese Gott loben und lieben. Was tun? Sie betete viel in dieser Zeit und bat ihre Freunde und Geschwister um das Gebet. Die hielten Novenen in diesem Anliegen. Ihr Beichtvater war klug genug, ihr keinen direkten Rat zu geben; er meinte aber: „Wenn alle frommen Mädchen ins Kloster gingen, wo würden wir dann christliche Mütter hernehmen?"

Die Familie Beretta im Jahre 1933; im Vordergrund (von links nach rechts): Giovanna, Maria (die Mutter), Virginia, Amalia, Albert (der Vater), und Josef; im Hintergrund: Francesco, Ferdinand, Zita und Heinrich

Da kam der Monat Dezember im Marianischen Jahr 1954 anläßlich des 100-Jahr-Jubiläums der Dogmatisierung der Unbefleckten Empfängnis Mariens durch Papst Pius IX.: Die nun 32jährige Ärztin begleitete einen Krankenpilgerzug nach Lourdes. Bei diesem kam ihr am 8. Dezember die innere Erleuchtung: Ihr Weg sei nach Gottes Wille eine christliche Ehe. Im Februar 1955 bat Dipl. Ing. Pietro Molla die Ärztin Gianna Beretta, seine Frau zu werden. Am Ostersonntag, 11. April 1955, fand die Verlobung statt. Der Bräutigam schlug der Braut vor, nach der Eheschließung den ärztlichen Beruf aufzugeben und sich nur der Familie zu widmen. Davon aber wollte Gianna nichts wissen. Bis zu ihrem Tod blieb sie aus Berufung ihrem Arztberuf treu in der Praxis zu Mesero bei Magenta.

Die Monate bis zur Hochzeit am 24. September 1955 in Magenta vergingen sehr schnell: Alles nötige wurde eingekauft für die eheliche Wohnung; für das Brautkleid wurde der schönste und kostbarste Stoff eingekauft mit der Bemerkung: „Wenn ein Sohn von mir Priester wird, möchte ich aus dem Brautkleid für ihn ein Meßkleid machen." Die Braut, damals schon 33 Jahre alt, und der Bräutigam 43, bereiteten sich durch ein Triduum mit würdigem Sakramentenempfang auf die kirchliche Eheschließung vor. „Wenn wir noch Kinder haben wollen, müssen wir uns beeilen", meinten beide ideal gesinnten Ehegatten, die den Vorsatz faßten, jeglichen Ehemißbrauch von ihrem Zusammenleben fernzuhalten und eine echte, gläubig fromme „Hauskirche" aufzubauen. Nach der Hochzeitsreise, die über Rom nach Sizilien führte, zogen sie in ihr Heim ein und nahmen dabei dic Familienweihe an das Heilige Herz Jesu vor mit dem Vorsatz, täglich gemeinsam den Rosenkranz zu beten, auch dann, wenn sie zusammen – wozu der Gatte aus geschäftlichen Gründen oft genötigt war – eine Auslandsreise nach Deutschland, Großbritannien, Dänemark, Schweden oder in die Schweiz machen mußten.

Bald kam in dieser Ehe das erste Kind, der Junge Pierluigi, der 1956 geboren wurde, dann 1957 das zweite Kind: das Mädchen Mariolina, und 1959 das dritte Kind: das Mädchen Laura. Alle drei wurden in der eigenen Wohnung in Ponte Nuovo di Magenta geboren.

Dann folgten bedauernswerter Weise zwei völlig ungewollte Fehlgeburten. Im Jahre 1961 wurde die Ärztin wieder schwanger. Bei einer Untersuchung wurde aber an der Gebärmutter eine sehr gefährliche Ziste entdeckt. Bei dem höchst notwendigen chirurgischen Eingriff im Krankenhaus zu Monza am 6. September 1961, der sehr riskant war, gab die Patientin den Ärzten den strikten Auftrag: „Rettet mein Kind!" Ganz gegen alle Erwartung der Ärzte gebar Frau Dr. Gianna Molla am 21. April 1962 ein völlig gesundes Mädchen, das in der Taufe den Namen Gianna Emanuela erhielt. Dieses Kind aber verdankte sein Leben dem selbstlosen Lebensopfer der Mutter, die eine Woche darauf, am 28. April 1962, in ihrem Haus in Ponte Nuovo di Magenta starb. Alle ihre Geburten waren sehr schwer und erfolgten nach äußerst beschwerlichen Schwangerschaften. Immer stand die Ärztin aber zu ihrem Kind und ertrug willig und gern die Schmerzen und Wehen. Beim vierten Kind war sie sich völlig klar über ihren Zustand und die Lebensgefahr, in der sie schwebte. Und als der Chirurg bei der Operation fragte: „Was machen wir, Frau Kollegin? Retten wir Sie oder retten wir das Kind?", lautete ihre Antwort ohne lange Überlegung: „Zuerst muß man das Kind retten und dann, wenn es geht, die Mutter. Da ist nichts anderes zu wollen, so ist das!"

Man darf nun aber nicht meinen, der Entschluß, um den Preis ihres Lebens das Kind zu retten, sei Gianna leicht gefallen: Sie liebte ihre drei Kinder zärtlich, sie liebte ihren Mann aus ganzem Herzen. Vor allem aber liebte sie das Leben. Und doch wollte sie auf das eigene Leben heroisch verzichten, um das Leben des Kindes zu retten.
Frau Gianna Molla hat viel gebetet, nicht nur für das Kind, das sie im Schoße trug, sondern auch für sich. Gott möge sie am Leben erhalten, damit sie sich weiter der christlichen Erziehung ihrer Kinder und ihrem geliebten Gatten in Liebe widmen könne, aber sie ergab sich ganz bereit in den Willen Gottes. Und für den Fall, daß sie die Niederkunft nicht überleben sollte, traf sie auch Vorkehrungen: Sie bat ihre Schwester Zita, die Apothekerin war, nach ihrem Tod den Haushalt und die Erziehung der Kinder zu übernehmen. Ihre Schwester Virginia, die Ordensfrau war und als Missionarin in Indien wirkte, bat sie, sich nach Italien zurückversetzen zu lassen, damit sie ebenfalls bei der Erziehung ihrer Kinder mithelfen könne.
Das Sterben der tapferen Gattin und Mutter wurde nicht bloß ihr, sondern vor allem auch ihrem Gatten sehr schwer. Aber beide verstanden es großartig, aus ihrem tiefen Glauben heraus zum unerforschlichen Willen Gottes Ja zu sagen. Sie holten sich – die eine zum Sterben, der andere zum Leben – Kraft und Gnade durch die Sakramente der Kirche und durch viel Gebet. Gianna empfing aus der Hand ihres zweiten Priesterbruders Giuseppe die heiligen Sakramente der Krankensalbung, der Lossprechung und der heiligen Eucharistie zu einem guten Heimgang. Dann bat sie ihren Gatten Pietro, sie nicht im Spital, sondern daheim sterben zu lassen, in jenem Zimmer, in welchem sie vor sieben Jahren als Braut ihren Einzug gehalten hatte für ein frohes, glückliches Ehe- und Familienleben. Die dem Tode Nahe wurde noch in der Nacht mit einem Krankenwagen aus dem Spital in ihr Heim gebracht und starb dort am Morgen des 28. April 1962. Am 30. April 1962 wurde sie unter größter Anteilnahme der Bevölkerung in Mesero di Magenta begraben.
Was ist aus den Kindern dieser tapferen christlichen Eltern geworden? Pierluigi wurde Doktor der Wirtschaftswissenschaft; Mariolina starb im Kindesalter, Laura wurde ebenfalls Doktorin der Wirtschaftswissenschaft, und Gianna Emanuela, die der Priesteronkel Don Giuseppe Beretta als „lebendige Reliquie der Mutter Gianna" bezeichnet hat, wurde Ärztin wie ihre Mutter, auf die sie mit Recht stolz sein konnte, als sie am 24. April 1994 in St. Peter in Rom an der Seligsprechungsfeier für ihre Mutter teilnehmen durfte.
Der Papst sagte über diese vorbildliche christliche Ehegattin folgendes: „Gianna Beretta Molla führte als Studentin, als in der Kirche engagierte junge Frau, als Ehegattin und Familienmutter ein vorbildliches Leben, dem sie die Krönung verlieh, als sie es hinopferte, damit das Kind, das sie in ihrem

Schoß trug und das heute unter uns weilt, leben konnte. Sie war sich als Ärztin und Chirurgin sehr wohl des Risikos bewußt, dem sie entgegenging, sie wich aber vor dem Opfer nicht zurück und bekräftigte dadurch den heroischen Grad ihrer Tugenden... Im Namen des Fortschritts und der Moderne werden die Werte der Treue, der Keuschheit und des Opfers heute als überholt hingestellt, und doch haben sich in diesen Werten ganze Scharen von christlichen Gattinnen und Müttern ausgezeichnet!"

Niklaus Wolf von Rippertschwand

* 1. Mai 1756 in Neuenkirch, Kanton Luzern
† 18. September 1832 im Kloster St. Urban, Kanton Luzern

Niklaus Wolf von Rippterschwand lebte in den Nachwirren der Französischen Revolution. Er wurde Bauer und Ratsherr in Luzern. Niklaus Wolf von Rippertschwand vermählte sich mit Barbara Müller, die ihm neun Kinder schenkte. Drei Töchter gingen ins Kloster, was den Vater besonders freute, hat er doch den Ausspruch getan: „Die Klöster sind die Festung der Religion." Jeden Abend hielt er mit seiner Familie einen Hausgottesdienst. Darüberhinaus gründete er Gebetsgruppen. Eines Tages erhielt er das Charisma der Krankenheilung: „Ich betete um Hilfe

im Namen Jesu, und sie wurde mir zuteil, so oft ich anklopfte, wurde mir aufgetan." Niklaus Wolf von Rippertschwand wurde ähnlich wie sein Namenspatron Niklaus von Flüe zu einem populären Volksheiligen. Der Seligsprechungsprozeß ist seit 1955 im Gang und steht kurz vor dem Abschluß. Papst Johannes Paul II. hat den Wunsch geäußert, der Familienvater Niklaus Wolf von Rippertschwand möge bald seliggesprochen werden. Deshalb sei dieser am Schluß dieses Buches kurz vorgestellt.

ANMERKUNGEN

[1]) Milano 1989

[2]) Walter Nigg: Heilige im Alltag, Olten 1974, S. 47-72

[3] Neuner-Roos: Der Glaube der Kirche in den Urkunden der Lehrverkündigung, 12. Aufl., Regensburg 1986, Nr. 744

[4]) Die jüdisch-vatikanische Erklärung zum Jahr der Familie wurde zitiert aus L´Osservatore Romano, deutsche Wochenausgabe vom 10. Juni 1994.

[5]) Neuner-Roos: a. a. O., Nr. 730

[6]) a. a. O., S. 731-734

[7]) a. a. O., S. 735-746

[8]) a. a. O., S. 747-750

[9]) a. a. O., S. 751-760

[10]) II. Hauptteil, 1. Kapitel

[11]) Nr. 19

[12]) Eine Lektorin machte an dieser Stelle einige bedenkenswerte Einwände, die ich meinen Lesern nicht vorenthalten möchte: Angesichts der von F. Holböck ebenfalls betonten Messiashoffnung erscheint diese Argumentation unglaubwürdig. Auf S. 13 kommt der Autor selber darauf zu sprechen: Kein gläubiger Jude von damals würde aus freiem Willen auf die Möglichkeit, in der Ehe Kinder zu zeugen, verzichten. Erst recht nicht, wenn er sich wie der hl. Josef mit ganzer Kraft und seinen Gebeten (vgl. A. K. Emmerich) für das Kommen des Messias einsetzt. Daraus folgt, daß es zweifelhaft scheint, Josef habe sich auf eine Bedingung eingelassen, rein darum weil ihm Maria so vollkommen erschien (als Individuum), ohne den speziellen Auftrag, also ohne Kenntnis davon, daß sie die Mutter des Erlösers würde. Auf solche Spekulationen sollte man sich besser nicht einlassen, sondern wie das Evangelium vornehme Zurückhaltung üben bezüglich des Innenlebens der hl. Jungfrau Maria und des hl. Josef.
Bedingungen zu stellen widerspricht im übrigen der Haltung Marias, die ja alles von Gottes Vorsehung abhängig machte. Man vergleiche dazu A. K. Emmerich: „Das Leben der heiligen Jungfrau Maria“, wo es heißt, Maria habe Josef nicht einmal von ihrer gottgewollten Schwangerschaft unterrichtet. Das korrespondiert auch mit dem Evangelium. Hätte sich sonst der hl. Josef (in Kenntnis ihrer Erwählung) mit dem Gedanken getragen, sich in aller Stille von Maria zu trennen?
Gewiß muß zwischen Josef und Maria eine, allenfalls sogar stillschweigende, Abmachung bestanden haben. Da aber beide ganz vom Willen Gottes erfüllt waren und Christus von Anbeginn der Ehe in ihrer Mitte war, war Er ihr Garant.
Des weiteren geht auch aus dem Dogma der immerwährenden Jungfräulichkeit Marias klar hervor, daß der hl. Josef ihre Jungfräulichkeit zeitlebens geachtet hat.
Lucia Bürli-Guillet

[13]) III. Teil, Quaestio 29, Artikel 1

[14]) Vgl. W. Michaelis: Die Apokryphen zum Neuen Testament, Bremen 1956, S. 72-98; B. Kleinschmidt: Die hl. Anna. Ihre Verehrung in Geschichte, Kunst und Volkstum, Düsseldorf 1931

[15]) P. Ketter: Christus und die Frauen, Düsseldorf 1935, S. 241-244;
L. Ballarini: Elisabetta, in: Bibliotheca Sanctorum IV / 1079-1089;
B. Mariani: Zaccaria, in: Bibliotheca Sanctorum XII / 1443-1445

[16]) Vgl. Acta Sanctorum IX / 435-376;
Fr. Spadafora: Santa Salomè, madre degli Apostoli Giacomo e Giovanni, in: Bibliotheca Sanctorum XI / 583;
P. Ketter: Christus und die Frauen, Düsseldorf 1935, S. 283-287;
Fr. Zoepfl: Biblische Mütter, Donauwörth 1922, Kapitel „Salome, die Mutter der Zebedäussöhne“, S. 171-184

[17]) Oratio 53 in laudem Basilii Magni, Patrologia Graeca (PG), Band 36 / 500-504

[18]) PG 46 / 16-140

[19]) A. Hamman: Die Kirchenväter, Freiburg i. Br. 1967, S. 114-115

[20]) Acta Sanctorum Maii VII / 238-242;
Gregor von Nazianz: Oratio 43 in laudem Basilii Magni, in: PG 36 / 503 ff.;
Gregor von Nyssa: Vita sanctae Macrinae virginis, in: PG 46 / 962 ff.

[21]) Oratio funebris in patrem, in: PG 35 / 985-1044

[22]) a. a. O., 35 / 993 und 997-998

[23]) a. a. O., 35 / 257-260

[24]) a. a. O., 35 / 793-794

[25]) Vgl. J. M. Sauget: St. Gregorio di Nazianzo, in: Bibliotheca Sanctorum VII / 194-204

[26]) Gregorii Naz., Oratio VII, in: PG 35 / 756-788

[27]) Gregorius Naz., In laudem sororis suae Gorgoniae, in: PG 35 / 789-818

[28]) veröffentlicht in CSEL (neueste Ausgabe der Kirchenväter), Band 65 / 237-244

[29]) Vgl. B. Altaner: Patrologie, 5. Aufl., Freiburg i. Br. 1958, S. 327

[30]) Vgl. H. Melzer: Lexikon der Namen und Heiligen, Innsbruck 1982, S. 370

[31]) Vor allem im 9. Kapitel des 9. Buches

[32]) Im 10., 11. und 12. Kapitel des 9. Buches

[33]) E. und H. Melchers: Das große Buch der Heiligen, München 1978, S. 62;
Acta Sanctorum Januarii III / 326-337;
G. Del Ton: S. Paola Romana, Mailand 1950

[34]) Besonders den 22., 46., 54., 107. und 108. Brief

[35]) Nekrolog des hl. Hieronymus (Epistola 108) auf die hl. Paula von Rom, in: CSEL 55 / 306-351 und Patrologia Latina (PL), Band 22 / 878 ff.

[36]) Vgl. S. Prete: Santo Ponzio Meropio Anicio Paolino, vescovo di Nola, in: Bibliotheca Sanctorum X / 156-162;
B. Kötting: Paulinus von Nola, in: P. Manns: Die Heiligen in ihrer Zeit, Mainz 1966, Band 1, S. 257-259;
Comunità di Caresto: I Santi sposati, Mailand 1989, Kapitel 5 „San Paolino di Nola, Monaco e vescovo“, p. 78-97

[37]) Vgl. „Carmen XXI.“

[38]) Vgl. Gerontius: Vita sanctae Melaniae, ed. D. Gorce, in: Sources chretiennes, Paris 1962, Nr. 90;
G. D. Gordini: S. Melania, la Giovane, in: Bibliotheca Sanctorum IX / 282-285;
B. Kötting: Melania die Jüngere, in: P. Manns: Die Heiligen in ihrer Zeit, Mainz 1966, Band 1, S. 245-248;
E. Melchers: Das große Buch der Heiligen, München 1978, S. 832-833

[39]) Vgl. Acta Sanctorum Julii IV / 238-270;
G. Rohlfs: St. Alexius, Tübingen 1968;
E. Josi: St. Alessio, confessore, in: Bibliotheca Sanctorum I / 814-823

[40]) Vgl. B. de Gaiffier: Intactam sponsam relinquens. À propos de la vie de Saint Alexis, in: Analecta Bollandiana, 1947, LXV / 157-195

[41]) Jonas von Bobbio: Vita sancti Johannis Reomaensis, ed. B. Krusch, in: Monumenta Germaniae historica, Scriptores rer. merov. III, p. 505-517

[42]) Gregor von Tours: Miraculorum libri octa, In gloria confessorum 41

[43]) Marie Noël: Erfahrungen mit Gott, 1961, S. 254-255

[44]) Vgl. Acta Sanctorum Junii I / 292-298;
A. Codaghengo: Clotilde, in: Bibliotheca Sanctorum IV / 64-65

[45]) Im 2. Buch seiner fränkischen Geschichte: Historiam libri decem

[46]) Vgl. N. Del Re: Santo Etelberto, re del Kent, in: Bibliotheca Sanctorum V / 116-117 und 120;
Acta Sanctorum Februarii III / 474-479;
F. Caraffa: Santa Etelburga di Lyminge, in: Bibliotheca Sanctorum V / 120;
Acta Sanctorum Septembris III / 205

[47]) Vgl. S. Brechter: Die Quaestionen zur Angelsachsenmission Gregors des Großen, Münster 1941

[48]) Vgl. Acta Sanctorum Augusti II / 60;
J. E. Gugumus: Santa Plettrude, in: Bibliotheca Sanctorum X / 968-969

[49]) Vgl. E. Brouette: Vincenzo Madelgario, in: Bibliotheca Sanctorum XII / 1177-1178;
ders.: Valdetrude, in: Bibliotheca Sanctorum XII / 881-882;
A. D´Haenens: Aldetrude, santa badessa di Maubeuge, in: Bibliotheca Sanctorum I / 750-751;
G. Mathon: Landerico, santo abate, in: Bibliotheca Sanctorum VII / 1092;
A. Codaghengo: Dentelino, santo fanciullo, in: Bibliotheca Sanctorum III / 689-691;
M. Devuyst: Madelberta, santa vergine, in: Bibliotheca Sanctorum VIII / 473-474

[50]) Vgl. G. Bataille: S. Berta di Avenay, in: Bibliotheca Sanctorum III / 89

[51]) Vgl. A. D. Haenens: S. Aia da Mons, in: Bibliotheca Sanctorum I / 662-623;
R. Van Doren: S. Idulfo di Lobbes, in: Bibliotheca Sanctorum VII / 645

[52] J. Dirnbeck: Auf die man zählen kann, München 1987, S. 17

[53]) Acta Sanctorum Februarii II / 69-81;
W. Grothe: Der hl. Richard und seine Kinder, Berlin 1908

[54]) Vgl. Acta Sanctorum Julii II / 47-60;
S. Berta di Blangy, in: Bibliotheca Sanctorum III / 90

[55]) Vgl. Acta Sanctorum Septembris II / 260-270;
J. Baur: Ida di Herzfeld, in : Bibliotheca Sanctorum VII / 637-638

[56]) Vgl. Acta Sanctorum Januarii II / 544-548;
P. Villette: Santo Bernardo (Barnardo), vescovo di Vienne, in: Bibliotheca Sanctorum III / 68-69

[57]) Vgl. J. M. B. Clauß: Die Heiligen des Elsaß, Düsseldorf 1935, S. 200 f.;
A. M. Burg: Le duché d´Alsace, Wörth 1959, S. 45

[58]) Vgl. F. Seibt: Ludmilla, in: Lexikon für Theologie und Kirche (LThK), Band 6 / 1179;
E. und H. Melchers: Das große Buch der Heiligen, München 1978, S. 590-591;
J. Olc: Ludmilla, in: Bibliotheca Sanctorum VIII / 293-296

[59]) MGH Script. X, p. 573-82

[60]) MGH Script. IV, p. 282-302

61) Vgl. J. Walterscheid: Deutsche Heilige, München 1934, S. 136 f.;
M. Lintzel: Westfälische Lebensbilder, Münster 1937, Band 5, S. 161-175;
B. Kaul: Die Strahlkraft der Heiligen, Fribourg 1989, S. 32-35

62) Vgl. J. C. Clauss: Die Heiligen des Elsaß, Düsseldorf 1935

63) H. Paulhart: Lebensbeschreibung der Kaiserin Adelheid, von Abt Odilo von Cluny „Epitaphium domine Adelheid auguste", Graz 1962

64) Vgl. J. Weingartner: Im Glanze der Heiligen, Innsbruck 1949, S. 10

65) H. Paulhart: a. a. O., S. 7

66) Vgl. Acta Sanctorum Maii I / 428-432

67) J. B. Sägmüller: Die Ehe Heinrichs II., des Heiligen, mit Kunigunde, in: Theol. Quartalsschrift, Tübingen 1905, S. 78-95; 1907, S. 563-577; 1911, S. 90-126

68) Rudolfus Glaber: Historiarum sui temporis libri V, NGSS VII / 62

69) Vgl. Jaffé: Bibl. rer. Germ. V, p. 857

70) Vgl. Drogo: Mönch von Saint-Winoc, Vita sanctae Godelevae (aus der Zeit vor 1084), veröffentlicht von M. Coens, La vie ancienne de Sainte Godelive de Ghistelles, in: Analecta Bollandiana, 1926, XLIV / 102-137

71) Vgl. David McRoberts: St. Margaret, Queen of Scotland, Glasgow 1960;
ders.: Margherita, regina di Scozia, in: Bibliotheca Sanctorum VIII / 781-786

72) Vgl. Acta Sanctorum II / 141-145;
Rombaut van Doren: Ida di Boulogne, in: Bibliotheca Sanctorum VII / 636-637

73) Vgl. Sigeboto: Vita beatae Paulinae, in: Monumenta Germaniae, Scriptores XXX / 2, 909-938;
J. Walterscheid: Deutsche Heilige, eine Geschichte des Reiches im Leben deutscher Heiliger, München 1934, S. 252 f.

74) Vgl. P. Sinz: Das Leben des hl. Bernhard von Clairvaux, Düsseldorf 1962, S. 35-40;
L. Andrè-Delastre: La Bienheureuse Alethe, mère de Saint Bernard, Lyon 1952

75) Vgl. Fl. Röhrig: Der heilige Markgraf Leopold III. von Österreich, in: Bavaria Sancta, Regensburg 1971, Band 2, S. 130-143;
K. Lechner: Die Babenberger in Österreich, Wien 1947

76) Vgl. Z. Garcia Villada: San Isidro labrador en la historia y en la literatura, in: Razón y Fe, 1992, LXII / 37-53;
Acta Sanctorum Maii III / 512-550

77) Vgl. Vita sancti Eckenberti, in: Monumenta Wormatiensia, ed. H. Roos, Berlin 1893, p. 127-142

78) Vgl. Acta Sanctorum Januarii I / 834-863 mit drei Lebensbeschreibungen des hl. Gottfried aus der Mitte und dem Ende des 12. Jh.;
H. Grundmann: Gottfried von Cappenberg, in: Westfälische Lebensbilder, 1959, Band 8, S. 1-115

79) Vgl. L. Rosenberger: Bavaria Sancta, München 1948, S. 201-202

80) Vgl. Acta Sanctorum Februarii I / 916-922;
J. B. Valvekens: Ildegonda, in: Bibliotheca Sanctorum VII / 766-767

81) Vgl. R. Sacconi: S. Omobono, Cremona 1938;
G. D. Gordini: Omobono di Cremona, in: Bibliotheca Sanctorum IX / 1173-1175

82) Vgl. P. Zerbi: Homobonus, in: LThK 5 / 466

83) Vgl. Acta Sanctorum Julii VI / 638-663

84) Vgl. J. Gottschalk: Hedwig von Schlesien, Botin des Friedens, Freiburg i. Br. 1982

85) Vgl. W. Nigg: Die Heiligen kommen wieder, Freiburg i. Br. 1973, S. 90

86) Vgl. J. Gottschalk: a. a. O., S. 31

87) Vgl. W. Nigg: a. a. O., S. 90-92

88) Vgl. a. a. O., S. 97

89) Vgl. F. Wachter: Ingelburga, in: Allgemeine Encyklopädie der Wissenschaften und Künste, Leipzig 1840, II. Section H-N

90) Vgl. L. Brede: Maria Oignies, in: P. Manns: Die Heiligen in ihrer Zeit, 2. Aufl., Mainz 1966, Band 2, S. 44-46;
J. de Vitry: Vita B. Mariae Oigniacensis, in: Acta Sanctorum Junii V / 542-572

91) L. Brede

92) Vgl. Acta Sanctorum Maii VII / 280-414;
C. Fernández de Castro: Vida del muy noble y santo rey Ferdinando III. de Castilla y León, Cadice 1948;
D. Mansiolla: Ferdinando III., in: Bibliotheca Sanctorum V / 624-627

93) Vgl. Acta Sanctorum Maii VII / 602-613;
H. Westphal: Jutta von Sangershausen, Meitingen 1938;
ders.: Untersuchungen über Jutta von Sangershausen, in: Zeitschrift für Geschichte und Altertumskunde Ermlands, Braunsberg 1938, Nr. 27, S. 515-596;
W. Lampen: Jutta di Sangershausen, in: Bibliotheca Sanctorum VII / 1033-1036

94) Vgl. W. Nigg: Die heilige Elisabeth, Düsseldorf 1963, S. 161 ff.

95) Vgl. I. Taurisano: La Beata Zdislava dei Berka, Florenz 1909;
W. Wostry: Die selige Zdislava von Gabel, in: Deutsch-Gabel in tausendjähriger Vergangenheit, Deutsch-Gabel 1926, S. 15-29

96) Vgl. Acta Sanctorum Maii VI / 516-532;
Valfredo della Gherardesca: I Santi camaldolensi della famiglia dei Conti della Gherardesca, in: Rivista Camaldolense,

1927, IV / 351

97) Vgl. Acta Sanctorum Augusti V / 275-758, darin Vita Sancti Ludovici auctore Gaudefrido de Bello Loco, regis confessario, p. 541-558;
Appendix vitae primae, auctore Guillelmo Carnotensi, p. 559-569;
vita Secunda, auctore anonymo reginae Margaritae confessario, p. 571-672;
Vita tertia, auctore Joanne Joivillio, regis familiari, p. 672-750

98) Franz von Sales: Gesammelte Werke in deutscher Übersetzung, Eichstätt 1960, Band 4, S. 154

99) Vgl. W. Nigg: Heilige im Alltag, S. 59 f.

100) Ludwig IX.: Testamentum spirituale ad filium, in: Acta Sanctorum Augusti V / 546

101) Vgl. Acta Sanctorum, Maii IV / 385-418;
R. Sciamannini: Cerchi Umiliana, in: Bibliotheca Sanctorum III / 1132-1134

102) Vgl. Acta Sanctorum Julii V / 669-747;
A. Bierbaum: Heilige Vorbilder aus der Familie des hl. Franziskus, Werl i. W. 1933, S. 455-457

103) Vgl. G. Cantagalli: S. Umilità, abbadessa vallombrosana, in: Bibliotheca Sanctorum XII / 818-822

104) Vgl. F. Holböck: Der selige Jacopone da Todi, in: Geführt von Maria, Stein am Rhein 1987, S. 310-315;
W. Nigg: Der christliche Narr, Zürich 1956, S. 63-111;
F. Casolini: Beato Jacopone da Todi, in: Bibliotheca Sanctorum VII / 618-623

105) Vgl. Acta Sanctorum Junii VII / 581-676;
C. da Langasco: Beato martire Raimondo Lullo, in: Bibliotheca Sanctorum VIII / 372-375;
E. W. Platzek: Raimund Lull, Düsseldorf 1962/63, 2 Bände

106) Vgl. Acta Sanctorum Aprilis III / 466-472;
P. Burchi: B. Aldobrandesca, in: Bibliotheca Sanctorum I / 751-752

107) Vgl. Angela von Foligno: Gesichte und Tröstungen, Stein am Rhein 1975;
F. Holböck: Das Allerheiligste und die Heiligen, 2. Aufl., Stein am Rhein 1986, S. 135-143;
F. Holböck: Aufblick zum Durchbohrten, Stein am Rhein 1990, S. 124-128

108) Vgl. S. A. Rodriguez, Reinha Santa, Coimbra 1958;
Acta Sanctorum Julii II / 169-213;
L. Chierotti: Elisabetta, regina del Portogallo, in: Bibliotheca Sanctorum IV / 1096-1098

109) Vgl. Acta Sanctorum Septembris VII / 494-555;
G. Duhamelet: S. Eléazar de Sabran et la B. Delphine, Paris 1944

110) Acta Sanctorum Junii III / 927-929;
P. A. Bierbaum OFM: Heilige Vorbilder aus der Familie des hl. Franziskus, Werl 1933, S. 379-381

111) Vgl. F. Holböck: Gottes Nordlicht. Birgitta von Schweden und ihre Offenbarungen, 2. Aufl., Stein am Rhein 1988

112) Vgl. Acta Sanctorum Julii VII / 333-408;
F. Belcari: Vita del b. Giovanni Colombini da Siena, Parma 1839

113) Vgl. M. de Crisenoy: La bienheureuse Jeanne Marie de Maille, la mystique des temps de misère, Paris 1948

114) Vgl. Acta Sanctorum Martii III / 503-531;
H. Jägerstadt: Katharina von Schweden, in: LThK 6 / 62-63

115) Vgl. H. Westphahl: Vita Dorotheae Montoviensis Magistri Johannis Marienwerder, Köln-Graz 1964, S. 90-95

116) Vgl. A. Romeo: Dorothea, in: Bibliotheca Sanctorum IV / 817

117) Vgl. L. Brede, in: P. Manns: Die Heiligen in ihrer Zeit, 2. Aufl., Mainz 1966, Band 2, S. 155

118) Vgl. R. Stachnik: Akten des Kanonisationsprozesses Dorotheas von Montau 1394 bis 1521, Köln-Wien 1978, S. 1403

119) Vgl. S. Dal Pozzo: Regina e santa, Rom 1950;
P. Naruszewicz: Beata Edvige, regina di Polonia, in: Bibliotheca Sanctorum IV / 929-933;
H. Quillus: Königin Hedwig von Polen, Leipzig 1938

120) Vgl. B. Schneider/H. Martin: Die heilige Rita von Cascia, Helferin in aussichtslosen Anliegen, Stein am Rhein 1989. Diesem schönen Bildband wurde fast wörtlich die Schilderung der Ehe Ritas entnommen.

121) Vgl. E. Schepisi: La beata Margherita di Savoia, Alba 1964;
A. Ferrua: Beata Margherita di Savoia, in: Bibliotheca Sanctorum VIII / 793-796

122) Vgl. Johannes Matiotti: De vita et miraculis S. Francescae Romanae;
M. P. Rivaldi: Stampa Francesca Romana, Rom 1964

123) Vgl. G. Biasutti: Profilo spirituale della beata Elena Valentini, Udine 1958;
N. Del Re: Valentini, Elena, in: Bibliotheca Sanctorum XII / 886 f.

124) Vgl. D. Lupinetti: Beata Antonia da Firenze, Lanciano 1953

125) G. Giovanardi: Il beato Galeotto Roberto Malatesta, in: Miscellanea Francescana, 1936, XXXV. 4, S. 287-297

126) G. Pecci: Malatesta Galeotto Roberto,

beato, in: Bibliotheca Sanctorum VIII / 582-584

127) W. Nigg: Niklaus von Flüe, Olten 1980; R. Durrer: Dokumente über Bruder Klaus, Luzern 1947

128) M. Jungo: Verborgene Krone. Lebensgeschichte der Dorothea von Flüe, 4. Aufl., Stein am Rhein 1984, S. 47 ff.

129) M. Dutli: Der Hüter des Vaterlandes, 14. Aufl., Stein am Rhein 1991

130) O. Wimmer/H. Melzer: Lexikon der Namen und Heiligen, 4. Aufl., Innsbruck 1982, S. 494

131) Vgl. Acta Sanctorum Martii III / 71-74; G. Fabiani: Beato Marco da Montegallo, in: Bibliotheca Sanctorum VIII / 739-740

132) Vgl. N. Del Re: Sforza Serafina, in: Bibliotheca Sanctorum XI / 1010-1012; B. Feliciangeli: Sulla monacazione di Sveva Montefeltro-Sforza, signora di Pesaro, Pistoia 1903; F. Madiai: Sulla monacazione di Sveva Montefeltro-Sforza, signora di Pesaro, in: Le Marche, 1903, III, p. 269-76; ders.: Nuovi documenti su Sveva di Montefeltro-Sforza, in: Le Marche, 1909, IX, p. 94-142

133) Vgl. F. Holböck: Die Theologin des Fegfeuers Katharina von Genua, Stein am Rhein 1980

134) Vgl. P. Durio: Vita della beata Ludovica di Savoia, Rom 1840

135) Acta Sanctorum Nov. I / 418 f.; M.-O. Garrigues: Beata Margherita di Lorena, duchesse d´Alençon, in: Bibliotheca Sanctorum VIII / 777-778

136) Vgl. A. Girard: Sainte Jeanne de France, duchesse de Berry, Bourges 1950; R. M. Gabriel-Marie: La Spiritualité de sainte Jeanne de France, Paris 1950

137) Acta Sanctorum VI / 655-659; G. D. Gordini: Beata vedova Duglioli, in: Bibliotheca Sanctorum IV / 853-855

138) N. Del Re: Ludovica degli Albertoni, in: Bibliotheca Sanctorum I / 717-719

139) Vgl. P. Berglar: Die Stunde des Thomas Morus, Olten 1978, S. 160-161

140) Vgl. W. P. Eckert: Erasmus von Rotterdam, Werk und Wirkung, Köln 1967, Band 2, S. 447

141) Ediert von E. V. Hitchcock: The life and death of Sir Thomas More, London 1950

142) Vgl. P. Berglar, a. a. O., S. 160

143) a. a. O., S. 169

144) Vgl. E. Reynolds: Margaret Roper, London 1960

145) Vgl. P. Berglar, a. a. O., S. 130

146) a. a. O., S. 133

147) Vgl. G. Kranz: Politische Heilige, Augsburg 1958, Band 1, S. 176-199

148) W. Roper: Life of Thomas More, London 1926

149) Vgl. O. Karrer: Der hl. Franz von Borja, General der Gesellschaft Jesu, Freiburg i. Br. 1921

150) Vgl. M. Dietz SJ: Der hl. Alfons Rodriguez, Laienbruder aus der Gesellschaft Jesu, eine Blüte spanischer Mystik, Freiburg i. Br. 1925; I. Behm: Alfons Rodriguez, in: Spanische Mystik, Düsseldorf 1957, S. 232-243; C. Testore: Alfonso Rodriguez, in: Bibliotheca Sanctorum I / 861-863

151) J. Walterscheid: Deutsche Heilige, München 1934, S. 244-245; L. Beer: Heiligenlegende, Regensburg 1928, 2. Jahrgang, S. 505-508

152) P. Hoels: Au service de la Jeunesse: Sainte Jeanne de Lestonnac, Paris 1949; F. Baumann: Im Dienste unserer Lieben Frau: Die heilige Mutter Johanna de Lestonnac, in: Pius XII. erhob sie auf die Altäre, Würzburg 1960

153) Bruno v. Jesus Maria: La belle Acarie. Bienheureuse Marie de l´Incarnation; Lille 1942; Giovanni di Jesu Maria: Beata Maria dell´Incarnazione Barbara Avrillot, in: Bibliotheca Sanctorum VIII / 1013-1015

154) H. Waach: Johanna Franziska von Chantal, Eichstätt 1957

155) G. Kranz: Politische Heilige, Band 2, S. 294

156) a. a. O., S. 295

157) N. Ferrante: Centurione Virginia, vedova Bracelli, in: Bibliotheca Sanctorum, Appendice / 304-305

158) F. Holböck: Ergriffen vom dreieinigen Gott, Stein am Rhein 1981, S. 275-289; Marie de l´Incarnation: Zeugnis bin ich Dir, Autobiographie, Stein am Rhein 1981, S. 35-42

159) a. a. O., S. 138 f.

160) Margherita d´Youville, Cenni biografici scritti dal figlio, Rom 1958; S. Mattei: Beata Maria Margherita Dufrost de Lajemmerais, in: Bibliotheca Sanctorum IV / 852-853; F. Holböck: Neue Heilige der katholischen Kirche, Stein am Rhein 1994, Band 3

161) Vgl. C. Salotti: La beata Anna Maria Taigi secondo la storia e la critica, Rom 1922; A. Bessière: Anna Maria Taigi, Seherin und Prophetin, Wiesbaden 1961; F. Holböck: Ergriffen vom dreieinigen Gott, Stein am Rhein 1981, S. 315-319

162) J. Dirvin: Mrs Seton, foundress of the American Sisters of Charity, New York 1962;

ders.: Beata Madre Elisabeth Seton, fondatrice delle Suore Americane di Carità, Turin 1963

163) E. Krebs: Elise Anna Seton, in: LThK 9 / 509

164) Raimondo della Purificazione: Canori-Mora Elisabetta, in: Bibliotheca Sanctorum III / 750-751;
A. Pagani: Biografia della Venerabile Elisabetta Canori-Mora, Rom 1911, deutsch von D. Eichinger, Kirnach-Villingen 1924;
P. Luis Alaminos: Die selige Elisabetta Canori-Mora, deutsch und verkürzt von Franz Buhl O.SS.Tr., in: Schweizerisches Katholisches Sonntagsblatt Nr. 16-20/1994

165) Ignacio de Pamplona: Vida y obra de la insigne educadora S. Joaquina de Vedruna de Mas, Manresa 1946;
E. Federici: S. Gioacchina de Vedruna, Isla del Liri 1958

166) V. Bondiani: Suor Benedetta Cambiagio, Genua 1925

167) J. G. Snead-Cox: Life of Herbert Vaughan, London 1910, 2 Bände;
C. C. Martindale: Bernard Vaughan SJ, London 1923

168) E. Federici: Beata Paola Elisabetta Cerioli, vedova Buzecchi-Tassis, Rom 1950

169) Weitere Informationen: P. Stephan-Joseph Piat OFM: Histoire d´une famille, in deutscher Übersetzung unter dem Titel: Geschichte einer Familie. Im Elternhaus der hl. Therese vom Kinde Jesus. Eine Schule der Heiligkeit, Leutesdorf 1983;
Robert Cadèot: Louis Martin, Père incomparable de Sainte Thérèse de l´enfant Jésus, Paris 1985;
ders.: Zélie Martin, Mère incomparable de Sainte Thérèse de l´enfant Jesus, Paris 1990. Aus diesem Buch erfährt man, daß die Konsultoren der Päpstlichen Kongregation für die Selig- und Heiligsprechungen am 13. Februar 1987 die von der Diözese Bayeux übersandten Dokumente, die das Leben und Sterben von Louis Martin behandeln, übereinstimmend positiv beurteilten, und die von der Diözese Séez übersandten Dokumente, die das Leben und Sterben der Frau Zélie Martin behandeln, mit Ausnahme einer einzigen Stimme ebenfalls positiv beurteilten. So ist zu hoffen, daß der Seligsprechungsprozeß glücklich weitergeführt werden kann.

170) A. Chavarria y Arrondo: Nació para ser Madre. La vida y la Obra de Rafaela Ibarra de Vilallonga, Fundadora de la Congregación de los Santos Angeles Custodios, Buenos Aires 1953

171) Vgl. F. Holböck: Die neuen Heiligen der katholischen Kirche, Stein am Rhein 1994, Band 3, S. 120-127

172) R. Kroyer: Ladislaus Batthyány-Strattmann, ein Leben im Dienste Gottes und der Menschen, Eisenstadt 1986

173) Hermann Kronsteiner: Eine Mutter und elf Kinder, 5. Aufl., Verlag Kultur in die Familie, Linz 1989

174) E. Görlich: Der letzte Kaiser ein Heiliger? - Kaiser Karl von Österreich, 3. Aufl., Stein am Rhein 1988

175) E. Feigl: Kaiser Karl I. Ein Leben für den Frieden seiner Völker, Wien 1990, S. 22

176) ders.: Kaiserin Zita, Legende und Wahrheit, Wien 1977, S. 84 f.

177) ders.: Kaiser Karl I. Ein Leben für den Frieden seiner Völker, Wien 1990, S. 245

178) Vgl. Georg Bergmann: Franz Jägerstätter. Ein Leben vom Gewissen entschieden, Stein am Rhein 1980, 2. Aufl. 1988;
Erna Putz: Franz Jägerstätter, 2. Aufl., Linz 1987;
dies.: Gefängnisbriefe und Aufzeichnungen. Franz Jägerstätter verweigert 1943 den Wehrdienst, Linz 1987

179) Heft I, Nr. 48-53

180) Heft IV, Nr. 101 und 133

181) Giuliana Pelucchi: Gianna Beretta Molla – Una vita per la vita, Mailand 1994

Gottes Ruhm

Große Heilige der katholischen Kirche in sechs Bänden.
Von Prof. Dr. Ferdinand Holböck, Salzburg. Die folgenden sechs Bände sind auch einzeln lieferbar:

Das Allerheiligste und die Heiligen

Eucharistische Heilige
2. Auflage, 445 Seiten, 16 Fotos, Leinen, DM 35.-, Fr. 33.-, S 273

Im Laufe der Kirchengeschichte ist das Altarsakrament immer wieder zu einem Zeichen des Widerspruchs und der Spaltung geworden. Heute kursieren wiederum Thesen, die auf eine Bezweiflung oder gar Leugnung der Realpräsenz hinauslaufen. Wer zweifelt, geht zurück zur Quelle. Prof. Holböck befragt die maßgeblichen Repräsentanten der Kirche, die großen Heiligen. Die Ausbeute ist überwältigend. Wer dieses Buch gelesen hat, bekommt eine Ahnung, was die Kommunion mit Christus bedeutet, er dringt ein in das „Geheimnis des Glaubens“, das – wie der hl. Thomas von Aquin sagt, uns zu einem Jubel des Geistes („mentis jubilatio“) hinreißt.

Vereint mit den Engeln und Heiligen

Angelische Heilige
2. Auflage, 449 Seiten, 25 Fotos, Leinen, DM 42.-, Fr. 39.-, S 328

Das neue Engelbuch von Prof. Holböck bringt die vollständige Lehre der katholischen Kirche über die Engel in allgemein verständlicher Form und zeigt die Erfahrungen, die große Heilige im Umgang mit Engeln gemacht haben. Es gilt freilich das Wort von Kardinal Charles Journet: „Die Engel offenbaren sich, aber nur jenen, die sie lieben und anrufen.“

Ergriffen vom dreieinigen Gott

Trinitarische Heilige
399 Seiten, 16 Fotos, Leinen, DM 35.-, Fr. 33.-, S 273

Daß Gott existiert, können wir kraft der Vernunft erkennen (Röm 1, 19), aber wie er existiert, ist ein tiefes, alle menschliche Vorstellungskraft übersteigendes Geheimnis. Erst Jesus hat uns offenbart, daß Gott Geist ist und in drei Personen existiert: Vater, Sohn und Heiliger Geist.
Prof. Holböck erläutert die Trinitätslehre und stellt uns Heilige vor, die in ganz besonderer Weise vom Geheimnis der Heiligsten Dreifaltigkeit ergriffen waren. Nichts beglückt und stärkt den Christen mehr als das Wissen um den allmächtigen Gott und sein innergöttliches Leben, an dem teilzunehmen uns dereinst bestimmt sein wird.

CHRISTIANA-VERLAG CH-8260 STEIN AM RHEIN

Gottes Ruhm

Geführt von Maria

Marianische Heilige

636 Seiten, 103 Abbildungen, Leinen, DM 52.-, Fr. 49.-, S 406

Holböck stellt uns marianische Heilige aus allen Jahrhunderten vor. Er zeigt, wie unter der Führung des Heiligen Geistes jeder Heilige tiefer in die unbegreiflichen Gnadenprivilegien der Muttergottes eindringen und neue Erkenntnisse gewinnen durfte. Das besonders Wertvolle an dieser Schilderung ist, daß sich neben der nachahmenswerten Vorbildhaftigkeit dieser Heiligen auch eine ganz eigene, persönlich geprägte Geschichte der Mariologie ergibt, die anschaulich zeigt, wie die Erkenntnis der Gnadenprivilegien Marias und ihrer Heilsfunktion im Mysterium Christi und der Kirche gewachsen ist und sich im Licht des Heiligen Geistes entfaltet hat. Im Sinn des II. Vatikanischen Konzils haben diese authentischen Glaubenszeugen erfaßt, daß Maria im Mysterium Christi jungfräulich-bräutliche Gottesmutter und opferbereite Gehilfin des Erlösers als zweite Eva an der Seite des zweiten Adam ist, das herrliche Urbild und die dichteste Verkörperung dessen, was die Kirche nach dem Willen Christi sein soll: Mutter und Lehrerin.

Aufblick zum Durchbohrten

Große Herz-Jesu-Verehrer aus allen Jahrhunderten

386 Seiten, 91 Abbildungen, Efalin, DM 35.-, Fr. 33.-, S 273

In diesem Band werden uns jene Heiligen präsentiert, die in besonderer Weise das Herz des göttlichen Erlösers verehrten. Jesus selbst hat uns auf sein Herz verwiesen: „Nehmt mein Joch auf euch und lernt von mir, denn ich bin sanftmütig und demütig von Herzen.“ Wir müssen uns also Gedanken über die Eigenschaften und Intentionen seines Herzens machen. Der Impuls zur Herz-Jesu-Verehrung geht von Christus aus. Er hat mystisch begnadeten Seelen den Auftrag gegeben, die Menschen zu diesem einzigartigen Schatz, dem Geheimnis seines Herzens hinzuführen. Die Heiligen haben unter heroischen Bedingungen das Evangelium gelebt; sie sind die Lieblinge Gottes, die uns viel zu sagen haben. Hat Christus uns nicht aufgefordert, uns Freunde im Himmel zu schaffen? Die reich Beschenkten dieser Freundschaft sind wir.

Heilige Eheleute

Verheiratete Selige und Heilige aller Jahrhunderte

CHRISTIANA-VERLAG CH-8260 STEIN AM RHEIN